国家社科基金重点项目"创新创业政策绩效评价与机制优化研究"（批准号：16ATJ003）最终成果
获"2022 年度湖南大学哲学社会科学高水平著作资助计划"资助

创新创业政策绩效评价与机制优化研究

倪青山 吴 敌 晏艳阳 / 著

Performance Evaluation of "Innovation
and Entrepreneurship" Policy
and Its Mechanism of Optimization

社会科学文献出版社
SOCIAL SCIENCES ACADEMIC PRESS (CHINA)

前　言

创新创业活动是我国创新驱动战略的重要组成部分，创新创业政策为推进"大众创业、万众创新"提供了优渥土壤，是近年来党和国家经济政策的重要组成部分。伴随着创新创业政策的实施，一些问题也随之出现：各项政策实施是否达到了其预期目标？政策实施是否具有外部性？政策产生作用的机理如何？如何改进？等等，这些问题都是值得决策层、业界和学界共同关注的。带着这些问题，笔者团队申请了国家社科基金重点项目并获得资助。历时四年，课题组圆满完成了研究任务。本书正是该课题研究的一个重要成果。

本书以《国务院关于大力推进大众创业万众创新若干政策措施的意见》《国务院关于推动创新创业高质量发展打造"双创"升级版的意见》等文件为主线，深入研究与此相关的国家政策与地方政策，并分别从宏观、中观及微观层面和多种角度评价政策的执行效果，探寻政策作用的机制，在此基础上提出优化举措。

首先，关于创新创业政策的绩效评价。第一层次，关于创新政策的评价，本书选择的评价对象分别是国家层面的核心政策、各地的相关政策以及企业策略等方面。国家核心政策方面，一是包括"五年规划"中的产业政策，重点从作用对象与作用机理方面探讨了产业政策对创新的激励效应、产业政策对企业创新效率的影响、产业政策对企业业务变更决策的引导效应等。二是以"创新型国家建设"为主题的系列政策评价，包括创新型省份建设的经济驱动效应，国家自主创新示范区建设对企业创新的影响，创新型城市建设的示范效应，创新型城市建设对企业创新的影响等方面。地方政策方面，一是探讨了区域创新政策影响的内部传导机制，二是研究了创新政策对区域经济发展的影响，三是讨论了政策对各地科技成果转化所产生的影响。其他政策方面，主要考虑了两方面，一是关于协同创新的策略，研究了创新网络成本及异质认识效应的企业合作创新及其动态深化的问题；二是研究了对外直接投资对区域创新的影响。企业策略方面，一是讨论了债券增信对企业创新的影响，二是研究了不同方式和不同对象的股权激励对创新的影响。第二层次，关于创业政策的评价，本书构建了一个基于同群效应的政策激励对创业活动影响的模型并对该模型进行了实证检验，基于当今发展势头正劲的数字金融新业态，研究它的发展对家庭创业的影响。

其次，关于政策作用机制的研究，在上述对政策绩效评价的同时，通常都进一步研究政策产生作用的机理与路径，具体包括财政政策、金融政策、人才政策等方面。除了研究政策直接作用于政策实施对象（包括企业、区域、家庭、个人）的机理之外，本书还讨论了政策的外部性。一是讨论了创新政策的空间溢出效应，讨论了一个地区的创新政策与创新活动对其他地区创新活动与全要素生产率的影响；二是讨论了个体创业活动的同群效应，发现"邻里"的创业行为对个体产生了明显的示范效应，能够带动和激发其投入创业活动中；三是研究了创新型城市建设能够显著带动其他城市特别是周边城市的创新活动，验证了"试点先行""以点带面"这一中国特色经济体制改革举措的有效性。

最后，关于机制优化的研究。本书基于所选择的独特研究视角以及在研究中所发现的主要问题，有针对性地提出了相关对策建议，以优化政策效果。着重从国家治理创新、转变政府职能方面，如何因地制宜提升产业政策执行效果方面，单一政策到组合政策与配套政策促进创新型国家建设方面，培育创新文化促进互利共赢方面，建立长效机制促进协同创新与开放创新方面，重点创新金融支持夯实企业创新发展基础方面，营造良好环境培育与保护创业热情方面提出了相关政策建议。

　　本书也是课题组成员精诚合作、潜心研究的结果。在这里，特别感谢肖百龙、袁亮、王培斌、乔嗣佳、邓嘉宜、王娟、吴志超、綦文、卢彦瑾、江秋池、朱琳、严瑾、谢晓峰、龙丽平等，他们为本书的出版作出了重要贡献。

　　本书的出版还获得了"2022 年度湖南大学哲学社会科学高水平著作资助计划"的资助。在此表示感谢。

目　录

第1章
绪　论

本章首先分析创新创业活动的基本内涵，对国内外相关研究的进展进行述评。在此基础上，阐述本书的目的、研究思路与主要方法。

1.1　"双创"政策内涵

本书提出的创新创业政策（以下简称"双创"政策），是政府在中国特色社会主义新时代背景下，在创新成为第一生产力、创新是国际竞争力重要表现的背景下，为促进大众创业、万众创新，激发社会活力，建设创新型国家而制定的一系列政策和建设方案的总和。尽管学界对"双创制"没有明确的界定，但创新政策与创业政策一直是研究的热点主题。目前，人们对创新政策内涵尚未达成共识，观点可分为"协调论"与"综合论"；而对于创业政策的内涵则倾向于"综合论"。创新与创业是社会发展过程中相互促进的社会活动，创业活动可以转化为创新价值，创新也可以成为创业的推动力（Audretsch and Link，2012）。所以，尽管各国促进创新和创业的政策重点不同，但在环境营造和使用政策工具方面，它们却是互补的。

1.1.1 创新政策意义

学界最早在 19 世纪 70 年代就提出了创新政策的内涵，国内外学者对创新政策内涵的理解可以分为"协调论"和"综合论"。前一种观点认为创新政策是经济、产业和科技政策的协调，而后者则认为创新政策是促进创新活动的政策总和。对于创新政策的含义，学界存在三种不同的观点。

第一，创新政策是政府科技发展政策和经济发展政策的协调。其中，关于创新政策的含义，代表性观点有：认为它是鼓励和促进新技术、新发明、新观念转化为经济利益的一种政策，是科技政策和经济政策的结合，涉及我国重要的三个领域——科技、教育和企业，它们往往表现为获得政府部门通过财政手段或金融工具给予的资金补助（王胜光，1993）。在当前背景下，政府的创新政策具体应包括以下五点内容。①研发基础设施是重点，政府不仅需要建立，更需要保证研发基础设施的时效性，具体包括合理调整研发支出中基础研究、应用研究等所占比重，在各地各科研机构设立重点领域研究中心并为这些研究项目通过各种途径筹得所需资金等；②对社会上各种创新活动参与者提供所需帮助，社会上各种创新活动参与者包括创新人才、开展创新活动的企业和为开展创新活动提供服务的人；③从文化入手，营造创新文化，具体包括培养个人的创业精神、企业家的知识产权保护意识，引导各部门对科技创新的重视程度；④在行政审批等环节上消除其中有碍创新进程的部分，包括减少对行业的过分监管，减少以前存在于创新过程中的一些官僚程序以及减少既得利益集团对其他主体开展创新活动的阻力；⑤教育是未来，对不符合时代需求的教育制度进行改革，包括培养现在以及未来可能需要的关键创新人才，需要高校中各种课程在传递基本知识的同时开发学生在创新方面的潜力。有研究注意到创新政策不是简单的单一概念，而是一个多种相互关联的概念综合体，他们认为创新政策的内核应该是三个部分，分别为对创新者提供支持、培养创新文化和降低创新的各种壁垒（Dodgson and Bessant，1996）。有研究从综合性角度看待创新政策的概念，随着世界经济的快速发展、各个国家 R&D 投入的快速增加、技术的快速进步，以前的创新政策和经济政策从一个较为模糊的概念发展成为现在的具有特定目标和相关意义的综合性政治制度（柳卸林，2000）。另外，有研究认为，科学政策、技术政策和创新政策各不相同，但是不得不承认它们之间存在一定的交叉和重叠，具体来讲，科学政策的重点落在产品和科学知识上，技术政策则将侧重放在相关的知识在自身部门内的传播和营销上，而创新政策重点对应的是经济创新在总体上所取得的效果。

第二，创新政策是科技政策与产业政策的协调。相关支持者认为创新政策不是单一的概念，是多种概念的综合体，是相关科技政策和产业政策的整合体，科技政策所包含的内容有对知识产权的保护、社会所需的职业教育、研发活动中的基础理论研究和产出效应最高的应用研究等，产业政策所包含的内容有对相关研发活动进行税收减免和对高风险的创新项目进行投资激励（Rothwell，1986）。从作用路径上看，学者认为创新政策是各种通过直接或间接促进技术创新的相关政策措施的集合（夏国藩，1993）。

第三，创新政策是为了促进社会上各主体开展创新活动所采取的各种政府政策组合。相关观点较多，具体包括：创新政策被视为一项关于社会、经济和文化的综合性政策，创新政策应该包含三个层面的内容，它们分别是结构层面、操作层面和关系层面；创新政策是科技政策中的一个重要内容，它是与经济政策和产业政策紧密联系、相辅相成的，包括对能源等内容的整合（罗伟，1996）；创新政策是政府部门为了促进各社会主体开展技术创新活动而定制的便于各级政府部门直接或间接手段的合集，另外，在向提高技术创新效益的方向行进的同时，创新政策必须注意到各种政策措施所导致的利益分配问题（连燕华，1998）；创新政策就是政府为了激励社会主体开展创新活动的具体方式（Lemola，2002）。中国学者也提出了相应的观点：对于中国创新政策集合，其中包括直接对创新主体产生作用的政策、提高创新主体之间互动频率的政策，以及提高创新环境指数的政策（徐大可和陈劲，2004）。具体包括：创新政策是各级政府为提高创新活动出现的效率、提升各主体创新能力而采取的各种相关公共政策的合集，其最终目的是实现高质量增长。创新政策的内容有三种，一是直接面向社会上的各种创新主体，目的是提高它们的创新动力和能力；二是提高技术扩散的效果，激励各主体在创新活动中的合作；三是提高创新基础设施建设水平，侧重点落在通过宏观环境对创新活动支持的政策。

1.1.2 创业政策的含义

创业政策成为学术界焦点问题已有近30年，现在来看，研究者们倾向于用"整体方法"来界定创业政策，认为创业政策的主要内容是政府支持各种类型的创业促进活动（如服务、培训、融资、技术转让、基础设施开发等）（Mcquaid，2002；Mok，2005；Aidis 等，2008；Woolley and Rottner，2008）。有些学者还将税收政策和行业准入政策确定为创业政策（Cullen and Gordon，2007；Mcquaid，2002；Klapper et al.，2006；Gentry，2010；Poterba，1989）。但是，对于创业政策的定义，学术界尚未达成共识。由于对创业活动的理解不同，学者们对创业政策的理解也不相同，因此，学者们认为创业政策的内容也应该有所不同。

学者认为创业政策的侧重点应该放在新企业的产生与发展上，因此，创业政策的内容应包括：对新企业的税收补贴政策、对新企业宽松的监管环境、对新企业友好的融资政策、对新企业创业教育的支持政策和对新企业知识资本投入的帮助政策（Kayne，1999）。在创业问题上，现有研究在三个方面达成共识，分别是强调企业家精神；必须要因地制宜，根据地区的各种要素禀赋采取不同的措施；加强对创业者的各方面保护，减少他们在创业过程中面临的不必要的阻碍。

1.1.3 "双创"政策的内涵界定

根据上述对创新政策与创业政策内涵的分析，我们可以发现，以往关于创新政策和创业政策的研究之间存在一定的界限，学者们对于政策的认定都是基于促进创新活动和促进创业活动的视角，本书认为，创新政策的"协调论"与"综合论"相比，虽然更具有专业性，但范围比较狭窄；创新政策的"综合论"和创业政策的"综合论"都是为提升创新创业主体创新和创业活动频率与能力的政策合集，然而已有文献中对创新和创业活动的认识并不一致，因此对创新政策和创业政策的定义并不一致。

本书对"双创"政策定义的阐述基于理论与实践层面的结合。从理论上讲，我们赞同"综合论"的观点，即"双创"政策是一系列政策的总和，旨在促进国家的创新和创业活动，包括在个人层面、企业层面和社会层面上制定的。就实际情况而言，"双创"政策的理论研究要先于实践。自从"大众创业、万众创新"被提出后，各级政府部门，紧紧围绕现在社会中存在的影响各主体开展创新创业活动的"堵点"和"痛点"，相继出台了一系列支持社会各主体开展创新创业活动的政策措施。

总之，本书对"双创"政策的界定，是政府为推动"大众创业、万众创新"这一新理念、激发社会各界在创新创业活动中的活力、完成建设创新型国家的目标而制定的一系列政策的合集。就政策发布主体而言，可以是国务院、国务院各部门、省区市等各级政府出台的促进创新创业活动的政策；从政策对象上看，可以是作用于地区（如城市、省份）、个人（如各研究机构的科研人员、高校中的准科研人员和为创新创业活动服务的人员）、企业（如高新技术企业和发展"卡脖子"技术的企业）、政策环境（如双创支撑平台、服务体系）等政策的总和；从政策工具来看，可以是财政政策、人才政策、教育政策等政策的总和。

1.2 "双创"政策评价文献

1.2.1 技术转让政策评价

科学技术通过科技手段对经济发展产生影响，即通过技术作为中介载体，实现科学与经济的作用关系。信息传递的具体形式包括国家之间传递信息，以及从技术产生部门（研究机构）到使用部门（工商业运营部门）传递信息或使用部门之间传递信息。科技成果以某种形式从一方主体向另一方转移，即技术转移。

　　学者认为技术转移在短时期内、长时期内都会对经济增长产生正向作用，但是不容忽视的是，这一正向作用仍然偏小，对区域经济增长整体的拉动能力偏弱（杨向辉和陈通，2010）。因此，为了提高技术转移对经济增长的拉动作用，技术转移应促进不同区域资源的协调配合，提高资源使用效率，最终实现创新发展和可持续发展（孟哲，2016）。

　　若比较技术转让和科技成果商业化的程度，可以发现，当前北美国家在这些领域有着一定的优势。这些国家通过市场化的方式使得科学技术成果产生明显的商业价值，从而对经济发展产生正向影响。当然，这些国家实现这一路径并非一蹴而就的，它们在 20 世纪 80 年代开始重视科学技术成果转化的工作，历经 30 余年的时间，才取得了世界瞩目的成就，供各个国家学习与借鉴。具体来看，美国政府采用的措施是建立联邦实验室技术转移联盟（邬文兵和闫涛，2006），特别是在 20 世纪 80 年代出台的《拜杜法案》，该法案大力支持技术成果转化，因此，引起了社会各界将技术成果商业化的热潮，进而推动了技术成果商业化的发展。在随后的时间里，美国相继出台了《小型企业创造法》、《联邦技术转让法》、《综合贸易和技术竞争法》和《国家合作研究法》等与技术转化相关的法律法规，对完善技术转化法律体系起到了非常重要的作用，也取得了显著的成就。在加拿大，1996 年政府初次提出了"新世纪科学技术"，重塑了加拿大科技发展的格局。随后，2000 年"政府决策科技咨询政策框架"的出台，表明了政府对科技成果转化的决心、对保护公众利益的决心。具体措施包括：建立相关的指标体系，用该指标体系评价科技成果转化的各个方面，例如，科技成果商业化所得利益是否合理分配、重大科技项目成果是否有足够的质量以及科技成果转化的现状与效率；制度层面上，设立了三个委员会，它们的目的都是对科技创新活动的参与者提供资金支持。最终，加拿大的创新成果转化体系建成并取得了相应的成就。美国和加拿大的成果为英国、德国等国家技术转化政策体系搭建提供了参考，英国、德国这些国家也相继建立成果转化体制。

　　中国的技术创新政策内容有很多，主要有以下几个方面。一是通过相应的指标对技术创新领域进行统计监督工作；二是通过财政或金融政策对创新主体的资金问题予以支持；三是通过人才政策，提高劳动力市场上技术人才储备；四是通过加大知识产权保护力度，保证技术领先者能够在市场上获得开展创新活动所支出的各项成本；五是通过走出国门，学习国际先进技术，与国际同行交流技术前沿问题，提高国际合作水平（孙淑艳，2010）。李文波（2003）和汪良兵等（2014）强调了技术创新政策的不同方面，但是具体内容是一致的。

当前，中国科技研发由大学主导，大学科技研发的技术转移问题成为近年来学术界讨论的热点。Walsh和洪伟（2011）强调，美国的技术转让系统与大学的情况有所不同，而且，这个系统与美国科技政策的竞争力息息相关。第三产业已成为大学中一个重要而灵活的资金来源，专利和许可是保持高校与企业间紧密联系的关键。但是，技术转移在美国开始减少。魏永莲和傅正华（2011）认为，尽管北京高校技术合同量逐渐增加，但仍存在政策、法规等方面的一系列问题，如我国高等学校与企业之间的学研体系尚未建立，交流平台尚未完善，合作基础尚未打造，各部门技术转移权责不清。高等院校在整个技术创新链中从事的技术活动处于原始创新环节，专利技术成果不适合市场需求，技术成熟度低，大多不具备直接转化为现实生产力的条件等。

1.2.2 对创新活动财政支持政策的评价

1.2.2.1 减税和创新活动

目前已有的文献对金融创新活动的评价，首先主要是对税收减免政策的评价。当前，国际上关于税收减免政策对创新活动的影响已有研究结论和证据。

现有相关研究非常多，例如，使用日本制造业企业数据，研究发现税收政策会提高企业R&D投资水平（Koga，2003）；也有使用加拿大企业数据，研究发现税收政策会对企业绩效产生正向的影响（Czarnitzki et al.，2011）；还有使用荷兰企业数据，研究发现税收政策的实施能够显著提高企业创新产出，且其作用路径可降低企业研发成本。在我国，相关研究也非常丰富，结论也基本证实了税收政策的经济作用。例如，从短期和长期来看，税收的短期影响不明显，但是长期内显著影响到研发投入，并且税收水平越低，企业研发投入水平越高（夏杰长和尚铁力，2007）；从我国创业板公司数据来看，税收降低有利于企业提高研发投入，进而提高企业创新产出（夏力，2012）；从我国国家级高新技术企业数据来看，税收优惠政策对企业研发投入有显著的正向激励作用（张信东等，2014）；从政策阶段性、稳定性方面来看，我国税收政策具有显著的阶段性和不稳定性特征（黄萃等，2011）；从孵化器视角来看，税收优惠政策对孵化器创新活动的各个方面均有正向促进作用（崔静静和程郁，2016）。

但是，也有研究发现上述结论不一定正确。例如，有研究使用 SBIR 数据发现即使没有税收优惠，企业的研发投入同样在增长，因此研发投入增长不能归功于税收政策；甚至有研究发现税收优惠政策会显著抑制企业 R&D 投入（Dominique et al.，2003）。

1.2.2.2　财政补贴和创新活动

除了研究减税政策之外，财政补贴是财政支持政策对创新活动评价的另一个重要内容。当前，政府补贴与企业研发投入之间存在两种对立的观点。

一种观点认为：政府财政补贴与企业研发投入是正相关的。这种观点的具体内容为，政府对企业研发进行补贴，企业在该补贴激励下增加与之对应的研发投入，政府补贴的正向积极作用就体现了出来。现有国内外的许多研究也能够支持这一观点（Gonzalez and Pazo，2008；Hewitt-Dundas and Roper，2010；王遂昆和郝继伟，2014）。这些研究分别使用了中国、西班牙和爱尔兰的企业数据。

另一种观点认为：政府的财政补贴不仅对企业研发投入起不到正向作用，甚至会抑制企业研发投入。这一观点的学者认为，即使政府不提供财政补贴，在市场机制的作用下，企业会根据自身的情况开展研发活动，投入符合自身发展的研发资金。因此，政府的财政补助会使得企业将拟用于研发的资金转向其他投资上，这一现象表现为政府财政补贴对企业研发投入的挤出效应。现有研究中，有许多实证结果能够支撑这一观点，如 Lach（2002）、白俊红和李婧（2011）以及李左峰和张铭慎（2012）等。

1.2.2.3 将税收优惠与政府补贴和创新活动结合起来

根据国内外学者的研究成果，税收优惠和政府补贴都对企业的创新活动产生重要影响。所以，不少学者也把税收优惠与政府补贴相结合来考虑。对这一问题的研究主要集中于策略的选择问题。

经济合作与发展组织（OECD，简称经合组织）1994 年的一份报告指出，就市场干预、行政成本和灵活性而言，税收奖励的效果优于补贴，而在公平和效率方面则几乎没有影响。与税收补贴相比，税收优惠对企业研发投资和发展的激励作用要大；但与税收优惠相比，财政补贴的速度更快、针对性更强（戴晨和刘怡，2008）。关于支持税收优惠的论点，财政补贴在某种程度上抵消了创新外部因素的成本和收益风险；而税收激励可能导致企业以财政拨款的形式开展更多的研发活动（朱云欢和张明喜，2010）。政府的财政补贴政策对企业研发投资具有显著的挤出效应，政府的税收激励政策对技术创新具有积极作用（郭炬等，2015）。对税收优惠和财政补贴在转型和现代化过程中的激励效应及差异进行实证研究，结果表明，税收政策对于促进转型与现代化、鼓励高新技术产业发展具有较好的效果（杨得前和刘仁济，2017）。

学术界的主流观点认为，与直接财政补贴相比，税收激励更适合进行政策选择。但是，财政补贴也具有一定的优越性，因此，在制定财政支持创新活动的政策时，需要认真考虑两者的利弊。

1.2.3 评价创新和创业政策

1.2.3.1 评价创新政策

经合组织是第一个对科技创新政策进行评估的组织，1963 年出版的《研究和发展调查手册》为有关国家制定科学和技术创新政策、衡量研发活动和进行跨国比较提供了行动指南。20 世纪 60 年代末，美国对科技创新政策评估进行了研究，十年后欧洲国家陆续进行研究。20 世纪 90 年代初，欧洲议会技术评估组织（EPTA）正式成立，通过联合项目、年会等方式支持欧盟及其成员国进行科技决策评估。同时，OECD 编写了技术创新手册，基本为创新数据调查、政策研究和成果评价给出了一杆标尺。21 世纪初，韩国等国家通过成立专门机构、实施专项行动计划，探索并实践了科技创新政策评估。五年后，美国政府提出制定 SoSP（科技政策方法论），研究不同层次的科技创新政策评价，促进科学、循证、决策体系的建立。同一年，经合组织发起了一次国家创新政策评估，对其成员国、其他观察国以及地区的科技创新和科技创新政策进行比较研究。通过半年的实践发展，西方发达国家科技创新政策评价研究已取得了一定的成果。就研究内容而言，其核心是政策评估的框架、方法和指标。从评估发展趋势来看，基于技术评估的"实证"评估已经逐步向基于社会学方法的"后实证"评估转变。当前，西方发达国家科技创新活动的统计数据和相关基础工作已十分精细全面，如美国的全球创新政策指数评价、欧盟的欧洲创新趋势图和创新记分牌、世界经济论坛的全球竞争力评价等。OECD（2011）运用 SWOT 等方法，评估了一些国家制定并在实行的创新政策。

我国对创新政策的评价主要集中于对某一地区创新政策的绩效进行比较分析，并根据政策的侧重点进行细分。在"十五"（2001~2005 年）和"十一五"（2006~2010 年）期间，分别从 31 个省级研究组的数据，分析中国实施自主创新政策的总体效果以及各地区和各时代间政治效应的差异（范柏乃等，2013）。将创新政策划分为创新供给政策、创新需求政策和创新环境政策，选择不同的区域进行评估，得到一系列不同的评价维度（江永真，2012）。另有研究指出，政府的自主创新政策虽然产生了巨大的社会效益和经济效益，但其影响程度却各不相同（吕明洁，2009）。

也有学者致力于研究不同创新政策间的协同效应，关注科技政策间的相互作用对创新绩效的影响。通过收集 1978~2006 年 29 年的国家科技政策，定量描述科技创新政策的发展路径、政策协同程度、政策协同的演变路径及其对经济绩效的影响（彭纪生等，2008）。从政策互动的角度，分析了中国科技政策的发展过程，并考察了政策互动对创新绩效的影响。研究发现，政策间的互补效应逐渐增强；但不同部门间形成的互动对创新有负面影响；不同政策目标和政策工具之间的相互作用效果有明显的差异（徐喆和李春艳，2017）。对于印度国家创新系统的研究，结论给出印度的科技政策主要通过中央政府的研究机构、联邦政府研究机构、企业和大学来影响创新绩效。在这些因素中，国家税收优惠政策、中央政府科技支出、公共教育支出、研发人员支出、结构调整对创新绩效的贡献较大，而财政政策、科技支出、中央教育支出对创新产出的贡献较小（刘凤朝和马荣康，2012）。

外国学者对创新政策绩效的研究起步较早，早期的研究主要集中在对创新政策与绩效的研究指标及方法的探讨。有学者从三个层面构建了政策规划的编码框架，对 1983~2002 年 20 年间 149 个创新政策计划完成编码，并利用主成分分析等方法给出了论证（Freitas and Tunzelmann，2008）。此外，又针对技术创新政策的技术和经济绩效进行一系列研究（Forbes and Wield，2008）。

有些学者把国家作为创新政策绩效评价的对象。如与研发融资政策相比，公共采购政策更有效地刺激创新（Geroski，1991）。定性和定量分析澳大利亚直接和间接政策的相互作用，证明直接政策和间接政策是相辅相成的（Falk，2007）。

关于创新政策的演变，有学者分别针对欧洲（Kuhlmann，2001）、法国（Mustar and Larédo，2002）进行了研究。此外，学者们用 30 年来衡量 6 个欧洲国家政策的不同点，并深入分析了创业政策（Lepori，2006）。

1.2.3.2 创业政策评价

创业政策绩效评价的研究起步较晚，20 世纪 90 年代中期以来，经合组织、亚太经济合作组织等组织掀起了研究创业活动对经济贡献的热潮，自此该话题在学术圈受到广泛关注。

最早的研究之一指出，创业政策是一国或地区为促进创业和改善经济主体的创业活动而采取的政策措施，它侧重于企业家创业过程中早、中、后期阶段的激励因素、机会和技能，并鼓励大家创办私企（Lundström and Stevenson，2001）。支持创业就是促进创造和创新，因此创业政策有两个含义：第一，它能刺激企业的创建，提高创业企业的成活率；第二，它创造更好的创业环境，为新企业创造更好的发展机会。企业家精神政策的成功在很大程度上取决于目标群体是否能够理解和接受这些政策。可见，企业家精神的实质是对企业家的激励和支持，其作用在于减少创业所面临的障碍和风险，促进创业活动，为创业者创造宽松的创业环境（Degadh，2004）。另外，还存在创业政策和全球化之间关系的研究（Norbäck et al.，2014）。

我国对此的研究主要是近年来通过问卷调查和实证检验的方法，研究了不同类型的创业政策对科技型中小企业创业活动的激励作用。通过建立机会政策、创业政策和创业绩效的三维模型，发现机会政策和创业技能政策对创业绩效有显著的正向影响，而创业意向政策对创业绩效的影响不显著（文亮等，2011）。

有些学者主要研究不同的创业政策对具体创业群体的影响。已有研究从三个维度构建了城乡一体化背景下江西农民工创业政策绩效评价模型并给出了评分（侯俊华和丁志成，2016）。也有研究以创业政策为依据，对农民工创业政策的四个发展阶段进行了梳理，以创业政策为基础的三维分析框架分析了现有农民工创业政策待完善问题，并在此基础上提出了今后政策完善的几个方向（傅晋华，2015）。还有学者以"大学生创业"为重点，关注大学生创业政策，对政策体系建设所取得的成绩和存在的问题进行分析（刘军，2015）。

1.2.3.3 创新和创业政策评价

有关对"双创"政策的评价研究，有的学者把研究的视角集中在某一特定地区，如运用平衡计分卡设计了黑龙江省科技创新创业共享服务平台的评价指标体系（王斌和赵萌，2014）；构建了一个评价指标体系，运用平衡计分卡对黑龙江省科技创新创业平台进行评价（徐德英和韩伯棠，2015）。

研究内容包括：定性地分析"双创"政策，认为2013年以来中国政府推动"大众创业、万众创新"的行动是基于政策和管理创新的叠加。

文章以"双创"为例,分析了政策创新的类型和管理创新的方式,阐述了政策创新与管理创新叠加形成的结构特征,提出了创新叠加功能的增强(许欢和孟庆国,2016)。还有研究在文献调查的基础上,总结了我国目前"大众创业、万众创新"制度的不足与缺陷,并进行了回归模型分析,最终提出完善"大众创业、万众创新"制度的建议(李华琴和罗英,2015)。

除学者们的研究外,有关政府部门还定期对"双创"政策进行总结。中国科协受国务院委托,于 2015 年 7 月启动"推进大众创业、万众创新政策措施落实情况"评估。江苏、黑龙江等省还发布了"大众创业、万众创新政策措施落实情况评估报告"。另外,中国宏观经济研究院组织相关单位从 2015 年起,每年发布当年的"双创白皮书",总结"双创"政策的新发展、新特点、新成就。

1.3 本研究的目的、思路、方法与创新

1.3.1 研究目的、思路与内容

本研究的目的是研究我国"双创"政策的主要政策体系及其在宏观、中观及微观层面的执行效果,在此基础上提出机制优化的举措,推进创新型国家建设的进程。为此,研究中首先从国家层面与地方层面对我国"双创"政策的基本体系及其关系进行了研究,在此基础上,选取各个层面有代表性的政策,评价其政策执行的绩效,分析政策发挥作用的基本原理、基本条件、作用机制、作用对象等,根据评价过程与结果分析强化政策效能的机制,为更好地实现政策目标打下基础。

本研究的主线与思路是:首先以"双创"政策的内涵分析为起点,分析国家层面政策、各地(区域)政策的结构关系,政策主要内容的变迁历程与横向发展。在政策执行绩效评价方面,分创新政策评价与创业政策评价两条主线展开。对创新政策绩效的评价,分宏观、中观及微观三个层次进

行。宏观层面，选取最具代表性的国民经济和社会发展五年规划纲要（以下简称"五年规划"），通过文本分析挖掘"双创"政策相关内容，并对其执行效果进行评价。中观层面，首先聚焦于"创新型国家建设"这一主题，评价其两个主要政策举措，即创新型国家（包括国家自主创新示范区）建设、创新型城市建设的成效。其次研究区域创新政策的经济效应及其溢出效应，研究协同创新及经济开放（"一带一路"倡议）对区域创新的影响。微观层面，主要研究企业策略对企业创新的影响。

本研究的架构如下。

第一章为绪论，主要阐述了创新、创业的内涵，相关研究文献，以及本研究的研究内容、方法与创新等。

第二章对全国各地的"双创"政策进行分析。采用主题挖掘的文本量化研究方法分析各省（区、市）所发布的创新、创业相关政策的情况，首先从政策数量上进行分析，了解其政策变化发展的纵向与横向发展过程。分别以"创新""创业"为主题，挖掘政策文本中的核心主题词，根据政策主题词的性质进行分类比较研究，以观察各地在各不同时期政策的侧重点与演进路径。

第三章研究"五年规划"中的产业政策对创新的影响。主要通过文本分析近十年中我国"五年规划"的政策目标、政策重点等，然后分别从不同角度评价其对创新的影响。首先，研究产业政策的激励效应，分析政策对哪些主体产生了最直接的激励效应，并对激励机制进行分析；其次，研究产业政策对企业创新效率的影响，综合考虑企业创新投入与创新产出二者来揭示政策实施的效果；最后，研究产业政策如何引导企业进行业务变更从而使其进入新的行业，进而推动全社会产业结构升级与更新。

第四章研究创新型国家建设的绩效。分两部分，第一部分研究创新型省份（包括国家自主创新示范区）的建设成效。在创新型省份建设成效的研究中，重点放在研究创新型省份建设的经济驱动效应，从经济增长的数量与质量两方面研究，并对影响机制进行分析。在国家自主创新示范区的建设成效研究中，重点分析其对辖区企业创新的影响。第二部分研究创新型城市的建设成效。主要分析两个问题：基于"试点"的初衷是通过试点单位建设产生"以点带面"效果的缘由这一因素，探究创新型城市建设能否带动其他地区的经济增长；研究创新型城市试点对辖区内企业创新的影响，并分析其影响机制。

第五章研究区域创新政策的经济影响及空间溢出效应。首先，研究创新政策在各地的分布情况、创新政策的影响及其空间效果；其次，研究创新政策对全要素生产率的影响及其空间溢出效应；最后，研究中国省际科技成果的转化效率，通过测算获得全国各地科技成果的转化效率指标，进一步讨论创新政策对科技成果转化效率的影响。

第六章研究协同创新与经济开放对创新的影响。首先，研究考虑创新网络成本以及异质性效应条件下的协同创新问题，通过构建动态博弈模型分析企业合作创新的动态演化及均衡条件。其次，研究对外直接投资对区域创新的影响，以共建"一带一路"倡议为政策起点，以对外直接投资和出口为桥梁，研究其对节点城市创新的影响。

第七章研究企业策略对创新的影响。首先，考虑企业融资策略的影响，以企业发行债券时的债券增信策略为切入点进行研究，比较不同增信措施的影响效果。其次，从公司治理角度进行研究，比较针对不同对象和不同方式的股权激励议案对企业创新的影响。

第八章研究创业政策绩效评价。首先，考虑"万众创业"号召对创业活动影响，基于同群效应理论构建个人创业选择的模型，并基于调查数据进行实证研究。其次，研究数字金融发展对家庭创业的影响，基于调查数据分析各种不同数字金融形态与家庭创业之间的关系。

第九章研究我国创新创业政策的机制优化问题。基于前面各个章节的研究发现与结论，从中寻找启示并针对存在的问题提出优化的建议与措施。

本研究的技术路线如图 1.3.1 所示。

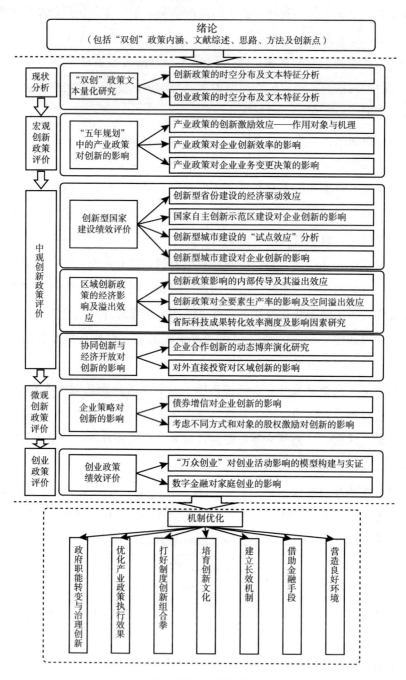

图 1.3.1　技术路线

1.3.2　研究方法与创新

1.3.2.1　研究方法

本研究首先从统计学、经济学、管理学、社会学等角度寻找研究的逻辑起点与关系，其次针对具体研究事项选取合适的方法进行研究。本研究中用到的主要方法如下。

①在对各地"双创"政策进行分析时，采用了基于主题挖掘的文本量化分析方式。通过抓取各地的数据，量化成政策数量指标，在进行动态分析的同时还进行了空间对比分析。采用 LDA 主题模型提炼出各地不同时间政策的主题词，根据主题词分析各地政策侧重点的变化，以观察各地在各不同时期政策的侧重点与演进路径。

②采用准自然试验法、三重差分法（DDD 法）、双重差分法（DID 法）等方法评价政策绩效，这些方法在考虑评价对象的不同特点的情况下被灵活运用于不同的分析场景中。

③采用了空间分析的方法研究政策的空间溢出效应，包括政策制定本身的溢出效应和政策执行效果的空间溢出效应。

④构建了同群效应模型研究"万众创业"对居民创业活动的影响，解析了政策制定、各种渠道宣传所营造的创业文化氛围推进创业实践活动的原理。

⑤构建了演化博弈动态均衡模型分析企业的协同创新机制，不仅将社会网络分析与博弈分析统一到模型中，而且还加入协同创新参与者的有限理性特征，创新了协同创新研究的方法与内容。

1.3.2.2　研究创新

本研究由九个部分组成，每一个部分既是独立的工作，又与其他部分相互联系，紧密围绕主题研究目的，从不同方面深入解析。研究的主要创新如下。

（1）研究视角与内容的创新

"双创"政策的内容十分广泛，为了能够抓住政策的主旨本身，同时又能填补已有研究的不足，在反复研读了各级各类政策，分析政策制定的背景，研究政策内涵、政策目标、政策手段，考察中央政策与各地政策以及区域政策之间的协同与特点等之后，最后提炼出本研究的主要内容，使得本研究主线鲜明、重点突出。研究中，首先以政策体系本身的研究入手，其次从宏观产业政策、创新型国家建设组合政策、区域政策及其外溢、外部政策与企业策略、政策目标与政策手段等方面分层次进行研究。既考虑了国家政策，又研究了地方政策；既考虑了宏观政策，又研究了中观层面与微观层面政策；既考虑了组合政策，也研究了单一政策；既评价了创新政策，也评价了创业政策。

（2）综合运用多学科理论基础对相关政策绩效从多角度进行评价

每一项政策的实施，除了服务于其主要政策目标，常常还能起到一些在政策设计时意想不到的辅助作用，挖掘这些作用具有重要意义。本研究综合运用了社会学、管理学、经济学等学科基础理论进行分析，然后再采用恰当统计方法进行实证研究，从而获得了一些非常有意义的新发现。如从创新政策溢出效应的研究中，发现政策不仅对本地区有效，而且能够显著影响其他地区的创新水平与经济发展水平；又如，对于创业而言，以往关注的都是如何通过税收减免、财政补贴等奖励措施来激发创业热情，但本研究从"同群效应"这一视角的研究，发现了除上述奖励措施以外的其他激励办法。

（3）既评价了政策绩效，又探寻了作用机理

本研究的绝大部分内容既对政策的实施效果进行了评价，同时也进一步分析了政策发挥作用的机制，为强化政策执行效果及完善政策机制奠定了基础。并且在绩效评价过程中，既评价了总体绩效，又进行了区分区域、区分不同对象等方面的异质性分析，更加全面地了解与认识政策执行的效果。

（4）融入最新研究方法与最新事件的研究

在方法运用方面，除了使用在政策评价领域通用的一些方法，如准自然试验法、三重差分法（DDD法）、双重差分法（DID法）等外，本研究中还使用了大数据的方法，如第二章的研究中所采用的LDA主题分析模型。在评价事项方面，引入一些最新的发展动向。我们从对共建"一带一路"地区创新的促进作用角度进行了分析。又如，鉴于当前网络经济发展态势下的数字金融发展，探讨了数字金融及其各维度和业态对中国居民家庭创业的影

响，并对其影响机制进行了全面分析。

（5）从多方面评价了"试点效应"

中国特色社会主义建设的一个重要经验就是在实践中学习，所采用的一个重要方法就是"试点先行"，通过试点总结经验、发现问题、总结改进的过程，再全面推广。从经验上看，这一机制是行之有效的并且被广泛采用，本研究通过评价多个创新型"试点"单位的建设成效，验证了"试点效应"的存在，从而为这一经验的实践效果找到了依据。

1.3.3　研究不足及继续研究的方向

1.3.3.1　研究的主要不足

虽然本研究试图对"双创"政策的执行效果进行全方位的评价，但是，由于各种原因，研究还存在一些不足，主要表现在如下几方面。①研究的视角仍不够全面。如没有对创业园区的建设效果进行评价。对高校创新的绩效虽然进行了研究，但因感觉尚不成熟而没有放入报告中等。②创新指标的选择仍比较单一，主要采用研发投入，以及专利方面的指标（各种专利类型、专利申请数、专利获取数等），而企业"新产品销售收入"这样一些表明企业创新效果的指标因数据获取原因而基本没有采用。③对于创业活动的评价还比较单薄，没有对多种创业主体的创业活动进行全面分析。

1.3.3.2　继续研究的方向

随着国家和各级政府"双创"政策的不断更新，其评价的内容也应随之更新，从而可能形成持续不断的研究话题。目前可以继续研究的主题包括如下几个。①关于政府治理创新方面的研究。政府管理创新是推动其他主体创新的基础，对该问题进行研究能有效促进政府职能转换，使其真正成为"服务型"政府。②评价高校在推进创新型国家建设方面所发挥的作用。高校是人才集聚与人才培养的高地，也是创新型国家建设的生力军，全面评价其在创新创业过程中所发挥的作用，以此推动"双一流"建设。③多主体的创业活动评价，特别是大学生创业活动的评价，以此促进科学与技术的更好转化，推动技术的市场化进程。

第2章
"双创"政策及其比较
——基于主题挖掘的文本量化研究

2014年9月，"大众创业、万众创新"首次由李克强总理提出，2015年的政府工作报告详细阐述了这一全新理念。"双创"不仅为打造新形势下的发展新格局、衍生新产业、激发新动能提供政策引导，而且激发了人民群众的创造力，使人们在追求美好生活的同时，追逐个人理想与人生价值，并最终向实现伟大梦想这一目标迈进。

在推进总体目标实施的过程中，各地政府因地制宜地制定了相关政策，以求达到最佳的实施效果，因此，在政策的着重点、问题的突破口等重要问题上，在时间与空间两个层面形成了丰富的政策体系。本章的目的是通过挖掘各地"双创"政策的主题内容，了解其演进变化的趋势，并且进行横向比较，为后续研究，如政策的空间溢出效应、同群效应以及"试点—推广"政策的效果研究打下基础。

首先简要介绍本研究所采用的文本分析方法与分析模型，然后对所抓取的数据从政策数量的时空特征进行分析，根据政策主题词的性质进行分类比较研究，以观察各地在各不同时期政策的侧重点与演进路径。

2.1　方法、模型与数据预处理

2.1.1　主要研究方法

本部分研究采用的主要方法包括文本挖掘方法与统计分析方法。

2.1.1.1　文本挖掘方法

文本挖掘是一种新型的数据挖掘技术，它通过筛选海量的文本数据，将文本信息转化为可利用的知识。随着大数据与互联网技术的发展，传统的信息检索方法与文本处理技术难以处理庞大的数据库，并且考虑到文本数据非结构化、形式多样等特点，文本挖掘技术应运而生。

LDA（Latent Dirichlet Allocation）主题模型是一种非常有效的文本挖掘方法。政策文本通常具有多主题性和词项高维性的特征，而 LDA 主题模型可以达到新型语义降维和量化文本主题结构及其分布的目的，适用于分析大规模的政策文本。作为一种非监督机器学习技术，是目前使用最多的主题分析方法。其主要应用于文献主题识别和新闻话题分析，在创新创业中的应用较少。因此本研究采取 LDA 主题模型分别研究政府创新与创业政策的主题内容，探究我国"双创"政策中蕴含的内在逻辑，为后续相关研究打下基础。

2.1.1.2　统计分析方法

在文本挖掘的基础上，需要借助统计分析工具进行量化分析，以揭示研究对象的发展规律与相关关系。本研究首先通过图表的可视化工具，分别刻画出创新、创业政策个数的时空分布，接着利用词云图展现词频分析的结果，最后利用 LDA 主题模型计算政策文本的主题强度及其主题特征词的相关度，根据主题强度大小进行主题分类，结合特征词总结政策文本的核心主题，并且进一步分地区进行讨论，进而全方位提供有力的数据支撑。

2.1.2 LDA 模型及其理论基础

2.1.2.1 LDA 模型理论基础

（1）贝叶斯定理

贝叶斯定理是关于随机事件之间条件概率的定理，基于随机事件的先验分布与似然，构成如下公式。

设 A_1，A_2，… 为样本空间的一个划分，B 为任意集合。则对 $i = 1$，2，…，有：

$$P(A_i \mid B) = \frac{P(B \mid A_i)P(A_i)}{\sum\limits_{j=1}^{\infty} P(B \mid A_j)P(A_j)} \tag{2.1.1}$$

式中：$P(A_i)$ 为 A_i 的先验概率，$P(B \mid A_i)$ 为 A_i 已知情况下 B 的条件概率，即后验概率，$P(A_i \mid B)$ 为 B 已知情况下 A_i 的条件概率。

（2）Gibbs 采样

Gibbs 采样是统计学中用于马尔科夫蒙特卡洛（MCMC）的一种特殊算法，适用于多维样本的情况，转化为低维抽样的问题。Gibbs 采样的核心是贝叶斯定理，基于样本观测值与先验分布，推断出后验分布，其采样过程如下。

给定当前状态 $x^{(t)} = [x_1^{(t)}, x_2^{(t)}, \cdots, x_d^{(t)}]$

①产生 $x_1^{(t+1)} \sim \sim p [x_1 \mid x_2^{(t)}, \cdots, x_d^{(t)}]$

②产生 $x_2^{(t+1)} \sim \sim p [x_2 \mid x_1^{(t)}, x_3^{(t)}, \cdots, x_d^{(t)}]$

⋯⋯

ⓝ产生 $x_d^{(t+1)} \sim \sim p [x_d \mid x_1^{(t)}, x_2^{(t)}, \cdots, x_{d-1}^{(t)}]$

其中：$p( )$ 表示概率密度函数，并且 $p [x_i \mid x_1^{(t)}, x_2^{(t)}, \cdots, x_{i-1}^{(t)}, x_{i+1}^{(t)}, \cdots, x_d^{(t)}] = p(x_i \mid x_{[-i]}) = p(x_i \mid x_e)$，这里，$x_{[-i]}$ 表示除 i 之外的所有点，x_e 表示 i 的邻居节点。

（3）文本聚类

文本聚类（Text clustering）是典型的无监督学习方法，根据文本样本的特征，将具有相似属性的样本归为一类。由于在无监督学习过程中，文本数据不用包含标签信息，只需特征提取或处理即可，因此该算法灵活性高且伸缩性强，能够适应于大样本的文本数据，并且随着计算机的发展，文本聚类方法不断更新，在学术研究与现实生活中得到广泛应用。

（4）N-gram 模型

用 N-gram 模型进行文本挖掘，得出核心词语和核心词组。模型假设句子 S 由 k 个特征项构成，即 $S = (w_1, w_2, w_3, \cdots, w_k)$，一个特征项出现的概率仅与前 $k-1$ 项的概率相关，其中第 i 项出现的概率计算公式为：

$$p(w_i \mid w_1, w_2, w_3, \cdots, w_k) = p(w_{i-n+1}, w_{i-n+2}, \cdots, w_{i-n}) = \frac{c(w_{i-n+1}, w_{i-n+2}, \cdots, w_{i-1}, w_i)}{c(w_{i-n+1}, w_{i-n+2}, \cdots, w_{i-1})} \tag{2.1.2}$$

基于最大似然估计法求得条件概率，$c(w_{i-n+1}, w_{i-n+2}, \cdots, w_{i-1}, w_i)$ 为相应的特征项序列在文本库中出现的次数，利用该函数可以计算出核心词语与核心词组。

2.1.2.2　LDA 模型

LDA 主题模型是包含词、主题和文档三层结构的文档主题生成模型。作为生成模型，它认为文档中的词是通过一种双向选择的形式得到的，即词以一定概率选择特定主题，同时该主题也以一定概率选择该词语，故文档—主题服从多项式分布，主题—词服从多项式分布。首先确定 LDA 模型中的先验参数 α、β，两者可以理解为先验分布，α 表示取样前主题权重的先验分布，β 表示主题文档中包含词项的先验分布，令 θ 为主题与文档相对应的分布，φ 为主题与词项相对应的分布，LDA 生成过程如下。

①对于任一文档 d，根据 $\theta_d \sim Dirichlet(\alpha)$，得到多项式分布参数 θ_d。

②对于任一主题 z，根据 $\varphi_d \sim Dirichlet(\beta)$，得到多项式分布参数 φ_d。

③对文档 d 中的第 i 个主题 z_{di} 和第 i 个词 w_{di}，根据多项式分布 $z_{di} \sim Mul(\theta_d)$，得到主题 z_{di}；根据多项式分布 $w_{di} \sim Mul(\varphi_d)$，得到词 w_{di}。

2.1.3　数据来源及预处理

本研究选取政府发布的政府创新与创业政策作为分析对象进行主题分

析。在政策文本获取阶段，规定政策时间段为 2011 年 1 月 1 日至 2020 年 11 月 30 日，通过查找中国政府门户网站、各省政府门户网站、北大法宝的政策文件库，以八爪鱼采集器为抓取工具，结合"科技创新""制度创新""管理创新""政府管理""创新""创业""双创"的关键词进行相关检索，共检索到 1857 份政策文本。通过筛选，最终选取关于创新与创业的条例、办法、通知、意见等政策文本共计 1673 份，其中创新政策 1299 份（中央政策 68 份，省政府政策 1231 份）、创业政策 374 份（中央政策 16 份，省政府政策 358 份）。

数据预处理步骤如下：首先，将收集到的政策文本进行整理，筛选出可利用的政策文档，一共剩下有效数据 1673 条；其次，根据文本内容，构建自定义词典以及创新、创业政策的停用词表；最后，结合 R 软件中的 jiebaR 工具包与哈工大停用词表，进行停用词、分词处理，得到 LDA 主题模型的文本数据集。

2.2　中央及地方"双创"政策数量及其分布

中国特色社会主义制度体系的一个优势在于中央政策通过各地方政策的细化分解并因地制宜地予以实施。本部分对中央与各地方政府的"双创"政策进行文本分析，技术手段是运用八爪鱼采集器抓取与"双创"相关的政策措施，并进行动态与空间分析，以全面了解"双创"政策在我国各地的分布情况。

2.2.1　创新政策的时间与空间分布

2.2.1.1　政策数量的时间分布

2011~2020 年中央与地方的创新政策分布如图 2.2.1 所示。

从图中可知，创新政策的发布主要集中在 2016~2018 年，占比为 52.19%，其中 2017 年为历年来发布政策最多的年份，是年平均政策数量（129.9 项）的 1.9 倍。

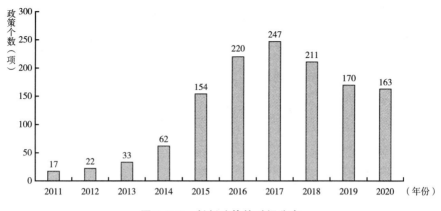

图 2.2.1 创新政策的时间分布

2.2.1.2 政策数据的空间分布

研究期间各省份发布的相关政策数量如图 2.2.2 所示（这里的分析不包含中央颁布的政策）。从图中可以看到，发布政策最多的是安徽省，最少的为北京市。可以将全部省份根据政策多少划分三个梯队：第一梯队（50 项及以上）的有安徽、福建、广东、湖北、云南、吉林、天津、江苏；第二梯队（30~49 项）的有河南、黑龙江、山东、上海、河北、甘肃、陕西、青海、宁夏、重庆、贵州、内蒙古、湖南、山西；其余各省份发布政策皆少于 30 项。

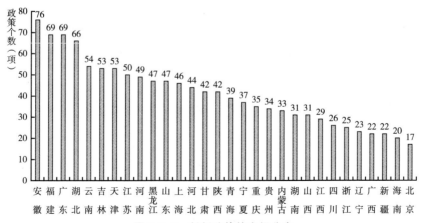

图 2.2.2 创新政策的空间分布

进一步将全国分成东部、中部、西部及东北地区四个区域，其政策数量分布情况如表 2.2.1 所示。

表 2.2.1 创新政策区域分布状况

单位：项

区域	政策个数	每省份平均政策数
东部地区	440	44
中部地区	282	47
西部地区	386	35.09
东北地区	123	41

从表中数据可以看到，从政策总数来看，东部地区与西部地区占了政策总数的 67.10%。从政策个数的平均水平来看，中部地区的平均政策数最高，东部地区次之，东北地区较低，西部地区最低，仅为 35.09 项。

2.2.2 政府创业政策的现状分析

对所抓取的创业政策作如上文同样的分析，我们可以得到如下结果。

2.2.2.1 创业政策的时间分布特征

统计 2011~2020 年各年中央与地方的创业政策数量，结果如图 2.2.3 所示。

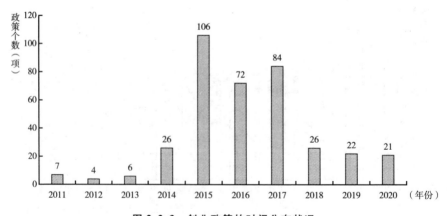

图 2.2.3 创业政策的时间分布状况

从图中可知,创业政策的发布主要集中在 2015～2017 年,占比达到 70.05%,其中 2015 年为历年来发布政策最多的年份,是平均每年政策数量 (37.4 项)的 2.83 倍。进一步分析了 2015 年各季度政策发布的情况,结果 如图 2.2.4 所示。可知该年政策发布主要集中在第三季度与第四季度。

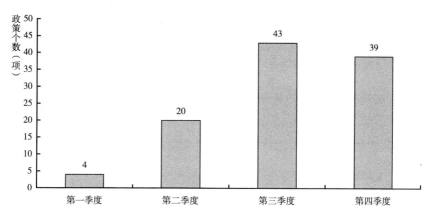

图 2.2.4 2015 年创业政策季度分布状况

2.2.2.2 创业政策的空间分布特征

同样将各省份在研究期间发布的创业政策数量进行统计,结果如图 2.2.5 所示(这里的分析不包含中央颁布的政策)。

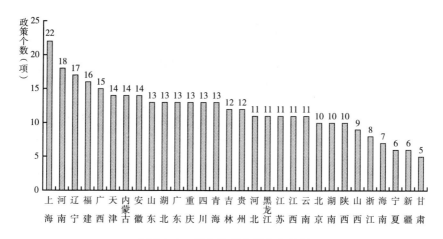

图 2.2.5 创业政策空间分布状况

从图中可以看到，发布创业政策最多的是上海市，最少的是甘肃省。将全部对象区分成三个梯队，结果为：第一梯队（15项及以上）的有上海、河南、辽宁、福建、广西；第二梯队（10~14项）的有天津、内蒙古、安徽、山东、湖北、广东、重庆、四川、青海、吉林、贵州、河北、黑龙江、江苏、江西、云南、北京、湖南、陕西；其余各省份发布政策皆少于10项。

进一步分区域统计的结果如表2.2.2所示。

表 2.2.2　各区域的政策个数与平均值

单位：项

区域	政策个数	每省份平均政策数
东部地区	125	12.5
中部地区	75	12.5
西部地区	118	10.73
东北地区	40	13.33

从表中资料可知，从政策总数来看，东部地区与西部地区占了政策总数的64.97%。从政策个数的平均水平来看，东北地区的平均政策数最高，东部地区与中部地区次之，西部地区最低。

2.3　"双创"政策文本内涵分析

本部分进一步对"双创"政策文本的内涵进行分析，包括词频分析与主题词分析。重点放在政策文本的主题词分析。

2.3.1　文本的词频统计分析

进一步从数量变化角度对政策文本进行统计和分析，本部分的研究主要利用词频分析法从内容演变角度对政策文本进行解读和分析，从整体上来揭示政策的全貌。基于 R 语言的 jiebaR 程序，分别对创新与创业政策进行词频统计。由于在对文本分词之后，一系列程度副词、语气词、助词、格式性词语等无意义词语仍旧存在，可能会影响到与创新创业相关的词频统计，因而将这些词从词语库中剔除。

2.3.1.1 创新政策的词频结果

根据上文的分析方法，我们得到创新政策的词频分析结果如图 2.3.1 所示。从图中可知，在我国创新政策文本中，出现次数最多的是"服务"，其次依次为"发展""企业""建设""创新""平台""政务""推进""部门""数据""信息"等，这表明我国创新政策主要提倡政府职能的转变，成为服务型政府，同时政府强调了企业的发展与建设，以及数据信息的作用，在大数据背景下，运用大数据技术对企业、政务、金融、农业等方面进行更新与升级，以增强供给的质量与效益。另外，政府加强了在管理上的创新，进一步凸显政府的自身建设（见图 2.3.2）。

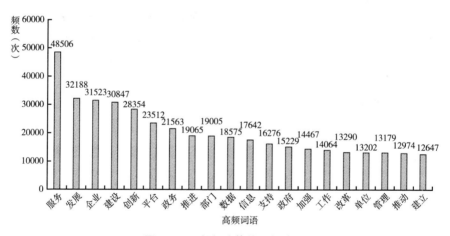

图 2.3.1 创新政策的词频统计

2.3.1.2 创业政策的词频结果

分析结果如图 2.3.3 所示。从图中可知，在我国创业政策文本中，出现次数最多的是"创业"，其次依次为"就业""创新""服务""企业""发展""高校"等，这表明我国创业政策主要提倡以创业促进就业，同

图 2.3.2　我国创新政策的词云图

时将创新和创业服务作为重点，通过加强新创企业的发展，提高就业水平。另外，创业政策也聚焦于高校毕业生的就业创业，构建创业平台，提供培训与指导，鼓励大学生创新创业（见图 2.3.4）。农民工返乡创业问题同样是政策关注重点。

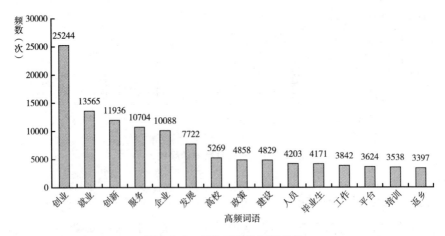

图 2.3.3　创业政策的词频统计

图 2.3.4　我国创业政策的词云图

2.3.2　文本的主题词分析

采用 R 环境中的 LDA 模型工具包进行主题建模，选用 Gibbs 采样技术，并结合 Griffiths 的实验将 LDA 模型的两个先验参数 α 和 β 分别设置为 $50/k$ 和 0.1，迭代次数设置为 1000 次。LDA 模型需要输入文档—词项矩阵和主题个数 k 这两个重要参数，运用 N-gram 模型得到文档—词项矩阵，并通过计算困惑度指标来选取最优主题个数 k。在最优主题个数的基础上，利用 LDA 主题模型，进一步对主题强度进行计算，选取出主题强度较高的主题，再结合词语的相关度，找出热门主题所对应的特征词，从而发掘政策制定的内在逻辑。

2.3.2.1　主题强度分析

主题强度分布可以反映每个主题在文本库中的相对分量，反映主题的宏观均值。根据（2.3.1）式计算每个阶段的主题强度。

$$p_k = \frac{\sum_i^N \theta_{ki}}{N} \tag{2.3.1}$$

其中，p_k 表示第 k 个主题的强度，N 为文档数，θ_{ki} 表示第 k 个主题在第

i 篇文档中的概率。计算政府管理创新政策与创业政策的主题强度图，根据主题强度的数值，选取主题强度较高的主题进行分析。

（1）创新政策

经计算，我国创新政策的最优主题个数为 97 个，依次编号，得到主题强度统计图 2.3.5。由于主题数量较多，本研究列出强度值最高的五个主题，根据强度大小排名，依次为主题 17（0.087）、主题 8（0.079）、主题 9（0.071）、主题 6（0.063）、主题 30（0.052），在此基础上，继续进行特征词提取，确定热门主题的具体内容。

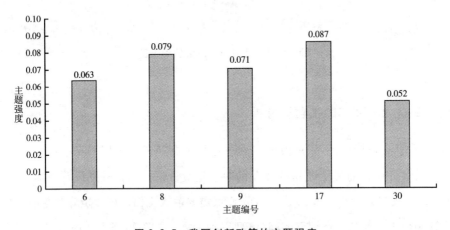

图 2.3.5　我国创新政策的主题强度

（2）创业政策

经计算，我国创业政策的最优主题个数为 32 个，依次编号，得到主题强度统计图 2.3.6。由于主题数量较多，本研究列出强度值最高的五个主题，根据强度大小排名，依次为主题 6（0.050）、主题 32（0.042）、主题 31（0.037）、主题 23（0.032）、主题 14（0.031），在此基础上，继续进行特征词提取，确定热门主题的具体内容。

2.3.2.2　热门主题的特征词分析

（1）创新政策

创新政策的热门主题涉及的内容如表 2.3.1 所示。

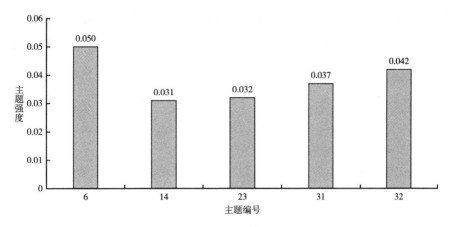

图 2.3.6 我国创业政策的主题强度

对主题 6 而言，其主题可概括为：优化营商外贸环境，服务市场主体。通过持续提升投资融资便利度、简化企业生产经营审批和条件、优化外贸外资企业经营环境，进一步降低就业创业门槛、提升涉企服务质量和效率、完善优化营商环境长效机制，为开拓国内国外两个市场保驾护航。

对主题 8 而言，其主题可概括为：产业转型升级，形成创新园区。以发展科学技术为前提，以技术推动产业转型，找寻发展突破口，产生新兴产业，同时培优扶强中小微型企业，形成创新企业集群，营造良好的创新氛围，提升自主创新能力。

对主题 9 而言，其主题可概括为：推动现代化农业，实现绿色发展。随着技术的发展，传统农业单一、低效的缺点日益明显，为了加速农业发展，需要将农业技术与现代科学相融合，实现现代化农业。其中，首要任务是提高生产工具的工作效率，通过制造先进的农业机械装备，达到农业机械化的标准，进而推动农业生产技术科学化，逐渐形成一个高产、优质、低耗的农业生产体系，而农业可持续发展是现代化必由之路，所以还需要创造一个合理利用资源、保护生态环境、具备高转化效率的农业生态系统。

对主题 17 而言，其主题强度最大，它是我国创新政策的最热门主题。

从特征词可知，其主题可概括为：推进科技同经济、管理的融合。科技是第一生产力，掌握前沿科技是实施创新驱动战略的重要手段，但是科技不能脱离现实，科技已具备一定的通用性，但落地关键是要找到合适的应用场景，通过新型技术与工业、农业、医疗、金融等领域深入融合，推动科技进一步落地，政府、科研院所和企业等共同参与，梳理出更多应用场景，在"科创中国"服务行动中发挥更大的作用。

对主题30而言，其主题可概括为：加强政府服务建设。以大数据、云计算、物联网、区块链等技术为支撑，以一体化在线政务服务平台为载体，促进政府服务手段更新与升级，提高政府服务的质量与效益。同时，继续深化制度改革、完善行政体制法规、简化行政审批流程、提高办事效率的同时，使服务也更加便利。

综上可知，掌握科学技术是中国创新政策的最大特点，任何创新手段都要以科技为基础。但是，政府职能转变也贯穿中国创新政策的整个过程，是政策制定的主线，通过建立科学管理制度，不断深化行政体制改革，既保证科学与经济的相容性，也规范着政府的言行，促使政府始终保持勤政、廉洁、高效、务实。

表 2.3.1　我国创新政策热门主题的特征词

主题 6		主题 8		主题 9		主题 17		主题 30	
特征词	相关度	特征词	相关度	特征词	相关度	特征词	相关度	特征词	相关度
市场	0.0497	企业	0.0527	现代化	0.0369	数据	0.0414	服务	0.0385
重点	0.0374	产业链	0.0499	生产	0.0325	技术	0.0326	网络	0.0316
外贸	0.0311	转型	0.0338	绿色	0.0272	研发	0.0296	精简	0.0296
消费	0.0289	新兴	0.0298	农业	0.0220	鼓励	0.0290	政务	0.0272
投资	0.0242	升级	0.0247	机械化	0.0198	金融	0.0288	平台	0.0256
营商	0.0199	加快	0.0210	森林	0.0185	融合	0.0277	法律法规	0.0242
引导	0.0159	集群	0.0194	土地	0.0175	人工智能	0.0223	监管	0.0191
主体	0.0143	探索	0.0186	生态	0.0168	完善	0.0219	建设	0.0175
多元化	0.0135	孵化器	0.0154	落实	0.0168	大数据	0.0195	制度	0.0171
一体化	0.0122	特色	0.0127	治理	0.0158	智慧	0.0166	管理	0.0133

（2）创业政策

表 2.3.2 我国创业政策热门主题的特征词

主题 6		主题 14		主题 23		主题 31		主题 32	
特征词	相关度	特征词	相关度	特征词	相关度	特征词	相关度	特征词	相关度
就业	0.0411	创新	0.0657	高校	0.0632	服务	0.0697	企业	0.0712
专业	0.0356	建设	0.0567	创新	0.0490	人力资源	0.0333	创业	0.0560
科技	0.0312	农民工	0.0381	培训	0.0367	就业	0.0328	补贴	0.0387
投资	0.0267	培育	0.0356	创业	0.0239	孵化	0.0307	机构	0.0340
补贴	0.0242	下乡	0.0242	支持	0.0209	发展	0.0286	就业	0.0285
人才	0.0238	行业	0.0219	科技厅	0.0204	形成	0.0206	创业投资	0.0166
给予	0.0232	设立	0.0161	基地	0.02003	基地	0.0204	产品	0.0144
改革	0.0211	资源	0.0141	坚持	0.01870	农村	0.0199	事业单位	0.0137
大学生	0.0205	制定	0.0114	登记	0.01746	制度	0.0186	建设	0.0135
支持	0.0198	按规定	0.0110	加大	0.01588	资源	0.0185	责任	0.0135

对主题 6 而言，其主题强度最大，它是我国创业政策的最热门主题。从特征词可知，就业是创业政策的重点，其主题可概括为：鼓励创业拉动就业。目前，我国经济发展正处于增速换挡、结构调整、动能转换的关键时期，而就业市场总量性矛盾和结构性压力交织存在。通过鼓励支持一部分有条件、有能力的劳动者积极投身创业大军中，既有利于更好地扩大就业渠道，缓解就业压力，也能为有效应对日益突出的结构性矛盾创造更多有利条件。另外，以科技为推动力，增加投资与补贴，逐渐形成以新产业、新业态、新商业模式为代表的新经济，与此同时，注重人才培养，特别是高校毕业生的创业就业问题，让他们在新经济领域中发挥才华。

对主题 14 而言，其主题可概括为：支持农民工返乡创业。通过一系列的扶持政策，吸引农民工返乡自主创业，并且与当地居民、城镇居民形成稳定的合作链，带动当地新兴产业发展，创造就业机会。与此同时，进一步引导当地的科技创新，促进欠发达地区的产业结构升级，推动精准扶贫。整合一切创业资源，为农村提供创业服务，探索新农村建设道路。

对主题 23 而言，其主题可概括为：做好高校毕业生创业培训。基于政策引导，提升高校创新创业服务水平。通过建立健全国家、省级、高校大学生创业服务网络平台，为高校毕业生答疑解惑。同时，高校之间可加强联系、资源共享，聘请优秀创业者开设公开课、现场指导，或者以慕课的形式网络授课。开展全国高校创新创业总结宣传工作，以点带面，引领和推动高校提升创新创业工作质量。

对主题 31 而言，其主题可概括为：搭建创业孵化基地，为创业者提供优质服务。充分发挥创业孵化基地在培育新兴产业、孵化高科技项目、集聚高层次人才等方面的优势，为创业者提供资金支持与社会保障，从而拉动就业。

对主题 32 而言，其主题可概括为：鼓励企业创业。新创企业的发展需要充足的资金作为支撑，地方政府可通过创业资金或补贴的形式，鼓励创业，并且实行资金管理方案。完善普惠性税收措施，拓宽创业投资资金供给渠道，不断优化创业投资引导机制。

综上可知，我国创业政策的热门主题虽然侧重点不同，但是它们的共同目的明确，即通过创业推动就业，不断拓宽就业渠道，增强就业能力，释放发展潜力，实现新动能的转化。

2.3.3　主题词的区域比较研究

2.3.3.1　创新政策主题词的区域比较

（1）东部地区

经计算，东部地区创新政策的最优主题个数为 13 个，依次编号，得到主题强度统计图。由图 2.3.7 可知，主题 6 的主题强度（0.064）最大，其余主题的主题强度大小一致，因此，这里只考虑主题 6 的特征词。根据特征词的相关度结果，提取出 10 个主要的特征词，由表 2.3.3 可知，东部地区的创新政策重点是构建现代化的经济体系。改革开放以来，东部地区经济迅猛发展，起到了巨大的示范与带头作用，在新形势与新蓝图下，东部地区勇担使命，释放发展新动能。东部地区需要适应新时代的发展要求，而人工智能、5G 等技术的发展则为产业结构调整与升级提供了"硬件"条件。同时，继续深化体制改革，为构造最优营商环境、构筑起全方位系统性的开放政策体系提供软件支撑。另外，服务建设也是东部地区创新政策的重点。因此，东部地区创新政策的热门主题可以归纳为：引领创新发展，建立现代化经济体系。

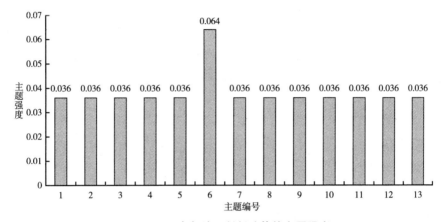

图 2.3.7 东部地区创新政策的主题强度

表 2.3.3 东部地区创新政策热门主题的特征词

特征词	相关度
经济	0.0811
金融	0.0734
现代化	0.0593
人工智能	0.0285
营商	0.0199
改革	0.0185
服务	0.0176
深化	0.0144
对外贸易	0.0132
协调	0.0110

（2）中部地区

经计算，中部地区创新政策的最优主题个数为 22 个，依次编号，得到主题强度统计图 2.3.8。由图可知，主题 13 的主题强度（0.030）最大，其余主题的主题强度大小一致，因此，这里只考虑主题 13 的特征词。根据特征词的相关度结果，提取出 10 个主要的特征词，由表 2.3.4 可知，中部地区的创新政策重点是瞄准科技前沿，催生新兴产业。一直以来，中部地区是我国主要的粮食主产区，负责粮食输出的同时，还包括能源的生产与劳动力的流动，通过注入创新的新鲜血液，以科技创新为主导，升级中部地区产业结构。另外，强调国产化也进一步反映了中部地区对创新的重视，通过引入新技术、新业态升级传统产业，筑牢国产基础。此外，服务建设也是中部创新的重点之一。因此，中部地区创新政策的热门主题可以归纳为：追求科技前沿，催生新兴产业。

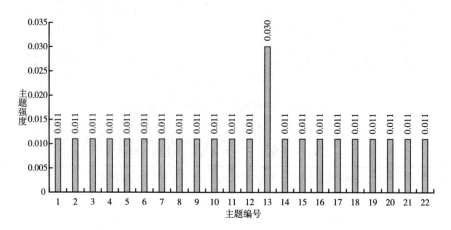

图 2.3.8　中部地区创新政策的主题强度

表 2.3.4　中部地区创新政策热门主题的特征词

特征词	相关度
科技	0.0637
再生资源	0.0532
增进	0.0394
国产化	0.0297
产业链	0.0211
安装	0.0191

续表

特征词	相关度
布局	0.0127
照常	0.0103
突出重点	0.0102
服务	0.0011

（3）西部地区

经计算，西部地区创新政策的最优主题个数为 20 个，依次编号，得到主题强度统计图 2.3.9。由图可知，主题 11 的主题强度（0.064）最大，其余主题的主题强度大小一致，因此，这里只考虑主题 11 的特征词。根据特征词的相关度结果，提取出 10 个主要的特征词，由表 2.3.5 可知，西部地区的创新政策重点是形成良好的创新生态。由于过去对资源的过度依赖，西部地区的创新生态尚不成熟，创新发展水平滞后，科技成果较少；对此，西部地区以创新型园区为抓手，从产业、企业、城市创新等方面进行转变。另外，服务建设仍是西部创新的重点之一。因此，西部地区创新政策的热门主题可以归纳为：建设创新型园区，营造良好的创新生态。

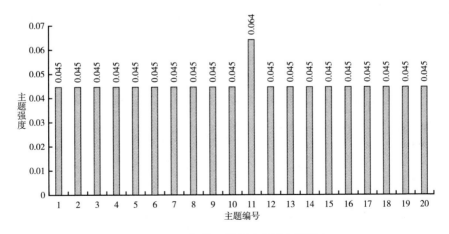

图 2.3.9 西部地区创新政策的主题强度

表 2.3.5　西部地区创新政策热门主题的特征词

特征词	相关度
园区	0.0735
企业	0.0670
创新	0.0315
协同	0.0295
发展	0.0276
环境	0.0223
转变	0.0192
生态圈	0.0176
服务	0.0123
改善	0.0105

（4）东北地区

经计算，东北地区创新政策的最优主题个数为 17 个，依次编号，得到主题强度统计图 2.3.10。由图可知，主题 10 的主题强度（0.077）最大，其余主题的主题强度大小一致，因此，这里只考虑主题 10 的特征词。根据特征词的相关度结果，提取出 10 个主要的特征词，由表 2.3.6 可知，东北地区的创新政策重点是加强服务建设，进一步促进工业与互联网相融合。对于服务建设而言，可以通过减少行政审批事项、建立健全科学民主的决策机

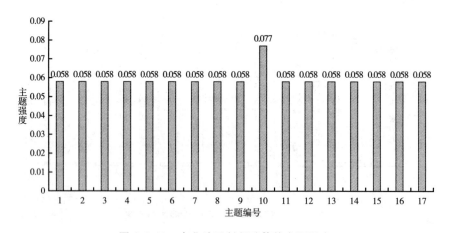

图 2.3.10　东北地区创新政策的主题强度

制、坚持依法行政、加强行政监督等措施，提高服务的便利度，促进政府职能的转型，使政府成为服务型政府。另外，大数据与互联网技术的普及，有利于各行业的创新。由于东北地区的经济发展速度在国内处于落后位置，因此"振兴东北"战略被提上议程，而互联网与工业的融合也符合该战略。因此，东北地区创新政策的热门主题可以归纳为：加强服务建设，推进"互联网+工业"。

表 2.3.6 东北地区创新政策热门主题的特征词

特征词	相关度
建设	0.0837
服务	0.0770
牵头	0.0255
融合	0.0191
互联网	0.0176
工作	0.0172
工业	0.0172
提升	0.0135
政策	0.0120
职责	0.0105

综上，我国各地区的创新政策热门主题存在一定的差异。东部地区凭借自身的技术优势，引领创新新局面，构建现代化的经济体系。中部地区则是将重点放在科技前沿上，以科技实力推动新兴产业发展。而西部地区由于受发展空间的约束，需要从基础做起，营造良好的创新生态。东北地区持续深化制度改革，紧随政策制定主线，加强服务建设，同时促进互联网与工业的融合。尽管各地区政策的侧重点不同，但是仍然突出了政府职能转变的特点：加强服务建设。

2.3.3.2 创业政策的区域比较

（1）东部地区

经计算，东部地区创业政策的最优主题个数为 22 个，依次编号，得到主题强度统计图。由图2.3.11可知，主题6的主题强度（0.064）最大，其余主题的主题强度大小一致，因此，这里只考虑主题6的特征词。根据特征词的相关度结果，提取出10个主要的特征词，由表2.3.7可知，东部地区的创业政策主要围绕企业与就业，通过鼓励企业内创业，以创业带动就业，增加工作岗位，缓解严峻的就业形势，同时提供创业补贴。因此，东部地区创业政策的热门主题可以归纳为：企业内创业，扩大就业需求。

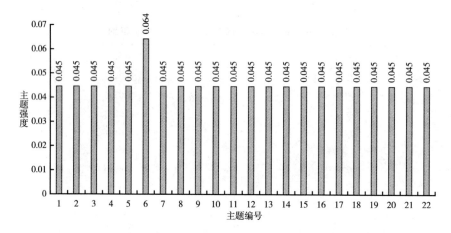

图2.3.11 东部地区创业政策的主题强度

表2.3.7 东部地区创业政策热门主题的特征词

特征词	相关度
企业	0.1438
就业	0.0684
工作	0.0296
给予	0.0294
需求	0.0157
补贴	0.0153
设立	0.0129
团队	0.0114
活动	0.0107
金融机构	0.0091

（2）中部地区

经计算，中部地区创业政策的最优主题个数为 17 个，依次编号，得到主题强度统计图。由图 2.3.12 可知，主题 10 的主题强度（0.077）最大，其余主题的主题强度大小一致，因此，这里只考虑主题 10 的特征词。根据特征词的相关度结果，提取出 10 个主要的特征词，由表 2.3.8 可知，中部地区的创业政策主要围绕金融领域创业、创业示范区的设置以及工业领域创业，同时也对高校毕业生创业提供补贴与政策支持。因此，中部地区创业政策的热门主题可以归纳为：打造金融与工业领域的创业示范区。

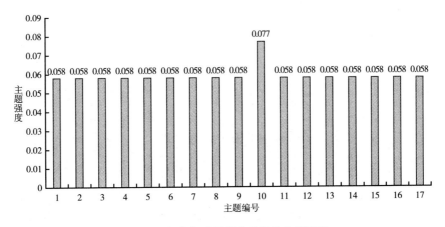

图 2.3.12 中部地区创业政策的主题强度

表 2.3.8 中部地区创业政策热门主题的特征词

特征词	相关度
创业	0.1856
推进	0.0251
金融	0.0203
示范	0.0185
工业	0.0182
国家	0.0170
部门	0.0151
高校	0.0129
补贴	0.0111
优势	0.0107

（3）西部地区

经计算，西部地区创业政策的最优主题个数为 27 个，依次编号，得到主题强度统计图。由图 2.3.13 可知，主题 18 的主题强度（0.056）最大，其余主题的主题强度大小一致，因此，这里只考虑主题 18 的特征词。根据特征词的相关度结果，提取出 10 个主要的特征词，由表 2.3.9 可知，西部地区的创业政策重点是围绕政府创业服务能力的提升，通过搭建创业孵化基地，为创业者提供资金支持与社会保障。另外，西部地区对工业领域的创业提供政策支撑，加强创业管理。因此，西部地区创业政策的热门主题可以归纳为：强化政府的创业服务体系。

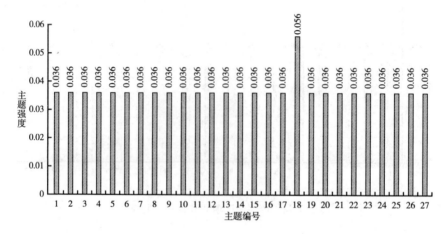

图 2.3.13　西部地区创业政策的主题强度

表 2.3.9　西部地区创业政策热门主题的特征词

特征词	相关度
服务	0.0504
重点	0.0379
资金	0.0339
孵化	0.0260
加大	0.0223
社会保障	0.0214

续表

特征词	相关度
生产	0.0185
人民政府	0.0176
工业	0.0151
管理	0.0147

（4）东北地区

经计算，东北地区创业政策的最优主题个数为 17 个，依次编号，得到主题强度统计图。由图 2.3.14 可知，主题 8 的主题强度（0.077）最大，其余主题的主题强度大小一致，因此，这里只考虑主题 8 的特征词。根据特征词的相关度结果，提取出 10 个主要的特征词，由表 2.3.10 可知，东北地区的创业政策重点是围绕高校毕业生的就业问题，以服务平台为媒介，给予创业指导。另外，东北地区还强调了科技推动创业。因此，东北地区创业政策的热门主题可以归纳为：为高校毕业生提供创业服务，加强创业培训教育。

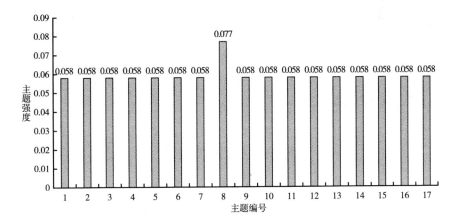

图 2.3.14 东北地区创业政策的主题强度

表 2. 3. 10 东北地区创业政策热门主题的特征词

特征词	相关度
服务	0.0931
高校	0.0425
教育	0.0239
进行	0.0182
科技	0.0170
市场	0.0139
毕业生	0.0131
全省	0.0117
纳入	0.0109
部门	0.0107

综上，我国各地区的创业政策热门主题的共同之处在于通过创业拉动就业，培育经济发展新动力，但是存在一定的地区差异。东部地区以创业拉动就业为政策核心，增加就业岗位，缓解就业压力。作为我国经济最发达的地区，人口密度大，工作岗位稀缺，形成了激烈的竞争氛围，因此通过创业的方式，给予求职者更多的工作机会。中部地区则是针对金融行业与工业的创新，拉动经济发展。西部地区将重点放在强化创业服务体系上，通过强化政策创新和服务保障体系，不断拓宽人才工作渠道，打造具有竞争力的政策网络体系，为人才发展提供有力支持和优质服务。东北地区则将高校毕业生的创业就业作为政策出发点，为大学生提供创业指导，开拓创新思维，以弥补东北地区自然环境的劣势。

2.4 "双创"政策文本分析小结

基于政府创新与创业的主题，本研究对相关政策进行文本分析，利用八爪鱼采集器爬取政策文本，所收集政策的时间段为 2011～2020 年，在基本的分布分析与词频分析的基础上，运用 LDA 主题模型，分析政府发布的创新政策与创业政策，得到政策主题的概率分布与主题—词项分布，计算各个主题的主题强度，重点对主题强度最高的五个主题进行特征词提取与分析。另外，本研究还将政策根据区域（分为东部、中部、西部、东北地区四个部分）进行划分，继续进行 LDA 主题挖掘。通过分析，发现如下。

对于政府创新政策而言，在过去 10 年，政府职能转变，即以服务职能为重心取代以行政职能为重心，并且在大数据的支撑下，以"互联网+"形式发展，它贯穿中国创新政策的整个过程，是政策制定的主线；对科学技术的追求是中国创新政策的最大特点。不同地区之间的政策侧重点不同：东部地区凭借自身的技术优势，引领创新新局面，构建现代化的经济体系；中部地区则是将重点放在科技前沿上，以科技实力推动新兴产业发展；而西部地区由于受发展空间的约束，需要从基本做起，营造良好的创新生态；东北地区持续深化制度改革，紧随政策制定主线，加强服务建设，同时促进互联网与工业的融合。

对于政府创业政策而言，就业始终是创业政策的核心。东部地区以创业拉动就业为政策核心，增加就业岗位，缓解就业压力；中部地区则是针对金融行业与工业的创新，拉动经济发展。西部地区将重点放在强化创业服务体系上，通过强化政策创新和服务保障体系，不断拓宽人才工作渠道，打造具有竞争力的政策网络体系，为人才发展提供有力支持和优质服务。东北地区则将高校毕业生的创业就业作为政策出发点，为大学生提供创业指导，开阔创新思维，以弥补东北地区自然环境的劣势。

第3章
"五年规划"中的产业政策对创新的影响

"五年规划"是我国社会主义经济体系阶段性发展宏伟蓝图的描绘，也是创新创业发展方向的重要指南。本章在对历次"五年规划"中的产业政策进行文本分析的基础上，理出政策支持的主要脉络，分析其对创新的影响。本章主要从以下几个方面进行研究：首先，分析为什么产业政策能够产生创新激励效应，从作用对象与作用机理方面进行研究；其次，研究产业政策对企业创新效率的影响；最后，研究产业政策对企业业务变更决策的引导效应，分析在产业政策引导下新的产业形成并成长、旧的产业被淘汰的机制。

3.1 产业政策的创新激励效应——作用对象与机理

针对受产业政策支持的企业其创新是否存在显著差异，以及究竟是哪些政策措施导致差异存在的问题，以"十二五"规划中产业政策变量为基准，以中国上市公司为样本，选取 2007~2015 年的相关面板数据，综合运用三重差分模型和分组回归研究发现，产业政策的创新激励存在"专业化效应"、"所有权效应"以及"规模效应"，即产业政策对企业创新的激励在专业化经营的企业、国有企业和大规模企业中效果更为明显。作用机理分析的结果表明,虽然"资源分配机制"中的税收政策、"资源引导机制"以及"市场竞争机制"对企业创新也产生了影响,但导致上述效应的主要原因是"资源分配机制"中的政府补贴政策。

3.1.1 引言

中国特色社会主义市场体系中的"特色"之一,就是政府与市场都对微观主体的行为产生重要影响,特别是企业的创新活动,不仅是企业自发自主的决策行为,它在很大程度上还受到政策的引导。而政策的引导又包括多个方面,其中,最关键的,或者说最具战略意义和宏观方向性指引的就是"五年规划"中的相关指引。对于政策制定者而言,政策的意图是否落实、其实施效果是否显著等这些问题的答案,是制定下一轮政策所必不可少的参考依据。在中国特色社会主义建设进入新时代的大环境下,自主创新不仅关系到企业的生死存亡问题,而且也是关系到国家发展战略的问题;不仅关系到中国整体经济发展的问题,而且也是关系到中国的国际地位和作用的大问题。因此,全面认识相关政策对企业创新的激励作用,对于完善政策体系、更好地激励中国企业自主创新、达到创新引领的全新局面具有重要意义。

针对这一问题,已经有学者进行过相关研究,近年来的主要研究包括黎文靖和郑曼妮(2016)、余明桂等(2016)、孟庆玺等(2016)、曹平和王桂军(2018)等,这些研究均从不同角度研究了产业政策对企业创新的促进作用。并且,也有学者作了进一步的研究,如从不同政策及其特点的研究发现,政策不确定性会显著影响企业的创新行为(Bhattacharya et al., 2017;孟庆斌和师倩,2017)。

产业政策对于企业创新的激励需要通过具体政策措施来实现,其具体政策工具既包括财政手段,也包括金融手段和其他手段。有意思的是,虽然"产业政策"颇具"中国特色",但对于企业创新的激励则基本上不分国界地普遍存在,在发达市场经济国家也同样如此,原因在于企业的创新活动具有公共品特征,其产生的创新效果不仅有利于创新企业本身,而且也有利于全社会，因此，创新活动应该得到政策的帮助并且产生积极的效果。Bronzini 和 Piselli（2016）、Howell（2016）的研究就分别肯定了政府补贴政策和税收优惠这两种手段对企业创新的促进作用。中国学者也发现，政府通过补贴和税收优惠为企业所提供的资金，可以缓解企业在进行创新活动时所面临的融资约束，从而激励企业创新（车嘉丽和薛瑞，2017）。

已有研究虽然基本明晰了产业政策对于企业创新的影响，以及具体政策工具对于企业创新的激励作用，但是，并没有明确这些政策对于产业中不同的企业是否有不同的影响这一问题。事实上，产业政策作用于产业整体，但具体工具传导至产业中的每一个企业可能存在非常大的差异；同时，产业中的不同企业自身也存在各自的特性，如唐清泉和巫岑（2015）、罗军（2017）发现不同企业所受到融资约束各不相同。因此，同一政策对于产业中不同企业的创新激励效果及其影响机理可能存在较大差异，有必要对这一问题进行进一步的研究。

本部分首先采用三重差分模型验证产业政策对于企业创新的激励效应；在此基础上，将企业按经营战略、所有权和公司规模进行分组研究；进一步，考虑产业政策的"资源分配机制"、"资源配置机制"以及"市场竞争机制"对企业创新的作用进行分组比较。通过上述研究，勾勒出产业政策对于企业创新的激励在不同企业的不同效果，以及各种政策工具作用于各类型企业的不同效果。

3.1.2　模型与变量

3.1.2.1　研究设计与模型

本部分首先探究产业政策是否对企业创新产生了显著影响，为此，需要采用基于自然实验的研究工具。国内相关的政策评估研究多采用双重差分法（DID）。但该方法的不足之处在于，如果实验组和对照组的平行趋势假定不成立，则无法得到政策效应的一致估计。而三重差分模型（DDD）则能较好地解决这一问题。在运用三重差分法时，需要有两种"处理组"和"控制组"的配对，其中一对根据"政策是否实施"来区分，另一对则根据

"可能影响平行趋势的变量"（例如行业、地区等）来区分。在此基础上，先分别计算两对"处理组"和"控制组"的双重差分估计量，再对两个差分估计量进行差分，从而有效捕捉政策效应。

同时，基于本研究的主要研究目的，我们需要进一步探究产业政策是否对不同企业产生不同的创新激励效果，参照唐清泉和巫岑（2015）、罗军（2017），将企业按经营战略、所有权性质以及规模进行分组，并分别考察政策的影响效果。为此，本研究参照王永进和冯笑（2018）的模型，构建三重差分模型对产业政策对不同企业的创新效应进行识别检验。

$$Innovation_{i,t} = \alpha + \beta_1 IP \times Term \times yz + \beta_2 IP \times Term + \beta_3 IP + \beta_4 Term +$$
$$\theta Z_{i,t-1} + \gamma Industry + \sigma Year + \varepsilon_{i,t} \qquad (3.1.1)$$

其中，$Innovation_{i,t}$ 表示企业 i 在 t 年的创新水平，IP 为产业政策变量，$Term$ 为时间虚拟变量，yz 依次表示企业经营战略、企业所有权性质和企业规模，Z 为表征其他控制变量的向量，同时，我们还控制了行业和年份的固定效应。ε 为误差项。如果 β_1 通过显著性检验，则说明产业政策对企业创新的影响在不同企业间存在明显差异，证明产业政策存在异质性效应。考虑到 Cai 等（2016）所指出的三重差分模型中将第三重差分简单设置为 0~1 变量可能导致回归结果被低估的问题，本研究在估计三重差分模型的同时也估计了分样本的双重差分模型。

在上述研究的基础上，用分组回归的方法进一步从"资源分配机制""资源引导机制""市场竞争机制"的角度揭示产业政策对不同类型企业产生不同创新激励效果的原因。

3.1.2.2 样本和变量

以中国 A 股上市公司为初始样本，并进行了以下筛选：首先，剔除了金融企业和 ST 上市公司；剔除了"十一五"期间受产业政策支持的企业。其次，剔除了上市时间晚于 2011 年的企业；剔除了财务数据异常以及缺失的企业，最终得到 7179 个公司—年份样本。本研究的数据主要来源于以下三部分。①专利申请和发明专利申请数据来自国泰安数据库。②产业政策的数据来自"十二五"规划文本。③所有上市公司的研发投入情况、业务经营以及财务数据均来自 Wind 数据库。

被解释变量：企业创新（*Innovation*）。虽然自 Schumpeter（1934）提出"创造性破坏"以来，学界提出了企业创新水平的诸多代理变量，但是研发投入、专利数量、专利引用量以及新产品销售值是最常见的衡量企业创新水平的指标。考虑到企业的创新是阶段性活动，因此，本研究拟从企业创新活动的投入端和产出端分别选取代理变量，囿于数据可得性，本研究使用上市公司的专利申请数量（*Patent*，上市公司当年专利申请数目加 1 的自然对数）来衡量企业的创新产出，用企业的研发密度（*RDratio*，公司当年研发投入占总资产之比）来衡量企业的创新投入。考虑到专利类型可能导致的差异，本研究也将发明专利申请数量（*Ipatent*，上市公司当年发明专利申请数目加 1 的自然对数）作为企业创新产出的代理变量。

核心解释变量：产业政策（*IP*）。中国的产业政策始于 20 世纪 70 年代，其中最具权威性的文件是五年规划纲要。借鉴黎文靖和郑曼妮（2016）的研究，本研究通过"十二五"规划的文本识别出产业政策支持的行业，据此设置产业政策的虚拟变量 *IP*，如果企业处于受产业政策支持的行业，则 *IP* 取值为 1，否则 *IP* 取值为 0。

关键变量：①企业经营战略（*Focus*）。企业经营战略代表企业是否实施专业化经营，借鉴朱江（1999）的研究，当上市公司主营业务收入的业务数目为 1 时，认定该公司为专业化企业，*Focus* 取值为 1，否则为 0。②企业所有权性质（*State*）。当上市公司为国有企业时，取值为 1，否则取值为 0。③企业规模（*Size*）。首先对样本企业当年总资产的自然对数排序，对上下 33% 的样本赋值，1 代表大规模企业，0 代表中小企业。

控制变量：①企业资产（*Asset*），公司当年总资产的自然对数。②企业年龄（*Age*），统计年度与公司成立时间之差的自然对数。③资产收益率（*Roa*），未计利息、税项、折旧及摊销前的利润与总资产的比值。④资产负债比率（*Lev*），公司当年短期借款、一年内到期的长期借款与长期借款之和占总资产的比重。⑤营业总收入（*Sales*），公司当年营业总收入的自然对数。⑥固定资产比重（*Tangible*），公司当年固定资产净额占总资产之比。

⑦经营现金流量（*Cash*），经营现金流量与总资产的比值。⑧资本支出（*Capex*），资本支出占总资产的比值。⑨营业总收入增长率（*Growth*），公司当年营业总收入的自然对数与上一年度营业总收入的自然对数之差。⑩所在省份 GDP 增长率（*Gdpr*），公司所在省份的人均 GDP 增长率。

3.1.3 实证分析

3.1.3.1 描述性统计

（1）各变量基本统计量

所有变量的基本统计量如表 3.1.1 所示，专利申请数量的对数平均值（*Patent*）为 2.169，说明样本企业年均申请专利数量为 7.75（$e^{2.169}-1$）件，样本企业中专利申请数量最多的企业达到 588（$e^{6.378}-1$）件，说明不同企业间的专利申请数量还是存在较大差异的。发明专利申请数量的对数平均值（*Ipatent*）为 1.409，即样本企业年均申请发明专利数量为 3.09（$e^{1.409}-1$）件，约为发明专利数量的一半。从中位数来看，专利申请数量的中位数为 7.99（$e^{2.197}-1$）件，而发明专利申请数量的中位数为 2.99（$e^{1.386}-1$）件，可见大多数企业的发明专利申请数量要远远低于专利申请数量，这与我国当前专利申请现状较为一致，说明本研究的样本具有代表性。研发密度（*RDratio*）的均值为 1.864，说明平均来看，样本平均研发投入占总资产的比例为 1.864%，研发密度的最小值为 0.011，最大值为 9.712，说明不同企业对于创新活动的资金投入存在较大差异。产业政策 *IP* 的均值为 0.723，说明样本中受到"十二五"产业政策支持的企业占比 72.3%，可见政策冲击能有效地区分开控制组和实验组。

表 3.1.1 各变量描述性统计

变量名	含义	观测值	均值	标准差	最小值	最大值
Patent	专利申请数	7179	2.169	1.778	0	6.378
Ipatent	发明专利申请数	7179	1.409	1.469	0	5.680
RDratio	研发密度	4672	1.864	1.473	0.011	9.712
IP	产业政策	7179	0.723	0.448	0	1

变量名	含义	观测值	均值	标准差	最小值	最大值
Focus	经营战略	7179	0.390	0.488	0	1
State	所有权性质	7179	0.405	0.491	0	1
Asset	总资产	7179	21.83	1.220	16.16	27.70
Age	企业年龄	7179	14.99	5.297	2	35
Roa	资产收益率	7179	0.0481	0.0404	0.00130	0.223
Tangible	固定资产比重	7179	22.78	15.42	0.230	74.30
Cash	经营现金流量	7179	4.444	7.393	-19.56	26.62
CapEx	资本支出	7179	5.520	5.058	0.0214	25.77
Lev	资产负债比率	7179	16.06	14.52	0	61.27
Sales	营业总收入	7179	21.32	1.443	17.85	25.25
Growth	营业总收入增长率	7179	0.138	0.309	-0.760	1.797
Gdpr	GDP 增长率	7179	10.16	2.442	5.800	16.40

（2）分组差异性分析

为了探析企业异质性特征是否会影响产业政策的净效应，我们将样本企业进一步按照经营战略、所有权性质、企业规模分组进行差异性分析，结果如表 3.1.2 所示。表中第（7）列报告的是双重差分值，即产业政策的净效应、专利申请和发明专利申请的双重差分值均显著为正，说明产业政策促进了企业的创新。整体来看，产业政策对专业化经营的企业、国有企业和大规模企业的创新促进作用较大。具体来看，专业化经营的企业的专利申请数量要比非专业化经营的企业的专利申请数量平均多 0.18（$e^{0.519}-e^{0.402}$）件，而发明专利申请数量要显著高 0.19（$e^{0.497}-e^{0.374}$）件；非国有企业的专利申请数量要比国有企业的专利申请数量平均低 1.30（$e^{0.957}-e^{0.266}$）件，而发明专利申请数量要显著低 0.88（$e^{0.821}-e^{0.326}$）件；小规模企业的专利申请数量要比大规模企业的专利申请数量平均低 0.45（$e^{0.596}-e^{0.310}$）件，而发明专利申请数量要显著低 0.52（$e^{0.605}-e^{0.270}$）件；成熟企业的专利申请数量要比年轻企业的专利申请数量平均低 0.21（$e^{0.546}-e^{0.417}$）件，而发明专利申请数量要显著低 0.323（$e^{0.569}-e^{0.367}$）件。表 3.1.2 的结果说明，产业政策的创新效应与其作用对象的特征显著相关，因此，有必要使用三重差分法分析产业政策对微观企业创新行为的影响。

表 3.1.2 分组差异性分析

分组变量		实验前			实验后			双重差分值（7）
		控制组（1）	实验组（2）	差分值（3）	控制组（4）	实验组（5）	差分值（6）	
专利申请	非专业化	0.634	1.941	1.307***	1.088	2.797	1.709***	0.402***
	专业化	1.106	1.936	0.830***	1.405	2.754	1.350***	0.519***
发明专利申请	非专业化	0.335	1.234	0.900***	0.641	1.915	1.273***	0.374***
	专业化	0.507	1.127	0.620***	0.704	1.820	1.116***	0.497***
研发密度	非专业化	1.150	1.586	0.436**	1.194	1.839	0.646***	0.209
	专业化	1.355	2.108	0.753***	1.424	2.280	0.856***	0.103
专利申请	非国有	0.836	1.774	0.938***	1.443	2.647	1.204***	0.266**
	国有	0.604	1.935	1.331***	0.784	3.072	2.288***	0.957***
发明专利申请	非国有	0.381	1.004	0.623***	0.762	1.711	0.949***	0.326***
	国有	0.336	1.245	0.909***	0.501	2.231	1.730***	0.821***
研发密度	非国有	1.432	1.992	0.560***	1.421	2.096	0.674***	0.114
	国有	0.774	1.571	0.797***	0.883	1.938	1.054***	0.258
专利申请	小规模	0.605	1.362	0.758***	1.053	2.121	1.068***	0.310***
	大规模	1.055	2.592	1.537***	1.319	3.452	2.133***	0.596***
发明专利申请	小规模	0.280	0.731	0.451***	0.542	1.263	0.720***	0.270***
	大规模	0.644	1.842	1.198***	0.760	2.563	1.803***	0.605***
研发密度	小规模	1.564	2.185	0.622***	1.655	2.300	0.645***	0.023
	大规模	0.935	1.332	0.397	1.040	1.782	0.742***	0.345

注：表中 * 为均值差异的显著性情况，***、**、*分别表示在1%、5%和10%的水平上显著。

3.1.3.2 产业政策对异质性企业创新的影响分析

将不同企业在"专利""发明专利""研发密度"三个指标上进行回归分析的结果如表 3.1.3 所示。其中，A 栏是按企业是否专业化经营的回归结果，B 栏和 C 栏分别是按企业所有权性质和规模回归的结果。

表 3.1.3A 栏中分组回归的结果显示，专业化企业在产业政策的支持下申请更多的专利和发明专利，但研发密度却显著低于多元化企业。这说明产业政策的支持更有可能引起多元化企业增加研发投入，但其创新产出并没有增加，进一步说明产业政策对多元化企业的促进效果不及产业政策对专业化

企业的促进效果。据此，我们发现产业政策对企业创新的影响具有"专业化效应"，即专业化经营的企业对产业政策的支持更为敏感。

表 3.1.3B 栏中 DDD 模型的系数在 1% 的统计水平上显著为正，可见受产业政策支持的国有企业增加的专利申请、发明专利申请数量更多，投入的研发密度更大，说明所有权性质显著影响产业政策的正向效应。分组回归的结果也表明，国有企业组中交乘项的系数显著大于非国有企业组，由此可以发现产业政策对企业创新的影响具有"所有权效应"，即产业政策对企业创新的激励作用在国有企业中更为明显。

表 3.1.3C 栏中 DDD 模型的系数为正，且专利申请数量和发明专利申请数量在 1% 的统计水平上显著为正，说明受产业政策支持的大规模企业增加的专利申请、发明专利申请数量更多，分组回归的系数差异值也显著为负，也证明了企业规模对产业政策的显著正向影响，由此可以发现产业政策对企业创新的影响具有"规模效应"，即产业政策对企业创新的影响在大规模企业中更为显著。

综上，产业政策对创新的正向作用因企业经营战略、所有权性质和规模而存在显著差异，具体表现为产业政策在专业化企业、国有企业和大规模企业中对企业创新的影响更为显著，也即产业政策的创新激励效应因其作用对象不同而存在"专业化效应"、"所有权效应"和"规模效应"。

表 3.1.3　异质性的影响

	专利			发明专利			研发密度		
	(1)	(2)	(3)	(4)	(5)	(6)	(7)	(8)	(9)
A 栏企业异质性:专业化经营(Focus)									
	非专业化	专业化	DDD	非专业化	专业化	DDD	非专业化	专业化	DDD
$IP \times Term \times Focus$			0.0546			0.0405			0.0494
			(1.179)			(0.872)			(0.470)
$IP \times Term$	0.530 ***	0.721 ***	0.566 ***	0.525 ***	0.660 ***	0.565 ***	0.751 ***	0.507 **	0.666 ***
	(8.436)	(6.776)	(9.918)	(7.140)	(5.330)	(8.574)	(5.020)	(2.201)	(5.002)
$b_0 - b_1$		−0.19 ***			−0.16 *			0.244 *	

续表

	专利			发明专利			研发密度		
	（1）	（2）	（3）	（4）	（5）	（6）	（7）	（8）	（9）
B 栏企业异质性:企业所有权性质(*State*)									
	非国有	国有	DDD	非国有	国有	DDD	非国有	国有	DDD
IP×Term×State			0.233 *** (5.086)			0.214 *** (4.641)			0.375 *** (3.528)
IP×Term	0.419 *** (5.408)	0.778 *** (10.27)	0.490 *** (8.545)	0.423 *** (4.888)	0.767 *** (8.104)	0.495 *** (7.504)	0.419 *** (2.724)	1.024 *** (4.928)	0.547 *** (4.208)
b_0-b_1		−0.358 ***			−0.344 ***			−0.665 ***	
C 栏企业异质性:企业规模(*Size*)									
	小规模	大规模	DDD	小规模	大规模	DDD	小规模	大规模	DDD
IP×Term×Size			0.204 *** (8.127)			0.143 *** (5.821)			0.0204 (0.474)
IP×Term	0.268 *** (2.895)	0.762 *** (7.958)	0.283 *** (3.262)	0.258 ** (2.519)	0.815 *** (6.846)	0.436 *** (4.494)	0.453 ** (2.266)	0.794 *** (5.655)	0.564 *** (3.692)
b_0-b_1		−0.493 ***			−0.557 ***			−0.437 **	

注:括号内为回归系数的 t 值，*** 、** 、* 分别表示在 1%、5% 和 10% 的水平上显著，标准差为稳健性标准误。表中各回归均包含了控制变量，并且控制了行业和年份。b_0-b_1 表示分组回归中 *IP×Term* 的系数差异，A 栏中表示非专业化组系数与专业化组系数之差，B 栏中表示非国有企业组与国有企业组系数之差，C 栏中表示小规模企业组与大规模企业组系数之差。

3.1.3.3　稳健性检验

为了验证回归结果的稳健性，本研究通过多种方法对基准回归进行了检验。①为了尽量避免研发投入的衡量偏误，剔除了样本中有专利产出却没有研发投入的企业，由此构建了一个剔除上述噪声的子样本来重新对研发密度进行上述回归。②为了有效控制由实验组分组产生的偏误的影响，采用两类安慰剂检验来对基准回归模型进行稳健性检验，一是构建虚假的实验组和对照组，二是置换虚假的政策发生时间。③考虑到"十二五"规划纲要将发展战略性新兴产业列为"十二五"的重要目标，并单列一章用以描述战略性新兴产业，据此设置产业政策的代理变量 *IP2*，当企业为战略性新兴企业时取值为 1，否则取值为 0。上述稳健性检验的结论均与表 3.1.2 和表 3.1.3 的结果一致，证明本研究的结论是稳健的。

3.1.4　影响机制分析

三重差分模型的结果表明产业政策对企业创新的影响存在"专业化效应"、"所有权效应"和"规模效应",那么是什么因素引致产业政策对不同企业的作用不同?理论上,首先,政府会对受产业政策支持的企业提供财政补贴和税收优惠,从而促进企业创新,这可以被视为产业政策的"资源分配机制";其次,市场资源会被引导到受产业政策支持的企业,从而促进企业创新,这可以被视为产业政策的"资源引导机制";最后,产业政策还有可能通过影响企业进入和退出市场,加大市场竞争来影响企业创新,这可以被视为产业政策的"市场竞争机制"。那么,产业政策对不同企业的作用是否与上述机制相关?因此,本研究选用政府补贴和税收优惠作为"资源分配机制"的代理变量,以企业长期贷款增量作为"资源引导机制"的代理变量,以行业 HHI 指数作为"市场竞争机制"的代理变量,通过分组估计产业政策对各代理变量的效应,从而识别出产业政策对不同企业的作用路径。

各代理变量的计算方法如下。

①政府补贴($Subsidies$),为公司所获得补贴与公司总资产之比。②税收优惠($Taxes$),为企业的适用税率。③长期贷款增量($DLLoan$),为企业当期长期贷款与上一期长期贷款之差占公司总资产的比例。④行业 HHI 指数(HHI),计算公式为:$\sum (X_i/X)^2$,$X = \sum X$,其中X_i为行业内企业 i 的销售额,HHI 指数越小,则行业竞争越激烈。上述变量所用数据均来自 Wind 数据库。

产业政策与其作用机制的分组回归结果见表 3.1.4。

从表中 A 栏的数据可以看到,专业化公司相比非专业化公司获得了更多的政府补贴和较低的税率,而在"长期贷款增量"和"市场竞争水平"指标上则没有显著差别,因此可以判断,产业政策的"专业化效应"主要是由"资源分配机制"所致,也即因为专业化企业获得了更多的政府补贴和税收优惠。

从表中 B 栏的结果可以看到,受产业政策支持的国有企业获得了更多的政府补贴,但长期贷款增量显著下降,而适用税率和市场竞争水平则并没有显著变化。受支持的非国有企业的适用税率有了明显下降,市场竞争水平得到显著提高。因此综合来看,产业政策的"所有权效应"的主要作用路径是国有企业获得了更多的政府补贴。虽然非国有企业在税收优惠和市场竞争方面获得了一定创新激励,但总体而言,这两者的作用还是小于政府补贴的效果。

从表中 C 栏可以看到,受产业政策支持的大规模企业所获得的政府补贴显著增加,市场竞争水平也得到了显著提高;而受支持的小规模企业的适用税率则明显下降。因此综合来看,产业政策的"规模效应"的作用路径是"资源分配机制"中的政府补贴以及竞争机制。

综上可以看到,产业政策的企业异质性效应主要通过"资源分配机制"得以实现,其中,又以政府补贴的影响最为稳定。"资源引导机制"和"市场竞争机制"的作用,以及"资源分配机制"中的税收优惠政策虽然也能发挥一定作用,但其作用对象与机理并不确定。

表 3.1.4 产业政策对机制变量回归

	政府补贴		适用税率		长期贷款增量		市场竞争水平	
	(1)	(2)	(3)	(4)	(5)	(6)	(7)	(8)
A 栏企业异质性:经营战略(*Focus*)								
变量	非专业化	专业化	非专业化	专业化	非专业化	专业化	非专业化	专业化
IP_Term	0.432***	2.229**	−0.364	−1.441***	−0.588*	−0.274	−0.330	1.948
	(4.517)	(2.031)	(−1.001)	(−2.784)	(−1.757)	(−0.657)	(−0.483)	(0.295)
B 栏企业异质性:企业所有权性质(*State*)								
变量	非国有	国有	非国有	国有	非国有	国有	非国有	国有
IP_Term	0.612	2.191**	−1.038***	−0.382	0.210	−1.269***	2.077***	1.201
	(1.031)	(2.034)	(−2.837)	(−0.804)	(0.605)	(−3.222)	(3.271)	(1.424)
C 栏企业异质性:企业规模(*Size*)								
变量	小规模	大规模	小规模	大规模	小规模	大规模	小规模	大规模
IP_Term	−0.0496	2.804*	−1.095**	0.0440	−0.363	−0.269	−0.943	3.482***
	(−0.339)	(1.655)	(−2.293)	(0.0765)	(−0.699)	(−0.604)	(−0.900)	(3.465)

注:括号内为回归系数的 t 值,***、**、* 分别表示在 1%、5% 和 10% 的水平上显著,标准差为稳健性标准误。表中各回归均包含了控制变量,并且控制了行业和年份。

3.1.5 结论

本研究利用中国上市企业 2006~2015 年的专利数据和财务数据，采用三重差分法实证检验了产业政策的创新效应，分析了产业政策支持对不同性质企业的作用差异，并探究了产业政策创新效应的作用路径。研究发现如下。

①产业政策对不同企业产生了不同的影响，产业政策对于企业的创新激励存在"专业化效应"、"所有权效应"和"规模效应"。也即，产业政策更能激励专业化企业、国有企业、大规模企业的创新活动。

②产业政策通过资源分配机制、资源引导机制、市场竞争机制发挥作用，但导致上述效应的主要原因是资源分配机制中的政府补贴政策。

3.2 产业政策对企业创新效率的影响*

已有研究表明，产业政策能促进企业的研发投入和专利产出从而促进企业创新，但是单一的研发投入和专利产出的衡量具有片面性，综合考虑企业创新活动的投入端和产出端，本研究引入创新效率来分析产业政策对企业创新的作用，基于中国 2008~2015 年上市公司专利数据、产业政策数据进行实证分析，结果表明：①产业政策会阻碍受支持企业的创新效率，并且这种阻碍作用在国有企业中更为显著；②本研究进一步对产业政策负向影响的作用机理的研究表明，企业业务拓展和政府补贴是产业政策阻碍受支持企业创新效率的两个重要因素，非相关业务多元化战略和政府补贴降低了产业政策的有效性。在产业政策实施过程中宜尽量避免产业政策对企业创新效率的负向影响，真正提升企业的创新能力。

3.2.1 引言

自 20 世纪 70 年代引入产业政策以来，产业政策在中国长期的经济发展

---

* 本部分主要内容已发表于《产经评论》2018 年第 3 期。

中扮演着非常重要的角色，是中国经济增长奇迹的推动力之一。那么，在创新和技术进步成为引领中国经济发展的第一动力的背景下，中国产业政策的成效如何？宏观的产业政策是否能影响微观企业的创新能力从而促进企业持续发展？产业政策的角色是否需要转换？这是学术界、政府和业界都非常关注的问题。

已有研究表明，产业政策可以影响企业创新活动的投入及产出。黎文靖和郑曼妮（2016）发现产业政策能显著增加中国公司申请专利的数目，尤其是非发明专利申请的数目。余明桂等（2016）的实证研究结果表明产业政策促进了技术创新，他们主要以专利申请数和研发费用作为技术创新的衡量标准。但是由于科技创新资源有限，在研发强度加大、创新资源总量投入不断增加的同时，更要注重效率问题，"好钢要用在刀刃上"，这样才能真正实现企业创新能力和竞争力的提升。

本研究引入 Gao 和 Chou（2015）的方法，以调整的专利授权数与研发投入之比计算企业的创新效率来衡量企业的创新能力，根据中国专利的分类，本研究创新性地引入发明效率（IE_I）和非发明效率（IE_NI）两个创新效率的分指标，以更为深入地研究产业政策对创新效率的影响。本研究发现：第一，企业受到产业政策支持并不会提升其创新效率，反而会降低其创新效率；第二，国有企业存在资源诅咒效应，受到产业政策支持的国有企业创新效率下降更多；第三，企业有动机迎合产业政策实施非相关业务多元化战略，这种寻租行为导致企业的创新效率下降更多；第四，产业政策的政府补贴效应为负，受到产业政策支持的企业其政府补贴对创新效率为负向影响。考虑了产业政策和创新效率的内生性之后，本研究的结论没有发生变化。

从当前国内外研究来看，本研究的贡献如下。第一，本研究是对已有文献对于产业政策经济后果研究的补充。本研究立足于创新效率视角，研究我国产业政策在企业微观层面对创新效率的影响。已有文献对产业政策经济后果的研究主要集中在产业政策影响资源配置、产业结构优化、工业生产率等宏观产业层面（Okimoto，1989；Eaton and Grossman，1986；Chang et al.，

1998；Etzkowitz and Leydesdorff，2000；Rodrik，2004），虽然也有微观层面的研究分析了产业政策对公司投融资决策和创新活动的影响（黎文靖和郑曼妮，2016；余明桂等，2016），但是已有对创新活动的影响都只关注了企业创新活动的投入端或者产出端，而忽视了企业创新活动的效率问题。

第二，本研究从产业政策的宏观视角探讨了国家宏观经济政策对于微观企业行为的影响，指出了产业政策影响企业创新效率的相关路径，进一步丰富了"宏观经济政策与微观企业行为"的理论分析框架（姜国华和饶品贵，2011）。区别于以往研究，本研究关注企业针对宏观产业政策做出的应对行为会最终降低产业政策的效果，本研究的结果表明产业政策实施过程中存在寻租问题，导致受产业政策支持的企业创新效率反而较低，本研究也为产业政策的激励扭曲效应提供了微观证据。

第三，本研究是对企业多元化战略选择的补充研究。已有研究主要集中在企业多元化战略对研发费用或者专利水平的影响（Garcia-Vega，2006；Klinger and Lederman，2006；Chen and Chang，2012），也有部分学者关注多元化战略对创新效率影响，Gao 和 Chou（2015）的研究表明跨国多元化企业的创新效率要低于本国企业。本研究证明了产业政策是企业实施非相关多元化战略的影响因素之一，而受产业支持实施非相关多元化战略的企业是创新效率较低的企业。

第四，本研究是对政府补贴效应的补充。前人对政府补贴效应的研究主要集中在政府补贴与企业创新投入的关系（Rodrik，2004；Hewitt-Dundas and Roper，2010），本研究以政府补贴为中介变量，结果表明，政府补贴会削弱产业政策的有效性。

3.2.2　制度背景与理论分析

3.2.2.1　制度背景

改革开放以来，基于经济结构调整以及赶超型发展的考虑，产业政策一直占据着中国经济政策体系的中心地位。"产业政策"一词最早出现在 1986 年"七五"计划中，但实际上有着明确产业指向的政策则早在 20 世纪 70

年代末即开始推行。当前，我国已经形成了多层次、统一而多样的产业政策体系，总体来看，我国的产业政策体系可以分为"金字塔"式的三层：最顶层是以"五年规划"和《产业结构调整指导目录》为代表的国家层面的纲领性计划或政策；中间层是各部门颁布的具体行业发展或限制政策；第三层则是各地区颁布的区域产业政策文件。下面两层政策的设计是以顶层为纲领，是对顶层目标的落实和补充。

作为产业政策体系的顶层设计，"五年规划"会对各产业的发展给出较为明确的指导方针，有着重要的指导意义。20 世纪 70 年代末期的产业政策重点发展燃料、动力、原材料工业和交通运输以解决轻重工业比例严重失衡、基础行业发展落后的问题；而"九五"计划和"十五"计划的重点则在引导资源向机械电子、汽车、化工和建筑四个支柱行业倾斜；"十二五"之后产业政策不再支持粗犷型资源增长而更倾向于扶持新能源产业以获得可持续发展。2016 年发布的"十三五"规划则更多地着墨于战略性新兴产业的发展。由此可见，在中国经济发展的不同时期产业政策的倾斜方向是随着经济结构而调整的。当前，增强自主创新能力、建设创新型国家处于国家发展战略的核心地位，要走上创新驱动、内生增长的发展轨道，真正成为创新型国家，必须提高国家的自主创新能力。在此情形下，产业政策对企业创新效率的影响及其机理应该被纳入政策制定者的考虑范围。

3.2.2.2 理论分析与研究假设

就本质来讲，产业政策是政府采取措施引导资源在三次产业间配置。无论在理论上还是实践上，关于产业政策的争论一直存在。关于产业政策有效性的问题，学术界对此存在两种相对的态度，国内外学者的结论并没有达成一致。产业政策的支持者以外部性和协调失灵等作为产业政策有效性的理论基础，认为产业政策能够纠正市场失灵从而实现资源的有效配置、优化产业结构、促进经济增长。产业政策的反对者则认为产业政策会导致资源配置低效率，受到有限信息和有限理性的制约以及腐败和寻租问题的存在会使得产业政策走向失败。本研究探讨产业政策究竟是提高还是阻碍创新效率的问题，以上述两种理论观点为基础，提出两个竞争性假设：产业政策能提高受扶持企业的创新效率和产业政策会阻碍受扶持企业的创新效率。

Romer（1990）提出的内生增长理论认为，由于技术研发有知识溢出效应，研发的个人成本会大于社会成本，当成本无法带来个人要求的收益时，私人企业便会减少投资，从而会造成技术创新的市场失灵。乔治·泰奇（2002）指出由于创新基础研究的投入成本高、风险大、收益却无法完全内部化以及技术生命周期的存在，企业投入的资源不能完全满足创新需要，也会造成市场失灵。当市场失灵时，政府采取一些政策措施，可以帮助克服市场失灵，增强企业自主创新的积极性。首先，政府部门通过财政补贴、信贷扶持等产业政策手段能在较大程度上承担技术研发和应用等过程中的市场不确定性风险，引导各方力量集中开展新技术研发，发挥技术研发的规模经济效应和集聚效应。其次，因为产业政策的制定集合了行业专家等人的智慧，代表着国家的未来重点发展方向，因此有利于弥补市场外部性、信息不完全和信息不对称，引导社会资金流向产业政策支持的领域，提高资源配置的有效性，从而提高企业的创新效率。

综上，提出研究假设1：产业政策能提高受扶持企业的创新效率。

产业政策制定的初衷是弥补"市场失灵"，但在产业政策实施的过程中，产业政策有可能会干扰市场机制发挥作用，因为产业政策在促进一部分产业较快发展的同时，很有可能使得企业产生对于政策带来的税收优惠、政府补贴以及外部资金流入等资源的依赖性，从而产生"资源诅咒效应"，企业缺乏改进、提高效率的动力，资源没有得到最有效的使用，产业政策有可能诱发企业的不正当行为。首先，政府对于某些行业的支持政策，会使进入这些行业的企业数目多于市场机制引导下的企业数目，可见，有些企业是为了进入而进入，这就会产生一些无效的研发投入。其次，为了获取税收优惠和政府补贴，企业管理层有可能进行研发操纵（杨国超等，2017），研发操纵行为会引起研发费用虚增，为创新而创新，无法提高企业的创新水平，阻碍企业的创新效率。

综上，提出研究假设2：产业政策会阻碍受扶持企业的创新效率。

3.2.3 主要变量及其描述性统计

3.2.3.1 数据来源和样本筛选

本研究所用的数据集主要由三个数据来源整合而成。其一，国泰安发布的中国上市公司专利研究数据库，其包含 1988 年以来上海证券交易所和深圳证券交易所所有上市公司的专利信息，包括发明专利、实用新型专利和外观设计专利的申请数和授权数，还包含 2007 年以来所有上市公司的无形资产和研发费用。其二，Wind 数据库，我们从中获取了 2006 年以后所有 A 股上市公司的业务经营和财务数据。其三，产业政策的数据通过阅读"十一五"规划和"十二五"规划的文本内容手工匹配得到。对上述数据进行整合后，我们按照以下步骤进一步合并样本：①剔除金融和保险类上市公司；②剔除 ST 和 PT 公司；③剔除财务信息有缺失的样本；④删除只在一个五年计划期间的样本。最终本研究得到 2008～2015 年 1740 家公司的 7319 个公司年度数据。表 3.2.1 列出了样本公司的行业分布情况，总体来看，在全样本期间内，样本数目最多的行业是制造业，信息传输、软件和信息技术服务业，这与中国证券市场上所有上市公司行业分布特征一致。为了删除极端值的影响，本研究对所有连续变量进行了上下 1% 的缩尾处理。

表 3.2.1 样本公司的行业分布

单位：个，%

行业	样本数目	所占百分比
制造业	1429	82.13
信息传输、软件和信息技术服务业	112	6.44
建筑业	42	2.41
采矿业	39	2.24
电力、热力、燃气及水生产和供应业	20	1.15
批发和零售业	16	0.92
水利、环境和公共设施管理业	16	0.92
农、林、牧、渔业	15	0.86

行业	样本数目	所占百分比
科学研究和技术服务业	15	0.86
交通运输、仓储和邮政业	11	0.63
文化、体育和娱乐业	9	0.52
租赁和商务服务业	8	0.46
房地产业	8	0.46
总和	1740	100

3.2.3.2 主要变量

（1）创新效率（IE）

区别于以往以研发投入或者专利申请数为创新能力的衡量指标的研究，本研究选用创新效率来度量企业的创新能力，本研究所述创新效率是指企业进行创新活动的效率。已有研究中计算创新效率的方法有两种，一是计算投入产出比，适用于单投入和单产出过程；二是利用生产函数进行计算，这种计算方法通常用于计算行业或者国家的创新效率。对于企业来说，生产函数的计算有难度且不确定，再加上投入和产出多要素的数据获得较难，因此本研究选用投入产出法来计算创新效率。

参照 Gao 和 Chou（2015）的做法，本研究以专利授权数来衡量创新活动的产出，以企业的 R&D 费用来衡量创新活动的投入，将企业创新效率定义为企业平均每百万元研发投入能带来的专利数量的增长。因为专利授权数可能存在截尾误差，而且专利授权数据可能会存在行业之间的偏误，因此，本研究参考 Hall 等（2000）的研究，用企业专利授权数除以同行业平均专利授权数代替专利数。

此外，已有研究表明，由于资本投入、可获得性以及专利产出的效果不同，可以将发明专利、实用新型专利和外观设计专利分为发明专利和非发明专利（含实用新型专利和外观设计专利）。考虑到这种影响，因此，本研究新设了创新效率的两个分变量，分别是发明效率（IE_I）和非发明效率（ IE_NI ）。

（2）产业政策（ IP ）

已有研究中，对于产业政策的定量分析主要有三种方法：①基于"五年规划"的文本，设置虚拟变量衡量产业政策（陈冬华等，2010；陆正飞和韩非池，2013；黎文靖和郑曼妮，2016）；②用税收优惠、政府补贴、研发补贴作为产业政策的度量指标（Aghion 等，2015）；③以法规规章数量的角度来度量产业政策（韩永辉等，2017）。本研究认为，"五年规划"处于产业政策体系的核心指导地位，其能体现国家产业发展的远景目标及方向，而第二种方法只关注产业政策的财政支持因素，第三种方法不适用于对企业的研究，因此本研究采取第一种衡量方法度量产业政策，更能研究具有普遍性的产业政策对企业创新能力的影响。

通过对《中华人民共和国国民经济和社会发展第十一个五年规划纲要》和《中华人民共和国国民经济和社会发展第十二个五年规划纲要》的文本分析，我们梳理出了"十一五"期间和"十二五"期间国家支持发展的行业，从图 3.2.1 中我们可以看到"十一五"期间和"十二五"期间一直受支持的行业有 16 个，"十一五"支持而"十二五"不支持的行业有11 个，"十一五"不支持而"十二五"支持的行业有 6 个。同时我们可以发现我国在 2006～2015 年这 10 年间的国家支持产业发展的路线，"十一五"期间仍然以较为传统的行业支持为主，"十二五"期间则更为关注新能源行业。然后我们将上市公司按照其所属行业分为产业政策支持的企业和其他企业。

（3）控制变量

已有研究表明，国有企业和民营企业的创新效率存在较大的差异，因此本研究将企业所有权性质纳入计量模型作为控制变量，除此之外，本研究还控制了对公司研发活动影响较大的变量。本研究所有变量及其定义见表 3.2.2。

| A01 农业 |
| A02 林业 |
| A03 畜牧业 |
| A04 渔业 |
| A05 农、林、牧、渔服务业 |
| B07 石油和天然气开采业 |
| C36 汽车制造业 |
| C37 铁路、船舶、航空航天和其他运输设备制造业 |
| C39 计算机、通信和其他电子设备制造业 |
| G53 铁路运输业 |
| G54 道路运输业 |
| G56 航空运输业 |
| G57 管道运输业 |
| I63 电信、广播电视和卫星传输服务 |
| I64 互联网和相关服务 |
| I65 软件和信息技术服务业 |

| B06 煤炭开采和洗选业 |
| B09 有色金属矿采选业 |
| C13 农副食品加工业 |
| C26 化学原料和化学制品制造业 |
| C27 医药制造业 |
| C32 有色金属冶炼和压延加工业 |
| D44 电力、热力生产和供应业 |
| D45 燃气生产和供应业 |
| G55 水上运输业 |
| G58 装卸搬运和运输代理业 |
| K70 房地产业 |

| C40 仪器仪表制造业 |
| F51 批发业 |
| G59 仓储业 |
| G60 邮政业 |
| H61 住宿业 |
| H62 餐饮业 |

| "十一五"和"十二五"都受支持的行业 | "十二五"时期退出支持的行业 | 新进入"十二五"支持的行业 |

图 3.2.1 2006～2015 年受产业政策支持的行业一览

表 3.2.2 变量定义

变量	变量含义	计算方式
IE	创新效率,每万元研发投入产生的专利水平	专利数/研发投入
IE_I	发明效率,每万元研发投入产生的发明专利水平	发明专利数/研发投入
IE_NI	非发明效率,每万元研发投入产生的非发明专利水平	(实用新型专利数+外观设计专利数)/研发投入
IP	用来衡量企业是否受到产业政策的支持	如果企业所在行业受到产业政策支持,取值为1,否则取值为 0,企业所在行业根据新证监会行业分类取三位代码
State	是否为国有企业	如果企业为国有企业,变量取值为1,否则,变量取值为 0
Age	公司年龄	统计年度与公司成立时间的差额的自然对数
Size	公司规模	公司资产的自然对数
Rd	企业研发费用占营业收入之比	研发费用/营业收入
Lev	长期负债比率	长期负债/总资产
CapEx	资本支出	资本支出/总资产
Adv	销售费用	销售费用/营业收入
EBIT	息税前利润	息税前利润/营业收入
CF	经营现金流量	经营现金流量/总资产

3.2.3.3 描述性统计

表 3.2.3 为本研究主要变量的描述性统计结果。样本的平均创新效率为 0.035，最小值为 0，最大值为 12.630，这说明样本企业每百万元研发投入平均能获得专利 0.035 个，有至少 3/4 的样本企业每百万元研发投入获得的专利数目低于平均数，这说明样本企业的创新能力差异很大，且大部分企业的创新效率呈现较低水平。发明效率和非发明效率的平均值分别为 0.028 和 0.037，由此可见非发明效率要普遍高于发明效率，但是发明效率的极差要远远高于非发明效率，这说明，发明效率的企业差异性更大。变量 IP 的均值为 0.425，说明受产业政策支持的样本数占比 42.5%，由此也说明产业政策覆盖的企业范围较广。

表 3.2.3 主要变量描述性统计

变量（变量名称）	样本值	均值	标准差	最小值	25 分位数	中位数	75 分位数	最大值
创新效率（IE）	7319	0.035	0.204	0.000	0.000	0.006	0.021	12.630
发明效率（IE_I）	7319	0.028	0.331	0.000	0.000	0.000	0.010	24.610
非发明效率（IE_NI）	7319	0.037	0.248	0.000	0.000	0.005	0.019	13.890
产业政策支持（IP）	7319	0.425	0.494	0.000	0.000	0.000	1.000	1.000
经营现金流量（CF）	7319	0.055	0.079	-0.464	0.010	0.049	0.097	0.583
息税前利润（EBIT）	7319	0.077	0.075	-0.545	0.035	0.064	0.109	1.208
公司规模（Size）	7319	21.610	1.299	17.930	20.750	21.460	22.240	28.510
资本支出（CapEx）	7319	0.067	0.058	-0.356	0.027	0.053	0.094	0.561
研发费用/营业收入（Rd）	7319	0.041	0.046	0.000	0.018	0.033	0.048	1.694
长期负债比率（Lev）	7319	0.064	0.083	0.000	0.007	0.029	0.091	0.753
销售费用（Adv）	7319	0.073	0.080	0.000	0.026	0.047	0.087	0.754
营业收入（Sales）	7319	21.130	1.417	17.590	20.140	20.950	21.910	28.690
产权性质（State）	7319	0.318	0.466	0.000	0.000	0.000	1.000	1.000
公司年龄（Age）	7319	13.830	4.981	1.000	11.000	13.000	17.000	56.000

表 3.2.4 为单变量分析，我们按照是否受产业政策支持将样本分为两组，比较其在创新效率、发明效率以及非发明效率上的差异。表 3.2.4 中，不受产业政策支持的企业平均创新效率为 0.042，而受产业政策支持的企业

平均创新效率为 0.025，且两者的均值差异在 1% 的水平上显著。具体到两个分效率指标，不受产业政策支持的企业平均发明效率均值为 0.035，在 5% 的显著性水平下高于受产业政策支持企业（0.019），同样地，不受产业政策支持的企业平均非发明效率要显著高于受产业政策支持的企业。单变量分析的结果表明，不受产业政策支持的企业拥有更高的创新效率。

表 3.2.4　单变量分析

变量	$IP=0$		$IP=1$		
	数目	均值	数目	均值	MeanDiff
创新效率（IE）	4211	0.042	3108	0.025	0.016 ***
发明效率（IE_I）	4211	0.035	3108	0.019	0.016 **
非发明效率（IE_NI）	4211	0.043	3108	0.028	0.014 **

注：*、**、*** 分别表示在 10%、5%、1% 的水平上显著。

进一步区分所有权性质的单变量分析结果见表 3.2.5，我们将样本按照所有权性质分为国有企业和非国有企业，比较不同所有权性质的企业的创新效率及分效率的差异。无论是国有企业还是非国有企业，不受产业政策支持的企业的平均创新效率均要高于受到产业政策支持的企业，分别高约 0.026 和 0.011。但是在分效率上，国有企业和非国有企业有不同的表现。受到产业政策支持的国有企业会降低其发明效率，但是其非发明效率不受产业政策的影响。而不受产业政策支持的非国有企业其发明效率会降低，但是非发明效率不受影响。表 3.2.5 的结果表明，产业政策的效果与企业的所有权性质密切相关。

表 3.2.5　区分所有权性质的单变量分析

变量	国有企业			非国有企业		
	$IP=0$	$IP=1$	MeanDiff	$IP=0$	$IP=1$	MeanDiff
创新效率（IE）	0.051	0.025	0.026 *	0.036	0.026	0.011 ***
发明效率（IE_I）	0.052	0.012	0.040 *	0.026	0.022	0.004
非发明效率（IE_NI）	0.052	0.034	0.018	0.038	0.027	0.011 ***

注：*、**、*** 分别表示在 10%、5%、1% 的水平上显著。

3.2.4 实证结果及分析

3.2.4.1 产业政策对创新效率的影响

本研究的首要目的是评估产业政策对企业创新效率的影响，即揭示产业政策是否能显著影响企业的创新效率。表 3.2.6 报告了产业政策对创新效率的回归结果。从回归结果可以发现，产业政策（IP）对 IE、IE_I、IE_NI 的回归系数均显著为负。第（1）列的结果表明，受到产业政策支持的企业平均每百万元研发投入所能获得的专利要比不受产业政策支持的企业少 1.7%。第（2）列的结果表明，受到产业政策支持的企业平均每百万元研发投入所能获得的专利要比不受产业政策支持的企业少 1.6%。第（3）列的结果表明，受到产业政策支持的企业平均每百万元研发投入所能获得的专利要比不受产业政策支持的企业少 1.4%。可见，产业政策对企业的创新效率有负向影响，既会降低企业的发明效率，也会降低企业的非发明效率。已有研究表明，产业政策能显著提高公司的研发投入和专利产出（黎文靖和郑曼妮，2016），这说明，中国上市公司存在迎合产业政策的动机，研发投入的增加速度超过专利产出的增加速度。表 3.2.6 的回归结果支持本研究的研究假设 2，即产业政策会阻碍受支持企业的创新效率。

表 3.2.6 产业政策与创新效率

变量	(1) IE	(2) IE_I	(3) IE_NI
IP	−0.017*** (−3.013)	−0.016* (−1.775)	−0.014** (−2.163)
CF	−0.054 (−1.518)	−0.083 (−1.415)	−0.051 (−1.158)
EBIT	−0.065* (−1.675)	0.016 (0.250)	−0.084* (−1.770)
CapEx	−0.006 (−0.132)	−0.054 (−0.751)	0.011 (0.198)
Lev	0.068** (2.056)	0.201*** (3.689)	0.064 (1.564)

变量	(1) *IE*	(2) *IE_I*	(3) *IE_NI*
Adv	0.138 ***	0.011	0.153 ***
	(4.398)	(0.208)	(3.997)
Rd	−0.343 ***	−0.221 **	−0.393 ***
	(−5.915)	(−2.335)	(−5.566)
State	0.016 ***	0.013	0.020 ***
	(2.793)	(1.389)	(2.733)
Age	−0.000	−0.000	−0.000
	(−0.904)	(−1.165)	(−0.698)
Size	−0.010 ***	−0.007 *	−0.011 ***
	(−4.354)	(−1.925)	(−3.720)
Year	Yes	Yes	Yes
Industry	Yes	Yes	Yes
Constant	0.334 ***	0.329 ***	0.303 ***
	(4.361)	(2.634)	(3.253)
Observations	7319	7319	7319
R-squared	0.031	0.015	0.023

注：括号内为 *t* 值，标准误经过了公司的 cluster 调整；***、**、* 分别表示在 1%、5% 和 10% 水平上显著。

3.2.4.2 所有权性质异质性

所有权性质是企业创新效率最显著的影响因素之一，与非国有企业相比，国有企业在行业准入和退出、历史负担以及投融资方面都享有优越的待遇（刘小玄，2000），为了在激烈的市场竞争中获得生存和发展，非国有企业会更加注意提高企业的效率，这使非国有企业的创新效率极有可能会高于国有企业（Jefferson et al.，2000）。相对非国有制企业，推行"赶超"战略的产业政策会给国有企业带来政策性负担（林毅夫等，1998），使国有企业面临预算软约束，从而产业政策的负效应越明显。在这里我们进一步讨论产业政策对创新效率的影响在不同所有制企业中的异质性，如表 3.2.7，我们对国有企业和非国有企业分别做了回归。

与上述理论分析一致，产业政策的效果在国有和非国有企业中存在明显的差异。表 3.2.7 的第（1）列和第（2）列的因变量为创新效率，两列中，产业政策 *IP* 的系数均显著为负，国有企业中产业政策的系数为 -0.034，显著大于非国有企业中产业政策的系数 -0.010，可见，产业政策的负向影响在国有企业中要更为明显，这说明，国有企业由于其先天的行业准入和退出、投融资，以及与政府关系等方面的优势，更容易获得资金，因而也有更多的资金投入研发过程，但是国有企业同时又存在机构冗余、研发动力不足等问题，从而导致创新效率要显著低于非国有企业，而产业政策的支持加大了研发过程的投入和产出的差距。

表 3.2.7 的第（3）列和第（4）列的因变量为发明效率。当区分国有和非国有企业之后，产业政策的系数虽然仍然为负，但是不再显著，即使国有企业中产业政策的系数大于非国有企业中产业政策的系数，我们还是认为产业政策对发明效率的影响与所有权性质没有显著关系。表 3.2.7 的第（5）列和第（6）列的因变量为非发明效率，非国有企业中产业政策的系数显著为负，说明产业政策会降低非国有企业的创新效率，但是国有企业中产业政策的系数不显著。表 3.2.7 的结果说明，产业政策对创新效率的负向作用受到企业所有权性质的影响，相对于非国有企业，国有企业的每百万元研发投入获得的专利增加速度更慢。

表 3.2.7 国有企业与非国有企业中产业政策与创新效率

变量	IE		IE_I		IE_NI	
	国有企业 （1）	非国有企业 （2）	国有企业 （3）	非国有企业 （4）	国有企业 （5）	非国有企业 （6）
IP	-0.034**	-0.010***	-0.038	-0.007	-0.028	-0.010**
	(-2.132)	(-2.721)	(-1.395)	(-1.287)	(-1.405)	(-2.379)
CF	-0.178*	-0.009	-0.134	-0.061*	-0.149	-0.014
	(-1.662)	(-0.377)	(-0.734)	(-1.836)	(-1.113)	(-0.522)
EBIT	-0.128	-0.034	-0.014	0.030	-0.158	-0.041
	(-1.116)	(-1.307)	(-0.0706)	(0.833)	(-1.101)	(-1.439)

变量	IE		IE_I		IE_NI	
	国有企业	非国有企业	国有企业	非国有企业	国有企业	非国有企业
	（1）	（2）	（3）	（4）	（5）	（6）
CapEx	−0.105	−0.002	−0.189	−0.013	−0.066	0.002
	（−0.710）	（−0.0865）	（−0.750）	（−0.335）	（−0.354）	（0.0744）
Lev	0.082	0.072 ***	0.365 ***	0.052	0.062	0.089 ***
	（1.024）	（2.826）	（2.665）	（1.446）	（0.617）	（3.172）
Adv	0.739 ***	0.015	0.053	−0.003	0.810 ***	0.017
	（6.050）	（0.791）	（0.254）	（−0.123）	（5.299）	（0.816）
Rd	−0.369 **	−0.298 ***	−0.329	−0.182 ***	−0.431 **	−0.337 ***
	（−2.443）	（−7.317）	（−1.278）	（−3.187）	（−2.277）	（−7.549）
Age	−0.001	−0.000	−0.003	0.000	−0.001	−0.000
	（−0.814）	（−0.642）	（−1.324）	（0.317）	（−0.351）	（−1.095）
Size	−0.008	−0.008 ***	−0.008	−0.007 ***	−0.009	−0.009 ***
	（−1.541）	（−4.889）	（−0.887）	（−2.925）	（−1.241）	（−4.600）
Year	Yes	Yes	Yes	Yes	Yes	Yes
Industry	Yes	Yes	Yes	Yes	Yes	Yes
Constant	0.242	0.330 ***	0.277	0.378 ***	0.223	0.291 ***
	（0.922）	（6.295）	（0.619）	（5.153）	（0.678）	（5.057）
Observations	2326	4993	2326	4993	2326	4993
R-squared	0.041	0.070	0.010	0.063	0.032	0.057

注：括号内为 t 值，标准误经过了公司的 cluster 调整；*** 、 ** 、 * 分别表示在 1%、5% 和 10% 水平上显著。

3.2.4.3 稳健性检验

上述结果可能受到"自选择偏误"的影响，"自选择偏误"问题是指产业政策对创新效率的影响可能存在内生性，产业政策选择支持的行业可能没有产业政策支持，这些行业的创新效率也会发生变化。为了解决这一内生性问题，本研究采用了以下两种方法对政策变量的内生性问题进行检验：①采用产业政策的滞后项作为解释变量进行回归；②以产业政策的滞后项作为控制变量进行回归。检验结果均与上文的结果一致。

此外，本研究还对产业政策的变量做了稳健性检验，采用 Aghion 等（2015）产业政策的度量方法，对产业政策对创新效率的影响进行回归，回归结果也显示产业政策对创新效率的影响为负值，而且产业政策的效果存在所有权性质异质性。

3.2.5 进一步研究

上文的实证结果证明了产业政策对企业创新效率的影响为负，说明在市场中，产业政策对创新的激励作用被企业的"寻租"行为抵消，下面进一步探讨受到产业政策支持的企业的业务拓展、获得政府补贴两种"寻租"行为对创新效率的影响。

3.2.5.1 业务拓展

从中国的社会现实来看，产业政策具有较强的资源配置效应，产业政策的出台会使得政府资源和社会资源涌入支持行业，这就使得受产业政策支持的企业更容易获得外部融资，能有效缓解其融资约束。因此企业很有可能为了缓解融资约束、获得政策支持而拓展自身的业务进入产业政策支持的行业，也就是说，产业政策有可能诱导企业的业务多元化行为。对于这种企业为了寻求政策支持和外部资金的流入而进行的业务多元化行为，即有目的地进入产业政策支持的领域，而不是基于公司发展的需求，这会降低企业内部进行自主创新活动的意愿，从而降低企业的创新效率。

为了检验产业政策对创新效率的负向作用是否部分归因于业务拓展这一寻租行为，本研究以公司多元化战略来表征企业的业务拓展类型，我们使用 Wrigley（1970）提出的多元化测度方法将企业的多元化类型分为四种——单一业务型、主导业务型、相关业务型和非相关业务型。这一多元化测度方法与企业的业务息息相关，因此，可以用来衡量企业的业务拓展行为。表 3.2.8 是基于多元化类型分类的企业创新效率受产业政策影响的结果。

表 3.2.8　按照多元化战略分组的产业政策对创新效率的影响

变量	单一业务型	主导业务型	相关业务型	非相关业务型
	A 栏　被解释变量为 *IE*			
IP	−0.008	−0.008	−0.036 **	−0.011 **
	(−0.853)	(−0.531)	(−2.035)	(−2.089)
Observations	451	986	1794	3555
R-squared	0.218	0.053	0.065	0.078
	B 栏　被解释变量为 *IE_I*			
IP	−0.014	−0.010	−0.013	−0.011 **
	(−0.726)	(−0.589)	(−1.447)	(−2.182)
Observations	451	986	1794	3555
R-squared	0.047	0.108	0.351	0.083
	C 栏　被解释变量为 *IE_NI*			
IP	−0.007	0.003	−0.036 *	−0.011 *
	(−0.692)	(0.112)	(−1.872)	(−1.818)
Observations	451	986	1794	3555
R-squared	0.195	0.029	0.048	0.062

注：括号内为 t 值，标准误经过了公司的 cluster 调整；***、**、* 分别表示在 1%、5% 和 10% 水平上显著。解释变量包含了常数项、控制变量（与表 3.2.5 和表 3.2.6 相同）、时间和行业虚拟变量，下同。

表 3.2.8 显示，不同多元化类型的企业的创新效率受到产业政策的影响存在差异性。表中 A 栏报告的是产业政策对创新效率的影响，相关业务型企业与非相关业务型企业产业政策的系数显著为负，说明相关业务型或者非相关业务型企业受到产业政策支持时，其每百万元研发投入产生的专利数量要低于不受产业支持的企业。可见，受到产业政策支持的相关业务型企业和非相关业务型企业的研发投入并没有换来公司研发产出的相应提升。此外，在单一业务型企业和主导业务型企业中，产业政策的回归系数并不显著，可见产业政策的支持不会阻碍单一业务型企业和主导业务型企业的创新效率。

表中 B 栏报告的是产业政策对发明效率的影响，产业政策的系数只在非相关业务型企业显著为负，这说明受产业政策支持的非相关业务型企业其发明效率要低于不受产业政策支持的非相关业务型企业，即同样的研发支出，受到产业政策支持的非相关业务型企业获得的发明专利数量要低于不受产业政策支持的非相关业务型企业。表中 C 栏报告的是产业政策对非发明效率的影响，同样地，C 栏的结果表明相关业务型或者非相关业务型企业受到产业政策支持时，其每百万元研发投入产生的非发明专利数量要低于不受产业支持的企业，而产业政策的支持不会阻碍单一业务型企业和主导业务型企业的非发明效率。

产业政策对创新效率的影响因为企业的多元化战略而存在差异，为了检验产业政策对创新效率的负向作用是否部分归因于业务拓展这一寻租行为，我们还需要回答一个很重要的问题，即产业政策是不是企业进行业务多元化的诱因？如果企业受产业政策的影响而进行业务多元化，那么我们可以认为产业政策对创新效率的负向作用部分归因于业务拓展这一寻租行为。因此，本研究用 Logit 模型来检验企业多元化战略与产业政策之间的联系，估计模型为式（3.2.1）。

$$Logit(Div_{i,t}) = \alpha + \beta IP_{i,t} + \gamma Control_{i,t} + \varepsilon_{i,t} \tag{3.2.1}$$

表 3.2.9 报告了 Logit 模型的回归结果。表 3.2.9 的第一行的系数表明受产业政策支持的企业更有可能实施非相关业务型多元化战略，而不愿意实施主导业务型战略。具体来看，表中第（1）列和第（3）列中产业政策的系数并不显著，可见产业政策对企业的单一业务型以及相关业务型决策并不产生影响。表中第（2）列中产业政策的系数为−1.135，在 1%的显著性水平上显著，说明受产业政策支持的企业其实施主导业务型战略的可能性要低于不受产业政策支持的企业。表中第（4）列中产业政策的系数为 1.903，且在 1%的显著性水平上显著为正，这说明，受到产业政策支持的企业更有可能采取非相关业务型战略。表中的结果说明产业政策是企业进行业务多元化的诱因，结合表中的结论，本部分证实了产业政策对创新效率的负向作用部分归因于业务拓展这一寻租行为。

表 3.2.9　产业政策对企业多元化战略决策的影响

变量	（1）单一业务型	（2）主导业务型	（3）相关业务型	（4）非相关业务型
IP	−0.903	−1.135 ***	−0.330	1.903 ***
	（−1.52）	（−4.91）	（−1.32）	（9.02）
CF	2.768 ***	−0.252	1.137 ***	−3.080 ***
	（3.74）	（−0.68）	（2.73）	（−5.67）
EBIT	0.368	−0.359	0.739	−1.139 *
	（0.46）	（−0.88）	（1.64）	（−1.86）
CapEx	2.934 ***	0.575	−0.910 *	−1.202 *
	（3.40）	（1.25）	（−1.74）	（−1.74）
Lev	−2.624 ***	−0.443	−0.376	2.295 ***
	（−3.40）	（−1.25）	（−0.94）	（4.96）
Adv	−0.170	0.610 *	−0.439	−0.486
	（−0.26）	（1.88）	（−1.19）	（−0.98）
Rd	−2.031	0.793	0.781	−2.419 **
	（−1.25）	（1.33）	（1.25）	（−2.37）
State	0.374 ***	−0.048	−0.089	0.033
	（3.14）	（−0.78）	（−1.26）	（0.38）
Age	0.045 ***	−0.028 ***	0.003	0.025 ***
	（4.64）	（−4.92）	（0.49）	（3.23）
Size	−0.027	−0.026	0.049 *	−0.000
	（−0.54）	（−1.01）	（1.74）	（−0.01）
Year	Yes	Yes	Yes	Yes
Industry	Yes	Yes	Yes	Yes
Constant	−1.872	0.802	−3.120 ***	−0.290
	（−1.62）	（0.96）	（−3.24）	（−0.35）
Observations	6558	6786	6786	6774
R-squared	0.033	0.016	0.010	0.056

注：括号内为 *t* 值，标准误经过了公司的 cluster 调整；*** 、** 、* 分别表示在 1%、5% 和 10% 水平上显著。

3.2.5.2　政府补贴

Hewitt-Dundas 和 Roper（2010）的研究发现政府支持能提高企业创新产出比例，还能提高新产品的附加值。政府补贴是鼓励产业发展的重要方式。

在中国，企业可以通过获得政府补贴向外部投资者传递信号，这一信号能吸引外部投资者的资金投入（宋凌云和王贤彬，2013）；此外，企业还可以通过获得政府补贴向外界传递企业技术创新能力的积极信息，缓解信息不对称程度（Czarnitzki and Hussinger，2004）。已有关于政府补贴的研究基本得出共识，政府补贴有助于降低企业创新活动的成本及风险，降低企业进行技术投资的风险，传递积极信号，从而推动企业的创新投入（Kleer，2010；Lee，2011；Meuleman and Maeseneire，2012）。另外，R&D 投入和专利水平的显著正向关系也被很多学者证实（Hausman et al.，1984；Pakes，1985；Koeller，1995）。

政府补贴会对企业创新产生推动作用的前提是政府愿意并且能够准确地确定行业的发展前景和技术演进路径，然后根据行业的需要合理分配资源。从产业政策的制定过程来看，由政府部门组织专业人士通过对经济环境、国家发展等方面的分析制定出未来一段时间内重点发展的行业，因此，基本满足政府补贴发挥作用的第一个前提条件，即政府愿意并且能够准确地确定行业的发展前景和技术演进路径。但是目前政府和企业之间存在严重的信息不对称，这使政府没有办法充分了解企业的技术信息（Powell，2005），而受产业政策支持的企业更容易获得政府补贴，这就有可能导致企业的寻租活动，企业有动机进入受产业政策支持的领域，向政府发出虚假信号以获得政府补贴，从而导致资源的错配，此时政府补贴发挥作用的第二个前提条件难以得到满足，因此有可能阻碍创新。

因此在这一部分，我们试图探究政府补贴对产业政策有效性的影响。选用的模型如式（3.2.2）所示。

$$IE_{i,t} = \alpha + \beta_1 IP_{i,t} + \beta_2 Gsub_{i,t} \times IP_{i,t} + \beta_3 Gsub_{i,t} + \gamma\, Control_{i,t} + \varepsilon_{i,t} \quad (3.2.2)$$

表 3.2.10 报告了相关回归结果，我们关心的是政府补贴（$Gsub$）和产业政策（IP）的交乘项系数的符号及显著性，交乘项的系数表明政府补贴对产业政策和创新效率之间的关系有负向影响。该表为以 IP 为解释变量，分别以 IE、IE_I、IE_NI 为被解释变量的回归结果，后两者的交乘项系数

分别为 -0.004 和 -0.016，分别在 5% 和 10% 的水平上显著，说明政府补贴可能引起企业的寻租行为，企业有向政府传递虚假信号以获取政府补贴的动机，这会使得公司的创新效率下降。

表 3.2.10　政府补贴对产业政策有效性的中介作用

变量	IE	IE_I	IE_NI
IP	-0.093 ***	0.006	-0.064 ***
	(-3.228)	(1.097)	(-2.994)
Gsub	0.005	0.004 *	0.007
	(0.501)	(1.889)	(0.970)
Gsub×IP	-0.015	-0.004 **	-0.016 *
	(-1.282)	(-1.967)	(-1.831)
Control	控制	控制	控制
Year	Yes	Yes	Yes
Industry	Yes	Yes	Yes
Observations	6996	6996	6996
R-square	0.063	0.099	0.052

注：括号内为 t 值，标准误经过了公司的 cluster 调整；***、**、* 分别表示在 1%、5% 和 10% 水平上显著。

3.2.6　结论

本研究通过对中国 2008~2015 年披露的研发投入的上市公司的相关数据及专利情况进行研究，考察了宏观产业政策对微观企业的创新效率的影响及其可能的传导机制。研究结果表明：①受产业政策支持的企业创新效率更低，即产业政策对企业的创新效率存在负向影响；②相对非国有企业，国有企业中产业政策对创新效率的负向影响更明显；③企业会迎合产业政策做业务的调整，而这种业务的调整会阻碍企业的创新效率；④受产业政策支持的企业有向政府传递虚假信号以获取政府补贴的寻租动机，会阻碍企业的创新效率。

已有理论认为恰当的产业政策能提高产业层面的创新效率（Peters et

al. ，2012；宋凌云和王贤斌，2013），有利于促进竞争的产业政策可以促进生产率的增长（Aghion et al. ，2015）。公司层面，已有实证研究证明了产业政策能显著提高被鼓励产业中企业发明专利数量和研发投入（余明桂等，2016），本研究的结论表明产业政策反而降低了企业的创新效率，这不是对产业政策作用效果的否定，而是从创新效率的角度对产业政策研究的补充。

附录 3.2.1 “十一五”、“十二五”规划上市公司行业划分

行业	“十一五”期间支持	“十二五”期间支持
A01 农业	1	1
A02 林业	1	1
A03 畜牧业	1	1
A04 渔业	1	1
A05 农、林、牧、渔服务业	1	1
B06 煤炭开采和洗选业	1	
B07 石油和天然气开采业	1	1
B09 有色金属矿采选业	1	
C13 农副食品加工业	1	
C26 化学原料和化学制品制造业	1	
C27 医药制造业	1	
C32 有色金属冶炼和压延加工业	1	
C35 专用设备制造业	1	1
C36 汽车制造业	1	1
C37 铁路、船舶、航空航天和其他运输设备制造业	1	1
C38 电气机械和器材制造业	1	1
C39 计算机、通信和其他电子设备制造业	1	1
C40 仪器仪表制造业		1
D44 电力、热力生产和供应业	1	
D45 燃气生产和供应业	1	
F51 批发业		1
F52 零售业		
G53 铁路运输业	1	1
G54 道路运输业	1	1

行业	"十一五"期间支持	"十二五"期间支持
G55 水上运输业	1	
G56 航空运输业	1	1
G57 管道运输业	1	1
G58 装卸搬运和运输代理业	1	
G59 仓储业		1
G60 邮政业		1
H61 住宿业		1
H62 餐饮业		1
I63 电信、广播电视和卫星传输服务	1	1
I64 互联网和相关服务	1	1
I65 软件和信息技术服务业	1	1
K70 房地产业	1	

3.3 产业政策对企业业务变更决策的引导效应[*]

从企业业务变更的政策引导作用视角研究国家宏观战略的微观实现路径。基于三个"五年规划"文本挖掘以及我国上市公司 2001~2015 年的数据的研究结果表明，宏观产业政策能有效地引导企业开拓新业务、退出和淘汰原有旧业务，并且政策引导淘汰旧业务的作用力比开拓新业务的作用力更强。特别地，当企业的非主营业务属于产业政策支持的行业时，企业开辟新业务和退出旧业务的动机更强。进一步从企业性质、企业规模、行业性质方面进行异质性分析的结果表明：民营企业对产业政策的反应比国有企业敏捷，其开发新业务的速度更快；规模较大企业进入新行业的概率和退出老旧行业的概率均大于中小规模企业；制造业企业比服务业企业能更快速地在新领域开展业务。

---

　　[*] 本部分主要内容已发表于《软科学》2021 年第 5 期。

3.3.1 引言

业务的进入和退出决策是企业业务组合范围变更的基础，也是企业尤为重要的战略决策。一方面，它是企业自身应对市场竞争不确定性等外在环境变化带来的机会和威胁的主动适应性行为；另一方面，对于转型市场国家而言，特别是在中国特色社会主义市场经济建设过程中，产业规划服从于国家发展战略，因此，在各个关键的发展阶段，国家都调动了大量智力资源来制定产业政策，并希望借此引导微观企业围绕国家产业政策来调整其生产经营活动。而这些政策是否快速传导到了微观企业层面？或者说，企业的业务进入或退出决策中是否充分考虑了产业政策的引导？这一问题的回答，对于宏观决策者了解产业政策的执行效果，并能为下一步产业政策的制定及其政策实施机制的优化提供直接证据，因此是一个值得密切关注的问题。

从国内外学者的现有研究来看，自 Orr（1974）较早地以加拿大的制造业为例研究了企业进入的决定因素以来，学者们围绕企业的进入和退出行为的研究主要从两个方面展开：部分研究考察了企业内部因素对企业业务变更决策的影响（Audia and Greve，2006；Ferragina et al.，2012），还有研究则主要探究行业环境、区域环境和宏观经济环境等外部因素对企业业务变更决策的影响（Fritsch et al.，2006；Ejermo and Xiao，2014）。虽然也有学者观察到了处于社会主义市场经济体系中的中国企业，其经营战略会受到政策，尤其是产业政策的影响（杨兴全等，2018；袁博和芮明杰，2017），然而产业政策作为中国长期以来的中心政策，鲜有研究关注这一重要政策性因素对企业业务进入和退出决策的影响。

与此同时，微观层面关于产业政策效果的评价研究主要从企业融资决策、投资决策和创新决策等角度展开研究（Chen et al.，2017；谭周令和朱卫平，2018；孟庆玺等，2016；晏艳阳和王娟，2018）。虽然学者们大多认为产业政策能缓解企业受到的融资约束，通过资源效应和信号效应对企业决策产生影响（张新民等，2017），然而尚未有文献从业务变更决策角度评估产业政策的作用效果。本研究正是针对这一问题展开系统研究的，主要回答产业政策是否影响企业进入或退出的决策？其影响的程度有多大？对于不同的企业，其影响是否存在差异等问题。

相较已有研究成果，本研究的贡献如下。第一，扩充了关于产业政策经济效果的研究。已有对产业政策经济效果的评估更多的是从宏观视角进行分析，微观层面上的影响聚焦于对企业投融资水平的影响，本节研究产业政策对企业进入和退出决策的影响，扩展了产业政策的研究边界。第二，扩展了企业进入和退出决策影响因素的研究。如前所述，已有研究探讨了企业进入和退出的不同动机，包括激励因素、壁垒因素等，而忽略了制度因素的影响，本节的研究表明了企业战略的调整还受到宏观政策的影响。第三，本节的研究还具有重要的政策价值，为中国产业政策配套政策的设置和实践提供了良好借鉴。为了提高产业政策的实施效果和执行效率，未来产业政策的基本思路应当向旨在提升产业动态能力的方向转变，为产业政策更好地发挥作用提供政策思路。

3.3.2　理论分析与研究假设

企业业务变更是企业的重大战略决策，其本质是企业将其拥有的要素资源（资本、劳动和技术等）在不同产业之间的重新分配和转移过程。它服务于企业的战略目标，并主要通过行业进入和行业退出行为来完成。

推动企业进行业务变更调整的主要原因，一是宏观经济形势变化"大周期"的作用；二是企业经营"小周期"变化的要求。

自从人类社会步入工业化以来，产业革命就没有停止过。在"供给创造需求"的理论指引下，企业不断地尝试新技术的发展、新产品的开发。正是这种不断出现的新旧产业的更替交换，推动了整个经济社会的不断发展。其力量集聚到一定程度，产生所谓工业革命，彻底改变人类的生活方式与消费结构。走在前列的企业，必然成为新行业发展的主宰，赚取不可估量的垄断利润。而走在前列的国家，则可以获得天时地利人和的利益，进一步带动国家经济的大发展，为其国民谋取最大的福祉。因此，无论是企业个体还是整个国家，都十分注重探索这种宏观经济"大周期"变化的规律，力争在变化中获得优势地位。

鉴于新中国经济建设的基础以及我国国家体制的根本特征，迫切需要"集中力量办大事"。从新中国成立初期的 1953 年开始，我国就开始制定"五年计划"发展纲要并一直沿袭至今。计划的实施，成功地引导各种资源进行合理分配，实现各个阶段的发展目标。这一制度，已经成为我国社会主义建设的一个重要经验。

"五年计划"中的产业发展规划，正是党中央、国务院根据国际国内形势的变化，以及在对"大周期"的基本判断的基础上，集中各领域专家学者的力量制定的。其科学性、权威性、引领性已经在多年的实践中得到了检验。因此，微观企业根据国家计划的统一安排而调整自身的经营业务，一方面是实现"有计划地发展"的国家意志的基本需要，另一方面也是企业求得生存与发展的根本保障。

宏观产业政策对企业产业变更决策的引导作用也可以用西方经济理论进行解释。基于企业发展的"小周期"变化自然规律，在一定时期选择变更产业是一种自然需求。但是，企业的产业选择决策面临着越来越多的不确定性风险，如果单纯依靠其自身的力量进行产业选择研究并做出决策，其失败的可能性是非常大的。为了减少因决策失败所带来的损失，因此，其倾向于根据国家政策的引导，选择国家产业政策支持的产业。这就是"前景效应"的基本原理。而从我国产业政策出台的背景可知，它充分反映了中国国情和未来发展方向（陈冬华等，2018）。产业政策扶持的产业都是具有成长性（余明桂等，2016）且在国民经济增长中占据重要地位的产业。产业政策出台向外界传递了"有前景的产业"的信息和信号（徐高彦等，2019），因而能够吸引企业遵循。

同时，为了配合产业政策的实施，通常国家都会配套一系列优惠与支持政策，其中最常用的就是政府补贴和税收减免两种方式（孟庆玺等，2016）。对于企业来说，前者能增加企业的预期收入，后者则降低了企业的支出，二者都能增加企业所能支配的内部资源，为企业进行产业开发创新提供资金支持。更为重要的是，产业政策还起着资源分配指挥棒的作用，大量市场资金跟随政策性资金进入相关产业，进一步推动了这些新型产业的开发与发展。研究表明，以银行信贷为主体的正规金融以及以商业信用为代表的非正规金融资源都倾向于流入受产业政策支持的行业（车嘉丽和薛瑞，2017），带来产业发展的"资源效应"。

在政策引导企业进入新产业的同时，可能也会将旧产业挤出。基于资源约束的原因，为了更好地利用受支持产业的市场机会，促进企业成长，企业更有可能退出原来的业务市场，以释放和更好地调配资源（Lieberman et al.，2017；Feldman，2016）。同时，不受产业政策支持的企业还可能面临着资本市场歧视，因而出现更严重的融资约束。这时，企业更有可能进行资源重配，按照一定次序退出业务以维持企业价值（韩夏等，2019）。基于此，本节提出如下假设1。

假设1：产业政策能引导企业开展新业务、退出原有落后业务。

由于现代企业经营的多元性，在其众多的业务线中，有的可能是受产业政策支持的，而有的则不是受支持的范围。同时，根据这些业务在企业中所占用的资源及其贡献度划分，又有主营业务与非主营业务之分。如果企业当前的主营业务已经是受政策支持的业务，那么，理性的决策当然是继续做大做强主营业务。相反，如果国家产业政策支持的产业不是当前企业的主营业务，那么，企业可能选择调整其产业发展方向。基于此，本节提出如下假设2。

假设2：主营业务受产业政策支持的企业，其产业进入与退出的可能性相比主营业务不受产业政策支持的企业小。

在我国，企业经营性质具有极为突出的多元化特征。在执行国家政策的行政干预、自觉性方面，不同类型的企业可能存在差异。同时，各级政府在落实国家宏观战略时，可能会根据不同的对象选择不同的政策措施，包括支持范围与支持力度的差别。因此，本节提出如下假设3。

假设3：产业政策对企业做出业务变更的引导能力在不同企业可能存在差异。

3.3.3 模型设定、数据来源与指标说明

3.3.3.1 实证检验模型

企业业务进入决策和业务退出决策均为二元选择过程，因此，本研究使用 Logit 模型来考察产业政策对企业业务变更的影响，具体模型设置如下。

$$Decisio\, n_{i,t} = \alpha_0 + \alpha_1 IP_{i,t} + \alpha_2 X_{i,t} + \gamma_t + \rho_p + \sigma_j + \varepsilon_{i,t} \tag{3.3.1}$$

其中，$Decisio\, n_{i,t}$ 代表企业的业务变更决策列向量，包含两个变量，一是业务进入决策（BIN），二是业务退出决策（BOUT）；$IP_{i,t}$ 表示企业是否受产业政策支持；$X_{i,t}$ 为控制变量；γ_t、ρ_p 和 σ_j 分别代表年份、省份和行业固定效应；$\varepsilon_{i,t}$ 为随机扰动项。考虑到同一行业内企业随机扰动项之间的相关性，本研究回归的标准误均在行业层面上集聚。

3.3.3.2 研究样本与数据来源

本研究以中国 A 股上市公司为初始样本，并进行了以下筛选：首先，剔除了金融企业和 ST 上市公司；其次，剔除了财务数据异常以及缺失的企业。因为 2000 年以前中国上市公司的数量较少，且较少披露经营业务情况，因此本研究选取的研究区间始于 2001 年。本研究的产业政策数据依据"五年规划"文本得到，因此，本研究选取了 3 个完整的五年计划期间，即研究区间为 2001~2015 年，最终得到 16613 个公司—年份样本。

本研究的数据主要来源于以下三部分：①上市公司的业务构成情况以及财务数据均来自国泰安数据库。②产业政策的数据通过阅读"十五"计划、"十一五"规划以及"十二五"规划文本、《产业政策调整目录》、《战略性新兴产业统计分类》，并按照上市公司行业进行手工匹配得到。③上市公司的政府补贴数据来源于 Wind 数据库。本研究对所有连续变量进行了上下1% 的缩尾处理。

3.3.3.3 变量定义

①被解释变量：业务变更决策。企业业务变更决策包含企业业务进入决策（BIN）和业务退出决策（BOUT）。参考徐欣和唐清泉（2012）的做法，

我们使用上市公司财务报表附注中披露的"主营业务构成（按产品分）"来识别企业的行业进入和退出行为。具体做法为：首先，手工对我国上市公司 2001～2016 年的主营构成（按产品分）与《上市公司行业分类指引》（2001 版）进行匹配，给每一个主营构成配以相应三位数的行业分类代码；然后，对比 t 年和 $t+1$ 年企业主营业务涉及的行业情况。如果 $t+1$ 年出现了新行业，则认为企业在 t 年进入新行业；同样地，如果 $t+1$ 年没有出现原有行业，则认为企业在 t 年退出了原有行业。

②解释变量：产业政策支持。借鉴陈冬华等（2010）的做法，我们将五年规划文本中提及"鼓励""支持"的行业定义为产业政策支持的行业，据此构建企业受产业政策支持的变量（$IP1$–$IP3$）。

③控制变量。根据已有研究，本研究控制了企业层面的特征变量。

本研究的变量定义、计算方式如表 3.3.1 所示。

表 3.3.1　变量定义及计算方式

变量类型	变量名称	变量符号	变量定义操作性定义与说明
因变量	进入决策	BIN	虚拟变量,如果下一年企业有新业务则取 1,否则取 0
	退出决策	$BOUT$	虚拟变量,如果下一年企业原有业务减少则取 1,否则取 0
自变量	产业政策支持	$IP1$	虚拟变量,如果当年企业经营业务所在行业受产业政策支持则取值为 1,否则取值为 0
	主营业务受产业政策支持	$IP2$	虚拟变量,如果当年企业主营业务所在行业受产业政策支持则取值为 1,否则取值为 0
	非主营业务受产业政策支持	$IP3$	虚拟变量,如果当年企业非主营业务所在行业受产业政策支持则取值为 1,否则取值为 0
控制变量	企业规模	$Size$	期末总资产的自然对数
	企业财务风险	Lev	资产负债率=期末负债总额/期末资产总额
	企业的盈利能力	Roa	总资产报酬率
	企业现金流	CF	经营活动产生的现金流净额/总资产
	企业年龄	Age	当前年份+1-企业成立年份
	企业产权性质	$State$	虚拟变量,企业最终控制人类型是国有控股取值为 1,否则取值为 0

续表

变量类型	变量名称	变量符号	变量定义操作性定义与说明
控制变量	第一大股东持股比重	*Firl*	持股比例最大的股东持有的股票数量占总股本的比例
	股权集中度	*Herf*	公司前 10 位大股东持股比例的平方和
	年度	*Year*	虚拟变量,如果企业处于该年度,则取值为 1,否则取值为 0,共设置 14 个年份虚拟变量
	行业	*Industry*	虚拟变量,如果企业处于该行业,则取值为 1,否则取值为 0,制造业行业按照此类行业分类,其他行业按照大类行业分类,共设置 20 个行业虚拟变量
	省份	*Prov*	虚拟变量,如果企业处于该省份,则取值为 1,否则取值为 0,共设置 30 个省份虚拟变量

3.3.4　产业政策引导企业业务变更的实证检验

3.3.4.1　描述性统计分析

（1）主要变量的统计特征

各变量的样本特征值如表 3.3.2 所示。可以看到,样本中分别有 9.8% 和 13.7% 的企业做出了进入新行业的决策（*BIN*）和退出原有行业的决策（*BOUT*）,可见发生业务退出的企业数量多于发生业务进入的企业数量,说明整体上我国上市公司的经营存在"归核化"趋势。总体来看,样本中有 67% 的企业,其业务受到产业政策支持（*IP*1）,其中主营业务受到产业政策支持的企业占比 54.2%（*IP*2）,非主营业务受产业政策支持的企业占比 31.2%（*IP*3）。

表 3.3.2　主要变量的描述性统计

变量	样本数	均值	标准差	最小值	中位数	最大值
BIN	16613	0.098	0.298	0	0	1
BOUT	16613	0.137	0.343	0	0	1
*IP*1	16613	0.670	0.470	0	1	1
*IP*2	16613	0.542	0.498	0	1	1

变量	样本数	均值	标准差	最小值	中位数	最大值
IP3	16613	0.312	0.463	0	0	1
Size	16613	21.780	1.135	20.040	21.640	24.190
Lev	16613	0.442	0.202	0.104	0.446	0.792
ROA	16613	0.044	0.041	−0.038	0.039	0.129
CF	16613	2.933	0.078	2.780	2.934	3.073
Age	16613	13.710	5.103	5	14	23
State	16613	0.451	0.498	0	0	1
Firl	16613	16.090	17.120	0.230	8.224	53.120
Herf	16613	0.061	0.090	0	0.010	0.296

（2）产业政策与业务变更决策的联合统计分析

产业政策与业务变更变量交叉分组进行联合统计，结果如表 3.3.3 所示。

从表 3.3.3 的第 1 行（*IP*1）数据我们可以看到，不受产业政策支持的企业中，进入决策的企业占比 8.4%，而受产业政策支持的企业中，这一比例为 12.4%。同样，退出决策的表现与进入决策的情形相似。可初步得出企业进入和退出决策与产业政策相关的结论。

从表 3.3.3 第 3 行（*IP*3）可以看到非主营业务受产业政策支持的企业做出进入决策和退出决策的比例更大，说明产业政策对企业进入和退出决策的影响可能与支持的业务类型相关。

表 3.3.3 产业政策与业务变更的联合统计分析

变量	进入决策		退出决策	
	0	1	0	1
*IP*1	0.084	0.124	0.098	0.175
*IP*2	0.112	0.110	0.146	0.155
*IP*3	0.078	0.178	0.094	0.268

注：表中数值为做出业务进入或退出决策的公司占比，*IP*1、*IP*2 和 *IP*3 的定义见表 3.3.1。

3.3.4.2 产业政策对企业进入决策的影响

首先关注产业政策对企业业务进入决策的引导效应，表 3.3.4 报告了以企业进入决策（BIN）为被解释变量，以产业政策支持（$IP1$）为解释变量的基准模型的回归结果，表中报告的系数值为几率比。第（1）到（3）列为全样本期的回归结果，结果表明，受产业政策支持的企业进入新行业的概率是不受产业政策支持企业的 1.79 倍，加入控制变量后，这一比值为 1.758，控制了行业、年份和省份后，这一比值为 1.647，说明企业受产业政策支持会显著提高企业做出业务进入决策的概率。第（4）到（6）列报告了不同时期的回归结果，虽然不同时期产业政策支持对企业进入决策的影响大小略有差异，但均显著为正。由此可见，产业政策支持对企业业务进入决策具有明显的引导效应，假设 1 得证。

表 3.3.4 基准回归—进入决策（$IP1$ 为解释变量）

变量	（1）全样本	（2）全样本	（3）全样本	（4）"十五"时期	（5）"十一五"时期	（6）"十二五"时期
$IP1$	1.790*** (3.551)	1.758*** (3.663)	1.647*** (3.670)	2.079*** (2.747)	1.662** (1.966)	1.741*** (3.296)
控制变量		控制	控制	控制	控制	控制
行业			控制	控制	控制	控制
年份			控制	控制	控制	控制
省份			控制	控制	控制	控制
Observations	13681	13681	13681	2085	4648	6931

注：①本表报告的是几率比（orr ratio）；②本表括号内报告的是根据聚类稳健标准误计算出来的 Z 值，聚类变量为行业；③ *、**、*** 分别表示在 10%、5%、1% 的水平上显著，检验均为双侧。

表 3.3.5 则报告了以企业进入决策为被解释变量，以企业主营业务受产业政策支持（$IP2$）和非主营业务受产业政策支持（$IP3$）为解释变量的回归结果。表中第（1）到（3）列的结果显示，$IP2$ 和 $IP3$ 的系数均大于 1，说明产业政策支持能显著增加企业进入新行业的概率，这一结果与表 3.3.4 的结论一致。从具体数值上来看，加入控制变量和行业、年份以及省份的固

定效应后，主营业务受产业政策支持的企业其进入概率是其他企业的 1.331 倍，而非主营业务受产业政策支持的企业其进入概率是其他企业的 2.452 倍，可见非主营业务受产业政策支持更容易诱发企业做出进入新行业的决策。第（4）到（6）列报告了不同时期的回归结果，也能发现非主营业务受产业政策支持做出业务进入决策的概率相对更高。由此可见，产业政策的支持不仅显著地增加了企业的进入概率，而且还与产业政策支持的业务类型有关，非主营业务受产业政策支持的企业更容易做出业务进入的决策。

表 3.3.5　基准回归—进入决策（*IP2* 和 *IP3* 为解释变量）

变量	（1）全样本	（2）全样本	（3）全样本	（4）"十五"时期	（5）"十一五"时期	（6）"十二五"时期
IP2	1.542 ***	1.518 ***	1.331 **	1.606 *	1.294	1.316 *
	(2.660)	(2.750)	(2.462)	(1.924)	(0.971)	(1.887)
IP3	2.920 ***	2.828 ***	2.452 ***	3.368 ***	2.410 ***	2.384 ***
	(8.031)	(8.337)	(7.439)	(3.759)	(3.941)	(5.161)
控制变量		控制	控制	控制	控制	控制
行业			控制	控制	控制	控制
年份			控制	控制	控制	控制
省份			控制	控制	控制	控制
Observations	13681	13681	13681	2085	4648	6931

注：①本表报告的是几率比（orr ratio）；②本表括号内报告的是根据聚类稳健标准误计算出来的 Z 值，聚类变量为行业；③ * 、** 、*** 分别表示在 10%、5%、1% 的水平上显著。

3.3.4.3　产业政策对企业退出决策的影响

表 3.3.4 和表 3.3.5 的结果说明产业政策支持对企业的业务进入决策有显著正向影响，表 3.3.6 和表 3.3.7 分别报告了产业政策支持对企业退出决策的影响。表 3.3.6 报告了以企业退出决策（*BOUT*）为被解释变量，以产业政策支持（*IP1*）为解释变量的回归结果。从表中第（1）到（3）列可以看到，*IP1* 的系数分别为 2.077、2.025 和 2.068，均大于 1，说明产业政策支持也显著增加了企业退出原有行业的概率。第（4）到（6）列报告了不同时期的回归结果，虽然不同时期产业政策支持对企业进入决策的影响略有

差异，但 $IP1$ 的系数值均显著，且都大于 1，说明不同时期产业政策支持均增加了企业业务退出的概率。表 3.3.6 的回归结果表明，产业政策支持显著地增加了企业做出业务退出决策的概率。

表 3.3.6　基准回归—退出决策（$IP1$ 为解释变量）

变 量	（1）全样本	（2）全样本	（3）全样本	（4）"十五"时期	（5）"十一五"时期	（6）"十二五"时期
$IP1$	2.077 ***	2.025 ***	2.068 ***	1.589 **	1.869 ***	3.143 ***
	（7.527）	（8.321）	（8.826）	（2.284）	（4.139）	（6.832）
控制变量		控制	控制	控制	控制	控制
行业			控制	控制	控制	控制
年份			控制	控制	控制	控制
省份			控制	控制	控制	控制
Observations	13681	13681	13681	2058	4663	6931

注：①本表报告的是几率比（orr ratio）；②本表括号内报告的是根据聚类稳健标准误计算出来的 Z 值，聚类变量为行业；③ * 、** 、*** 分别表示在 10%、5%、1% 的水平上显著。

表 3.3.7 报告了以企业退出决策为被解释变量，以企业主营业务受产业政策支持和非主营业务受产业政策支持为解释变量的基准模型的回归结果。表中第（1）到（3）列的结果显示，$IP2$ 和 $IP3$ 的系数均大于 1，说明产业政策支持能显著增加企业退出原有行业的概率，这一结果与表 3.3.6 的结论一致。从具体数值上来看，加入控制变量和行业、年份以及省份的固定效应后，主营业务受产业政策支持的企业其退出概率是其他企业的 1.602 倍，而非主营业务受产业政策支持的企业其退出概率是其他企业的 3.381 倍，可见非主营业务受产业政策支持更容易诱发企业做出业务退出决策。第（4）到（6）列的结果表明不同时期产业政策对企业业务退出决策的影响与全样本时期一致。表 3.3.7 的回归结果进一步表明，产业政策的支持不仅显著增加了企业的退出概率，而且与产业政策支持的业务类型有关，非主营业务受产业政策支持的企业更容易做出业务退出的决策。至此，假设 2 得证。

表 3.3.7　基准回归—退出决策（*IP2* 和 *IP3* 为解释变量）

变量	(1) 全样本	(2) 全样本	(3) 全样本	(4) "十五"时期	(5) "十一五"时期	(6) "十二五"时期
IP2	1.762 *** (5.977)	1.705 *** (6.370)	1.602 *** (6.255)	1.238 (1.305)	1.461 ** (2.472)	2.144 *** (4.559)
IP3	3.599 *** (15.64)	3.609 *** (16.46)	3.381 *** (16.62)	2.880 *** (6.099)	2.727 *** (8.682)	4.577 *** (11.37)
控制变量		控制	控制	控制	控制	控制
行业			控制	控制	控制	控制
年份			控制	控制	控制	控制
省份			控制	控制	控制	控制
Observations	13681	13681	13681	2058	4663	6931

注：①本表报告的是几率比（orr ratio）；②本表括号内报告的是根据聚类稳健标准误计算出来的 Z 值，聚类变量为行业；③ *、**、*** 分别表示在 10%、5%、1% 的水平上显著。

3.3.4.4　稳健性分析

本节进行稳健性分析以检验上文得出的基本结论的可靠性。

（1）虽然本研究考虑了较多的控制变量，但限于数据仍遗漏了一些因素的影响，由此可能会带来内生性问题。为了校正这一问题，本研究首先采用面板 Logit 模型进行稳健性检验，以消除个体效应的影响。

（2）当被解释变量为二值变量时，除 Logit 模型以外，应用最广泛的模型为 probit 模型，两者最根本的区别在于前者选用的累积分布函数为逻辑分布，后者选用的为标准正态分布。在研究企业进入、退出决策时，既有学者选用 Logit 模型，也有学者使用 probit 模型，因此，本研究使用 probit 模型进行稳健性检验。

（3）因为样本中可能存在当年既有业务进入又有业务退出的企业，有可能会使得上述估计结果产生偏差，因此，我们在稳健性检验分析中删去同时发生进入、退出决策的企业，对新的子样本进行回归。

（4）因为样本期内存在一直专业化经营的企业，这可能会造成估计结果的偏误问题，因此，稳健性检验中我们将样本期内保持专业化经营的企业剔除掉，重新进行回归。本研究使用面板 Logit 模型重新估计的结果，使用 probit 模型估计的结果以及使用子样本的回归结果都得到了与基准回归一致的结论，说明产业政策的支持确实是企业业务进入和退出的影响因素之一。

3.3.5 异质性分析

3.3.5.1 企业产权性质

国有企业往往在市场竞争和资料来源上存在天然优势（唐跃军和左晶晶，2014），相对而言，民营企业在投融资和税收等方面受限，受到更严重的融资约束。因此产业政策对企业业务变更决策的影响在不同产权性质中可能存在差异。将全样本划分为民营企业子样本和国有企业子样本，分别检验产业政策对企业业务变更决策的影响，结果如表 3.3.8 所示。表中 $IP1$、$IP2$ 和 $IP3$ 的系数均显著，说明产业政策支持显著增加了企业业务变更的概率。从系数差异性检验的结果来看，只有进入决策中 $IP3$ 的系数在国有企业和民营企业中的差异是显著的，即非主营业务受产业政策支持的民营企业的进入概率明显大于国有企业。说明与民营企业相比，产业政策支持的国有企业明显更专注于自身行业发展。

表 3.3.8　产业政策、企业产权性质与企业业务变更

变量	进入决策				退出决策			
	（1）	（2）	（3）	（4）	（5）	（6）	（7）	（8）
	民营	国有	民营	国有	民营	国有	民营	国有
A 栏：分组回归结果								
$IP1$	1.831***	1.436*			2.176***	2.062***		
	（3.801）	（1.740）			（8.693）	（4.870）		
$IP2$			1.411**	1.245			1.619***	1.660***
			（2.206）	（1.272）			（5.264）	（3.364）

续表

变量	进入决策				退出决策			
	（1）	（2）	（3）	（4）	（5）	（6）	（7）	（8）
	民营	国有	民营	国有	民营	国有	民营	国有
IP3			2.957***	1.884***			3.902***	3.072***
			（8.796）	（2.588）			（12.83）	（9.679）
控制变量	控制	控制	控制	控制	控制	控制	控制	控制
行业	控制	控制	控制	控制	控制	控制	控制	控制
年份	控制	控制	控制	控制	控制	控制	控制	控制
省份	控制	控制	控制	控制	控制	控制	控制	控制
Observations	7091	6589	7091	6589	7091	6578	7091	6578
B栏：分组回归的系数差异检验								
IP1	0.243				0.053			
IP2			0.125				−0.025	
IP3			0.451***				0.239	

注：①本表报告的是几率比（orr ratio）；②本表括号内报告的是根据聚类稳健标准误计算出来的 Z 值，聚类变量为行业；③ * 、 ** 、 *** 分别表示在 10% 、 5% 、 1% 的水平上显著。

3.3.5.2 企业规模

大型企业有规模经济和范围经济，更能获得竞争优势，而且大型企业的经营成本均摊到其销售额上相对较小，相对而言，中小企业面临的融资约束更为严重。因此产业政策对企业业务变更决策的影响可能受企业规模的影响。将全样本根据企业资产规模的中位数划分为规模较大企业和中小规模企业，分别检验产业政策对企业业务变更决策的影响，结果如表 3.3.9 所示。从表中我们可以看到，无论在进入和退出决策中，IP1 和 IP2 的系数都存在显著的差异，说明与中小规模企业相比，规模较大企业在产业政策支持下更有可能发生业务变更。

表 3.3.9　产业政策、企业规模与企业业务变更

变量	进入决策				退出决策			
	（1）	（2）	（3）	（4）	（5）	（6）	（7）	（8）
	中小规模	规模较大	中小规模	规模较大	中小规模	规模较大	中小规模	规模较大
	A 栏:分组回归结果							
IP1	1.568 ***	1.814 ***			1.873 ***	2.664 ***		
	（2.672）	（3.560）			（5.283）	（7.103）		
IP2			1.236	1.521 **			1.461 ***	2.077 ***
			（1.461）	（2.374）			（3.460）	（5.719）
IP3			2.703 ***	2.344 ***			3.430 ***	3.752 ***
			（6.723）	（5.702）			（9.428）	（9.269）
控制变量	控制	控制	控制	控制	控制	控制	控制	控制
行业	控制	控制	控制	控制	控制	控制	控制	控制
年份	控制	控制	控制	控制	控制	控制	控制	控制
省份	控制	控制	控制	控制	控制	控制	控制	控制
Observations	6711	6957	6711	6957	6711	6970	6711	6970
	B 栏:分组回归的系数差异检验							
IP1	-0.146 *				-0.352 **			
IP2		-0.207 *				-0.352 **		
IP3		0.142				-0.089		

注：①本表报告的是几率比（orr ratio）；②本表括号内报告的是根据聚类稳健标准误计算出来的 Z 值，聚类变量为行业；③ * 、 ** 、 *** 分别表示在 10%、5%、1%的水平上显著。

3.3.5.3　所属行业

相对于服务业企业，制造业企业对资源更具依赖性，其面临的融资约束更为严重，因此产业政策对企业业务变更决策的影响可能受企业所属行业的影响。将全样本根据所属行业划分为制造业企业和服务业企业，分别检验产业政策对企业业务变更决策的影响，结果如表 3.3.10 所示。表中的结果显示，进入决策中 IP3 的系数差异是显著的，说明与服务业企业相比，非主营业务受产业政策支持的制造业企业开展新业务的概率更大，可见产业政策支持下的制造业企业更愿意去扩张。

表 3.3.10　产业政策、所属行业与企业业务变更

变量	进入决策				退出决策			
	（1）	（2）	（3）	（4）	（5）	（6）	（7）	（8）
	服务业	制造业	服务业	制造业	服务业	制造业	服务业	制造业
A 栏：分组回归结果								
$IP1$	1.605 ***	1.759 ***			2.326 ***	1.985 ***		
	（3.698）	（2.947）			（7.066）	（5.994）		
$IP2$			1.339 **	1.415 *			1.893 ***	1.455 ***
			（2.507）	（1.685）			（4.979）	（3.805）
$IP3$			2.339 ***	2.420 ***			3.652 ***	3.242 ***
			（5.209）	（6.725）			（9.325）	（13.37）
控制变量	控制	控制	控制	控制	控制	控制	控制	控制
行业	控制	控制	控制	控制	控制	控制	控制	控制
年份	控制	控制	控制	控制	控制	控制	控制	控制
省份	控制	控制	控制	控制	控制	控制	控制	控制
Observations	6191	7490	6191	7490	6191	7490	6191	7490
B 栏：分组回归的系数差异检验								
$IP1$	−0.092				0.158			
$IP2$			−0.055				0.263	
$IP3$			−0.034 *				0.119	

注：①本表报告的是几率比（orr ratio）；②本表括号内报告的是根据聚类稳健标准误计算出来的 Z 值，聚类变量为行业；③ * 、 ** 、 *** 分别表示在 10%、5%、1%的水平上显著。

综上，本节的回归结果进一步证明了基准回归的稳健性，并且发现产业政策对企业进入决策和退出决策的正向影响对于不同产权性质、不同企业规模以及不同行业的企业的引导效应不同，假设 3 得证。

3.3.6　结论

本研究以中国上市公司为样本，研究其业务变更决策是否受到产业政策的引导。研究结果表明，①总体而言，宏观产业政策对微观企业的业务变更决策有显著的引导作用，具体表现为产业政策对企业的业务进入决策和业务退出决策都产生显著影响，且对业务退出的影响大于业务进入的影响。②产

业政策引导作用力的大小与受政策支持的业务在企业中所处的地位有关：政策作用于企业的主营业务时，企业做出进入或退出决策的可能性较小；而当政策作用于企业的非主营业务时，企业做出进入或退出决策的可能性较大。③产业政策引导作用力的大小也与企业异质性有关：民营企业、规模较大企业和制造业企业的业务进入和退出决策受产业政策的引导效应更为明显。

第4章
创新型国家建设绩效评价

4.1 创新型省份建设的经济驱动效应

以制度创新激发经济发展新动能已经成为新一轮改革的重要抓手，在经济中高速增长阶段，制度创新的作用逐渐凸显。本部分借助于创新型省份建设这一试点政策的"准自然实验"，利用中国 2006~2017 年省级面板数据，使用合成控制法，评估了创新型省份建设对地区经济增长的影响。研究发现，创新型省份建设对地区经济增长有积极促进作用，从经济总量、增长速度和增长质量三方面的研究表明，创新型省份建设在不同试点单位取得了不同的效果。进一步的研究发现，创新型省份的人力资本、财政支出和社会融资规模等经济增长关键要素在获批创新型省份后得以显著提升，并且获批创新型省份对科技创新与经济增长的关系起正向调节作用。总体而言，创新发展是经济发展的一种新模式。

4.1.1 引言

改革开放四十多年来，我国经济发展取得了举世瞩目的成绩，但也面临一些问题。为实现我国社会经济高质量发展，2006 年全国科技大会上首次提出了创新驱动经济发展这个战略目标；2012年底召开的党的十八大进一步明确提出科技驱动发展战略，指出，科技创新是提高社会生产力和综合国力的战略支撑，必须摆在国家发展全局的核心位置；2015年，中共中央、国务院出台《关于深化体制机制改革加快实施创新驱动发展战略的若干意见》，指导深化体制机制改革，加快实施创新驱动发展战略，确保于2020年进入创新型国家行列。

由此可见，创新驱动发展已经多次由党中央、国务院反复强调和部署，它已经成为我国社会主义市场经济发展的基本战略，各地也根据这一战略在积极转换观念、采取措施，加紧落实。为更好地跟踪和推进这一变换的过程，国家统计局率先成立了"创新型国家进程统计监测研究"课题组，建立了"创新型国家进程监测指标体系"，最早于2007年发布了研究结果，通过报告期和目标期比较分析了我国创新型国家建设进程的基本情况；全国人民代表大会常务委员会原副委员长、著名经济学家成思危在《论创新型国家的建设》（2009）一文中对创新型国家的定义为"是以创新为主要发展动力的国家"，并且根据中国在四个标志性的指标方面的差距指出了建设的思路。另外，还有一些学者对创新型国家的指标体系及综合评价进行了研究（舒志彪等，2010；贺德方，2014）。

然而，创新驱动发展是一个巨大的系统工程，不仅包括目标引领，还需要包括市场、法律、人才等一系列体制机制环境的配合，需要从全方位创造这样的环境条件来服务于这一战略目标。大量基于不同衡量指标、不同研究方法的理论和实证研究均证明技术创新已经成为经济增长的重要动力因素，例如陈柳和刘志彪（2006）基于省级面板数据的研究表明区域创新能力是区域经济增长的重要影响因素，钟祖昌（2013）运用空间计量分析方法的结果表明省级研发投入促进了省域经济增长，郑钦月等（2018）使用CGE方法建模的结果显示研发投资对经济产出有显著正向影响。但是创新本身也不仅只包含技术创新，而且还包括管理创新与制度创新，而管理创新和制度创新则为技术创新创造条件、提供保障。

虽然部分学者关注到制度创新对经济增长的重要作用，刘伟（2013）

和黄群慧（2014）均认为推进有利于科技创新的制度创新对于现阶段的中国而言显得更为紧迫。制度创新被普遍认为是中国未来经济增长的重要推动力（张德荣，2013；黄剑辉，2014；靳涛和陶新宇，2015），欧阳峣（2011）总结了制度创新推动经济发展的作用和方式，指出制度创新对于各种增长要素的优化有重要影响作用。蔡昉（2013）和孙志（2015）则认为制度创新有利于破除制约中国经济增长的结构性失衡。

与大量的定性研究相比，与制度创新相关的定量研究可以分为两类，一类是利用地区制度创新水平或制度创新指数进行研究分析，孙宁华和曾磊（2013）根据制度创新的间歇式特征，将制度变迁纳入实际商业周期模型中，基于非国有化率、市场化程度、财政收入比重以及经济开放度四个制度变量构建出一个综合的制度变量，结果发现构建出的模型能较好地解释经济波动，并且制度冲击具有较长的持久性，他们认为制度创新的间歇式出现是中国经济增长和波动的源泉。刘思明等（2019）编制了国家层面的创新驱动力指数，发现制度创新分指数对一国的全要素生产率有显著正向影响。此外，李新春和肖宵（2017）以市场化指数衡量正式制度、以省际文化系数衡量非正式制度的研究发现制度因素是影响企业对外直接投资的重要动因。另一类是对某一政策领域（例如行政审批制度改革和新税制改革等）进行政策效应评价，夏杰长和刘诚（2017）分析了行政改革对中国经济的影响，王永进和冯笑（2018）以各地行政审批中心成立为"准自然实验"的研究表明行政审批中心的建立显著提升了企业创新水平。

综观已有研究，受限于制度创新的测度和衡量，系统分析制度创新经济发展效应的文献较少，针对市场化程度、非国有经济发展等特定制度因素的效应研究则难以分离其他制度因素的影响。创新驱动战略下，试点创新型省份的建设为系统分析制度创新经济发展效应提供了契机。作为制度创新的一个重要举措，科技部提出了选择一部分省份进行创新驱动发展的试点示范单位，首批试点建设省份（浙江、江苏、安徽和陕西）于2013年获批，为了进一步推动创新发展战略，科技部于2016年印发了《建设创新型省份工作指引》（以下简称《指引》），之后相继又有一些省份获批试点建设，截至 2018 年 12 月，共有 10 个省份进入创新型省份建设试点行列。

查阅已经获得批准建设的各省份的方案，其内容基本上是同质的，其建设目标均根据《国家中长期科学和技术发展规划纲要（2006—2020 年）》中提出的四个指标提出了具体要求以及达到要求的时间表。学者们关于创新型省份建设方面的研究也基本上是围绕指标做文章。而本研究的目的，则是以"创新型省份建设"作为一项制度创新，并以试点省份作为准自然实验的样本，考察制度创新对于地区经济发展是否产生了促进作用？是通过什么样的方式促进发展的？具体机制与路径怎样？为了回答上述问题，本研究基于中国 2006~2017 年省级面板数据，以首批试点创新型省份作为准自然实验样本，采用合成控制法评估了创新型省份建设对地区直接经济增长和经济增长潜力的影响，深入探讨了创新驱动发展模式的可行性。

本研究的贡献如下。第一，为制度创新提供了崭新视角。已有研究对某一特定制度或制度创新指数与经济增长之间的关系进行分析（卢中原和胡鞍钢，1993；康继军等，2007；金玉国，2001；沈琼和王少朋，2019）。与已有研究不同，本研究则选择"创新型省份建设"这一准自然实验以探究制度创新对区域经济增长的影响及其作用机制。创新型省份建设实质上是针对提高区域技术创新水平的一系列制度创新的总和，以获批创新型省份为准自然实验，在保证指标简便性的同时也具有整体性。

第二，基于"创新型省份建设"这一全新的制度创新，为创新与经济增长之间的关系提供了经验证据。已有研究主要关注技术创新对经济增长的推动作用（曹裕和胡韩莉，2014；Villa，1990；陈柳和刘志彪，2006；杨俊等，2007；胡浩等，2011；陈晓红，2013），与现有研究不同，本研究从制度创新视角切入，研究制度创新对经济增长的推动作用。

第三，本研究还检验了制度创新推动经济增长的作用机理，为政府进一步总结试点经验提供了理论依据与实践指南，能够在一定程度上澄清政府创新政策的效果之争。

4.1.2 制度背景与理论分析

4.1.2.1 制度背景

2015年3月，中共中央、国务院出台文件，指导深化体制机制改革加快实施创新驱动发展战略，这意味着制度创新开始受到中央关注，也释放出中央对创新驱动发展战略的关注重点从技术创新转向制度创新，从要素投入型创新激励转向创新治理体系优化。

随着政府对创新治理的重视，"创新型省份建设"已经成为创新驱动发展战略的重要推手。创新型省份建设采取地方主动申请，国家考核审批、进行原则指导，同时加强对试点省份的综合考评的模式。"创新型省份建设"政策是一项典型的"试点—推广"型政策，2013年，浙江、江苏、安徽和陕西提交《试点创新型省份实施纲要》，并获批为试点创新型省份。2016年科技部印发《试点创新型省份建设指引》，支持各省份结合自身实际编制提交《试点创新型省份实施纲要》，标志着"创新型省份建设"政策被吸收到国家的政策中。同年，科技部批复湖北、广东和福建成为试点创新型省份，2017年四川和山东加入试点创新型省份行列，2018年湖南也获批成为试点创新型省份。

由此可见，在创新型省份建设中，地方政府一方面学习模仿中央批准的创新型城市建设经验，另一方面制定和完善本地发展规划和一系列配套措施。不难发现，在此过程中，地方政府能够自主发挥的创新空间较大，因此，创新型省份政策可以被认为是一项适合中国国情、具有中国特色的制度创新。

4.1.2.2 制度创新推动经济发展的理论分析

制度创新就是为了提高对经济活动的激励水平，以及降低交易成本而进行的规则体系的调整与变迁（白俊红和王林东，2016）。诺斯（1990）正式将制度因素纳入经济增长的分析框架，他把制度变迁作为经济增长的内生变量，指出经济增长的关键是制度因素。制度因素可以渗透在影响经济增长的诸因素中，变成引起自然资源、人力资本、金融资本、技术进步和对外贸易等因素变化的条件，通过促进各个领域的机制设计和制度创新，推动经济增长或转型。

制度的功能在于激励和保障，因而在推动经济发展的过程中，首先要以政策支持来提供激励导向。理论上来看，制度创新推动经济发展的途径通常有两种：一是以技术创新为先导，制度创新跟进，加速技术创新转化成生产力的进程；二是以制度创新为先导，推动资源集聚，倒逼技术创新，推动经济发展。

具体到创新型省份建设这一制度创新，创新型省份建设将从以下几个方面促进经济发展。

第一，企业创新的经济增长主力军作用。企业是建设创新型省份的主要贡献者，也是各创新主体当中的主力军。因此，提高企业创新能力也是创新型省份建设的重点发力点。为此，各创新型省份的具体发展举措中均包含了一系列强化企业技术创新主体地位的政策措施，一方面，支持现有各类企业向创新发展转型，采取措施支持县域中小企业技术创新；另一方面，降低创新企业开办门槛，激励大众创业，壮大创新群体规模。通过一系列政策措施的实施，大量创新型企业得以培育和发展，企业、产业和地区竞争力均得以加强，经济增长质量得以提升。

第二，创新环境的经济增长保障作用。良好的创新环境是建设创新型省份的基础保障。各创新型省份均把优化创新环境作为推进工作的首要任务，对如何聚焦营造良好的创新环境做出具体部署，着力优化科技政策体系和法治保护等软环境的同时，也重点建设各种创新平台、深化产学研协同合作等硬环境，双管齐下，优化区域创新环境。首先，从经济增长数量方面来看，区域创新环境的优化可以通过促进生产性私人投资，包括吸引外资流入和增加国内私人投资，从而直接推动经济增长数量（董志强等，2012），也可以通过增加创业活动，促进市场竞争，从而促进经济增长数量。其次，从经济增长质量方面来看，区域创新环境的优化还可以通过两种渠道来促进经济增长质量，一是有助于形成多主体的创新合力，提高区域创新能力，二是有利于区域新的经济增长点的形成，加快新产品产生速度，提高新产品的产值。

这两种渠道使得新知识和新技术成为区域经济增长的重要推动力，保障了经济增长的质量。

第三，人力资源的经济增长支撑作用。内生经济增长理论强调人力资本是经济增长的主要源泉，一方面，人才集聚能通过产生"人口红利"直接作用于经济增长（Bloom and Williamson，1998），提高经济增长数量；另一方面，人力资本水平的提升能通过"干中学"和"工作培训"等活动（Lucas，1988；黄燕萍等，2013），产生集体学习效应（Edmondson，2011），带来全要素生产率的改善，从而提升经济增长质量。因此，建设创新型省份，人才是基础资源，也是关键资源。各创新型省份也着力从人力资源配置方面发力，夯实创新基石，其政策措施中，均有专门针对高水平专门人才的政策措施，包括积极探索各类人才引进、人才培养等政策，在采取各项优惠措施吸引高素质人才流入的同时，采用各种方法激励本土人才快速成长。这些政策措施的实行有利于人才向试点省份集聚，提升地区人力资本水平，从而带动经济增速与质量提升。

第四，资金投入的经济增长动力作用。建设创新型省份，强调的就是创新，包括技术创新、方法创新、管理创新等方面，而这些方面的率先尝试与探索，除了创新思维、技术、手段以外，还需要大量资金支持。而从创新资金的供给来看，各国都是从两方面获得：一是政府财政资金引导，二是吸引社会资金投入。因此，各创新型省份除了从中央获得创新型省份建设资金，均采用配套措施设立专项资金，并且对投入总量提出了具体目标，例如"确保财政科技经费增幅高于财政经常性收入增幅"。学者的研究也表明，财政科技投入的支出有利于人力资本水平和技术水平的提升，既能促进地区经济增长数量，也有助于改善地区全要素生产率（Kaganovich and Zilcha，1999），促进地区经济增长质量。与此同时，采取各种手段和措施引导社会资金投入，鼓励民间金融和资本进入科技创新领域，打造多元化的科技融资系统。具体措施包括建立科技金融平台，建设新型和特色科技金融机构等。社会资金的投入使得边际产出高的项目得以实现（刘贯春等，2019），而且还能分散创新的风险，前者对经济增长数量产生正向影响，后者则能促进企业创新进而提高全要素生产率，对经济增长质量产生影响。

概括而言，创新型省份建设对经济增长的作用机制可以简化为图 4.1.1。

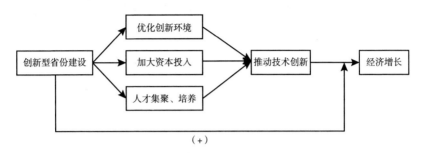

图 4.1.1　创新型省份建设影响经济增长的作用机制

4.1.3　识别策略、数据与描述性统计

4.1.3.1　识别策略

本研究关注的问题是，"创新型省份建设"这一制度创新是否驱动经济发展，以及如何驱动经济发展。因此我们考察可能受制度因素影响的三个主要指标：一是选择能够代表地区经济发展数量的指标，本研究使用实际GDP 的自然对数值衡量地区的经济增长数量；二是能够反映地区经济增长质量的指标，本研究使用实际 GDP 增长率来衡量；三是能够带来经济增长动力的指标，本研究选择全要素生产率（TFP）来衡量。

整个研究分为两个主要步骤进行：第一步，采用合成控制法分析试点创新型省份建设以后，试点省份的经济发展水平是否超过不进行试点时的正常经济发展水平，其全要素劳动生产率水平是否得以提高；第二步，进一步考察是哪些具体的政策措施产生了促进经济发展的积极作用。

（1）合成控制法

假定试验起始时间在 $[1, T]$ 区间内，试点开始时间为 T_0（$1 \leqslant T_0 \leqslant T$），计算观察指标在时刻 t 进行试验和如果没有进行试验之差，该差值即为试验的净效果。本研究中，令 $G^1_{i,t}$ 表示 i 省份在 t 时刻获批试点时的经济发展水平，$G^0_{i,t}$ 表示省份 i 在 t 时刻如果没有获批试点可能的经济发展水平，令

$\alpha_{i,t} = G_{i,t}^1 - G_{i,t}^0$，则 $\alpha_{i,t}$ 为 i 省份获批试点所带来的经济发展净增量。显然，在 $[1, T_0]$ 期内，因为试点建设还没有开始，此时 $\alpha_{i,t} = 0$；在 $[T_0, T]$ 期内，即开始试点后，观察 $\alpha_{i,t}$ 的变化，这是我们关注的重点。对于试点建设省份 i 而言，上述变量中，$G_{i,t}^1$ 是可以观测到的数据，是已知的，但是 $G_{i,t}^0$ 是未知且无法观测的，Abadie 等（2010）认为可以通过构造一个合成的虚拟（反事实）试点省份，由式（4.1.1）所示因子模型对 $G_{i,t}^0$ 进行估计。

$$G_{i,t}^0 = \delta_t + \theta_t Z_i + \gamma_t \mu_i + \varepsilon_{i,t} \tag{4.1.1}$$

其中，δ_t 为所有省份共同的时间固定效应（观测不到的因素对所有省份产生的时间趋势项），Z_i 为可观测的控制变量（不随时间变化并且不受试点影响的可观测控制变量），γ_t 为不可观测的时间固定效应，μ_i 为不可观测的省份固定效应（二者乘积表示不可观测的互动固定效应），$\varepsilon_{i,t}$ 代表每个省份所受到的不可观测的瞬时冲击，均值为 0。

反事实的虚拟试点省份是由其他非试点省份合成构造的，其过程如下：首先构造一个包含试点省份与非试点省份的样本并将其排序，假设非试点建设省份数量为 K，那么，该样本集的省份个数为 $K+1$；其次，我们在上述 $K+1$ 个省份中，将排除试点省份以外的其余 K 个省份通过选择合理的权重向量来构造（合成）一个虚拟的建设省份。为简便起见，我们假设上述省份集合中排在第一位的就是试点省份，其余 K 个省份（$i=2, \cdots, K+1$）均为非试点创新型省份。考虑一个（$K \times 1$）维权重向量 $W = (\omega_2, \cdots, \omega_{K+1})$，满足 $\omega_K \geq 0$，$k=2, \cdots, K+1$，且 $\omega_2 + \cdots + \omega_{K+1} = 1$。向量 W 中的每一个 ω_k 都代表 k 省份对合成控制省份的贡献率。对每一个试点省份，都能找到一个向量 W 的特征值使其能够从其他非试点省份合成一个最相似的试点省份。

经过加权得到的结果变量为：

$$\sum_{k=2}^{K+1} \omega_k G_{kt} = \delta_t + \theta_t \sum_{k=2}^{K+1} \omega_k Z_k + \gamma_t \sum_{k=2}^{K+1} \omega_k \mu_k + \sum_{k=2}^{K+1} \omega_k \varepsilon_{kt} \tag{4.1.2}$$

假定存在 $W = (\omega_2^*, \cdots, \omega_{k+1}^*)$ 使得：

$$\sum_{k=2}^{K+1} \omega_k^* \, G_{k1} = G_{11}, \sum_{k=2}^{K+1} \omega_k^* \, G_{k2} = G_{12}, \cdots, \sum_{k=2}^{K+1} \omega_k^* \, G_{kT_0} = G_{1T_0} \text{ 和 } \sum_{k=2}^{K+1} \omega_k^* \, Z_k = Z_1$$

$$(4.1.3)$$

能够证明，如果 $\sum_{t=1}^{T_0} \gamma_t^{'} \gamma_t$ 非奇异，则：

$$G_{1t}^0 - \sum_{k=2}^{K+1} \omega_k^* \, G_{kt} = \sum_{k=2}^{K+1} \omega_k^* \sum_{s=1}^{T_0} \gamma_t \left(\sum_{n=1}^{T_0} \gamma_t^{'} \gamma_n \right)^{-1} \gamma_s^{'} (\varepsilon_{ks} - \varepsilon_{1s}) - \sum_{k=2}^{K+1} \omega_k^* (\varepsilon_{ks} - \varepsilon_{1s})$$

$$(4.1.4)$$

Abadie 等（2010）证得若政策冲击前的年份相对于冲击后的年份较长，那么式（4.1.4）右边均值将趋近于 0。这时，$\sum_{k=2}^{K+1} \omega_k^* \, G_{kt}$ 是 G_{1t}^0 的无偏估计量，因此试点政策的经济增长效应的估计值为：

$$\dot{\alpha}_{1t} = G_{1t}^1 - \sum_{k=2}^{K+1} \omega_k^* \, G_{kt}, t \in [\, T_0 + 1, \cdots, T]$$

$$(4.1.5)$$

（2）预测控制变量

根据合成控制法的思想，我们要尽量保证合成省份与获批建设省份在获批之前的各项因素尽可能一致。为此，本研究的预测变量选取遵循以下原则：①控制组中包含省份的各项经济特征能够通过加权平均尽可能地刻画实验省份的经济特征；②这些经济变量与实验省份的经济表现高度相关，从而得到试点省所关注指标的理论预期值。

结合已有研究，我们选择与一个地区经济发展水平最为相关的指标组成预测控制变量。

本研究用到的关键变量与预测控制变量的定义及具体计算方式如表4.1.1 所示。

表 4.1.1　变量定义及计算方式

变量类型	变量名称	变量符号	变量含义及计算
识别变量	创新型省份	*InnoProv*	是否获批创新型省份

续表

变量类型	变量名称	变量符号	变量含义及计算
被解释变量 （经济增长）	实际GDP	$Rgdp$	本研究使用统计局网站上公布的修正后历年各省份GDP的数据。以2000年为基期，将名义GDP根据GDP指数剔除物价变动影响，再取自然对数
	实际GDP增长率	$Dgdp$	使用GDP平减指数（以2004年作为基年），对名义GDP进行去势，计算得到实际GDP的增长率
	全要素生产率	TFP	基于DEA-Malmquist非参数分析方法分解得到
预测变量 （经济增长的 影响因素）	人口密度	Pde	总人口/行政区划面积
	道路密度	Rde	公路、铁路总里程与地区土地面积的比值，反映基础设施状况
	政府规模	Gbe	政府财政支出的自然对数值
	制造业企业数量	Nmf	一个地区所有制造业企业总数的自然对数，表征地区制造业规模
	固定资产投资比重	Inv	固定资产投资/GDP，代表资本投入情况
	人均受教育年限	Edu	以6岁及以上人口平均受教育年限来衡量，代表人力资本水平
	产业结构	$Agdp$	二、三产业增加值占GDP的比重
	外商投资	$Fdir$	各省份实际外商投资额占生产总值的比重，衡量对外开放程度

4.1.3.2　样本和数据来源

本研究以省级行政区域为原始样本，囿于数据可得性，本研究在研究过程中剔除了西藏自治区、中国香港、中国澳门和中国台湾地区。为了尽可能排除时间因素对结果可能产生的干扰，本研究选择第一批试点创新型省份为实验组，即2013年获批试点创新型省份的4个省份，剔除了2013年以后获批创新型省份的样本，最终得到了24个省份2006~2017年的省级面板数据。

本研究数据主要来源于《中国统计年鉴》、国家统计局网站、《中国科技统计年鉴》，并与《新中国60年统计资料汇编》《中国人口统计年鉴》以及各省份统计年鉴、各省份统计公报进行比对。

4.1.3.3　描述性统计

本研究关键变量的描述性统计如表 4.1.2 所示，从经济增长变量来看，样本期内实际 GDP 均值为 8.826，各省份 GDP 增长率在 -2.5% ~ 19.1%，说明各省份经济增速差异较大，全要素生产率（TFP）的均值为 0.979，在样本期内也存在较大差异。各预测控制变量的标准差在 0.510 ~ 731.8，可见预测控制变量之间也存在较大的地区异质性，应该能达到较好的拟合效果。

表 4.1.2　主要变量描述性统计

变量名称	样本数	均值	标准差	最小值	最大值
$Rgdp$	288	8.826	0.946	6.224	10.900
$Dgdp$	288	0.107	0.031	-0.025	0.191
TFP	288	0.979	0.117	0.734	1.373
Pde	288	466.800	731.800	7.867	3827.000
Rde	288	0.847	0.510	0.071	2.177
Gbe	288	16.930	0.784	14.370	18.480
Nmf	288	8.546	1.180	5.814	11.090
Inv	288	72.710	24.150	23.660	148.000
Edu	288	8.825	1.056	6.594	12.660
$Agdp$	288	89.280	5.899	69.640	99.640
$Fdir$	288	40.070	57.770	4.780	584.900

为了能更为直观地观察实验组与控制组经济增长的趋势差异，我们分别计算了 4 个试点创新型省份的经济增长指标（$Rgdp$、$Dgdp$ 和 TFP）与其他省份平均值之差，并绘制时间趋势图。图 4.1.2 纵轴表示创新型省份经济增长高于平均值的水平，大于 0 说明该创新型省份经济增长指标高于其他省份平均水平，垂直虚线为政策冲击时点，我们可以看到，虽然创新型省份的经济增长总量（$Rgdp$）呈现明显的梯形，但是样本期内所有创新型省份的经济增长总量均高于其他省份平均水平。从经济增长速度指标（$Dgdp$）来看，安徽和陕西的经济增速在样本期内基本高于平均水平，而

江苏和浙江的经济增速在政策冲击后逐渐赶超平均水平。从经济增长质量指标（*TFP*）来看，安徽和浙江的经济全要素生产率水平基本高于平均水平，且 2013 年后差距有所增大，陕西的经济全要素生产率水平虽然基本低于平均水平，但是 2013 年后逐渐接近平均水平。综合经济增长指标的时间趋势，创新型省份建设这一制度创新很有可能是区域经济增长的重要影响因素。

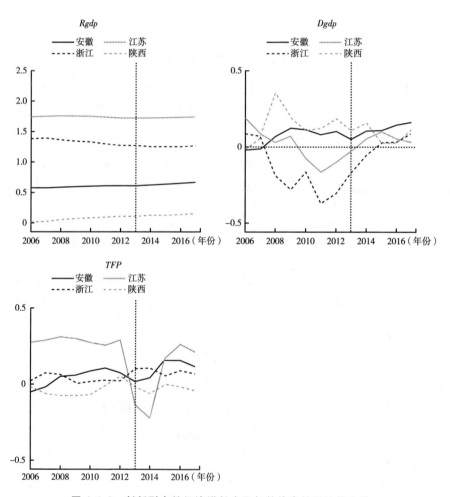

图 4.1.2　创新型省份经济增长水平与其他省份平均值之差

4.1.4　计量结果与机制检验

为了进一步检验制度创新与经济增长之间的关系，本研究首先采用合成控制法依次构造江苏、浙江、安徽和陕西 4 个试点创新型省份的"反事实"对象，得到合成江苏、合成浙江、合成安徽和合成陕西 4 个"虚拟省份"，考察试点后产生的经济增长；其次，通过安慰剂检验、排序检验和敏感性分析等多种稳健性检验验证结果的稳健性。

4.1.4.1　合成控制法的结果

（1）创新型省份建设与经济增长总量

合成控制法的关键是确定控制组的权重，选择标准为最小化政策实施前真实省份经济增长总量和"虚拟省份"经济增长总量的均方误（MSPE）。具体的，浙江、江苏、安徽和陕西的获批时间均为 2013 年，相应拟合期为 2006~2012 年，以 20 个非创新型省份为合成池，使用 Stata15 的 Synth 程序包得到各创新型省份对应控制组的最优权重，根据最优权重加权得到浙江、江苏、安徽和陕西的合成控制对象。以经济增长总量指标（$Rgdp$）为结果变量得到的合成浙江由河南（0.939）和上海（0.061）构成，合成江苏由河南（0.55）、上海（0.229）和辽宁（0.221）构成，合成安徽由江西（0.371）、河南（0.3）、重庆（0.167）和辽宁（0.162）构成，合成陕西由内蒙古（0.376）、重庆（0.268）、山西（0.21）、新疆（0.114）、北京（0.029）和青海（0.003）构成。

通过合成控制法得到各创新型省份及其合成控制省份的经济增长总量（$Rgdp$）的路径，如图 4.1.3 所示。实线表示各创新型省份的增长路径，虚线则为合成控制对象的增长路径，垂直虚线表示获批创新型省份的时间，垂直虚线右侧实线与虚线的增长路径差异代表了创新型省份试点政策的经济增长效应。其中，安徽和陕西两省的拟合效果很好，在 2013 年前安徽和合成安徽、陕西和合成陕西的曲线走势基本重合，但 2013 年后真实省份均领先于合成控制省份，说明试点创新型省份建设对于安徽和陕西的经济增长总量具有明显的提升作用。而浙江和江苏由于拟合效果较差，因此无法确定政策实施后经济增长是否有明显的领先。这可能是因为浙江和江苏的经济增长总量处于领先水平，因此虽然能够得到合成控制省份，但是拟合效果较差。虽然无法确定浙江和江苏的经济增长总量是否受创新型省份建设的影响，但根据苏治和胡迪（2015）的研究思路，只要能够证明某项政策对某一些国家或地区产生显著影响，那么就能在一定程度上说明政策是有效的，因此，如果创新型省份政策对安徽和陕西的经济增长总量的提升作用是稳定且显著的，那就可以认为创新型省份政策在一定程度上能促进地区经济增长总量。

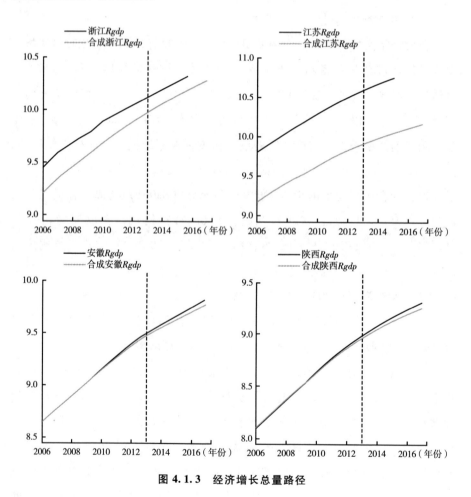

图 4.1.3　经济增长总量路径

（2）创新型省份建设与经济增长速度

以经济增长速度指标（$Dgdp$）为结果变量得到的合成浙江由上海
（0.482）、河北（0.288）和河南（0.23）构成，合成江苏由河南（0.476）、
辽宁（0.434）和上海（0.091）构成，合成安徽由重庆（0.281）、江西
（0.279）、云南（0.202）、河南（0.168）和辽宁（0.071）构成，合成陕西则
由内蒙古（0.349）、重庆（0.323）、新疆（0.209）、北京（0.078）和河南
（0.042）构成。

各创新型省份及其合成控制省份的经济增长速度（$Dgdp$）的路径如图
4.1.4 所示。总体来看，经济增长速度在 2010 年前呈波动状态，在 2010 年

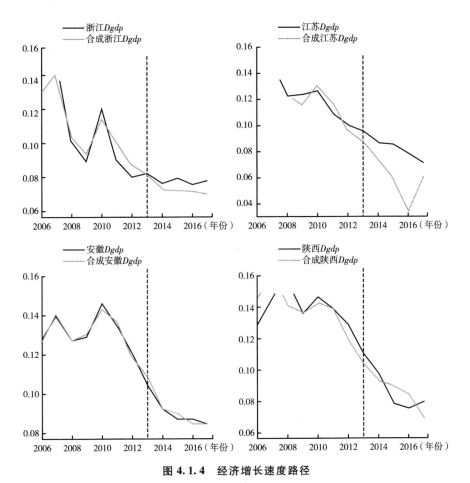

图 4.1.4　经济增长速度路径

后经济增速逐步放缓。从图中可以看到，浙江和江苏的经济增长速度在获批创新型省份政策后明显领先其合成控制省份，具体表现为浙江和江苏经济增长速度（实线）在 2013 年后明显高于合成浙江和合成江苏的经济增长速度（虚线）。与上文类似，虽然安徽和陕西的经济增长速度在获批创新型省份政策前后与合成安徽和合成陕西的经济增长速度没有明显的差异，我们仍然可以认为一定程度上，创新型省份政策减慢了地区经济增长速度放缓的趋势。

（3）创新型省份建设与经济增长质量

以经济增长质量指标（TFP）为结果变量得到的合成浙江由北京（0.527）、辽宁（0.162）、河北（0.154）、黑龙江（0.148）和上海（0.008）构成，合成江苏由上海（0.978）和辽宁（0.022）构成，合成安徽由辽宁（0.42）、江西（0.406）、重庆（0.131）和河南（0.042）构成，合成陕西则由山西（0.528）、内蒙古（0.157）、新疆（0.116）等 8 个省份构成。

各创新型省份及其合成控制省份的经济增长质量的路径如图 4.1.5 所示。从整体上来看，创新型省份的经济增长质量在全样本期内处于波动上升状态。使用全要素生产率作为预测变量时，浙江和陕西在获批创新型省份前全要素生产率曲线波动较大，在政策实施前的拟合效果不是特别理想，因此，不能完全确认创新型省份建设这一制度创新对浙江和陕西的经济增长质量是否产生了显著影响。江苏省的 TFP 水平虽然在获批创新型省份后有了显著上升，并且江苏 TFP 的曲线于 2015 年超越合成江苏 TFP 的曲线，但是虚线左侧江苏省 TFP 的曲线长期高于合成江苏 TFP 的曲线，因此也很难确认江苏省经济增长质量的增加完全是由创新型省份政策带来的结果。对安徽省而言，在虚线左侧，安徽和其合成控制省份的 TFP 曲线非常接近，说明合成安徽较好地拟合了安徽省经济增长质量的变动路径。而在虚线右侧，两者逐渐偏离，安徽的 TFP 值逐渐高于合成安徽，表明创新型省份政策显著促进了安徽经济增长质量水平的提升。与上文类似，四个创新型省份中，安徽省的经济增长质量在获批创新型省份后有了明显的提升，因此我们可以认为一定程度上，创新型省份政策提高了地区经济增长质量。

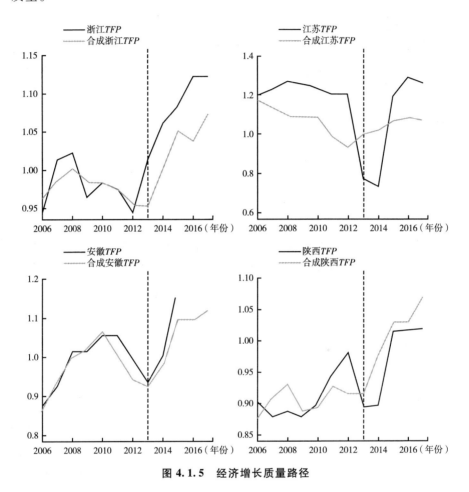

图 4.1.5　经济增长质量路径

从整体结果看，创新型省份政策显著提高了安徽和陕西的经济增长总量，减缓了浙江和江苏经济下行的趋势，提高了安徽的经济增长质量，并且上述结果均是在政策实施前合成控制对象拟合效果比较理想的条件下得到的。因此，根据苏治和胡迪（2015）的研究思路，可以得出如下结论：一定程度上，创新型省份政策这一制度创新对于地区经济增长有着正向推动作用，具体表现为制度创新能够促进地区经济总量提升，抑制地区经济增速放缓，提高地区经济增长质量。

4.1.4.2 稳健性检验

从上文结果来看，以经济增长总量（$Rgdp$）为预测变量时，拟合效果较好的创新型省份是安徽和陕西，以经济增长速度（$Dgdp$）为预测变量时，拟合效果较好的创新型省份是浙江和江苏，以经济增长质量（TFP）为预测变量时，拟合效果较好的创新型省份是安徽。为了检验上述合成控制结果的稳健性，借鉴苏治和胡迪（2015）的做法，本研究对拟合效果较好的创新型省份进行一系列稳健性检验，包括安慰剂检验和敏感性分析。考虑到4个直辖市本身具有较好的经济增长潜力，本研究在稳健性检验部分提出直辖市样本进行分析。

（1）安慰剂检验

合成控制的结果表明部分省份在获批创新型省份后经济增长领先于其合成控制对象，但是这也有可能不是创新型省份政策的作用，而是在获批创新型省份的同时还存在尚未观测到的因素刺激了部分省份的经济增长。为了排除这一可能的影响，本研究借鉴 Abadie（2010）提出的安慰剂检验方法来验证合成控制结果的有效性。

安慰剂检验的思路是：选定一个非创新型省份作为安慰剂，假设它也在2013年获批试点创新型省份，进行同样的合成分析，观察安慰剂的真实值和合成值在2013年以后是否有明显的差异。因为选定的安慰剂事实上并没有获批创新型省份，因此理论上不能从安慰剂检验的图形上看到明显的政策效应。

按照安慰剂选取的一般方法，可以选择合成控制组中权重最大的省份作为安慰剂（陈晔婷等，2018），如果权重最大的省份得不到有效的合成组，则选择权重第二大的省份为安慰剂。综合以上考虑，分别选择江西（权重为 0.371）、山西（权重为 0.21）、河北（权重为 0.288）、河南（权重为 0.476）和辽宁（权重为 0.42）作为安徽 $Rgdp$、陕西 $Rgdp$、浙江 $Dgdp$、江苏 $Dgdp$ 以及安徽 TFP 的安慰剂。

安慰剂检验的结果如图 4.1.6 所示。图 4.1.6（a）和图 4.1.6（b）为以 $Rgdp$ 为预测变量时，江西和山西及其对应的合成控制对象在 2006～2017

年的结果。从中可以看出，江西和山西的经济增长总量在 2013 年后并没有显示出与安徽和陕西相同的走势，反而呈现相反的走势。图 4.1.6（c）和图 4.1.6（d）则是以 $Dgdp$ 为预测变量时，河北和河南及其对应的合成控制对象在 2006~2017 年的结果。可以看到，2013 年以后，河北和河南的经济增长速度曲线比其合成控制对象的经济增长速度曲线变动更快，呈现与浙江和江苏相反的走势。图 4.1.6（e）是以 TFP 为预测变量时，辽宁及其合成控制对象的结果，图中显示 2013 年以后，辽宁的经济增长质量曲线较其合成控制对象较低。因此，这一检验再次证明创新型省份政策是 2013 年后创新型省份经济增长的重要原因。

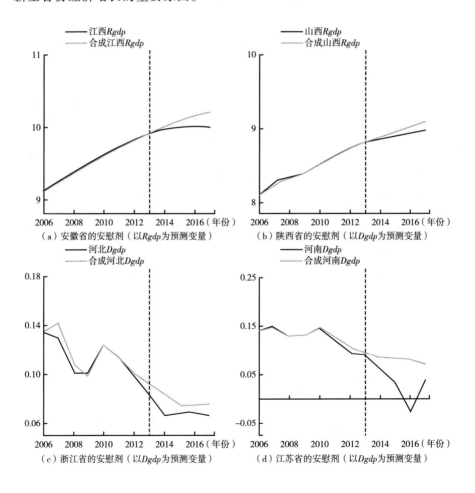

（a）安徽省的安慰剂（以 $Rgdp$ 为预测变量）　　（b）陕西省的安慰剂（以 $Dgdp$ 为预测变量）

（c）浙江省的安慰剂（以 $Dgdp$ 为预测变量）　　（d）江苏省的安慰剂（以 $Dgdp$ 为预测变量）

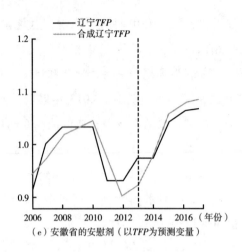

（e）安徽省的安慰剂（以*TFP*为预测变量）

图 4.1.6　安慰剂检验

（2）敏感性分析

安慰剂检验的结果排除了创新型省份本身经济增长是随机事件的影响，但是创新型省份政策的处理效应可能还受到合成池中控制对象的影响，为了排除这一因素的影响，本研究进行了敏感性分析。具体操作为从原始合成池开始进行合成控制估计，依次删除合成组中权重为正的省份，构造不同的合成控制组来观察处理效应是否仍然显著，如果显著，则认为结果是稳健的。

敏感性分析的结果见图 4.1.7，图 4.1.7（a）和图 4.1.7（b）为以 *Rgdp* 为预测变量时，逐一剔除合成池中权重最大的省份之后的合成控制结果。从中可以看到，即使合成控制的省份发生改变，安徽和陕西的实际 *Rgdp* 曲线仍然高于其合成控制省份的 *Rgdp* 曲线。图 4.1.7（c）和图 4.1.7（d）为以 *Dgdp* 为预测变量时的敏感性分析结果，同样可以看到改变合成池后，浙江和江苏的实际 *Dgdp* 曲线高于其合成控制省份的 *Dgdp* 曲线。同样地，图 4.1.7（e）的结果也表明安徽的实际 *TFP* 曲线高于其合成控制省份的 *TFP* 曲线。图 4.1.7 的结果表明，即使改变合成池的数量，上文的合成控制结果依然成立，排除了合成控制结果受某一特定控制组省份的影响，说明上文结果是稳健的。

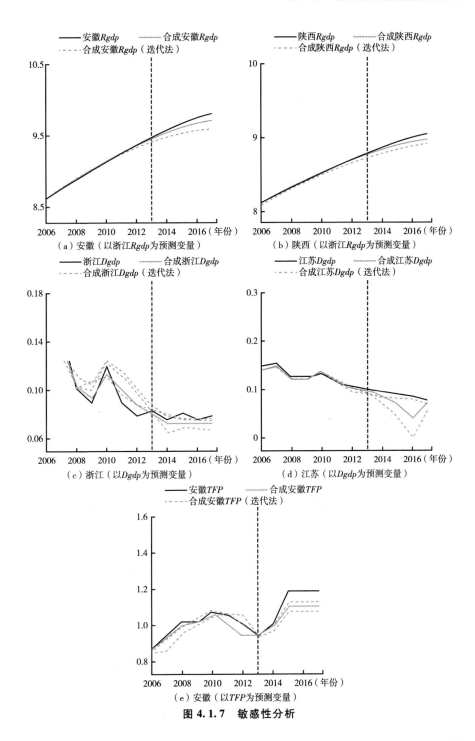

图 4.1.7　敏感性分析

（3）改变合成池

因为北京、上海、天津和重庆4个直辖市本身拥有更为优质的资源和更好的政策倾斜，因此本身具有较快较好的经济增长，把它们放入合成池中可能造成合成控制结果偏误。由于4个直辖市在合成实验对象时均占了较大的权重，因此为了排除直辖市的影响，我们将直辖市剔出合成池，重复进行合成控制分析，得到的结果与图4.1.2相似，再次证明创新型省份试点能带来一定的经济增长。

4.1.5　进一步讨论

通过合成控制法实证分析了制度创新对区域经济增长的影响，发现创新型省份政策这一制度创新对经济增长的影响总体呈现推动作用，或者说至少没有发现因实施创新型省份政策而给地区经济增长带来负面影响。但是，制度创新的经济增长效应在不同创新型省份中呈现异质性，具体表现为各地政策实施效果的差异较大。那么，引起上述差异的因素可能有哪些？或者说，创新型省份建设的作用机制有哪些？根据前文理论分析，创新型省份建设推动经济增长存在两条路径：一是通过集聚技术创新的要素，从而推动技术创新，进而促进经济增长；二是加快技术创新转化成经济增长。

4.1.5.1　创新型省份建设对要素的推动作用分析

虽然路径一涉及多对因果关系，但是已有研究基本认可资金、人力是区域技术创新的重要影响因素这一结论，也基本认可技术创新是经济增长的推动力这一结论。因此，验证路径一的存在性落脚于验证创新型省份政策是否促进了创新型省份的要素集聚这一基本假设。为了验证这一假设，本研究设置如下模型。

$$
\begin{aligned}
Mechanism_{it} &= \alpha_0 + \alpha_1 Treat_{it} + \alpha_2 Term_{it} + \alpha_3 Treat_{it} \\
&\quad \times Term_{it} + \beta X + \delta_i + \eta_t + \varepsilon_{it}
\end{aligned} \tag{4.1.6}
$$

其中，$Mechanism$ 表征技术创新的影响因素，包括人力资本水平（$Yfry$），以省域研发人员全时当量水平衡量；政府资源投入（Gbe），以政府财政支出水平的自然对数衡量；社会资源投入（Rz），以社会融资规模来衡量。$Treat$ 为创新型省份哑变量集合，具体地，$Treat\_1$ 为浙江省哑变量，浙江省取值为 1，其余省份取值为 0；$Treat\_2$ 为江苏省哑变量；$Treat\_3$ 为安徽省哑变量；$Treat\_4$ 则为陕西省哑变量。$Term$ 为政策冲击时间变量，2013 年开始取值为 1，2013 年以前取值为 0。α_3 则代表创新型身份政策的净效应。X 表征控制变量集，本研究还控制了个体固定效应和时间固定效应。

为了证明创新型省份建设是否促进了创新型省份要素的增长，本研究对式（4.1.6）进行估计，结果如表 4.1.3 所示。表中第（1）列报告的是以人力资本为被解释变量的回归结果，在 4 个创新型省份中，安徽省的交乘项显著为正，说明在获批创新型省份后，安徽省的人力资本水平有了显著上升，而其他省份的人力资本水平没有明显变化。表 4.1.3 第（2）列报告了以财政支出为被解释变量的回归结果，我们发现，整体来看，浙江省的财政支出水平反而下降了，安徽省和陕西省的交乘项显著为正，说明获批创新型省份后地区财政支出水平在不同省份间呈现异质性，表现为浙江省财政支持水平降低，安徽省财政支出水平有明显的增加，其余省份没有明显变化。表 4.1.3 第（3）列报告了以社会融资规模为被解释变量的回归结果，我们可以看到浙江省和江苏省的社会融资规模在获批创新型省份后有了较为明显的提升，其余创新型省份没有明显提升。表 4.1.3 的结果表明，创新型省份建设显著促进了创新型省份关键要素的增长，制度创新推动经济增长的路径一的存在性得以证明。

表 4.1.3 路径一检验结果

变量	（1）人力资本	（2）财政支出	（3）社会融资规模
$Treat\_1\_Term$	−0.0795	−0.0498 *	0.518 ***
	(−1.00)	(−1.66)	(3.87)
$Treat\_2\_Term$	−0.0117	0.0146	0.0567 ***
	(−0.17)	(0.85)	(3.50)

变量	（1） 人力资本	（2） 财政支出	（3） 社会融资规模
$Treat\_3\_Term$	0.168 * （1.90）	0.0386 ** （2.00）	0.0664 （0.46）
$Treat\_4\_Term$	−0.0674 （−1.07）	0.00962 ** （2.48）	−0.143 （−1.38）
N	215	287	287
adj. R^2	0.975	0.997	0.950

注：* $p<0.1$，** $p<0.05$，*** $p<0.01$；括号内为 t 统计量；所有模型均使用稳健性标准误；表中省略了控制变量的结果。

4.1.5.2　创新型省份建设的调节作用分析

为了验证路径二的存在，本研究设置如下模型。

$$Growth_{it} = \alpha_0 + \alpha_1 Patent_{it} + \alpha_2 Patent_{it} \times InnovProv_{it} + \varepsilon \qquad (4.1.7)$$

其中，$Growth$ 为经济增长水平。$Patent$ 表示地区技术创新水平，用地区专利数量来衡量。交乘项系数 α_2 代表创新型省份政策的调节效应，如果 α_2 显著为正，说明创新型省份政策加速了专利对经济增长的推动作用，反之，则对专利转化成经济增长起阻碍作用。

对式（4.1.7）进行估计的结果如表 4.1.4 所示。表 4.1.4 第（1）（3）（5）列的样本为所有创新型省份，获批创新型省份后经济增长得以提高的省份取值为 1，否则取值为 0；第（2）（4）（6）列中取值为 0 的样本则为所有非创新型省份。表 4.1.4 第（1）列的被解释变量为经济增长总量 $Rgdp$，可以看到，从创新型省份内部来看，系数 α_2 不显著，说明创新型省份政策在推动技术创新转化成生产力的过程中没有显著差异。而第（2）列中系数 α_2 的值为 0.0434，在 1% 的显著性水平下显著，说明与非创新型省份相比，创新型省份的经济总量增长得益于创新型省份政策的调节作用。

第（3）列和第（4）列是以经济增长速度 $Dgdp$ 为被解释变量的回归结

果。第（3）列交乘项系数 α_2 的值在10%的统计水平上显著，说明从创新型省份内部来看，创新型省份的经济增长速度效应的异质性与创新型省份政策能否推动技术创新转化成经济增长速度有关。第（4）列中交乘项系数 α_2 的值在1%的显著性水平上显著，说明与非创新型省份相比，创新型省份的经济增速提升得益于创新型省份政策的调节作用。同样地，第（5）列和第（6）列的结果表明创新型省份的经济增长质量提升得益于创新型省份政策的调节作用。

表 4.1.4 的结果表明创新型省份建设促进了地区技术创新转化成经济增长的进程，也即制度创新促进经济增长的路径二得证。

表 4.1.4　路径二检验结果

变量	(1) $Rgdp$	(2) $Rgdp$	(3) $Dgdp$	(4) $Dgdp$	(5) TFP	(6) TFP
α_2	−0.0187 (−1.41)	0.0434*** (6.37)	0.0106* (1.83)	0.0449*** (2.53)	0.153* (1.99)	0.0135*** (0.90)
N	48	251	48	251	48	251
adj. R^2	1.000	1.000	0.903	0.859	0.497	0.748

注：* $p<0.1$，** $p<0.05$，*** $p<0.01$；括号内为 t 统计量；所有模型均使用稳健性标准误；表中省略了控制变量的结果。（1）（3）（5）列中的参照组为经济增长不明显的创新型省份，（2）（4）（6）列中的参照组为非创新型省份。

4.1.6　结论

本研究在理论分析制度创新驱动经济增长的基础上，利用2013年第一批试点创新型省份这一试点政策作为准自然实验事件，基于2006～2017年全国省级面板数据，借助合成控制法这一新兴政策评估方法，实证分析了创新型省份政策对试点创新型省份经济增长的影响及其差异。研究发现如下。①制度创新已经成为地区经济增长的重要驱动力，试点创新型省份的经济增长总量、经济增长速度和经济增长质量在一定水平上得以显著提升，并且试点创新型省份建设对经济增长的推动作用具有异质性。具体表现为，安徽和陕西的经济增长总量在获批创新型省份后得以显著提升，浙江和江苏的经济增长速度在获批创新型省份后得以显著提升，安徽的经济增长质量在获批创新型省份后得以显著提升。②进一步的分析表明，制度创新对经济增长的推动作用主要通过两条路径得以实现，一是通过加快区域关键资源的集聚从而促进地区经济增长，二是通过加快技术创新转化为生产力的进程来实现经济增长提升。创新型省份对经济增长的差异性影响主要受到两条路径实施效果的影响。

附录　排序检验

安慰剂检验的结果表明创新型省份政策确实促进了创新型省份的经济增长，但是创新型省份的经济增长可能是一种随机效果，并不具有统计意义上的显著性。为了排除上述随机因素的影响，本研究使用 Abadie 等（2010）提出的排序检验法对合成控制的结果进行有效性检验。具体做法为：随机选取一系列非创新型省份，假定它们在 2013 年也获批为试点省份，采用合成控制法构造其合成控制对象，可以得到一系列的处理效应，将这一系列处理效应看作随机误差分布，然后比较真实政策效果与随机误差分布。如果创新型省份的政策效果明显大于随机产生的误差，说明创新型省份的经济增长效应大于合成省份这一事件是一个小概率事件，可以认为结果是显著的。对于非创新型省份的选择遵循如下原则：①优先选择在处理组中权重为正的省份；②剔除了前期拟合效果不佳的省份；③排除了"平均预测标准差高于试点省份平均预测标准差 2 倍"的省份。

附图 4.1.1 展示了排序检验法的结果。图中（a）~（c）是以经济增长总量（*Rgdp*）、经济增长速度（*Dgdp*）和经济增长质量（*TFP*）分别作为预测变量时的差值分布。以图（a）为例，试点省份安徽和陕西的处理效应均明显大于非试点省份，意味着控制组要得到与创新型省份近似的处理效应的概率较小，从而证明了上文合成控制的结果是显著的。

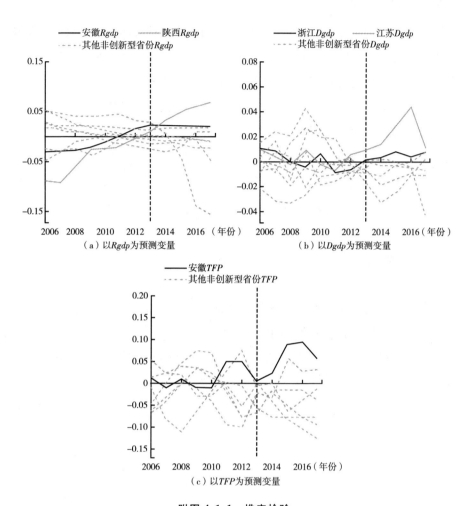

附图 4.1.1　排序检验

4.2　国家自主创新示范区建设对企业创新的影响[*]

本部分以国家高新区获批建设国家自主创新示范区为"准自然实验"，采用双重差分模型对 2007~2016 年各国家高新区内上市企业进行分析，研

---

*　本部分主要内容已发表于《软科学》2019 年第 6 期。

究国家自主创新示范区的设立对区内企业创新活动的影响。结果表明：示范区的设立能够显著促进企业创新，但具有显著的异质性：在企业产权性质上，示范区的设立对非国有企业创新的促进作用比国有企业明显；在区域差异方面，东部地区示范区对企业创新的促进效应比中西部地区明显；从专利类型看，对企业发明专利的促进作用比对外观设计专利明显。此外，本研究通过引入三重差分模型进行影响机制检验，发现"政策效应"和"集聚效应"是国家自主创新示范区促进企业创新的重要机制。研究结论有助于准确认识国家自主创新示范区对企业创新的促进作用及其机理，为政府决策提供参考依据。

4.2.1　引言

为贯彻落实创新驱动发展战略，提高我国自主创新能力，我国政府制定了选取部分国家高新区建设国家自主创新示范区的战略决策。自 2009 年 3 月北京中关村国家高新区成为第一个国家自主创新示范区以来，截至 2018 年 2 月，我国已设立 19 个国家自主创新示范区（以下或简称示范区）。

示范区建设的目标是强化国家高新区在"试水"中的创新引领和内生增长作用（解佳龙和胡树华，2013），作为高新区的"升级版本"，示范区是中国施行创新驱动发展战略的重要载体，直接关乎创新驱动发展战略的实施质量与进度（张威奕，2016）。基于这些认识，学者们围绕其建设目标及其举措展开了进一步的研究。有的以单个或多个示范区为例，对其创新政策和建设方略进行分析探讨（吴珂和王霞，2012；刘姿媚和谢科范，2015），较多文献集中对示范区创新能力进行评估和比较，认为应充分发挥示范区在创新驱动发展战略中的核心载体作用（如周洪宇，2015；熊曦和魏晓，2016）；也有学者证明示范区的建设起到了创新驱动的作用（程郁和陈雪，2013；顾媛元和沈坤荣，2015）。

上述研究都是基于宏观视角、以区域为对象的研究。事实上，所有的宏观政策都是通过中观层面传导到微观主体发挥作用。企业作为创新发展的主体，一方面，其内在因素如吸收能力、组织学习能力等对企业创新行为产生重要影响（Lane et al.，2006；Alegre and Chiva，2008）；另一方面，经营环境的变化等外在因素使得不断创新成为企业生存和发展的关键（方刚，2011；何建洪和贺昌政，2013），特别是企业所能获得的外部资源会影响到企业的创新决策与创新能力，如产业集群、社会网络对企业创新产生驱动作用（苏依依和周长辉，2008；池仁勇，2007），开放式创新和协同创新也有利于提升企业创新能力（Dahlander and Gann，2010；Davis and Eisenhardt，2011；陈劲和阳银娟，2012）。而对处于转轨改革过程中的中国经济而言，来自制度层面的因素对企业创新的影响尤为明显，研究发现产业政策可以显著提高企业创新绩效（余明桂等，2016），有学者认为，以建设国家自主创新示范区为代表的创新政策是经济发展的一般现象，也是中国特色的制度表现，研究示范区建设对企业创新的作用机制，是对企业创新问题的有效补充（高照军和武常岐，2014）。

示范区的建设旨在通过开展股权激励试点、实施支持创新企业的税收政策等措施，在推进创新驱动发展、加快转变经济发展方式等方面发挥重要的引领、辐射和带动作用。其建设目标是否达成，核心就是观测示范区企业创新能力是否在政策的激励下得到了提升，并在此基础上进一步起示范引领作用。

本研究以示范区的建设为观测事件，考察示范区内企业的创新效果。在已有文献的基础上，本研究的贡献主要集中在以下几个方面。一是研究内容上，探究国家自主创新示范区的建设对微观企业创新活动的影响，从企业创新的视角深化了示范区创新驱动的主体作用。同时，从示范区建设的视角研究对微观企业创新产出的作用机制，丰富了企业创新外部环境影响方面的研究。二是在研究方法上，本研究尝试将国家自主创新示范区的设立作为准自然实验，采用双重差分模型（DID）进行实证研究。三是本研究不仅分析了示范区设立对企业创新产出的平均影响效应，而且更细致地考察了企业性质、专利类型和地区异质性影响，并通过三重差分模型（Triple Difference，DIDID）进行影响机制检验，从而深化了示范区政策对微观企业创新影响的解读。

4.2.2　政策背景与理论假说

4.2.2.1　政策背景

在科技园区建设的基础上，国家开始建设示范区，并于 2009 年 3 月批准中关村国家高新区为首个国家自主创新示范区，其他 5 个高新区（武汉、上海、西安、深圳、成都）也相继获批成为国家自主创新示范区。之后建设范围进一步扩大，截至 2018 年 2 月，我国已建设北京中关村、武汉东湖、上海张江、天津滨海等共 19 个国家自主创新示范区，在空间布局、创新要素集聚以及政策的示范作用等方面都呈现明显的特征。

首先是空间布局方面，呈现多种战略叠加特征。目前我国"一带一路"、"长江经济带"和"京津冀协同"三大空间战略的实施都依附于区域板块地理形态上的经济带状或圈层结构特征（王双，2017），都体现了区域经济中心的辐射带动作用，这种特征也充分地体现在示范区的空间布局上。我国 19 个国家自主创新示范区都处于三大空间战略的核心区域且呈现多种战略叠加的态势。

其次是创新要素集聚。示范区成长的过程通过不断吸引大量创新要素集聚、充分利用创新要素优化组合，发挥产业融合发展效应，并带动辐射周边地区，成长为创新"高地"。我国示范区创新要素集聚呈现科技机构密集、研究投入加大、创新人才汇聚、创新成果加速形成、创新能力提升的特征。同时，各个示范区都有各自突出的要素凝聚力，例如，苏南城市群创新主体成长较快；杭州示范区拥有具有全球影响力的"互联网+"创新创业产业集群等。

最后是政策示范作用。国家自主创新示范区在科技资源配置、创新主体激励、科技金融支撑体系以及科技创新平台架构等方面具有政策示范作用。此外，部分示范区还明确了人才政策方面的探索和示范目标，从人才培养和引进到团队培养以及产学研甚至产学研用结合，突出了人才投入与质量在创新中的重要作用。

4.2.2.2　理论假设

（1）示范区对企业创新的影响

创新能力是评估企业市场竞争力和综合实力的一个切入点，企业创新能力的提升主要依赖创新要素的获取，以及创新要素的流动。在我国自主创新示范区建设中，一方面，政府通过制度建设和优惠政策等非市场的力量，引致产业在地理上的集中和聚集，旨在为产业集聚创造条件；另一方面，通过增强产业间的关联促进集聚经济的自我完善，加快产业结构升级，提高区域创新能力。

示范区的"政策效应"指政府通过设施建设、制度供给、法律完善、政策优惠等方式吸引企业入驻，为产业集聚创造条件。一方面，政府改善了示范区的基础设施和配套设施，营造了良好的创新环境；另一方面，示范区对企业提供一系列特殊政策待遇（Wang，2013；Alder et al.，2016），其中，税收优惠和财政补贴是政府干预要素流动的重要手段。财政补贴可以直接增加企业资金拥有量，更多资源积极高效地投入研发活动中，从而促进企业创新绩效提高。税收优惠不仅间接地帮助企业获得成本优势，还提高了企业改善效率的意愿，当税率降低时企业可以从效率改善获得的收益中赚取更高的分成（向宽虎和陆铭，2015），这也是促进企业创新的动力之一。因此，示范区的"政策效应"有助于促进园区内企业创新。

基于以上分析，本研究提出如下假设。

假设 1：示范区的建设可以促进园区内企业创新。

（2）示范区对企业创新影响机制的异质性

示范区促进企业创新的两个影响机制都体现为获取创新要素和提高资源使用效率。不同产权性质企业的资源需求程度、经营目标有所不同，不同地区要素禀赋不同，不同类型的专利特征也不同，进而示范区设立对企业创新的影响程度可能存在差异。

不同产权性质企业的资源需求程度、经营目标存在差异。一方面，非国有企业作为经济发展的重要力量，无论是在债券融资方面还是在股权融资方面都面临严重的"金融歧视"（Allen et al.，2005），在这种情况下，示范区的政策放松了园区内企业的信贷审核，加大了税收资源支持力度，能够缓解非国有企业技术创新面临的资源约束，激励企业的创新活动。另一方面，较强的政府干预导致国有企业经营目标多元化，这使得其创新活动对示范区的政策激励不敏感。国有企业管理层激励约束机制的缺失也可能削弱国家自主创新示范区政策激励对其创新活动的影响。因此，示范区设立对非国有企业的创新活动影响可能会更为显著。

不同地区要素禀赋存在差异。东部地区经济发达，技术较为先进，因此东部地区的企业受所处宏观环境的影响，创新意识普遍较强，企业不断地进行技术的更新改造和新的公司治理模式的探索，因此对示范区"政策效应"更为敏感。此外，大多数经济实力较强的企业落址于东部沿海地区，因而东部地区的企业可利用区位优势，借助示范区建设的契机，产生更强有力"集聚效应"，促进企业的创新活动。刘瑞明和赵仁杰（2015）在研究国家高新区的创新绩效时认为，发达地区的优惠政策与基础设施比落后地区更为完善，与高新区政策衔接更紧密。不难推测，示范区政策对企业创新活动促进作用的区域差异也受到政策区域差异的影响。因此，示范区设立对东部地区企业的创新活动影响会比较明显。

不同类型的专利特征不同。发明专利的审查标准最严格、质量最高，是体现微观企业乃至一国自主创新能力最为重要的指标（张杰等，2014），实用新型专利和外观设计专利的技术含量较低。国家自主创新示范区的设立对企业创新质量的影响，可以通过不同类型专利申请数量的变化来体现。若示范区设立促使企业创新质量有较大提升，可以显著增加企业发明专利申请数量；若示范区设立并未促使企业创新质量有较大提升，可能导致企业发明专利申请数量增加较少或没有显著增加，而实用新型专利和外观设计专利申请数量可能有所增加。

基于以上分析，本研究提出如下假设。

假设2：国家自主创新示范区的设立对企业创新的影响与企业产权性质、所在地区以及专利申请类型的异质性有关。

4.2.3　模型设定、数据来源与指标说明

4.2.3.1　模型设定

国家自主创新示范区是逐年建设的，自从 2009 年设立第一个示范区之后每年国务院都会批复部分国家高新区建设国家自主创新示范区，因此各国家自主创新示范区的建设时点不同。本研究建立双重差分模型进行实证研究，在 2009~2016 年被列为示范区的国家高新区为实验组，而未建立国家自主创新示范区的国家高新区为对照组。根据国家高新区获批建设示范区的时点，定义政策和时间虚拟变量：Treat 为政策虚拟变量，Treat = 1 表示国家自主创新示范区，Treat = 0 表示非国家自主创新示范区；Term 为时间虚拟变量，Term = 1 表示该年该高新区已获批建设示范区，Term = 0 表示从该年该高新区未获批建设示范区，定义交互项 Treat×Term 来刻画国家高新区获批建设为国家自主创新示范区的"政策处理效应"。本研究尝试检验获批建设国家自主创新示范区的高新区在实验期前后园区内企业的创新活动是否与对照组存在显著的差异，构建如下双重差分模型：

$$
\begin{aligned}
Y_{figt} = {} & \alpha_0 + \alpha_1 Treat_{gt} + \alpha_2 Term_{gt} + \alpha_3 \times Treat_{gt} \times Term_{gt} \\
& + \beta X_{figt} + \gamma_i + \eta_t + \varepsilon_{figt}
\end{aligned}
\tag{4.2.1}
$$

式（4.2.1）中，下标 f 为企业，i 为行业，g 为园区，t 为时间。Y_{figt} 表示 f 企业的创新活动。交互项 $Treat_{gt} \times Term_{gt}$ 的系数可以反映国家自主创新示范区建设对企业创新的影响，若系数为正值且显著，说明国家自主创新示范区的建设可以促进园区内企业创新；反之则不能说明。X 代表企业层面的控制变量，β 为相应控制变量的系数，γ_i 为行业控制变量，η_t 为时间控制变量，ε_{figt} 为误差项。

4.2.3.2　数据来源与指标说明

本研究使用的企业专利申请数据来源于国泰安数据库，企业的财务特征数据来源于 Wind 金融数据库，各国家高新区层面的统计数据来源于 2008~2017 年的中国火炬统计年鉴。由于国家自主创新示范区建设从 2009 年开始，为确保在首批国家自主创新示范区建立前有至少两年的数据，故

样本起始点为 2007 年，根据数据的可得性，最终本研究的样本区间为 2007~2016 年。本研究样本包括 88 个国家高新区，其中实验组包括 14 个示范区样本，对照组包括 74 个高新区样本，样本为国家高新区内的所有上市企业。

①被解释变量：本研究双重差分模型选取的被解释变量 Y，代表企业的创新活动，考虑到国家自主创新示范区建设重在强调创新绩效，本研究借鉴 Aghion 等（2005）采用企业申请专利数量的对数值（Patent）描述企业的创新活动。②解释变量：本研究选择国家高新区获批建设国家自主创新示范区的分组虚拟变量（Treat）、时间虚拟变量（Term）及其交互项（Treat × Term）作为解释变量。其中分组虚拟变量度量了国家自主创新示范区和非国家自主创新示范区之间企业创新绩效的差异，时间虚拟变量度量了实验期前后控制组和对照组企业绩效的变化，而交互项是本研究的核心解释变量，度量了获批建设国家自主创新示范区对控制组和对照组企业创新绩效变化的影响。③控制变量：控制变量 X 的选取主要参照温军和冯根福（2012）。此外，本研究还根据证监会的行业分类标准设置了行业控制变量，来控制行业因素对企业创新的影响，同时设置了年份控制变量来控制不同年份的宏观经济环境对企业创新活动的影响。

4.2.4 实证结果与分析

4.2.4.1 描述性统计分析

收集研究期间内的样本数据，并计算各变量的统计特征值，如表 4.2.1 所示。为了消除文中变量极端值的影响，本研究利用缩尾处理方法，对变量 1% 水平的极端值进行了处理。由表 4.2.1 可以看到，企业的专利申请量的对数（Patent）平均值为 1.219，最小值为 0，最大值为 6.089，标准差为 1.680，可见不同企业之间创新产出差距较大。对于企业层面的控制变量，同样能够看出不同企业间的差距。

表 4.2.1 变量描述性统计结果

变量		样本数	平均值	标准差	最小值	中位数	最大值
被解释变量	*Patent*	5284	1.219	1.680	0	0	6.089
解释变量	*Treat×Term*	5284	0.358	0.479	0	0	1
控制变量	*Age*	5284	13.442	4.987	3	13	27
	State	5284	0.313	0.464	0	0	1
	Size	5284	2.949	1.297	0.671	2.800	6.927
	Leverage	5284	39.862	20.303	3.991	38.692	87.314
	Roa	5284	10.193	9.439	−11.740	8.059	45.656
	Salesgrowth	5284	21.282	33.556	−50.981	16.449	182.714
	R&D	3841	1.079	2.524	0.006	0.334	18.596

4.2.4.2 相关性分析

各变量之间的相关性检验结果如表 4.2.2 所示。可以得出被解释变量 *Patent* 与核心解释变量 *Treat×Term*、控制变量 *Age* 和 *Size* 之间呈显著的正相关关系,而被解释变量 *Patent* 与控制变量 *State*、*Leverage* 和 *Roa* 之间呈显著的负相关关系,后续将进一步利用双重差分模型检验企业创新与这些变量间的关系。此外,变量之间的相关系数都较小,说明实证模型中各变量间发生严重的多重共线性的可能性很低。

表 4.2.2 相关分析结果

变量		(1)	(2)	(3)	(4)	(5)	(6)	(7)	(8)
Patent	(1)	1							
Treat×Term	(2)	0.065***	1						
Age	(3)	0.114***	0.070***	1					
State	(4)	−0.057**	−0.026*	0.030**	1				
Size	(5)	0.186***	0.090***	0.264***	0.400***	1			
Leverage	(6)	−0.142***	−0.118***	0.104***	0.243***	0.305***	1		
Roa	(7)	−0.068***	0.014*	−0.111***	−0.078***	−0.137***	−0.053***	1	
Salesgrowth	(8)	−0.012	0.010	−0.025*	−0.050***	−0.011	0.031**	0.036***	1

注:*、**、*** 分别表示在 10%、5%、1% 的水平上显著,检验均为双侧。

4.2.4.3 均值检验

在进行双重差分模型对国家自主创新示范区对企业创新的影响进行验证前，为了直观考察控制组与对照组企业在创新活动上是否有显著差异，分别对两组企业样本的创新产出和创新投入变量的均值之差进行显著性检验。此处分别对专利申请总量（*Patent*）、发明专利（*Ipatent*）、实用新型专利（*Upatent*）和外观设计专利（*Dpatent*）进行分析，结果见表 4.2.3。

表 4.2.3　均值检验结果

变量	*Treat* = 0		*Treat* = 1		差值
	样本数	平均值	样本数	平均值	
Patent	3392	1.137	1892	1.365	−0.228 ***
Ipatent	3392	0.802	1892	1.036	−0.234 ***
Upatent	3392	0.792	1892	0.868	−0.076 **
Dpatent	3392	0.319	1892	0.357	−0.037
R&D	2154	0.815	1687	1.416	−0.601 ***

注：* 、** 、*** 分别表示在 10%、5%、1% 的水平上显著，检验均为双侧。

如表 4.2.3 所示，非国家自主创新示范区企业专利申请总量平均值为 1.137，国家自主创新示范区企业专利申请总量平均值为 1.365，差值在 1% 的水平上显著。对于发明专利申请量，两类样本企业的平均值分别为 0.802 和 1.036，差值在 1% 的水平上显著。两类样本企业的实用新型专利申请量的均值之差为 0.076，在 5% 的水平上显著，而两类企业的外观设计专利申请量不存在显著差异。同样对两类企业的研发投入也进行验证，非国家自主创新示范区企业研发投入平均值为 0.815，国家自主创新示范区企业专利申请总量平均值为 1.416，差值达到 0.601，在 1% 的水平上显著。由此得到初步的结论，获批示范区内企业在创新投入和创新总产出上都显著多于非示范区企业，而根据三类专利申请量的检验结果可以推断，国家自主创新示范区企业的创新绩效不仅在"量"上，而且还在"质"上体现。

4.2.4.4 基准回归结果分析

表 4.2.4 报告了利用全样本数据，检验国家自主创新示范区的建设对企

业创新产出的影响。首先，在公式（4.2.1）中仅加入行业控制变量和年份控制变量，得到列（1），检验各解释变量对企业专利申请总量（*Patent*）的影响；在列（1）的基础上加入企业层面的控制变量，得到列（2）的回归结果。

表 4.2.4　基准回归结果

变量	（1）	（2）	（3）	（4）
	Patent		非国有企业	国有企业
Treat×Term	1.465 ***	1.563 ***	1.871 ***	1.384 ***
	（15.73）	（12.02）	（14.29）	（6.890）
Treat	0.465 ***	0.511 ***	0.577 ***	0.399 ***
	（8.075）	（9.003）	（8.764）	（3.630）
Term	−1.706 ***	−1.866 ***	−2.144 ***	−1.767 ***
	（−20.68）	（−15.19）	（−17.41）	（−9.740）
Age		0.00153	−0.0159 ***	0.0210 *
		（0.293）	（−2.634）	（1.934）
State		−0.330 ***		
		（−5.492）		
Size		0.359 ***	0.588 ***	0.111 ***
		（12.56）	（15.41）	（2.823）
Leverage		−0.0109 ***	−0.0148 ***	−0.00492 **
		（−7.202）	（−8.211）	（−2.533）
Roa		−0.00198	−0.00175	0.00503
		（−1.058）	（−1.026）	（1.026）
Salesgrowth		6.57e−05	−3.67e−05	0.00286 **
		（0.365）	（−0.181）	（2.256）
Constant	−0.452 ***	−0.709 ***	−0.874 ***	−1.149 ***
	（−2.722）	（−3.812）	（−3.750）	（−5.258）
行业效应	Y	Y	Y	Y
年份效应	Y	Y	Y	Y
Observations	5284	5284	3631	1653
R-squared	0.124	0.182	0.257	0.142

注：括号内为回归系数的 t 值，＊、＊＊、＊＊＊分别表示在10%、5%、1%的水平上显著。

表 4.2.4 列（1）中核心解释变量系数为 1.465，且在 1% 的水平上显著，这说明国家自主创新示范区的建设可以促进企业的创新产出。列（2）在加入控制变量后，核心解释变量的估计系数符号和显著性水平没有发生改变，这仍可以验证国家自主创新示范区的设立对企业创新有显著的促进效应，假设 1 得到验证。具体地看，企业性质虚拟变量（State）对被解释变量（Patent）有显著的负向影响，说明企业性质可以影响企业创新活动；企业规模（Size）对被解释变量的回归系数为正，且在 1% 的水平上显著，说明企业规模越大，企业创新产出越多；而资产负债率（Leverage）对解释变量的估计系数为负，说明企业创新产出有显著的负向影响。控制变量企业成立时间（Age）、总资产报酬率（Roa）和营业收入同比增长率（Salesgrowth）的回归系数均不显著，则认为对企业创新产出没有显著影响。

4.2.4.5　异质性检验

区分企业产权性质回归结果。根据前文基准回归结果，不同的企业产权性质对企业创新产出的影响是存在差异的。本小节将全样本划分为非国有企业子样本和国有企业子样本，分别检验国家自主创新示范区的建设对企业创新产出的影响，得到表 4.2.4 中列（3）和（4）的结果。核心变量在两个子样本下的估计系数均为正值，且在 1% 的水平上显著，比较估计系数的大小可以推断，国家自主创新示范区的设立对非国有企业的创新产出的促进作用更大。控制变量企业成立时间（Age）在全样本中不显著，而在非国有企业样本中在 1% 的水平上显著为负，说明非国有企业成立时间越长，对创新产出有显著的削弱作用；对于国有企业来说，成立时间（Age）在 10% 的水平上显著为正值，说明国有企业成立时间越长，企业创新产出越多；公司规模（Size）与资产负债率（Leverage）在两类子样本中的影响与全样本中相同；营业收入增长率（Salesgrowth）在国有企业子样本中的回归系数显著为正，说明营业收入增长率越高，国有企业创新产出越多。因此，示范区的设立对非国有企业创新产出的促进作用大于国有企业。

分地区回归结果。地区要素禀赋的差异导致国家自主创新示范区对企业创新活动促进作用存在差异。将公司全样本划分为东部地区和中西部地区子样本，分别检验示范区设立对企业创新产出的影响。表 4.2.5 列（1）和（2）分别给出了东部地区和中西部地区子样本回归结果，核心解释变量系数分别为 2.040 和 1.255，且都在 1% 的水平上显著，根据回归系数值的大小，不难看出，东部地区示范区设立对企业创新的促进作用比中西部地区要明显。

区分专利类型回归结果。我国三种类型专利的审查时间、要求不同，发明专利要求最严格、技术含量最高，外观设计专利技术含量最低。国泰安数据库中包含了每一项专利申请的具体类型，可以便于考察国家自主创新示范区的设立对不同专利类型的影响，从而间接反映出企业创新产出质量的变化。从表 4.2.5 列（3）~（5）中核心变量的回归系数可知，国家自主创新示范区的建设对企业创新产出的促进作用在三类专利上都可以体现，依据回归系数的大小，可以发现国家自主创新示范区的建立对发明专利申请量（Ipatent）的促进作用最大，而对外观设计专利申请数量（Dpatent）的促进作用最小，这与前文均值检验的结论相一致，不难推测，示范区的设立对企业自主创新能力在"量"与"质"上都有显著提高。

表 4.2.5　区分地区、专利类型回归结果

变量	（1）东部地区	（2）中西部地区	（3）Ipatent	（4）Upatent	（4）Dpatent
$Treat \times Post$	2.040 ***	1.255 ***	1.235 ***	1.071 ***	0.426 ***
	（13.85）	（7.338）	（12.23）	（12.20）	（6.295）
$Treat$	0.263 ***	0.519 ***	0.392 ***	0.415 ***	0.236 ***
	（3.050）	（6.482）	（8.556）	（8.914）	（7.801）
$Term$	-2.497 ***	-1.181 ***	-1.395 ***	-1.369 ***	-0.585 ***
	（-17.70）	（-9.055）	（-14.73）	（-16.76）	（-9.152）
Age	0.0162 **	-0.0255 ***	4.75e-05	0.00444	-0.00540 **
	（2.406）	（-2.816）	（0.0117）	（1.036）	（-2.076）
$State$	-0.257 ***	-0.238 ***	-0.231 ***	-0.166 ***	-0.151 ***
	（-2.940）	（-2.893）	（-4.502）	（-3.514）	（-4.906）

续表

变量	（1） 东部地区	（2） 中西部地区	（3） *Ipatent*	（4） *Upatent*	（4） *Dpatent*
Size	0.437 ***	0.161 ***	0.320 ***	0.254 ***	0.172 ***
	（12.08）	（4.050）	（12.67）	（11.73）	（10.77）
Leverage	−0.0118 ***	−0.0114 ***	−0.00852 ***	−0.00594 ***	−0.00187 ***
	（−7.164）	（−5.543）	（−7.101）	（−6.465）	（−2.992）
Roa	−0.00138	−0.0228 ***	−0.00115	−0.00124	−2.50e−05
	（−0.905）	（−7.072）	（−0.950）	（−1.052）	（−0.132）
Salesgrowth	4.99e−05	0.000124	9.45e−05	7.71e−05	3.90e−05
	（0.124）	（1.142）	（0.613）	（0.529）	（0.464）
Constant	−1.675 ***	0.546 *	−0.601 ***	−0.899 ***	−0.375 ***
	（−8.602）	（1.802）	（−3.675）	（−8.036）	（−4.551）
行业效应	Y	Y	Y	Y	Y
年份效应	Y	Y	Y	Y	Y
Observations	3537	1747	5284	5284	5284
R-squared	0.232	0.153	0.175	0.154	0.099

注：括号内为回归系数的 *t* 值，*、**、*** 分别表示在 10%、5%、1% 的水平上显著。

4.2.5 稳健性检验与影响机制分析

4.2.5.1 稳健性检验

改善样本选择偏差。本研究使用双重差分模型进行实证分析的前提是默认获批建设国家自主创新示范区与该高新区的创新产出无关，却没有得到证实。若建设国家自主创新示范区与该高新区的创新产出有关，即政府批复企业创新产出较多的高新区建设国家自主创新示范区，则会产生内生性问题。因此本研究用倾向得分匹配（PSM）方法来改善样本选择偏差。PSM 方法的基本思想是，通过构建一个与国家自主创新示范区企业（处理组）在获批建设之前的主要特征"尽可能一致"的非国家自主创新示范区企业作为对照组，从而使得匹配后两个样本组的配对企业之间仅在是否国家自主创新示范区企业方面有所不同。PSM 方法具体步骤如下。一是计算倾向得分值。

构建一个被解释变量为二元虚拟变量的回归模型，处理组取值为 1，对照组取值为 0，解释变量是能够影响两组相似度的若干指标。二是根据倾向得分值，选择具体的匹配原则，对每个处理组的企业，从对照组中寻找与其倾向得分最接近的若干企业作为其对照组。

本研究具体匹配如下：①先分别获得 2007~2016 年每年的处理组和对照组企业，因为每年都有新企业进入样本，需要将企业样本按照进入年份逐年进行匹配；②选择某年份新建设的国家自主创新示范区企业的分组变量和企业层面的特征变量作为匹配数据，并将数据随机排序；③使用 Logit 模型来估计倾向得分；④采用"k 近邻匹配"（k = 1）方法进行匹配（见表 4.2.6）。

表 4.2.6　2007 年匹配效果检验

变量	平均值		%bias	t	P>|t|
	Treated	*Control*			
Age	9.752	10.078	-8.3	-0.84	0.408
State	0.442	0.476	-6.8	-0.69	0.490
Size	2.471	2.530	-4.9	-0.48	0.629
Roa	13.567	13.749	-1.4	-0.17	0.867
Leverage	47.687	52.427	-21.2	-2.18	0.030
Salesgrowth	32.812	34.252	-1.2	-0.27	0.789

表 4.2.6 以 2007 年为例，展示了 PSM 方法匹配的效果。特征变量中除了企业资产负债率（*Leverage*），其余变量在控制组与对照组之间未表现出显著差异，t 检验结果不拒绝实验组与对照组各个特征变量无系统差异的原假设，表明数据平衡效果较好。对 10 年数据逐年匹配，最终得到 3830 个实验组企业样本和 3749 个对照组样本。表 4.2.7 列（1）和（2）给出了匹配后样本进行双重差分模型的实证结果，核心解释变量的估计系数在 1% 的水平上显著为正，可以验证国家自主创新示范区对示范区企业创新产出有显著的促进作用。

表 4.2.7　稳健性检验

变量	PSM		地区因素	反事实检验
	（1）	（2）	（3）	（4）
Treat×Term	1.606 ***	1.456 ***	2.512 ***	-0.359
	（20.33）	（14.21）	（11.01）	（-1.081）
Treat	0.451 ***	0.541 ***	0.766 ***	0.586 ***
	（9.120）	（11.09）	（8.454）	（9.273）
Term	-1.855 ***	-1.789 ***	-2.236 ***	0.0351
	（-26.06）	（-18.45）	（-11.92）	（0.108）
Age		-0.0121 ***	-0.0419 ***	0.00158
		（-2.600）	（-4.434）	（0.304）
State		-0.287 ***	0.0428	-0.330 ***
		（-5.382）	（0.332）	（-5.471）
Size		0.353 ***	0.730 ***	0.357 ***
		（14.40）	（12.77）	（12.50）
Leverage		-0.0120 ***	-0.0122 ***	-0.0109 ***
		（-9.056）	（-5.102）	（-7.179）
Roa		-0.0208 ***	-0.0303 ***	-0.00198
		（-10.49）	（-7.903）	（-1.062）
Salesgrowth		-3.92e-05	0.00252 ***	7.58e-05
		（-0.432）	（2.697）	（0.413）
Constant	-0.536 ***	-0.455 ***	-0.607 *	-0.674 ***
	（-4.451）	（-3.144）	（-1.864）	（-3.639）
Observations	7579	7579	1737	5284
R-squared	0.116	0.190	0.297	0.181

注：括号内为回归系数的 t 值，*、**、*** 分别表示在10%、5%、1%的水平上显著。

（1）对地区不可观测变量的剔除

前文使用 PSM 方法，尽可能更严谨地分析因果关系。PSM 方法有助于控制可测变量的影响，这里进一步剔除不可观测变量对回归结果可能造成的潜在影响。国家自主创新示范区建设，可能受到城市特征的影响；直辖市和省会城市由于其城市规模等特征从而可能存在系统性差异。这里先后剔除了4个直辖市和27个省会城市的样本进行稳健性检验，结果见表4.2.7列（3），与上文保持一致。

（2）反事实检验

本研究借鉴范子英和田彬彬（2013）的研究，通过改变政策实施时间来进行反事实检验。本研究假设实验组样本国家自主创新示范区建设的年份都提前两年，如果"政策处理效应"依旧显著则说明示范区内企业创新产出增加很可能来自其他政策变化或者随机因素。检验结果见表 4.2.7 列（4），可以验证处理组样本企业创新产出的增加是由于国家自主创新示范区的设立。

4.2.5.2　影响机制分析

如上文所述，国家自主创新示范区的建设确实能够促进企业的创新产出。国家自主创新示范区的建立对企业创新活动的影响机制可能存在"政策效应"和"集聚效应"两种传导机制。"政策效应"可以体现为示范区建设过程中政府补贴或税收优惠政策、示范区实施的人才引进政策和人才激励措施对企业创新活动的影响；"集聚效应"则可以体现为国家自主创新示范区所引致的产业集聚在创新溢出、技术扩散等方面对企业创新活动的影响，以及示范区企业可以共享基础设施和公共资源，为企业创新创造良好氛围。据此，本研究以企业政府补贴的对数值（$Subsidy$）来描述政府财政政策支持程度，以国家高新区内中高级职称人数的对数值（$Talent$）来反映高新区人才政策的实施效果，以国家高新区内企业数量的对数（$Group$）来衡量园区内企业集聚的程度。

理论上看，上述条件可以有效促进国家自主创新示范区企业的创新活动，下文将对国家自主创新示范区对企业创新的影响机制进行实证检验。为了考察上述因素的影响机制，参照 Beck 等（2010）在原先模型（4.2.1）的基础上构建多期三重差分模型进行识别检验，具体模型如下所示。

$$Y_{figt} = \alpha_0 + \alpha_1 Treat_{gt} \times Term_{gt} + \alpha_2 Treat_{gt} \times Term_{gt} \times I + \alpha_3 I + \beta X_{figt} + \gamma_i + \eta_t + \varepsilon_{figt}$$

$$(4.2.2)$$

其中 I 依次代表 $Subsidy$、$Talent$ 以及 $Group$ 这三个指标，其余的变量设置与模型（4.2.1）一致，核心解释变量 $Treat \times Term \times I$ 的系数可以反映国家自主创新示范区是否通过以上三个因素对企业创新产生影响，影响机制的检验结果见表 4.2.8。

表 4.2.8　影响机制检验结果

变量	（1） I = Subsidy	（2） I = Talent	（3） I = Group	（4） R&D
Treat×Term×I	1.936 * （1.644）	0.0358 *** （3.001）	0.699 * （1.859）	
I	0.534 ** （2.106）	−0.00175 （−0.192）	−0.00364 （−0.221）	
Treat×Term	1.540 *** （7.771）	1.146 *** （6.470）	6.075 （1.248）	2.668 *** （3.380）
Treat	0.519 *** （6.450）	0.483 *** （7.485）	0.791 *** （4.468）	1.103 *** （6.009）
Term	−1.863 *** （−10.04）	−1.900 *** （−16.67）	−5.648 （−1.164）	−2.561 *** （−3.388）
Age	−0.00455 （−0.723）	0.00499 （0.905）	0.000103 （0.0195）	−0.109 *** （−3.827）
State	−0.338 *** （−5.001）	−0.275 *** （−4.265）	−0.322 *** （−5.281）	−1.056 *** （−3.302）
Size	0.302 *** （9.353）	0.354 *** （11.75）	0.363 *** （12.70）	2.634 *** （9.039）
Leverage	−0.00916 *** （−5.271）	−0.0114 *** （−7.229）	−0.0110 *** （−7.257）	0.00149 （0.369）
Roa	−0.00117 （−1.008）	−0.00186 （−1.042）	−0.00194 （−1.044）	0.00318 （0.798）
Salesgrowth	2.34e−05 （0.130）	0.000183 （1.353）	6.47e−05 （0.358）	−0.00245 * （−1.669）
Constant	−0.839 *** （−3.794）	−0.714 *** （−3.846）	−0.680 *** （−3.422）	−4.123 *** （−7.606）
行业效应	Y	Y	Y	Y
年份效应	Y	Y	Y	Y
Observations	3996	4648	5284	3841
R-squared	0.223	0.179	0.184	0.260

注：括号内为回归系数的 t 值，$*$、$**$、$***$ 分别表示在10%、5%、1%的水平上显著。

表4.2.8列（1）的三重交乘项估计系数在10%的水平上显著为正，可以验证国家自主创新示范区通过政府补贴增加企业创新产出，原因在

于政府补贴对于企业来说是直接增加企业资金，有助于企业增加研发支出，从而促进企业创新活动。列（2）的三重交乘项在1%的水平上显著为正，表明国家自主创新示范区可通过加大人才政策的实施力度，吸引更多高层次人才，从而提高企业创新产出。列（1）和（2）也使得国家自主创新示范区对企业创新影响的"政策效应"机制得到验证。由列（3）的核心解释变量估计系数，可以验证国家自主创新示范区的产业集聚对企业创新有显著的促进作用，即可验证示范区对企业创新的"集聚效应"机制。

前文主要使用企业的专利申请总量（*Patent*）来衡量企业的创新产出，国家自主创新示范区的建设对企业创新产出的促进作用已经得到验证，而企业的创新投入也是企业创新活动的重要指标，本研究猜想示范区的建设会使得企业加大创新投入，因此本研究采用企业研发支出的对数值（*R&D*）反映企业的创新投入，对示范区建设对企业创新投入的影响进行实证研究。采用模型（1）进行实证分析，模型回归结果见表4.2.8列（4），核心解释变量 *Treat*×*Term* 的估计系数在1%的水平上显著为正，证明国家自主创新示范区的建设同样促进了企业创新投入。

4.2.6　结论

本研究借助我国设立自主创新示范区这一典型事实，以2007～2016年示范区设立为准自然实验，使用国家高新区上市企业的样本数据，采用双重差分模型，评估了示范区设立对企业创新的微观效果。研究发现如下。①总体上，示范区设立对企业创新存在正向影响，即示范区设立促进了企业创新产出；②示范区设立对企业创新的影响差异与企业产权性质的异质性有关，对非国有企业的影响比国有企业明显；③示范区设立对企业创新促进作用的差异与所在地区也有关，结果显示对东部地区企业创新的促进作用更明显；④示范区设立对企业不同类型专利申请量的促进作用存在差异，其中，对发明专利申请量的影响最大，对外观设计专利影响最小，表明示范区设立使得企业创新质量显著提高；⑤影响机制检验对"政策效应"和"集聚效应"

两种效应都得以肯定，示范区设立通过增加政府补贴、吸引创新型人才和促进产业集聚来实现对企业创新产出的促进作用。

4.3　创新型城市建设的"试点效应"分析[*]

本部分以国家发改委 2010 年发布的《关于推进国家创新型城市试点工作的通知》及 16 家试点城市作为准自然实验，发现试点建设对周边城市产生了"示范效应"，提升了其创新水平，起到了"以点带面"的效果。同时发现，"示范效应"存在动态波动性，随时间变迁起伏变化；也存在空间差异性，在不同距离对象上和不同等级城市间以及不同区域均表现不同。进一步对作用路径进行分析，结果发现创新型城市建设试点通过政策扩散路径和创新要素流动路径二者共同对周边城市的创新产生积极影响。本研究从创新型城市建设试点所产生的外部效应来评价建设成效，为充分发挥地方制度创新的价值、促进试点政策的有效推广提供了经验证据与政策启示。

4.3.1　引言

"创新型国家建设"是党中央、国务院做出的事关我国社会主义现代化建设全局的重大战略决策，这一重大决定最早于 2006 年 1 月 9 日由时任国家主席胡锦涛在全国科技大会上宣布，并且规划于 2020 年建成创新型国家。2017 年 10 月 18 日，习近平同志在党的十九大报告中再次强调，"加快建设创新型国家"。作为创新型国家建设中的一项重要举措，从 2008 年开始国家进行了创新型城市建设试点，深圳市获得首个试点的殊荣，2010 年试点扩大到包括大连、青岛等在内的 16 个城市，截至 2019 年，已有 78 个城市获批试点。11 年的时间，创新型城市建设走过了由单个试点到小规模试行，再到较大规模推广的过程。这一方面证明了决策层建设创新型国家的坚强决心，另一方面也说明，中国特色社会主义建设过程中的"试点—推广—示

---

[*]　本部分主要内容已发表于《科研管理》2022 年第 7 期。

范"这一中国经验在创新型城市试点建设中发挥了作用，取得了不错的成绩。

因此，如何来全面评价和总结创新型城市建设成果，不仅对于创新型国家建设本身是一项重要的工作，而且对于全面总结"试点—推广—示范"的中国经验，都具有重大的理论与现实意义。

目前，学界的研究主要聚焦于创新型城市建设对于其本身的影响，部分学者通过建立评价指标体系，从宏观角度对其建设成果进行评价（朱凌等，2008；周晶晶和沈能，2013；许治等，2013）；另有部分学者采用自然实验法，从中观和微观效果方面考察其对城市创新和企业创新的影响（李政和杨思莹，2019；曾婧婧和周丹萍，2019；晏艳阳和谢晓锋，2019）。此外，还有一些研究探讨了创新型城市的内涵和动力机制（胡钰，2007）、创新型城市的要素和建设模式（尤建新等，2011）。目前，还没有文献研究创新型城市建设对周边城市的影响，也即还缺乏对创新型城市建设"示范效应"的研究。

事实上，创新型城市建设仅仅是创新型国家建设的重要抓手而不是目的。"试点"的意义，一方面，在政策制定过程中，中央鼓励"试点"地方政府结合地方特点尝试各种解决问题的办法，将取得的经验反馈到国家起草的政策中（韩博天，2010），完成"试点—推广"这一过程；另一方面，本研究认为也是更为重要的方面，通过"试点"建设产生"示范效应"，"试点"地区典型的成功经验通过媒体报道、经验交流等活动加以推广，使得其他地区加以模仿，从而产生"以点带面"的效果。然而在理论上，由于"试点"城市通常能获得来自中央与各级政府的政策倾斜，从而可能引发其他城市，尤其是周边地区的资源向"试点"地区集聚，呈现所谓"虹吸效应"，不仅不能促进周边城市的创新，反而会对其产生消极影响。

因此，本研究重点考察创新型城市建设是否对周边城市产生影响，考察这一影响到底是"示范效应"还是"虹吸效应"。并且，由于试点城市在地理上是分散的，而试点建设的目标与要求又有较高的同质性，那么，试点城市会不会因为其所处的经济社会环境的差异而表现出较大差异？根据创新型国家的主要标志，创新型城市建设设计了相关建设目标，同时也配套了相关

举措，因此有必要进一步对这些举措的有效性进行研究。本研究利用中国
266 个地级市 2003~2016 年的相关数据，首先采用双重差分的方法评估创新
型城市对周边城市的影响，发现创新型城市建设对周边城市创新存在显著的
"示范效应"，且东部地区的"示范效应"更为明显。采用三重差分模型检
验"示范效应"在地理距离与城市级别之间的差异性，发现"示范效应"
随地理距离的延长而衰减，随城市级别的提高而上升。在创新型城市建设的
举措方面，本研究发现各建设城市相继以提升其科技经费投入的方法来激励
创新发展，具有明显的邻里效应，这一效应在非建设城市群中并不显著。引
入中介效应模型的结果显示，创新型城市加快了周边地区要素集聚，从而促
进了周边地区的创新。

　　本研究的贡献主要体现在以下几个方面。第一，本研究以创新型城市建
设政策为例，证明了"试点—推广—示范"这一中国经验的"示范效应"，
从而也间接证明了创新型城市建设中创新型国家建设的重要抓手，实现了
"以点带面"并促进全面发展的目标。第二，本研究从城市所在的区域环
境、城市级别、城市距离等方面考察了"示范效应"发挥作用的外在影响，
说明试点城市的选择不仅应该考虑其已有建设条件，还应该考虑政策的外部
性，为试点城市的科学选择、合理布局提供了依据。第三，本研究发现了各
地创新型城市建设中政府举措选择中的邻里效应，以及要素流动对创新型城
市建设的影响，为高效推进创新型城市政策扩散提供了依据。第四，在研究
方法上，本研究利用获批创新型城市这一自然实验，以试点建设城市所在省
份中所有其他城市组成实验组，采用双重差分法评估试点效应，解决了创新
型城市政策的内生性问题，确保了研究结论的可靠性。

4.3.2　文献综述和机理分析

4.3.2.1　文献综述

（1）关于"试点"及其效果的研究

中国特色社会主义市场经济是一种前所未有的制度，没有现成经验可供
借鉴，一切都靠自己摸索，在干中学。因此，"试点"成为探索政策是否可

行有效的重要方法，并且逐步发展成为一个重要的"中国经验"，同时也吸引了研究者的目光。黄秀兰（2000）研究了"试点"的政策执行过程，将其划分为方案设计、对象选择、执行方案和评估结果四个阶段；周望（2013）则认为"政策试点"可以分为"先试先行"和"由点到面"两个阶段；韩博天（2010）和周望（2014）对政策试点的起源及演变过程进行了分析，指出政策"试点"已经成为"一种成熟的方法论"。而陈那波和蔡荣（2017）则认为政策试点是塑造"中国奇迹"的基础性治理机制之一，并从试点的各行动主体视角对试点的微观机制进行定性讨论。章文光和宋斌斌（2018）指出"国家创新型城市政策"是中国政府构建国家创新治理体系的重要举措，是典型的"试点—推广"型政策实验。

与上述基本以政策文本为依据的定性研究不同，定量角度的研究主要集中于对政策试点的效果进行分析。刘瑞明和赵仁杰（2015）使用双重差分模型分析了国家高新区对地区经济发展的影响等；项后军和何康（2016）基于双重差分模型分析了国家自贸区建设对资本流动的影响；吴怡频和陆简（2018）通过对 2000~2012 年中央推动型试点及其结果的实证研究表明试点特征对政策试点结果有显著影响。李智超（2019）研究了智慧城市政策试点推广的过程，认为在试点不同阶段地方政府进入试点应展现出不同的行为逻辑；韩瑞栋和薄凡（2019）基于合成控制法评估了我国自由贸易试验区的经济后果。

（2）关于创新型城市建设效果的评价

早期研究多采用主成分分析法、因子分析法等统计方法评价创新型城市建设水平，魏江等（2009）基于主成分分析法对我国 20 个创新型城市的创新水平进行了评价，周晶晶和沈能（2013）运用因子分析法分析了我国 14 个创新型城市的创新绩效，发现我国创新型城市建设呈现不均衡发展的现象。许治等（2013）则以技术成就指数测度我国国家级创新型城市的创新水平，发现 2001~2009 年创新型城市技术成就指数总体上升，但存在较大差异。吴素春和聂鸣（2013）发现创新资源集聚度高、流动性强的创新型城市建设水平一般也高。

近期研究主要利用准自然实验的方法分析创新型城市建设对创新的影响。研究主要集中于两个方面，一是创新型城市建设对于城市创新水平的影响（曾婧婧和周丹萍，2019；李政和杨思莹，2019）；二是创新型城市建设对所在辖区企业创新能力的影响（晏艳阳和谢晓锋，2019）。两方面的研究均肯定了获批创新型城市试点能够激发创新热情，提升创新效率。此外，聂飞和刘海云（2019）发现国家创新型城市建设能通过创新服务优化，从而提升本土企业生产率。

4.3.2.2 机理分析

理论上来看，创新型城市建设对周边城市的影响可能存在两种不同的路径。一是政策扩散路径，即周边城市受创新型城市政策的影响，或者通过模仿学习实行有利于促进创新的政策，达到提升创新水平的效果，从而产生"示范效应"。二是要素流动路径，创新型城市建设试点在促进要素流动方面可能产生两种截然不同的结果：一方面可能是通过促进要素流动的同时形成资源共享，产生协同创新的效果；另一方面可能促使资源从非试点城市流向试点城市，产生"虹吸效应"。

（1）政策扩散路径

"示范效应"源自政策扩散。创新型城市政策是一项具有中国特色的渐进式改革政策，它是一揽子创新政策，包括引进人才、资金等创新要素供给的"供给型创新政策"，税收制度、知识产权制度等"环境型创新政策"以及加大政府采购等"需求型创新政策"。

根据政策扩散理论，政策很容易在地理位置邻近地区扩散（Walker，1969），一个政府的政策选择往往会被其他政府的政策选择所影响（Berry and Lowery，1987），国与国之间同样也存在这种状况，并且邻近国家更容易实现制度的模仿（Kelejian et al.，2013）。在中国，空间上政策扩散的邻近效应明显，周边地区受先行地区的影响制定政策（李健，2017），并且市级地方政府更容易受到本省内同级地级市的影响而做出跟随行为，地方政府在设立开发区时会充分考虑和参照地理距离相近的城市的行为（邓慧慧等，2018）。

国家创新型城市作为经中央批准的"创新领先者"，很可能成为周边其他城市的模仿对象，从而使这些城市采取措施提升创新水平。考虑到信息获取的便利性和资源条件的相似性，地方政府在创新政策的决策行为上会观察地理上与之邻近的对象，再加上治理体制的影响，创新型城市的邻里效应可能会比较明显。

（2）要素流动路径

在创新型城市建设的具体政策工具中，许多举措都是吸引要素流动的。而要素流动有可能加快知识溢出、提高区域创新能力（Audretsch and Feldman，1996；魏守华等，2009），但也可能引发"极化效应"（卞元超等，2018）。

第一，试点城市政策冲击带来的要素流动可能会产生扩散效应，形成区域创新合作网络，促进其他城市的创新。一方面，试点城市的要素集聚带来的城市创新能力的提升将通过知识溢出和创新溢出向非试点城市反馈。高素质人才等创新要素的流动使得不同区域的创新主体之间的交流与合作更加顺畅，能加速解决创新过程中的阻碍和难题，加快创新速度。试点城市创新速度的提升将通过空间溢出向非试点城市传递，从而补偿其创新要素流出对创新能力的抑制作用。另一方面，根据新古典区域均衡发展理论，要素流动会导致其平均收益的均等化，长期下来会产生区域创新能力的趋同或者收敛。由此，创新要素流动也可能对非试点城市的区域创新能力产生正向影响。

第二，试点城市政策冲击带来的要素流动可能会抑制非试点城市的创新。试点城市的政策冲击会使得试点城市与非试点城市的相对初始资源禀赋发生变化，显然，相对于其他城市，试点城市在人才、资金等生产要素较之政策冲击前更有优势。在"用脚投票"的机制下，生产要素将向试点城市流动，这时，非试点城市则会遭受生产要素不断流出的影响。这可以看作是生产要素"趋优"机制的结果，试点城市享受要素集聚带来的创新能力增长，而非试点城市的要素不断流出，其创新环境也不断恶化。这时，创新型城市试点可能呈现"虹吸效应"，其结果，即试点城市产生要素集聚，创新水平越来越高；周边城市要素流出，创新能力越来越弱。

因此，创新型城市通过政策扩散路径对周边城市创新产生正向影响，呈现出"示范效应"；而通过要素流动路径对周边城市创新的影响则可能是正向的"示范效应"，也可能是负向的"虹吸效应"。上述作用路径可以用图4.3.1来概括。

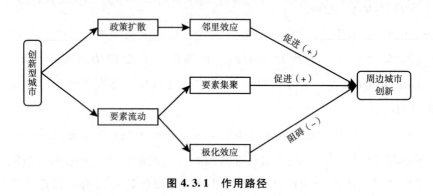

图 4.3.1　作用路径

4.3.3　研究设计

4.3.3.1　研究思路

如果说 2008 年选择深圳作为创新型城市试点为"初试"的话，那么 2010 年国家发改委发布《关于推进国家创新型城市试点工作的通知》并将试点城市扩大到 16 个则可以看作"中试"，为本研究提供了相应样本和检验时间周期，我们以此为基础进行准自然实验研究。基于本研究的目的是考察试点是否存在"示范效应"，参考学者之前的发现（邓慧慧和赵家羚，2018）及本研究的分析认为，"示范效应"最可能出现在试点城市所在省份[①]，因此将创新型城市试点所在省份的其他城市（本研究选择地级及以上城市）设置为实验组，将没有创新型城市试点的其他省份的城市作为控制组。为确保实验组和控制组在政策冲击前的创新增长趋势保持一致，分别计算政策冲击前后实验组和控制组的创新差异，进一步求前后差异即为创新型城市政策对周边城

---

① 创新型城市试点的消息通常会通过省级以及省内各级各种媒体进行广泛报道宣传，通过这一途径形成"邻里效应"的基础，使得省内其他城市竞相仿效。

市创新的净影响，即"示范效应"（取正值）或"虹吸效应"（取负值）。为了控制可能存在的样本自选择问题，本研究首先使用倾向得分匹配的方法（PSM）对样本进行处理，使得实验组和控制组在城市特征上不存在显著差异，在 PSM 的基础上，本研究使用双重差分模型（DID）来评估创新型城市政策的试点效应。

4.3.3.2　模型设定

借鉴 Acharya 和 Xu（2017）的模型，本研究对双重差分模型的具体设置如式（4.3.1）所示：

$$Innov_{i,t} = \alpha + \beta_1\, Treat_{i,t} \times Term_{i,t} + \beta_2\, Treat_{i,t} + \beta_3\, Term_{i,t}$$
$$+\, \theta\, Z_{i,t-1} + \gamma_i + \sigma_t + \varepsilon_{i,t} \tag{4.3.1}$$

其中，$Innov_{i,t}$ 表示城市 i 在 t 年的创新水平，以万人专利授权数量来衡量。$Treated$ 为实验组虚拟变量，如果城市所在省份有创新型城市则取值为 1，否则取值为 0；$Term$ 为时间虚拟变量，2010 年以前取值为 0，2010 年及以后取值为 1。β_1 是实验组虚拟变量与时间虚拟变量乘积的估计系数，反映了进行试点后由于"示范效应"或"虹吸效应"对城市创新水平影响的净效应。Z 为表征其他控制变量的向量，同时，我们还控制了城市和年份的固定效应。ε 为误差项。

4.3.3.3　变量说明

本研究使用的变量定义、名称及计算方法见表 4.3.1。

表 4.3.1　变量定义

变量符号	变量名称	变量含义及定义
$Innov$	城市创新水平	万人专利授权量，城市当年申请并获得授权的专利数量与城市人口数的比值
$Treat$	所在省份是否有试点创新型城市	如果城市所在省份有创新型城市试点，则取值为 1，否则取值为 0
$Pgdp$	人均 GDP 对数值	衡量城市经济发展水平，是城市人均 GDP 的自然对数
Rnd	科技经费支出占比	衡量政府财政资金投入，政府科技经费支出与一般预算内支出之比

变量符号	变量名称	变量含义及定义
Finan	金融机构贷款余额占比	衡量地区金融发展水平,金融机构贷款余额与 GDP 之比
Fdi	实际外商直接投资占比	衡量地区外商直接投资水平,实际外商直接投资额与 GDP 之比
Hum	人口密度	衡量地区人力资本,人口数量与城市行政面积之比
Ind	非农产业占比	衡量产业结构,第二产业和第三产业产值总和占 GDP 的比重

4.3.3.4 样本与数据

如前所述,本研究样本为全国各地的地级及以上城市,在该初始样本的基础上进行了以下筛选:首先,剔除了 2010 年当年宣布试点的 16 个城市;其次,为了满足样本的同质性假设,删除了在 2008 年即为试点创新型城市的深圳以及在 2010 年以后被科技部或国家发改委确认为创新型城市的城市;最后,剔除了数据缺失及异常的城市剩余的 266 个城市作为研究样本。选择研究区间为 2003~2016 年,因此,本研究得到 3721 个城市—年份样本。其中,城市的专利数据手工搜集自专利云数据库,其余数据均来自《中国城市统计年鉴》,并与各市的统计公报进行了比对确认。

表 4.3.2 给出了各变量的基本统计特征以及实验组和控制组的均值差异。从创新数量(*Innov*)来看,城市之间的创新水平存在明显差异,实验组万人专利数量比控制组平均高出 2.949 件,均值差异在 1% 的统计水平上显著,可以初步判断创新型城市政策有助于提升省域内其他城市的创新水平。但从各控制变量来看,控制组和实验组的样本特征也存在显著差异,具体表现为实验组的人均 GDP、研发投入、对外直接投资、人口密度和产业结构的均值都显著高于控制组,而控制组的金融发展水平明显高于实验组。因此,可能存在样本自选择的内生性问题,有必要对样本进行处理。

表 4.3.2　描述性统计

变量	样本数	均值	标准差	最小值	最大值	控制组	实验组	均值差
						N = 1691	N = 2030	
Innov	3721	3.967	9.273	0	170.8	2.359	5.308	−2.949 ***
Treat	3721	0.546	0.498	0	1	0	1	−1
Pgdp	3721	10.03	0.806	7.545	13.06	9.964	10.08	−0.115 ***
Rnd	3721	1.047	1.206	0.0265	20.68	0.809	1.245	−0.436 ***
Finan	3721	1.976	0.940	0.374	10.74	2.212	1.780	0.432 ***
Fdi	3721	0.271	0.296	0	4.540	0.223	0.311	−0.088 ***
Hum	3721	5.705	0.874	1.548	7.887	5.262	6.074	−0.812 ***
Ind	3721	0.850	0.0898	0.501	1.000	0.844	0.856	−0.012 ***

4.3.3.5　样本匹配与前测检验

针对上述问题，我们首先使用 PSM 方法对样本进行筛选处理。具体做法为：将城市所在省份是否有试点创新型城市作为处理变量，所在省份有试点创新型城市为处理组，所在省份无试点创新型城市为对照组。选取人均 GDP、研发投入、对外直接投资、人口密度和产业结构等城市特征变量为协变量进行 Logit 模型估计，具体模型如下。

$$p(X_i) = p_r(D_i = 1 \mid X_i) = \frac{\exp(\beta X_i)}{1 + \exp(\beta X_i)} \tag{4.3.2}$$

其中，D 为指标函数，$D=1$ 为处理组，$D=0$ 为对照组；X_i 代表协变量。对式（4.3.2）进行估计，然后根据估计的模型预测控制组城市的倾向得分值 $[p(X_i)]$。结合估计出的倾向得分值，使用 1∶1 最近邻匹配方法为处理组城市 i 匹配一个倾向值得分最为接近的对照组城市，最终得到匹配后的样本为 2642 个。

对匹配前后实验组和控制组的样本特征进行平衡性检验以考察匹配效果，结果如表 4.3.3 所示。表中第（3）（4）列分别为实验组和控制组的样本均值，第（5）列报告的是实验组和对照组匹配变量的标准偏差，可见大部分变量在匹配完成后其偏差大大降低，而且所有匹配变量在匹配后的标准偏差均低于 10%，说明匹配效果较好。第（6）列报告的是实验组和控制组的均值 t 检验的 P 值，与匹配前大多在 1% 的水平上显著不同，而匹配后，该差值不再显著，即经处理后的实验组和对照组不存在系统性的特征差异，也说明模型匹配效果较好。

表 4.3.3 PSM 结果

变量			实验组	控制组	标准偏差	均值 t 检验
Pgdp		匹配前	10.079	9.964	14.30	0.000
		匹配后	9.994	9.957	4.60	0.309
Rnd		匹配前	1.245	0.809	37.40	0.000
		匹配后	0.932	0.889	3.70	0.312
Finan		匹配前	1.780	2.212	−45.90	0.000
		匹配后	1.930	1.897	3.50	0.323
Fdi		匹配前	0.311	0.223	30.30	0.000
		匹配后	0.271	0.266	1.90	0.677
Hum		匹配前	6.074	5.263	103.10	0.000
		匹配后	5.650	5.659	−1.10	0.774
Ind		匹配前	0.856	0.844	13.70	0.000
		匹配后	0.848	0.845	3.60	0.400

在使用双重差分模型前，我们还需要对样本进行前测检验以满足双重差分模型的趋势一致性假设。我们分别计算了匹配后实验组样本和控制组样本万人专利数量的平均值，得到样本期内城市创新水平的时间变化趋势（见图 4.3.2）作为双重差分的前测检验。图中实线（虚线）表示实验组（控制组）的万人专利数量均值。图中竖直虚线为 2010 年，在竖直虚线左侧，实验组与对照组的创新水平不存在明显差异，且保持了比较一致的趋势，满足使用双重差分模型关于趋势一致性的要求。

4.3.4　"试点效应"检验

在本部分，我们首先检验"试点效应"，并甄别其为"示范效应"还是

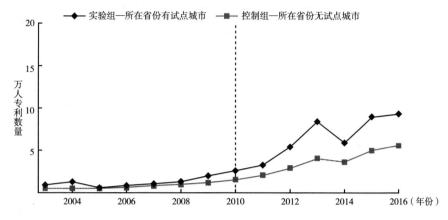

图 4.3.2　实验组与对照组的平行趋势

"虹吸效应"，在此基础上，观察"试点效应"的动态演变过程，判断其产生影响的时间结构，进一步分析试点效应在城市区位与等级上可能存在的差异，最后对试验结果进行稳健性检验。

4.3.4.1　"试点效应"判断

为了检验"试点效应"的存在性，本研究采取逐步添加变量以及分组回归的方式对式（4.3.1）进行估计，结果如表 4.3.4 所示。表中模型（1）为仅考虑政策虚拟变量、时间虚拟变量及两者的交乘项的估计结果；模型（2）中控制了影响城市创新水平的其他因素的影响；模型（3）中进一步控制了个体固定效应和时间固定效应。上述三个模型中，交乘项的系数始终在 1% 的水平上显著为正，一方面证明了"试点效应"的存在；另一方面也证明了该试点效应表现为"示范效应"而非"虹吸效应"。

将样本分成东、中、西部城市三个子样本，采用模型（3）中的变量进行估计，结果如表中模型（4）、（5）、（6）所示。结果显示，东部和中部地区的"示范效应"明显，西部地区则没有显著的"示范效应"。这也从一个侧面说明，"示范效应"还受到其他区域环境的影响。

表 4.3.4　创新型城市建设的"试点效应"

变量	(1) 全样本	(2) 全样本	(3) 全样本	(4) 东部	(5) 中部	(6) 西部
$Rreat×Term$	2.582 ***	2.512 ***	2.925 ***	3.241 ***	0.512 *	0.221
	(5.21)	(5.92)	(8.93)	(3.06)	(1.71)	(0.95)
$Treat$	0.378	0.215	−1.698	7.562 **	4.306 ***	−0.117
	(1.08)	(0.70)	(−1.08)	(2.05)	(5.83)	(−0.15)
$Term$	2.838 ***	−1.251 ***	5.023 ***	−8.491 **	3.895 ***	7.124 ***
	(9.55)	(−3.83)	(4.42)	(−2.38)	(3.86)	(8.71)
$Pgdp$		2.871 ***	0.0926	12.04 ***	−0.233	−1.337 ***
		(11.35)	(0.15)	(5.53)	(−0.38)	(−3.39)
Rnd		2.205 ***	1.939 ***	4.537 ***	1.728 ***	0.0953
		(15.17)	(13.61)	(10.81)	(12.03)	(1.15)
$Finan$		1.084 ***	−0.141	−0.581	0.0462	0.178
		(9.86)	(−0.70)	(−0.72)	(0.38)	(1.17)
Fdi		0.130	−1.969 ***	−3.041 ***	−0.105	1.783 ***
		(0.33)	(−4.08)	(−2.73)	(−0.21)	(3.53)
Hum		0.501 ***	1.504 *	4.876 **	−0.646	2.436 **
		(3.57)	(1.66)	(2.01)	(−1.08)	(2.07)
Ind		−10.84 ***	−21.84 ***	−99.49 ***	−3.638	−9.700 ***
		(−6.31)	(−6.81)	(−7.31)	(−1.41)	(−5.35)
个体固定	否	否	是	是	是	是
时间固定	否	否	是	是	是	是
N	2642	2642	2642	707	962	973
adj. R^2	0.108	0.351	0.645	0.676	0.727	0.723

注：括号中为 t 值，*** 、** 和 * 分别表示 1%、5% 和 10% 的显著性水平。

4.3.4.2　"示范效应"的动态分解

"示范效应"并非静态短暂的存在，而可能是一个动态长久的过程。为揭示这一过程，我们参照 Balsmeier 等（2017）的做法进行估计。以 2010 年为原点，分别设置了 2003~2016 年的虚拟变量，在基准模型（4.3.1）的基础上，用虚拟变量代替政策冲击时间变量（Term）进行回归，具体模型形式如式（4.3.3）所示：

$$Innov_{i,t} = \alpha + \sum_{j=-7}^{-1} \beta_j Treat \times Term_j + \sum_{j=1}^{6} \beta_j Treat \times Term_j + \gamma Treat$$

$$+ \sum_{j=-7}^{-1} \delta_j \, Term_j + \sum_{j=1}^{6} \delta_j \, Term_j + \theta \, Z_{i,t} + \sigma_i + \varepsilon_{i,t} \qquad (4.3.3)$$

其中，$j=-7$，…，-1 代表 2003～2009 年，即为政策冲击前的 7 年，$j=1$，…，6 代表 2011～2016 年，即为政策冲击后的 6 年。对式（4.3.3）进行估计得到的 2011～2016 年交乘项（$Treat \times Term$）的系数值 β_1-β_6，即为创新型城市政策对其他城市冲击的年度分解系数。

为了使创新型城市的"示范效应"在时间上的动态变化更为直观，本研究绘出根据式（4.3.3）估计得到的交乘项系数及其置信区间，如图 4.3.3 所示。图中横轴代表时间，垂直虚线为政策冲击时点，垂直虚线左侧代表政策冲击前的年份，右侧代表政策冲击后的年份。

从图 4.3.3 中可以看到，交乘项系数在政策冲击后均为正且在第三年达到峰值，说明创新型城市政策的实施具有持续的"示范效应"，并且政策效果随时间逐年增加，第三年达到峰值后保持一个相对稳定的溢出水平。从系数显著性来看，垂直虚线左侧所有系数的置信区间均包含 0，说明政策冲击前，创新型城市对其他城市不存在"示范效应"；垂直虚线右侧交乘项系数除第一年外均不包含 0，说明"示范效应"在政策冲击后一年开始显现，存在滞后性。这与前文的理论分析一致，创新型城市政策通过政府行为的邻里效应以及要素流动等渠道溢出至周边城市，这个传导过程需要时间，因此创新型城市政策的"示范效应"存在滞后性。

4.3.4.3　"示范效应"的空间差异分析

前文我们已经发现创新型城市建设存在"示范效应"并且对其动态过程进行了描述，下面我们进一步来解读"示范效应"的空间差异，分别以城市距离与城市级别来进行检验。

借鉴 Kalcheva 等（2018）的方法在模型（4.3.1）的基础上拟构建三重差分模型（DDD）来对创新型城市政策"示范效应"与空间距离和城市级别之间的关系进行识别检验。具体的模型设置如式（4.3.4）所示：

$$
\begin{aligned}
Innov_{i,t} = {} & \alpha + \beta_1 Treat \times Term \times yz + \beta_2 Treat \times Term + \beta_3 Treat \\
& + \beta_4 Term + \beta_5 \, yz_{i,t} + \theta \, Z_{i,t} + \gamma_i + \sigma_t + \varepsilon_{i,t}
\end{aligned} \qquad (4.3.4)
$$

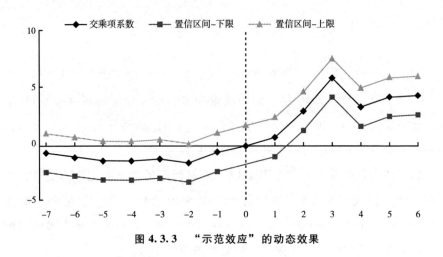

图 4.3.3 "示范效应"的动态效果

其中，*yz* 分别表示城市区位和城市级别，其他变量设置与模型（4.3.1）一致。如果 β_1 通过显著性检验，则说明"示范效应"随城市区位和等级的改变而变化，反之则不是。

①"示范效应"的空间距离。根据"示范效应"的传导媒介，不仅包括宣传报道等"软"载体，也包含"实地体验"这样的"硬"载体，而与试点城市相邻则是最为便捷的硬载体，最容易产生"邻里效应"。为验证这一点，本研究所设的城市区位虚拟变量（*Position*）将与试点城市相邻赋值为 1，其他城市赋值为 0。将其代入式（4.3.4）并从整体与分区域的子样进行回归，结果如表 4.3.5（1）～（4）列所示。从中可以发现，"示范效应"存在明显的邻里特征，城市相距越远，示范效应越弱。从分区域的结果来看，东部地区的这一特殊表现突出，中部地区次之，西部地区不明显。

②"示范效应"与城市级别。不同等级的城市在创新型国家建设过程中可能担负着不同的使命，因此也给自己提出了不同的要求，使得创新型城市建设的"示范效应"可能在不同城市中存在差异。为此，本研究设置城市级别虚拟变量（*Level*），将副省级及以上城市赋值为 1，其他城市赋值为 0，将其代入式（4.3.3）进行回归，结果如表 4.3.5（5）～（8）列所示。

结果表明，创新型城市建设的"示范效应"在副省级及以上城市中更为显著。

表 4.3.5　"示范效应"与空间距离及城市级别

变量	(1) 全样本	(2) 东部	(3) 中部	(4) 西部	(5) 全样本	(6) 东部	(7) 中部	(8) 西部
p_t_t	-1.270**	-4.247***	0.971*	-0.623				
	(-2.37)	(-3.54)	(1.69)	(-1.58)				
c_t_t					4.979***	5.275***	-0.257	1.639**
					(8.87)	(4.29)	(-0.46)	(2.36)
Treat×Term	3.455***	5.271***	0.247	0.481*	1.262***	0.597	0.587*	0.0726
	(8.72)	(4.41)	(0.73)	(1.69)	(3.38)	(0.49)	(1.72)	(0.30)
Treat	-2.047	6.351*	4.450***	0.0519	-3.756**	6.520*	4.260***	-0.0548
	(-1.29)	(1.73)	(5.99)	(0.06)	(-2.39)	(1.79)	(5.71)	(-0.07)
Trem	4.996***	-8.209**	3.988***	7.075***	4.343***	-8.570**	3.887***	7.061***
	(4.40)	(-2.32)	(3.95)	(8.65)	(3.87)	(-2.44)	(3.85)	(8.65)
Pgdp	0.124	12.03***	-0.277	-1.303***	0.599	12.68***	-0.229	-1.303***
	(0.20)	(5.58)	(-0.45)	(-3.30)	(0.95)	(5.89)	(-0.37)	(-3.31)
Rnd	1.943***	4.586***	1.718***	0.0921	1.794***	4.259***	1.728***	0.0837
	(13.66)	(11.03)	(11.96)	(1.11)	(12.72)	(10.17)	(12.02)	(1.01)
Finan	-0.149	-0.668	0.0435	0.172	-0.117	-0.598	0.0457	0.171
	(-0.75)	(-0.84)	(0.35)	(1.13)	(-0.60)	(-0.75)	(0.37)	(1.13)
Fdi	-1.987***	-3.047***	-0.0755	1.805***	-1.358***	-2.336**	-0.103	1.822***
	(-4.12)	(-2.76)	(-0.15)	(3.58)	(-2.83)	(-2.10)	(-0.21)	(3.62)
Hum	1.482	4.705*	-0.625	2.452**	1.127	4.705**	-0.617	2.449**
	(1.63)	(1.96)	(-1.05)	(2.09)	(1.26)	(1.97)	(-1.03)	(2.09)
Ind	-22.41***	-104.4***	-3.442	-9.838***	-21.73***	-102.8***	-3.645	-9.526***
	(-6.97)	(-7.70)	(-1.33)	(-5.42)	(-6.88)	(-7.65)	(-1.41)	(-5.26)
N	2642	707	962	973	2642	707	962	973
adj. R2	0.646	0.682	0.727	0.724	0.656	0.685	0.727	0.724

注：括号中为 t 值，***、**和*分别表示 1%、5%和 10%的显著性水平。各回归均纳入时间固定效应和个体固定效应，结果未予显示。

4.3.4.4 稳健性检验

（1）替换城市创新水平衡量指标

除了专利数量以外，创新指数等指标也被广泛应用于评价城市创新水平，寇宗来和刘学悦（2017）基于城市专利数据，构建了城市创新指数，并计算了 2000~2016 年全国 300 多个城市的创新指数。本研究使用创新指数来衡量城市创新水平，重新进行上述回归。初步回归的结果如表 4.3.6 所示，交乘项的系数均显著为正，说明上文的结论是稳健的，受到试点建设冲击后，试点城市所在省份的其他城市创新水平有了显著提高，存在"示范效应"。

表 4.3.6 替换城市创新水平衡量指标

变量	（1）全样本	（2）东部	（3）中部	（4）西部
$Treat \times Term$	0.539 ***	0.290 **	0.392 ***	0.328 ***
	(9.79)	(2.31)	(4.18)	(3.29)
$Treat$	0.845 ***	1.377 ***	0.161	0.552
	(3.19)	(3.14)	(0.70)	(1.62)
$Term$	3.187 ***	3.061 ***	2.770 ***	3.097 ***
	(16.68)	(7.22)	(8.76)	(8.84)
$Pgdp$	−0.701 ***	−0.276	−0.669 ***	−0.508 ***
	(−6.55)	(−1.07)	(−3.49)	(−3.00)
Rnd	0.159 ***	0.154 ***	0.219 ***	0.0821 **
	(6.66)	(3.09)	(4.88)	(2.31)
$Finan$	0.0110	0.255 ***	−0.0222	−0.0508
	(0.33)	(2.67)	(−0.58)	(−0.78)
Fdi	−0.297 ***	−0.142	−0.138	−0.419 *
	(−3.66)	(−1.07)	(−0.90)	(−1.94)
Hum	−0.0161	−0.125	0.0656	0.00266
	(−0.11)	(−0.43)	(0.35)	(0.01)
Ind	−1.181 **	−3.398 **	3.061 ***	−4.115 ***
	(−2.19)	(−2.10)	(3.78)	(−5.30)

续表

变量	（1） 全样本	（2） 东部	（3） 中部	（4） 西部
N	2642	707	962	973
adj. R^2	0.832	0.831	0.853	0.799

注：括号中为 t 值，***、** 和 * 分别表示1%、5%和10%的显著性水平。各回归均纳入时间固定效应和个体固定效应，结果未予显示。

（2）安慰剂检验

为了有效控制由实验组分组产生偏误的影响，针对双重差分模型通常采用两类安慰剂检验来验证结论的稳健性：一是构建虚假的实验组和对照组，二是置换虚假的政策发生时间。因为上文动态效应已经将政策效应分解到具体年度，并且发现政策实施前的年份基本不显著，因此可以排除时间趋势的影响，所以这里只进行第一类安慰剂检验。如果安慰剂检验的系数显著，说明上文得到的"示范效应"与创新型城市建设试点无关，只是受到分组偏误的影响，反之，若安慰剂检验的系数不显著，则证明了上文结论的稳健性。本研究首先错配各城市所在省份，具体做法为将省份随机分配给样本城市，根据错配后的省份再划定实验组和控制组样本进行回归。为了保证错配结果的随机性，本研究进行了四次错配，回归结果见表4.3.7。结果显示，交乘项的系数基本不显著，从而稳健地排除了伪回归的可能。

表 4.3.7　安慰剂检验

变量	（1）	（2）	（3）	（4）
$Treat×Term\_1$	−0.333 （−1.03）			
$Treat×Term\_2$		−0.589* （−1.83）		
$Treat×Term\_3$			0.399 （1.25）	

续表

变量	(1)	(2)	(3)	(4)
$Treat \times Term\_4$				0.0999
				(0.31)
$Treat\_1$	−0.228			
	(−1.00)			
$Treat\_2$		0.154		
		(0.68)		
$Treat\_3$			0.00657	
			(0.03)	
$Treat\_4$				0.147
				(0.64)
$Term$	6.787***	6.949***	6.399***	6.492***
	(5.89)	(6.02)	(5.55)	(5.65)
N	2642	2642	2642	2642
adj. R^2	0.634	0.634	0.633	0.633

注：括号中为 t 值，***、** 和 * 分别表示 1%、5% 和 10% 的显著性水平。各回归均纳入时间固定效应和个体固定效应，结果未予显示。

（3）更换回归模型

考虑到城市专利授权数量是一个计数数据，我们以专利授权数量为被解释变量，进行泊松回归，回归结果如表 4.3.8 所示，交乘项的系数基本显著为正，与上述研究结论一致，再一次证明了创新型城市建设试点能带动同省份其他城市的创新发展。

表 4.3.8　更换回归模型

变量	(1) 全样本	(2) 东部	(3) 中部	(4) 西部
$Treat \times Term$	0.438***	0.476***	0.702***	0.0759***
	(134.75)	(122.37)	(61.55)	(7.69)
$Treat$	1.806***	1.875***	1.913***	1.605***
	(57.66)	(53.98)	(58.04)	(37.18)

续表

变量	（1） 全样本	（2） 东部	（3） 中部	（4） 西部
Term	1.859 ***	1.871 ***	1.252 ***	2.776 ***
	(263.98)	(208.75)	(55.35)	(97.12)
Pgdp	0.299 ***	0.104 ***	0.680 ***	−0.00238
	(81.63)	(19.82)	(48.84)	(−0.17)
Rnd	0.0421 ***	0.0573 ***	0.0242 ***	−0.0122 ***
	(52.66)	(46.80)	(14.30)	(−4.75)
Finan	−0.0386 ***	−0.0559 ***	0.0995 ***	−0.0519 ***
	(−24.92)	(−27.53)	(33.68)	(−12.36)
Fdi	−0.132 ***	−0.121 ***	−0.469 ***	0.0132
	(−32.67)	(−22.69)	(−47.46)	(1.15)
Hum	−0.0618 ***	−0.0886 ***	0.151 ***	−1.063 ***
	(−8.17)	(−9.57)	(8.87)	(−23.64)
Ind	0.505 ***	5.149 ***	2.073 ***	−0.435 ***
	(26.58)	(57.81)	(24.07)	(−18.39)
N	2642	707	962	973
adj. R^2				

注：括号中为 *t* 值，***、** 和 * 分别表示 1%、5% 和 10% 的显著性水平。各回归均纳入了时间固定效应和个体固定效应，结果未予显示。

（4）剔除创新型省份的影响

科技部于 2013 年批准了江苏、安徽、陕西和浙江 4 省成为我国首批创新型省份建设试点单位。创新型省份建设有可能提高城市的创新水平，为了剔除这一因素的影响，本研究将所在省份为创新型省份试点的样本剔除，重新估计式（4.3.1），结果如表 4.3.9 所示，全样本的回归系数仍然为正，说明创新型城市建设表现为"示范效应"，与上文研究一致。

表 4.3.9　剔除创新型省份的影响

变量	(1) 全样本	(2) 东部	(3) 中部	(4) 西部
$Treat \times Term$	1.996 ***	0.908	-0.662 **	0.790 ***
	(3.66)	(0.95)	(-2.52)	(2.76)
$Treat$	-1.355	8.592 **	-0.594	-0.279
	(-0.91)	(2.47)	(-0.68)	(-0.41)
$Term$	2.440	-9.567	4.223 ***	7.369 ***
	(0.87)	(-1.24)	(3.66)	(7.07)
$Pgdp$	1.835	13.58 **	-0.302	-1.405 ***
	(1.07)	(2.50)	(-0.48)	(-2.86)
Rnd	1.264 **	3.160 ***	1.462 ***	0.0746
	(2.34)	(4.95)	(6.33)	(0.64)
$Finan$	-0.210	-0.781	-0.0413	0.0931
	(-0.87)	(-0.76)	(-0.57)	(0.50)
Fdi	-1.525	-2.710	-0.284	1.755 ***
	(-1.48)	(-1.45)	(-0.52)	(3.01)
Hum	1.808 **	6.776 *	0.469	2.286 *
	(2.36)	(1.71)	(1.03)	(1.92)
Ind	-22.30 ***	-90.89 ***	-4.556 *	-11.26 ***
	(-3.70)	(-3.21)	(-1.78)	(-4.11)
N	2336	603	876	857
adj. R^2	0.658	0.679	0.732	0.719

注：括号中为 t 值，***、** 和 * 分别表示 1%、5% 和 10% 的显著性水平。各回归均纳入时间固定效应和个体固定效应，结果未予显示。

综上，创新型城市建设试点对周边城市创新活动产生了"示范效应"，能显著带动同省份其他城市的创新。

4.3.5　路径检验

如前所述，试点效应的产生可能通过两种不同的路径产生影响，本部分对这两种路径进行检验。

4.3.5.1　政策扩散路径检验

为了检验创新型城市建设试点中是否存在政策扩散路径，本研究参考邓慧慧和赵家羚（2018）的做法，检验地方政府在创新政策上的邻里效应。根据创新型城市建设主要目标要求，本研究使用政府科技经费支持占比来衡量城市创新政策。类似 Nie 等（2015）关于邻里效应的研究，本研究构建如下模型：

$$Rnd_{i,t}^P = \beta_0 + \beta_1 Peer_{-i,t}^P + \theta Z_{i,t-1} + \gamma_i + \sigma_t + \varepsilon_{i,t} \qquad (4.3.5)$$

其中，主要解释变量为邻里效应，用 $Peer_{-i,t}^P$ 表示，本研究将位于同一个省份的城市划分为一个群体，因此该指标的计算方法是剔除试点城市 i 之外，省份 P 内其他城市的平均政府科技经费支持占比。系数 β_1 的大小和显著性是本研究关注的重点。符号 Z 为一系列可能影响城市科技经费投入的控制变量，包括城市自身经济发展水平、地区金融发展水平、外商直接投资、人力资本和产业结构等，变量计算口径见表 4.3.1。

本研究对式（4.3.5）的估计结果如表 4.3.10 所示。表中（1）列为只加入邻里效应的估计结果，表中（2）列是加入其他控制变量的估计结果。结果显示，邻里效应的系数 β_1 显著为正，说明中国地级市在政府科技经费支持占比的决策行为上存在显著的邻里效应。

从前文机制分析可知，如果所在省份有试点创新型城市，那么地方政府可以从创新型试点城市的经验当中学习，为了观测是否有试点城市对邻里效应的影响，本研究根据所在省份是否存在试点城市将样本分为两组，重新估计式（4.3.5），估计结果见表 4.3.10（3）列和（4）列。（3）列的结果表明，有试点城市的城市群组之间存在显著的邻里效应，而（4）列的结果则显示无试点城市群组间的"同群行为"并不显著。由此，本研究验证了政策扩散路径的存在性。

表 4.3.10　政策扩散路径的检验

变量	（1）	（2）	（3）	（4）
Peer	0.769***	0.649***	0.612***	0.265
	(11.67)	(14.02)	(8.58)	(1.49)
Pgdp		0.0000161***	0.0000222***	0.00000739***
		(4.75)	(7.50)	(3.54)

变量	（1）	（2）	（3）	（4）
Finan		0.00156 ***	0.00216	0.00124 ***
		（3.86）	（1.71）	（6.38）
Fdi		0.305 **	0.357 *	0.0343
		（2.53）	（1.95）	（0.62）
Hum		0.000264 ***	0.000131	0.000652 ***
		（3.23）	（1.71）	（3.59）
N	3850	3850	2030	1624
adj. R^2	0.394	0.530	0.525	0.352

注：括号中为 t 值，*** 、** 和 * 分别表示1%、5%和10%的显著性水平。各回归均纳入时间固定效应和个体固定效应，结果未予显示。

4.3.5.2 要素流动路径检验

本部分主要检验创新型城市"示范效应"的要素流动机制。已有测度省际要素流动的研究主要使用引力模型（卞元超等，2018），考虑到本研究的需求及人才因素在创新发展中的关键作用，选取人才要素从静态视角检验要素流动路径。具体检验思路为，重点分析政策冲击时点前后，实验组的要素集聚度是否与控制组有明显差异。具体模型设置如式（4.3.6）所示。

$$Talent_{i,t} = \alpha + \beta_1 Treat \times Term + \beta_2 Treat + \beta_3 Term$$
$$+ \theta Z_{i,t-1} + \gamma_i + \sigma_t + \varepsilon_{i,t} \tag{4.3.6}$$

其中，$Talent_{i,t}$表示城市 i 在 t 年的人才要素集聚水平，以城市非农就业人口占人口总数的比重来衡量。$Treat$ 为实验组虚拟变量，如果城市所在省份有试点城市则取值为 1，否则取值为 0；$Term$ 为时间虚拟变量，2010 年以前取值为 0，2010 年及以后取值为 1。β_1 是实验组虚拟变量与时间虚拟变量乘积的估计系数，反映了通知对要素集聚水平影响的净效应。Z 为表征其他控制变量的向量，同时，我们还控制了城市和年份的固定效应。ε 为误差项。

表 4.3.11 报告了要素流动路径的检验结果，（1）列全样本的结果显示，实验组的人才集聚程度在 2010 年后有了明显增长，说明试点创新型城

市加快了周边城市的人才集聚水平，从而促进周边城市创新。东部地区和中部地区的分样本结果也能得到一致的结论。而西部地区的回归系数不显著，说明西部地区要素流动不明显，这与前文关于西部地区的研究结论保持一致。总体来看，在创新型城市影响周边城市创新的过程中，要素流动路径是存在的。

表 4.3.11　要素流动路径检验

变量	（1） 全样本	（2） 东部	（3） 中部	（4） 西部
Treat_Term	1.420 ***	2.308 ***	1.187 ***	-0.123
	(7.50)	(4.41)	(3.88)	(-0.67)
Treat	-6.549 ***	-0.720	-8.679 ***	1.171 ***
	(-9.27)	(-0.58)	(-13.75)	(3.13)
Term	-1.839 *	-4.538 ***	0.971	1.191 *
	(-1.83)	(-2.79)	(1.31)	(1.68)
Finan	0.00830 ***	0.0174 ***	0.000660	0.00743 ***
	(3.34)	(3.04)	(0.62)	(3.27)
Fdi	-1.092 ***	-1.190 ***	-0.527	2.689 **
	(-2.90)	(-3.44)	(-0.48)	(2.46)
N	3354	1183	1209	962
adj. R^2	0.830	0.874	0.667	0.908

注：括号中为 t 值，***、** 和 * 分别表示 1%、5% 和 10% 的显著性水平。各回归均纳入时间固定效应和个体固定效应，结果未予显示。

4.3.6　结论

本研究检验了创新型城市建设试点的"试点效应"。以 2010 年《关于推进国家创新型城市试点工作的通知》的发布及当年选取的 16 个试点城市为基准，采用 2003~2016 年中国地级及以上城市数据进行"准自然实验"，得到以下主要结论。

①考察期内，创新型城市试点存在显著的"试点效应"，而且这种效应表现为"示范效应"，即创新型城市建设试点对周边城市创新有显著正向影

响，产生了"以点带面"的建设效果。同时，这种影响具有区域差异性，东部地区表现最为显著，而西部地区不显著。

②"示范效应"存在动态和空间变化特征。动态分析结果表明，"示范效应"存在随时间逐步加强、达到高峰后逐步减弱的特点，最强效果在第三年呈现。而空间特点分析的结果表明，"示范效应"存在城市位置距离差异，在试点城市的相邻城市间表现最为突出；同时，也存在城市级别差异，在副省级及以上城市中更为显著。

③验证了创新型城市建设试点的政策扩散路径和要素流动路径，二者同时产生作用的结果是试点建设呈现显著的"示范效应"。

4.4 创新型城市建设对企业创新的影响[*]

本部分以是否获批创新型城市建设试点单位为基本条件，选取东部地区2006~2016年各样本城市的上市企业数据，采用多期双重差分法和三重差分法进行"准自然实验"，考察创新型城市建设对辖内企业创新行为的影响及其机理。研究发现：创新型城市建设能够显著促进企业创新，并且经过一系列稳健性检验之后，该结论仍然成立。从影响机制来看，创新型城市建设通过增强企业集聚度、提高金融中介机构服务强度与扩大对外开放引进外商投资等途径对企业创新活动起到激励与保障作用。为非试点城市提供了相应的创新驱动发展经验，有利于营造全社会创新文化，推动创新型国家建设进程。

4.4.1 引言

中国改革开放40多年来，经济增长先后经历了由劳动力驱动和资本驱动的阶段。然而，随着人口红利的消失以及经济去杠杆的推进，这两种模式已经不能满足中国经济高质量发展的需求。新古典经济增长模型指出改善全

---

[*] 本部分主要内容已发表于《财经理论与实践》2019年第6期。

要素生产率是经济能够持续稳定增长的根本原因，提高生产效率意味着技术进步。根据熊彼特的观点，正是因为企业家的创新和对市场均衡的创造性破坏过程推动了技术和经济的发展。因此创新是国家经济持续发展的第一动力，也是建设现代化经济强国的重要支撑。

企业家的创新行为在很大程度上受到外部环境与政策特别是创新政策的影响。鲍克（1994）提出创新政策是政府为了鼓励技术发展及其商业化以提高竞争力的各种社会经济政策的总和，处于经济政策的中心位置，直接鼓励创造与变化。他认为政府创新政策应该包括以下五个方面：①创建和维护一个良好的 R&D 基础设施，包括理顺 R&D 的合理布局、建立研究中心、资助研究项目等；②帮助创新主体，包括扶持个人、企业、服务机构的创新活动；③在全社会培育创新文化，包括培育企业家精神、保护知识产权的风尚以及全社会重视科学技术、尊重人才以及鼓励创造的气氛；④消除创新过程中的障碍，包括放松对产业方面的管制，减少创新过程中的政府官僚程序，控制既得利益集团对创新的阻力；⑤不断发展教育事业，改革教育体系，包括培育创造型人才的政策，使教育系统在传授现有知识与培养潜能方面达到新的统一。

国家"十三五"规划纲要提出要实施创新驱动发展战略，建设创新型城市成为创新型国家建设的重要突破口与关键点。创新型城市是以创新为核心驱动发展城市经济，政府可以通过 R&D 与技术服务、教育、信息、财政、税收等多个手段建立创新政策框架，积极推动企业创新，加快产业升级。建设创新型城市应该做到基础建设支持创新、财政政策扶持创新、文化环境鼓励创新、法律法规保障创新，为企业开展创新活动提供全方位支持，推动城市形成持续创新能力。随着创新型城市建设深入开展，创新型建设试点城市数量不断增加，学术界开始关注有关创新型城市建设的研究，近年来有不少文献集中研究了创新型城市的创新绩效，但是很少有文章涉及创新型城市建设对城市创新主体——企业创新行为的影响。对该问题的研究，不仅有助于厘清创新型城市的建设对微观企业创新行为的影响，而且通过探究内在影响机制，最大限度地营造企业创新良好环境，对全国所有其他非创新型试点城市激发本地企业创新潜力具有借鉴意义。

我国创新型城市建设缺乏现成经验借鉴，所以科技部和国家发改委选择一部分城市开展试点，探索不同地区、不同类型的城市创新发展的路径，推动若干城市率先实现创新驱动发展，为实现创新型国家目标奠定基础。从2008 年深圳试点开始到 2016 年底，全国已经有 61 个城市成为国家创新型建设试点城市，创新型城市在建设创新型国家的进程中逐渐发挥重要作用，企业的创新能力日益提高。从理论上来说，建设创新型城市将为企业开展创新活动提供有利的土壤环境，一方面是提供宏观公用基础设施等硬条件，另一方面是营造良好的创新服务环境，主要包括政府制度、科研院校、中介机构、金融信贷等建设，创新型城市无论是在硬件上还是软件上都将发挥自己的巨大作用，推动企业开展创新活动。但是从文献支持上来看，迄今为止，尚未有文章直接研究创新型城市建设对企业创新的影响，大多数都是研究创新型城市的创新绩效（吴素春，2014；章文光和李伟，2017；王保乾和罗伟峰，2018）。故本研究旨在考察创新型城市建设对企业创新行为的影响，以设立创新型建设试点城市为准自然实验，采用多期双重差分法进行研究，得出结论。同时，在此基础上采用多期三重差分法研究创新型城市建设影响企业创新行为的内在机制，从而更好地识别促进企业创新增长的外在动力，对创新型国家建设的路径具有重要的政策指导意义。

4.4.2　文献综述

在已有研究中，影响企业创新的因素可以分为企业内部治理机制与企业外部创新环境。创新型城市建设属于政府优化企业外部创新环境的创新政策，因此本节就外部环境对企业创新影响的研究进行梳理，对创新型城市建设对企业创新能力提升的内在机理进行理论分析。

4.4.2.1　制度环境与企业创新

企业创新活动离不开外部创新环境的支持，尤其是良好的制度环境。制度环境包括法律、政府、市场等与企业经营相关密切的因素（陈凌和王昊，2013），主要包括产权保护法律环境、财政政策支持环境、金融服务融资环境、对外开放交流环境等。

首先来看知识产权保护问题，一国知识产权保护制度能够通过增加企业研发投入和吸引外资进入这两个传导机制对企业创新产出产生激励效应，一旦知识产权保护不到位，发生知识产权的侵权，这会显著抑制企业的创新，并且这种作用事后无法完全消除，尤其是对高竞争行业的企业和非国有企业的创新活动影响更为显著（史宇鹏和顾全林，2013）。其次，企业进行研发活动需要投入大量资金，政府可以出台一系列相关财政政策来支持企业的研发活动。Oliviero（2011）的研究表明，政府补贴与税收优惠政策能够显著增强企业的创新投入，并且税收优惠效果更明显。但是也有研究指出政府与企业之间存在信息不对称，财政资金反而会挤出企业的自身资金投入（Cannone and Ughetto，2014）。黎文靖和郑曼妮（2016）从企业的动机视角研究发现财政政策促使企业为"寻扶持"而创新，追求创新"数量"而忽略"质量"。最后，企业研发资金除了内部留存的现金流之外还来源于金融市场，但是企业进行外部融资在理论上往往存在信息不对称现象，外部投资者与企业之间的信息不对称，会引起创新融资过程中的道德风险等问题。Hall（2002）认为创新融资市场如同"柠檬市场"，投资者由于承担更高的风险会要求一定的投资回报率溢价，进而增加企业的创新外部融资成本。这意味着企业发展面临融资约束的问题，企业无法通过外部融资得到充足的资金进行研发投资（Silva and Carreira，2012）。而金融体系在企业创新过程中起到融通资金的作用，可以有效解决企业创新信息不对称的问题，筛选优质企业创新项目，提高资金匹配效率，起到有效的风险分散和激励约束的效果，促进企业开展创新研发活动（Chowdhury and Min，2012；黄玲等，2015）；此外，随着地区开放水平的提高，外资企业与外商资本的大量涌入，将为本地企业带来新知识和新技术，从而优化企业的研发资源结构、提高创新水平。洪俊杰和石丽静（2017）的研究表明，地区开放水平越高，企业自主研发活动对创新绩效的促进作用越明显。

4.4.2.2 市场环境与企业创新

企业发展所处的外部环境除了制度因素以外还包括市场因素，企业的创新决策往往需要结合自身特征对市场环境做出反应。市场环境主要指产品市场竞争，市场定价、市场份额、市场准入等因素会对企业的创新收益产生影响，从而作用于企业的创新行为。自熊彼特提出创新理论以来，大量学者对市场竞争与企业创新进行了研究，但时至今日并没有达成一致意见。

一种观点认为市场竞争不利于企业创新，垄断企业能够保证研发资金，承担研发失败的风险，因此更有能力开展创新活动（Schumpeter，1942）。而市场竞争会减少企业的超额收益，降低企业的预期创新收益（Aghion and Howitt，1992），并且会导致企业间模仿加重（Grossman and Helpman，1991），从而不利于企业创新行为的实施。与之相反的是，Arrow（1972）研究发现竞争市场的企业获得的创新收益显著高于垄断市场，因此提出市场竞争有利于企业创新的观点。垄断会导致经理人产生惰性、不愿意进行技术创新，而竞争会使得经理人更有动力关注技术创新，降低生产成本以获取更高的利润（Scherer et al.，1990）。此外，Aghion 等（2005）研究发现市场竞争与企业创新之间并不是简单的线性关系，而是呈倒 U 形关系，企业创新收益随着市场竞争加剧而先升后降。Michiyuki 和 Shunsuke（2013），Peneder 和 Woerter（2014）的研究也都证实了这一观点。基于中国国情的相关研究大部分支持市场竞争与企业创新之间的倒 U 形关系（樊琦和韩民春，2011；寇宗来和高琼，2013）。

4.4.2.3 创新型城市与企业创新

Hospers（2003）指出创新型城市是知识驱动经济发展的典型代表，一个富有竞争力的城市必然具备资源集聚性和多样性的能力。从创新型城市的功能来看，一方面可以集聚创新资源，另一方面可以促进创新资源的流动，而这正是企业进行创新活动必不可少的。因此创新型城市推出了一系列的制度建设来为企业营造良好的创新环境。具体来讲，首先，在相应的区域内集中资源优势打造生产企业的集群区，比如高新技术开发区或者工业区等，产业集聚的优势在于传送和接受信息更为便捷、高效，不同行业、不同技术人员，可以进行专业知识互补，从而为企业创新提供更好的思路，有利于促进企业创新。Audretsch 和 Feldman（1996）便发现产业集聚的地方，企业更倾向于创新活动，产业集聚具有正向外部效应。其次，政府除了打造产业集聚区以外，还积极引导产学研合作，强调当地的高校、企业、金融机构之间的互动。在自然界中，由于生存需要，不同物种之间构成了相应的共生关系，而产学研合作的三大主体——高校、企业、金融机构等就构成了共生单元，它们之间由于人才、技术、资金等资源具有差异性和互补性，所以互相之间形成了互惠共生模式，这也是开展产学研合作的根本。通过优化人才、技术、资金等资源配置，可以显著提升企业的创新能力和效率。贺一堂等（2017）指出，产学研合作主体之间合理分配利益，可以大幅度提升合作创新效率。

为了企业能够从外部获取更先进的技术和知识，政府也进一步扩大地区对外开放水平，鼓励外商直接投资，跨国企业可以促进周边中小企业的共同发展，进一步地，可以与其他同等水平的跨国公司形成产业集群，带动本地企业的成长发展。任胜刚（2005）提到跨国公司带来的不仅是技术、人才、资金等资源，更重要的是推动了当地产业集群的发展，起到"孵化器"的作用；为了保证企业研发资金的充足，政府加大科技财政支出和财政优惠力度，设立相应的科研专项资金，鼓励当地企业研发创新；此外出台一系列支持中小企业贷款服务的政策，推进金融服务，有效解决企业的融资需求。

整体而言，已有文献的研究结果认为，良好的外部创新环境有助于企业创新能力的提升，这也是创新型城市建设意在营造良好的创新环境，从而激发创新的初衷。在具体建设过程中，试点城市采用了一些特别的举措来加大政府财政的支持力度，促进产学研合作，引导创新企业集聚，提供金融服务便利，扩大对外开放，完善信息设施，等等，从理论上来看，创新型城市的这些政策措施将有助于企业开展创新活动，但是事实上这些措施是否有效传导到了微观主体？哪些措施的效果更为显著？这就是本研究所要探究的问题。

4.4.3 数据与方法

4.4.3.1 数据来源与样本选取

由于选择的创新型建设试点城市的获批时间分布在 2008 ~ 2013 年，故样本区间确定为 2006~2016 年，确保最早获批为国家创新型城市前有至少两年的数据。由于开展创新活动的企业大部分位于东部地区，故本研究选取东部地区的地级市作为样本，鉴于部分地级市的上市企业数量低于 5 家，不具有统计性，故从样本城市中剔除，最终确定为 57 个样本城市，具体见表 4.4.1。其中将样本城市在 2008~2013 年成为创新型建设试点城市设置成实验组，包括 25 个城市样本；其他为对照组，总共 32 个城市样本，对象为样本城市的所有上市企业。

表 4.4.1　实验组和对照组城市样本说明

年份	获批创新型城市样本
2008	深圳
2009	广州、南昌、南京、青岛、厦门、苏州、无锡、烟台
2010	北京、福州、海口、嘉兴、宁波、上海、唐山、天津
2011	连云港
2012	南通
2013	杭州、湖州、济宁、泰山、盐城、扬州
非创新型城市样本	保定、滨州、沧州、常州、潮州、德州、东莞、东营、佛山、惠州、济南、江门、揭阳、金华、温州、梅州、南平、泉州、三亚、汕头、绍兴、台州、石家庄、威海、潍坊、景德镇、徐州、肇庆、镇江、中山、珠海、淄博

4.4.3.2　模型设定与变量说明

创新型城市建设试点工作是逐步开展的，2008 年深圳率先成为创新型建设试点城市，之后每一年科技部和国家发改委都会审批一部分城市开展试点工作，为探究创新型城市企业创新能力与非创新型城市企业创新能力差异，建立如下回归模型。

$$Y_{fict} = \alpha + \beta Innovation + \theta X_{fict} + \gamma_i + \eta_t + \varepsilon_{fict} \tag{4.4.1}$$

式（4.4.1）中，下标 f 表示企业，i 为行业，c 为城市，t 为时间。被解释变量 Y_{fict} 表示企业的创新成果，现有研究以研发投入或研发产出来衡量企业创新，考虑创新型城市的建设重在强调创新成果，借鉴学术界的一般做法，采用企业申请的专利数量的对数（*Patent*）描述企业的创新活动。解释变量为政策虚拟变量 *Treat*，估计系数反映了创新型城市企业与非创新城市企业的创新能力差异，X_{fict} 代表企业层面的控制变量，主要参照温军和冯根福（2012）；γ_i 为行业控制变量，根据证监会的一级行业分类标准设置，来控制行业因素对企业创新的影响；η_t 为年份控制变量，来控制不同年份的宏观经济环境对企业创新活动的影响；ε_{fict} 为误差项。

为了更好地研究创新型城市建设这一事件对企业创新的影响，同时考虑到各城市在创建创新型城市的时间起点不同，因此采用多期双重差分法进行实证研究。由于采用双重差分法要求实验组和对照组在接受处理前满足同趋势假设，故本研究对此进行检验。将实验组和对照组两个样本中企业专利申请数量的对数进行加总，得到如图 4.4.1 所示的结果，从中可以发现，2009年之前实验组和对照组的企业专利申请数量变化趋势相一致，但是 2009 年、2010 年之后实验组的企业专业申请数量明显多于对照组，且呈增长趋势，满足同趋势假设。

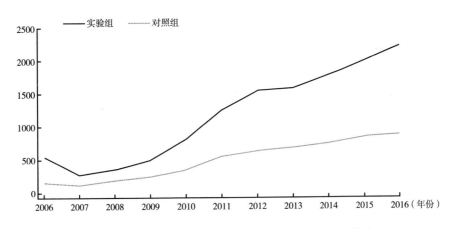

图 4.4.1 实验组与对照组申请专利数量的变化趋势

为了定量考察创新型城市建设对企业创新的影响，借鉴 Beck 等（2010）构建如下多期双重差分模型。

$$Y_{fict} = \alpha + \beta AAC + \theta X_{fict} + \gamma_i + \eta_t + \varepsilon_{fict} \tag{4.4.2}$$

式（4.4.2）中，除了解释变量与式（4.4.1）不同外，其余变量均与式（4.4.1）相同。AAC 为解释变量，是政策虚拟变量 $Treat$ 与时间虚拟变量 $Term$ 的乘积；$Term = 1$ 表示当年城市获批为创新型城市的当年与之后的年度，之前为 0，故 $AAC = 1$ 表示获批为创新型城市同时是在获批当年及之后的年度的样本，$AAC = 0$ 表示获批为创新型城市但是在获批年份之前的样本以及非创新型城市的样本。估计系数反映了创新型城市建设对企业创新的影响，若系数大于 0 且在统计上显著，说明创新型城市建设促进了企业创新。

4.4.4 实证结果与分析

4.4.4.1 描述性统计分析

本部分首先将样本城市划分为创新型城市和非创新型城市，为了更好地理解这两类城市之间的差异，对一些城市指标进行描述性统计分析，具体如表 4.4.2 所示。创新型城市的企业平均专利数量远远大于非创新型城市，表明创新型城市的企业创新能力优于非创新型城市。从城市指标来看，创新型城市的工业企业数量、实际利用外商直接投资额、科技财政支出、金融机构贷款都高于非创新型城市的相关城市指标，这也反映出创新型城市的政策环境好于非创新型城市，企业能够更好地进行创新活动。

表 4.4.2　两类城市指标描述性统计结果

类别	城市指标	样本数（份）	平均值	最小值	中位值	最大值
创新型城市	企业专利数量(项)	275	902	0	203	14393
	工业企业数量(家)	275	3768	147	3073	12491
	实际利用外商直接投资额（亿美元）	275	26.59	0.36	15.83	308

续表

类别	城市指标	样本数（份）	平均值	最小值	中位值	最大值
创新型城市	科技财政支出占地方预算财政支出比重(%)	275	2.89	0.14	2.85	9.58
	年末金融机构各项贷款余额（亿元）	275	6850	326	3660	56600
非创新型城市	企业专利数量(项)	352	502.1	0	57.50	12355
	工业企业数量(家)	352	3192	19	2425	18792
	实际利用外商直接投资额（亿美元）	352	15.32	0.20	6.75	185
	科技财政支出占地方预算财政支出比重(%)	352	2.31	0.12	2.10	8.45
	年末金融机构各项贷款余额（亿元）	352	3490	756600	1560	54000

收集研究期间内样本数据，计算各变量的统计特征值如表4.4.3所示。为了消除文中变量极端值的影响，利用缩尾处理方法，对变量1%水平上的极端值进行了处理。由表4.4.3可以看到，企业的专利申请量（Patent）平均为2.728，最小的数为0，最大值为6.635，不同企业之间创新产出存在不小的差距。至于企业层面的控制变量，同样能够看出不同企业间的差距。例如，代表企业成长能力的营业收入同比增长率（Oigr）的最小值为-38.25%，而最大值为156.2%，企业不同的成长能力也会影响到企业未来对研发的投入，影响企业的创新。

表 4.4.3　变量描述性统计结果

变量	变量符号	样本数	平均值	最小值	中位数	最大值	标准差
被解释变量	Patent	6722	2.728	0	2.773	6.635	1.393
解释变量	AAC	6722	0.589	0	1	1	0.492
控制变量	Size	6722	21.56	19.77	21.42	25.17	1.024
	Leve	6722	36.29	3.486	34.42	82.60	19.79
	Roa	6722	7.102	-10.21	6.595	25.83	5.645
	Oigr	6722	19.32	-38.25	14.29	156.2	31.04

4.4.4.2 相关性分析

各变量之间的相关性检验结果如表 4.4.4 所示。可以得出解释变量 *AAC* 与控制变量 *Size* 以及 *Oigr* 和被解释变量 *Patent* 之间呈显著的正相关关系，即企业的创新行为与这些变量有紧密的联系，后续进一步利用双重差分模型进行实证，来验证这种关系。此外，除了企业的规模与企业的资产负债率相关性较高以外，其余变量之间的相关性系数都很低，说明实证模型中各变量间发生严重的多重共线性的可能性很低。

表 4.4.4　变量间的 Pearson 相关性检验结果

变量	*Patent*	*AAC*	*Lnsize*	*Leve*	*Roa*	*Oigr*
Patent	1					
AAC	0.064 ***	1				
Size	0.363 ***	0.053 ***	1			
Leve	0.150 ***	− 0.071 ***	0.521 ***	1		
Roa	0.034 ***	− 0.035 ***	− 0.022 *	− 0.232 ***	1	
Oigr	0.049 ***	0.029 **	0.066 ***	0.051 ***	0.295 ***	1

注：*、**、*** 分别表示在 10%、5%、1% 的水平上显著，检验均为双侧。

4.4.4.3 模型回归结果分析

利用样本区间内的数据实证检验创新型城市的建立对企业创新活动的影响。首先，在多期双重差分模型中加入行业控制变量和年份控制变量而不加入企业层面的控制变量，对模型进行回归；之后，在此基础上加入企业层面的控制变量；进一步按企业性质不同对样本进行分组，考察创新型城市建设对不同性质企业的创新行为的影响。回归结果可以见表 4.4.5。

表 4.4.5　实证模型回归结果

变量	(1) 全样本企业	(2) 全样本企业	(3) 全样本企业	(4) 国有企业	(5) 非国有企业
Treat	0.0657 * (1.958)				

续表

变量	（1）全样本企业	（2）全样本企业	（3）全样本企业	（4）国有企业	（5）非国有企业
AAC		0.0859 ** （2.332）	0.0795 ** （2.328）	0.0333 （0.360）	0.102 *** （2.805）
State	−0.0967 ** （−2.234）		−0.0960 ** （−2.218）		
Size	0.506 *** （26.50）		0.506 *** （26.48）	0.511 *** （13.51）	0.552 *** （24.18）
Leve	0.00243 ** （2.422）		0.00245 ** （2.441）	0.00286 （1.239）	0.00111 （0.982）
Roa	0.0106 *** （3.555）		0.0106 *** （3.574）	0.0209 *** （2.808）	0.00752 ** （2.338）
Oigr	0.00131 ** （2.501）		0.00131 ** （2.493）	0.000368 （0.264）	0.00153 *** （2.732）
Constant	−10.22 *** （−23.37）	0.969 *** （4.429）	−10.16 *** （−23.31）	−9.594 *** （−11.56）	−11.04 *** （−21.70）
行业固定效应	Y	Y	Y	Y	Y
时间固定效应	Y	Y	Y	Y	Y
Observations	6722	6722	6722	1289	5433
R-squared	0.228	0.094	0.228	0.337	0.215

注：括号内为回归系数的 p 值，*、**、***分别表示在10%、5%、1%的水平上显著。

从表4.4.5的列（1）可以看出，式（4.4.1）中的解释变量 Treat 的系数显著为正，说明创新型城市的企业创新能力显著高于非创新型城市的企业创新能力。从表中列（2）得出，当不考虑企业特征只考虑行业固定效应和时间固定效应时，解释变量 AAC 的系数为正，且在5%的水平上显著，即创新型城市的建设能够促进企业的创新活动。在列（2）的基础上，加入企业的财务特征变量 Size、Leve、Roa、Oigr 以及企业性质虚拟变量 State，根据列（3）可以得到不变的结论，创新型城市的建立对企业的创新具有显著促进作用。但是注意到企业性质虚拟变量 State 对被解释变量 Patent 的回归系数在5%的水平上显著为负，说明企业的性质能够影响企业的创新活动，并且国有企业的创新产出不如非国有企业的创新产出。按照企业的性质，对全样本企业进行分组回归，得到列（4）和列（5）的结果。列（4）中解释变量的系数不显著，而列（5）中解释变量的系数在1%的水平上显著为正，表明创新型城市建设对国有企业的创新行为没有影响，而对非国有企业的创新具有显著正向影响。此外，列（3）、列（4）和列（5）中的其余控制变量的回归系数均显著为正，验证了前面相关性分析得到的结论，企业的财务特征会显著正向影响企业的创新，企业的规模越大，资产负债率越高、总资产报酬率越高、营业收入增长率越高，企业的专利申请数量越多。

4.4.5 稳健性检验与影响机制分析

4.4.5.1 稳健性检验

（1）控制样本选择偏差。本研究前面使用多期双重差分模型进行实证时，默认创新型城市建设与地区企业的创新产出无关，却没有得到证实。如果创新型城市建设与该城市企业的创新产出有关，即创新型建设的试点城市集中于企业创新产出较多的城市，那么上述的回归结果便没有意义。为此，本研究设立 probit 模型进行检验，以地级市是否为创新型城市为被解释变量（$Treat$），城市内所有上市企业的专利申请量自然对数的平均值为解释变量（$Average$），由表 4.4.6 的列（1）发现 $Average$ 的系数不显著，即地区企业的创新产出并不影响创新型建设城市的选择。由此，确定上述回归结论的意义。

（2）安慰剂检验。为了检验上述估计结果的稳健性，进行安慰剂检验。选取最早被审批为创新型试点城市的 2008 年前两年的样本，进行政策虚拟变量 $Treat$ 的回归，由表 4.4.6 的列（2）发现 $Treat$ 的系数不显著，即 2008 年之前各地级市都还未成为创新型试点城市时，实验组和控制组的企业创新行为不存在显著差异。

（3）其他稳健性检验。由于企业的创新产出需要一定的时间，创新型城市建设对企业创新活动的影响不是即时的，会有延迟，故将上述多期双重差分模型中的被解释变量 $Patent$ 前推一期，其余保持不变。由表 4.4.6 的列

（3）得到解释变量 *AAC* 的系数为正，并且在 1% 的水平上显著，即证实创新型城市建设能够显著促进企业创新。

表 4.4.6　三种稳健性检验结果

变量	（1） *Treat*	（2） *Patent*	（3） *Patent*$^{t+1}$
Average	0.014 (0.216)		
Treat		0.0336 (0.256)	
AAC			0.119 *** (3.176)
Observations	581	517	5123

注：括号内为回归系数的 *p* 值，*、**、*** 分别表示在 10%、5%、1% 的水平上显著。

4.4.5.2　影响机制分析

如前文所述，创新型城市建设确实能够促进企业的创新活动。具体来讲，创新型城市具有以下特性：一是形成生产企业的集群区，企业共享基础设施和信息设备；二是积极引导产学研合作，促进高校研发成果转化；三是加大科技财政支出和财政优惠力度，支持当地企业的研发创新；四是推进金融服务，有效解决企业的融资需求；五是进一步扩大对外开放水平，引进外来资本和先进技术。从理论上来看，创新型城市的这些外部条件会极大地推进企业的创新活动。下文将从实证角度检验分析创新型城市对企业创新的影响机制。

借鉴相关文献，本研究以地级市规模以上的工业企业数量的对数（*Qy*）来衡量企业集聚度；以地级市的科技财政支出占地方一般预算内财政支出比重（*Fe*）来描述政府的财政政策支持；以地级市年末金融机构各项贷款余额的对数代表金融中介机构对企业创新活动的服务强度（*Fin*）；以地级市实际利用外商直接投资额的对数（*Fdi*）来反映地区的对外开放水平与技术引入。为了考察上述因素的影响机制，参照 Beck 等（2010）在原先模型

（4.4.1）的基础上构建多期三重差分模型进行识别检验，具体模型如下所示。

$$Y_{fict} = \partial_0 + \alpha AAC_{ct} + \beta AAC_{ct} \times I + \varphi I + \delta X_{fict} + \gamma_i + \eta_t + \varepsilon_{fict} \qquad (4.4.3)$$

其中 I 依次表示上述的 Qy、Fe、Fin 以及 Fdi 这四个指标，其余的变量设置与模型（4.4.1）一致，系数反映了创新型城市是否通过影响上述四个因素而间接地对企业创新产生促进作用，如果系数 β 通过显著性检验，则可以说明创新型城市建设对企业创新的内在影响机制。回归结果见表 4.4.7。

表 4.4.7　影响机制检验结果

变量	（1）Patent	（2）Patent	（3）Patent	（4）Patent	（5）RD
AAC	-0.629* (-1.778)	0.114 (1.364)	-3.486*** (-3.887)	-1.386** (-2.439)	0.0763** (2.196)
AAC×Qy	0.0774* (1.827)				
Qy	2.06e-05*** (2.735)				
AAC×Fe		-0.0378* (-1.913)			
Fe		0.0888*** (5.414)			
AAC×Fin			0.197*** (3.968)		
Fin			-8.57e-10*** (-3.167)		
AAC×Fdi				0.118*** (2.610)	
Fdi				-1.77e-07** (-2.545)	
State	-0.0776* (-1.791)	-0.0854** (-1.978)	-0.0907** (-2.093)	-0.0892** (-2.055)	-0.122*** (-2.788)

续表

变量	（1）Patent	（2）Patent	（3）Patent	（4）Patent	（5）RD
Asset	0.512 ***	0.505 ***	0.507 ***	0.506 ***	0.552 ***
	（26.82）	（26.50）	（26.54）	（26.50）	（32.88）
Leve	0.00224 **	0.00240 **	0.00234 **	0.00229 **	0.00046
	（2.231）	（2.398）	（2.334）	（2.278）	（0.880）
Roa	0.0102 ***	0.0100 ***	0.0108 ***	0.0104 ***	0.00767 ***
	（3.453）	（3.383）	（3.645）	（3.512）	（3.202）
Oigr	0.00129 **	0.00116 **	0.00127 **	0.00130 **	0.000116
	（2.452）	（2.220）	（2.408）	（2.474）	（0.521）
Constant	−10.28 ***	−10.05 ***	−10.03 ***	−10.04 ***	−11.02 ***
	（−23.48）	（−23.10）	（−22.95）	（−22.91）	（−26.91）
行业固定效应	Y	Y	Y	Y	Y
时间固定效应	Y	Y	Y	Y	Y
Observations	6722	6722	6722	6722	6722
R-squared	0.231	0.233	0.230	0.229	0.236

注：括号内为回归系数的 p 值，*、**、*** 分别表示在10%、5%、1%的水平上显著。

由表4.4.7的列（1）可以得到，三重交乘项 $AAC \times Qy$ 的系数为正，且在1%的水平上保持显著，说明创新型城市通过提高企业聚集度这一途径从而促进企业的创新产出，证实了前面的分析。建立生产企业的集群区不仅使企业能够享用基础设施，为企业开展创新活动提供便利条件，还有助于企业之间进行信息共享和技术交流，营造良好的创新氛围。同样地，根据表4.4.7的列（3）和列（4），发现三重交乘项 $AAC \times Fin$ 与 $AAC \times Fdi$ 的系数均在1%的水平上显著为正，意味着创新型城市建设对企业创新的影响途径可以是金融中介机构的贷款支持与引入外商投资。金融服务越完善，企业创新活动的开展越顺利，这也体现了创新型城市建设是为企业创新提供良好的创新土壤的一种方式。此外，随着创新型城市建设的开展，地区的开放水平越来越高，能够吸引大量的外资，为本地企业带来先进的管理理念和创新技术，进而提高企业自主创新能力。但是需要注意的是，从表4.4.7的列

（2）中发现三重交乘项 $AAC \times Fe$ 的系数通过 10% 的显著性水平检验，但是负数，表明创新型城市通过一定的财政支持政策反而会抑制企业的创新活动，换言之，政府的财政支持没有达到应有的目标，反而可能会被企业所利用。安同良等（2009）的研究也指出了当政府与企业之间存在信息不对称时，企业常常发出虚假的"创新类型"信息，从而获取政府的研发补贴，此时用于激励企业创新的财政补贴政策将产生负向激励作用。

专利申请是企业创新的产出，而从创新投入来看，创新型城市的建设也会影响企业的创新投入，因此本研究用企业的研发支出占营业收入比重来表示企业的创新投入，解释变量与其他控制变量同模型（4.4.1），以此考察创新型城市建立对企业创新投入的影响。由于上市企业从 2007 年起才开始公布研发支出数据，故使用 2007～2016 年企业的研发支出数据进行回归检验。回归结果见表 4.4.7 的列（5），解释变量 AAC 的系数在 5% 的水平上显著为正，证明创新型城市的建立同样促进了企业的创新投入。

4.4.6　结论

本部分研究在理论分析的基础上，利用 2006～2016 年东部地区的上市企业数据，采用多期双重差分法和三重差分法实证分析了创新型城市的建设对企业创新的影响及影响机制。研究发现：创新型城市建设能够显著促进企业创新能力，并且经过一系列稳健性检验之后，该结论仍然成立。从影响机制上来看，创新型城市的建设通过增强企业集聚度、提高金融中介机构服务强度与扩大对外开放引进外商投资，进而影响企业的创新活动。

第5章

区域创新政策的经济影响及空间溢出效应

本部分首先研究我国创新产出分布的动态演进过程，并揭示创新政策在各区域的内部影响以及空间溢出效应；其次研究创新政策对各区域经济发展的影响，从全要素生产率角度揭示创新政策的影响及其空间溢出特征；最后对各省份的科技成果转化效率进行研究。

5.1 区域创新政策影响的内部传导及其溢出效应

本研究旨在揭示我国创新产出分布的动态演进过程中，创新政策的区域内部传导效应和空间溢出效应。基于 2001～2015 年我国 31 个省级行政区域的年度创新政策数据，运用多种空间计量分析技术，对其进行检验。研究发现，我国的创新产出表现出空间集聚特征并且呈现明显的空间相关性，且创新政策的空间溢出效应在其中发挥了重要的作用，而创新政策的作用效果因政策而异；考虑不同的权重矩阵以及动态空间面板模型后，结果具有稳健性。这进一步揭示了影响区域创新的主要环境因素，为推进创新型国家建设提供了政策依据。

5.1.1　引言

中国特色社会主义建设进入新时代，经济发展进入创新驱动发展阶段，这不仅是中国经济发展模式的必由之路，也是负责任大国的一种应有态度。为此，国家层面和各地相继出台了各种政策以激励创新发展。例如，创新型省份建设和创新型城市建设等引导激励措施。目前，我国已经有江苏、安徽、陕西等创新型省份以及深圳、北京、广州等创新型城市，意图通过创新型省份（创新型城市）的建设加快创新型国家建设进程。

创新型国家建设是一个动态演进的过程，该过程的推进依靠两个基本激励管理环节，一是创新的政策激励，二是创新的示范带动作用。首先，创新活动的资金需求与供给的不对称性可能导致其投入不够。创新需要有持续大量的资金投入，而创新所带来收益的不确定性又使得其资金来源与数量受到限制。创新收益不确定的原因一方面是研发和创新过程本身存在较高的失败可能性，使得其投资可能无法收回；另一方面是即使研发和创新成功，但由于创新技术与产品所具有的公共品溢出特征，创新者可能无法完全独占创新技术知识的收益。为了缓解这一困境，政府通过相关的激励政策为创新活动提供支持，尤其是那些专门针对新产品开发和科研创新方面的专项补贴更是可以直接降低进行新产品创新的成本和面临的风险，提高新产品创新的回报率，进而激发创新活力与动机。其次，某个区域的典型活动，特别是其先进的行动经验可能很快被其他地区仿效学习，从而产生示范带头作用。这一现象被当作邻里效应（或同群效应）（包括个体行为与群体行为），许多领域关注与研究这一效应（Ahern 和 Duchin，2014；晏艳阳等，2018）。同时，在信息快速流动的当今社会，区域间的相互影响也日益显著，Anselin（1988）指出"几乎所有的数据都具有空间依赖性或空间自相关的特征"。因此，区域之间的空间溢出效应日益受到各领域的关注。

上述两个环节是影响整个区域创新的紧密联系过程，二者之间存在相互影响。但现有文献对于上述两个环节的研究是割裂的，没有将创新政策的内部传导与创新政策的空间溢出效应结合起来进行研究。既然政策是影响创新的重要因素，那么，政策本身的空间溢出效应也将可能影响创新活动进而使创新活动存在溢出效应。特别是在我国中央和各级政府的管理框架下，一方面，中央政府关于创新的纲领性文件会引导各级政府制定相应的政策以激励创新；另一方面，由于我国地域辽阔，各地的内外部条件存在较大差异，其创新政策也不一样，可能存在政策的传递、溢出从而影响相邻地区的创新活动。本研究的目的正是想揭示和验证这一现象。

5.1.2　文献回顾

关于政府政策对于创新的影响引起了学者们长久而持续的关注。Rothwell 和 Zegveld（1981）系统地研究了学者们所涉及的各种政策工具，并将这些政策工具分为供给型政策工具、环境型政策工具和需求型政策工具三大类型，经过实证发现法规、研发补助、政府购买以及科技基础设施建设能够有效促进创新活动。Czarnizki 和 Licht（2006）研究了政府补贴对于公司专利活动的影响，发现了政府补贴的积极作用。Castells（2013）将研究的侧重点放在政府补贴对 R&D 绩效的影响上，发现政府补贴存在显著的正向影响，且随着预期补贴覆盖率增加，R&D 也会相应提高。来自政府的创新激励政策除了政府补贴，学者们的研究还涉及了其他政策工具。Kestenbaum 和 Straight（1995）、Aschhoff 和 Sofka（2009）研究了政府采购与创新绩效之间的关系，发现政府采购能够有效推动企业创新，特别是小公司的创新。Guellec 和 Pottelsberghe（1997）发现除了政府补助，税收激励对企业创新也发挥了积极作用，并且政策越稳定，效果越好。Blind（2012）利用 OECD 国家的数据分析了竞争、价格、产品、环境、专利保护、立法等政策对创新的综合影响，证实了大部分政策的显著作用。Fabrizio 等（2017）在研究技术转移的政策影响因素时，将政策分成需求型政策和供给型政策，发现需求型政策对原产国与目的国间的技术转移产生影响。

Anselin（1988）对于空间计量的方法与模型的研究将"地理"这一因素带入学者们的研究视野，随后许多学者研究发现了多种变量之间都存在地理间的关系。这种地理上的相互影响同样也存在于创新活动中，究其原因，学者们多将其归因于知识外溢与扩散。Feldman 等（1994）、Lim（2003）的研究认为，创新活动越来越依赖能够调动知识创新过程的技术资源、知识以及其他重要的投入要素，创新不再是单个企业活动的结果，更多地取决于特定地点聚集的资源知识和其他投入的能力，也就是说，创新存在地理集聚现象。类似地，Anselin 等（1988）发现大学研究行为与高技术创新之间存在地理溢出效应，Acs 等（2002）则认为在区域创新过程中地理因素起着调节知识外部性的作用。李婧等（2010）、朱平芳等（2016）发现一个地区的创新产出并不是无规律地随机分布，而是依赖与之具有相似空间特征地区的创新产出与创新投入，而这种投入表现出不同的溢出效应。Cappelli 等（2014）、Ning 等（2016）均认为知识溢出在创新中扮演重要角色，知识溢出的存在会增强创新。

从以往的研究中可以发现，关于政策对创新的影响，其研究对象大部分是微观企业，很少有针对区域创新影响因素的研究。而从空间地理角度关于创新的研究，一般都是揭示创新活动的地理集聚性，关于其原因的分析大多认为是知识外溢的结果，更多考虑的是资本、人员等因素的影响，很少有文献考虑政策的外溢性对创新活动的影响并将这种外溢性进行度量。正如上文所述，政策本身的空间溢出效应也将可能影响创新活动进而使得创新活动存在溢出效应。因此，充分考虑政策的外溢性并对其进行评估就成为一项非常重要的研究课题。

与以往的研究相比，本研究的贡献主要体现在：第一，将区域创新与创新政策的内部传导、空间溢出结合起来纳入一个统一的分析框架，进而揭示出创新政策在区域创新中扮演的重要角色，为推进创新型国家建设提供依据；第二，以往研究尚未关注到创新政策所表现出的外溢性，而本研究在考虑这一性质的基础上，同时对这种空间溢出效应进行度量。

基于此，本研究首先观察我国创新的区域分布特征，并观测其动态变化；在此基础上，结合创新政策的区域分布特征，研究政策的溢出效应对创新活动的影响。本研究为我国区域创新的决定因素从中观层面找到一个比较完整的答案，为进一步推动创新活动在全国范围内的展开提供政策驱动依据。

5.1.3　模型设定与变量

5.1.3.1　空间计量模型的建立

根据 Anselin 的研究结论"几乎所有的数据都具有空间依赖性或空间自相关的特征",那么在分析区域创新分布及其动态演进的过程中忽略这种空间相关性可能会导致模型设定的偏误,而采用空间计量模型将能够更加客观地反映真实情况。

在空间计量模型中,空间权重矩阵起着至关重要的作用,它表明一个地区同其他地区的联系。通常空间权重矩阵可以根据空间单元的邻接性或空间距离来确定。然而邻接性并不能很好地反映区域之间的空间关联(并非只有相邻的空间单元才会产生相互影响),因而本研究选择基于空间距离确定的空间权重矩阵。一般来说,基于距离定义的空间权重矩阵具有如下形式。

$$w_{ij} = \begin{cases} \dfrac{1}{d_{ij}}, i \neq j \\ 0, i = j \end{cases} \tag{5.1.1}$$

$$w_{ij} = \begin{cases} 1, d_{ij} \leq d \\ 0, d_{ij} > d \end{cases} \tag{5.1.2}$$

式(5.1.1)中,当 $i \neq j$ 时, i 地区与 j 地区之间的空间权重为两者距离的倒数;当 $i=j$ 时, i 地区与 j 地区之间的空间权重为 0。式(5.1.2)中,当 i 地区与 j 地区之间的距离小于等于某个给定的距离 d 时,空间权重为 1;当 i 地区与 j 地区之间的距离大于给定的距离 d 时,空间权重为 0。

一般来说,根据空间相关性表现位置的不同,空间计量模型主要分为空间自回归模型(SAR)以及空间误差模型(SEM)。空间自回归模型的空间依赖性体现在被解释变量上,其假设区域 i 的被解释变量不仅依赖于本身自变量的影响,同时也可能依赖于其邻居被解释变量的影响。模型如下。

$$Y_{it} = \rho \sum_{j=1}^{n} W_{ij} Y_{jt} + \beta X_{ik} + \mu_{it} \tag{5.1.3}$$

空间误差模型的空间依赖性表现在误差项上,当一个地区发生某种突然的变化，这种影响会以某种形式传递到邻近地区，这种传递具有很长的时间延续性与衰减性。模型如下：

$$Y_{it} = \beta X_{ik} + \mu_{it} \tag{5.1.4}$$

$$\mu_{it} = \rho \sum_{j=1}^{n} W_{ih} \varepsilon_{it} + v_{it} \tag{5.1.5}$$

其中，W 为空间权重矩阵，ρ 为空间自相关系数（或空间误差系数）。

对其采用极大似然估计法进行估计可以得到：

$$\ln L = -\frac{NT}{2} \ln(2\pi \sigma^2) + T \sum_{i=1}^{N} \ln(1 - \rho \omega_i) - \frac{1}{2\sigma^2} \sum_{t=1}^{T} e_t' e_t \tag{5.1.6}$$

其中，$\bar{Y} = (\bar{Y}_1, \cdots, \bar{Y}_N)'$，$\bar{X} = (\bar{X}_1, \cdots, X_N)'$，$\omega_i$ 为空间权重矩阵的第 i 个特征根。

5.1.3.2 空间计量模型的空间溢出效应的计算

由于空间计量模型中变量之间复杂的依赖关系，模型系数并不能被简单地认为是真实的弹性，需要利用 Lesage 和 Fischer（2008）、Elhorst（2014）直接效应与间接效应（空间溢出效应）的分解与估计。其中直接效应测度的是自变量的变化对本区域因变量的影响，间接效应（空间溢出效应）测度的是某一单位自变量的变动对其他空间单元因变量的影响效应。

将空间自回归模型的一般形式转换成如下形式。

$$(I_n - \rho WY) = X\beta + \mu \tag{5.1.7}$$

那么：

$$Y = \sum_{r=1}^{p} S_r(W) X_r + V(W)\mu \tag{5.1.8}$$

其中，

$$S_r(W) = V(W) I_n \beta_r$$
$$V(W) = (I_n - \rho W)^{-1} = I_n + \rho W + \rho^2 W^2 + \rho^3 W^3 + \cdots$$

将式（5.1.8）转化成矩阵可以得到：

$$\begin{pmatrix} Y_1 \\ Y_2 \\ \vdots \\ Y_n \end{pmatrix} = \begin{pmatrix} S_r(W)_{11} & S_r(W)_{12} & \cdots & S_r(W)_{1n} \\ S_r(W)_{21} & S_r(W)_{22} & \cdots & S_r(W)_{2n} \\ \vdots & \vdots & \vdots & \vdots \\ S_r(W)_{n1} & S_r(W)_{n2} & \cdots & S_r(W)_{nn} \end{pmatrix} \begin{pmatrix} X_{1r} \\ X_{2r} \\ \vdots \\ X_{nr} \end{pmatrix} + (1 - \rho W)^{-1} \mu \qquad (5.1.9)$$

其中，$S_r(W)_{ij}$ 为 $S_r(W)$ 的 (i, j) 元素，根据式（5.1.8）可知：

$$\frac{\partial Y_i}{\partial X_{ir}} = S_r(W)_{ii} \qquad (5.1.10)$$

$$\frac{\partial Y_i}{\partial X_{jr}} = S_r(W)_{ij} \qquad (5.1.11)$$

式（5.1.10）、式（5.1.11）分别表示区域 i 的变量 X_{ir} 对区域 i 被解释变量 Y 的直接效应以及区域 j 的变量 X_{jr} 对区域 i 被解释变量 Y 的间接效应，而间接效应可以认为是空间溢出效应。

5.1.3.3　变量的定义与来源

Feldman 等（1994）的研究发现，创新同专利之间具有较高的相关性，达到 0.9344。国内外的众多文献多采用专利作为创新产出的指标，并且得到较好的效果。因而本研究选用各地区专利申请量作为创新产出指标。创新政策变量最终选择各地区 R&D 经费中按资金来源分的政府补助以及金融机构贷款两个指标（Castells，2013；柳卸林和高太山，2014）。

除了上述关注的创新政策变量外，R&D 人员以及地区经济发展水平等因素也会影响区域创新。因而本研究最终选取 R&D 人员全时当量、人均国内生产总值、受教育年限、进口额、出口额作为控制变量，分别代表科技人员投入、地区经济发展水平、劳动者素质以及对外开放程度（Blind，2012；李婧等，2010；Ning et al.，2016；程华和钱芬芬，2013；Katz，2006）。上述指标来源于《中国科技统计年鉴》以及《中国统计年鉴》，研究区间为 2001～2015 年。

其中人均国内生产总值、进口额、出口额均以 2001 年消费价格指数为不变价进行平减处理，同时依据人民币兑换美元的平均汇率将出口额与进口额转换成人民币。政府补助、金融机构贷款按照创新支出的用途，以 2001 年消费价格指数与固定资产投资指数加权的综合指数进行平减处理。根据朱平芳和徐伟民（2003）的研究，加权综合指数中消费价格指数与固定资产投资指数的权重分别为 0.55 和 0.45。受教育年限以各类人口比例为权重乘以对应受教育年限得到。

5.1.4　创新及其政策的区域分布

为了了解我国不同区域的创新分布情况，我们分别按行政隶属和地理区域两个标志，统计研究区间内两个指标的水平。

从表 5.1.1 中可以发现，2001~2015 年专利总量排名前三的省份分别为江苏、广东、浙江，其占比分别达到 19.45%、14.01%、12.17%。排名前五的省份专利总量达到全国的 58.83%。排名后五位的省份分别为内蒙古、宁夏、海南、青海、西藏，专利总量仅占全国的 0.65%。这说明我国的创新产出主要集中在东部地区，而创新产出较低的区域主要集中在我国的西部地区。创新产出在我国呈现明显的极化现象。

表 5.1.1　2001~2015 年专利分布

单位：件，%

省份	专利	百分比	累计百分比	省份	专利	百分比	累计百分比
江　苏	2956365	19.45	19.45	河　北	218128	1.43	92.50
广　东	2129701	14.01	33.46	黑龙江	217810	1.43	93.93
浙　江	1850291	12.17	45.63	广　西	151099	0.99	94.93
山　东	1125358	7.40	53.04	江　西	135344	0.89	95.82
北　京	881287	5.80	58.83	山　西	114121	0.75	96.57
上　海	808869	5.32	64.16	贵　州	101477	0.67	97.24
四　川	566604	3.73	67.88	吉　林	100660	0.66	97.90
安　徽	541830	3.56	71.45	云　南	89655	0.59	98.49
湖　北	424959	2.80	74.24	甘　肃	67753	0.45	98.93
天　津	411984	2.71	76.95	新　疆	62975	0.41	99.35
河　南	389621	2.56	79.52	内蒙古	48368	0.32	99.67
辽　宁	383022	2.52	82.04	宁　夏	21103	0.14	99.81
福　建	380133	2.50	84.54	海　南	17571	0.12	99.92
陕　西	344554	2.27	86.80	青　海	9869	0.06	99.99
重　庆	337114	2.22	89.02	西　藏	2312	0.02	100.00
湖　南	310744	2.04	91.07				

资料来源：根据《中国科技统计年鉴》各年数据计算。

进一步将我国划分为七大区域，分别为华北、东北、华东、华中、华南、西南以及西北，并分别计算出各地区创新产出占全国创新的比重以衡量各地区创新程度[①]。可以发现，华东、华南以及华北地区专利数量分别占全国总量的 51.30%、15.12%、11.01%，这三大区域的贡献程度已经达到 77.43%，其中单独华东地区的贡献程度已经达到 51.30%，远远大于其他地区。而西北地区的贡献程度仅为 3.33%，其中仅陕西省的贡献程度就超过 1%，为 2.27%，其余省份的贡献程度均为 1% 以下。从另一角度说明了我国创新产出的区域分布特征。

对 2001~2015 年创新政策进行类似的分析，按政府补助和金融机构贷款两个指标进行统计，结果如表 5.1.2、表 5.1.3 所示。

从表 5.1.2 可以发现，2001~2015 年政府补助排名前三的省份分别为北京、上海、陕西，其占比分别达到 28.27%、9.31%、7.23%。排名前五的省份政府补助合计占比达到 57.83%，其中北京占比最高，明显大于其他省份。排名后五位的省份分别为新疆、海南、宁夏、青海、西藏，其政府补助水平仅为全国的 1.14%。这表明我国的政府补助主要集中在东部地区，政府补助与创新产出类似，表现出明显的极化现象。

表 5.1.2 2001~2015 年政府补助分布

单位：万元，%

省份	政府补助	百分比	累计百分比	省份	政府补助	百分比	累计百分比
北 京	57401848	28.27	28.27	山 东	6776561	3.34	73.18
上 海	18912610	9.31	37.58	浙 江	6092894	3.00	76.18
陕 西	14688340	7.23	44.82	天 津	5245111	2.58	78.76
四 川	14320133	7.05	51.87	安 徽	5239843	2.58	81.34
江 苏	12099916	5.96	57.83	黑龙江	4752830	2.34	83.68
广 东	9103729	4.48	62.31	河 北	3709026	1.83	85.51
辽 宁	7830204	3.86	66.17	河 南	3658333	1.80	87.31
湖 北	7465144	3.68	69.84	吉 林	3486740	1.72	89.03

---

① 限于篇幅该表并未列出。

省份	政府补助	百分比	累计百分比	省份	政府补助	百分比	累计百分比
湖　南	3317541	1.63	90.66	内蒙古	1213379	0.60	98.37
云　南	2282287	1.12	91.79	贵　州	983280.7	0.48	98.86
福　建	2253528	1.11	92.90	新　疆	971902.8	0.48	99.34
甘　肃	2125760	1.05	93.94	海　南	458829	0.23	99.56
重　庆	2076261	1.02	94.97	宁　夏	379208.9	0.19	99.75
山　西	2026026	1.00	95.96	青　海	342172.6	0.17	99.92
江　西	1935302	0.95	96.92	西　藏	173756.1	0.09	100.00
广　西	1744166	0.86	97.78				

资料来源：根据《中国科技统计年鉴》各年数据并按照 2001 年不变价计算得到。

从表 5.1.3 来看，2001~2015 年金融机构贷款排名前三的省份分别为江苏、北京、广东，其占比分别为 15.65%、12.36%、10.03%，排名前五省份金融机构贷款合计达到全国的 51.99%。而排名后五位的省份分别为新疆、宁夏、青海、海南、西藏，其金融机构贷款仅占全国的 0.83%。这说明金融机构贷款同政府补助类似，表现出明显的极化现象。

表 5.1.3　2001~2015 年金融机构贷款分布

单位：万元，%

省份	金融机构贷款	百分比	累计百分比	省份	金融机构贷款	百分比	累计百分比
江　苏	6133809.8	15.65	15.65	陕　西	1007066.8	2.57	81.71
北　京	4846515.1	12.36	28.01	辽　宁	940835.8	2.40	84.11
广　东	3932550.3	10.03	38.04	湖　南	827633.0	2.11	86.22
浙　江	2788727.2	7.11	45.16	重　庆	734279.9	1.87	88.09
山　东	2679215.6	6.83	51.99	黑龙江	698943.7	1.78	89.87
上　海	2447715.7	6.24	58.24	河　北	662072.1	1.69	91.56
安　徽	1828259.3	4.66	62.90	广　西	503851.8	1.29	92.85
四　川	1665191.0	4.25	67.15	山　西	495470.7	1.26	94.11
天　津	1302334.5	3.32	70.47	吉　林	488553	1.25	95.36
福　建	1279355.6	3.26	73.73	云　南	401795.5	1.02	96.38
湖　北	1063875.0	2.71	76.45	江　西	379215.9	0.97	97.35
河　南	1055477.1	2.69	79.14	贵　州	262225.6	0.67	98.02

省份	金融机构贷款	百分比	累计百分比	省份	金融机构贷款	百分比	累计百分比
内蒙古	258425.1	0.66	98.68	青　海	68224.15	0.17	99.92
甘　肃	194171.8	0.50	99.17	海　南	30020.85	0.08	100.00
新　疆	135383.6	0.35	99.52	西　藏	3242.93	0.01	100.00
宁　夏	88672.27	0.23	99.74				

资料来源：根据《中国科技统计年鉴》各年数据并按照 2001 年不变价计算得到。

5.1.5　创新政策影响及其空间溢出效果分析

通过上述对我国创新产出以及创新政策分布的数据分析可以得知，它们表现出明显的极化以及集聚现象，因而考虑区域之间的相互作用对其进行分析是很有必要的。

5.1.5.1　空间相关性检验

在对专利数据进行空间计量分析前，首先需要对其进行空间相关性分析。分别以各省会城市之间的地理距离[①]（d）的倒数构造形为式（5.1.1）的空间权重矩阵，再分别将地理距离取值为 500~2000km 构造形如式（5.1.2）的空间权重矩阵，在此基础上计算 Moran 指数。Moran 指数具有如下形式。

$$Moran's\ I = \frac{\sum\limits_{i=1}^{n}\sum\limits_{j=1}^{n}w_{ij}(y_i-\bar{y})(y_j-\bar{y})}{S^2\sum\limits_{i=1}^{n}\sum\limits_{j=1}^{n}w_{ij}} \tag{5.1.12}$$

其中，w_{ij} 为空间权重矩阵，y_i 为第 i 个地区的观测值，$\bar{y}=\dfrac{1}{n}\sum\limits_{i=1}^{n}y_i$，

$S^2=\dfrac{1}{n}\sum\limits_{i=1}^{n}(y_i-\bar{y})^2$，$I$ 的取值范围是 $[-1,1]$，$I>0$ 代表具有空间正相关

[①]　设 A、B 两点的经纬度分别为（$Lona$，$Lata$）、（$Lonb$，$Latb$），那么它们之间的地理距离可以表示为：

$$d=2R\times\arcsin\sqrt{\sin^2\left[\left(\frac{Latb-Lata}{2}\right)\times\frac{\pi}{180}\right]+\cos\left(Latb\times\frac{\pi}{180}\right)\times\cos\left(Lata\times\frac{\pi}{180}\right)\times\sin^2\left[\left(\frac{Lonb-Lona}{2}\right)\times\frac{\pi}{180}\right]},$$

其中 $R=6378.13$km。

性，$I<0$ 代表具有空间负相关性。所得结果如表 5.1.4 和图 5.1.1 所示。

表 5.1.4　专利的空间相关性

年份	dw	500 公里	800 公里	1000 公里	1500 公里	2000 公里
2001	0.063 (0.003)	0.506 (0.001)	0.280 (0.000)	0.159 (0.005)	0.017 (0.279)	−0.029 (0.868)
2002	0.058 (0.003)	0.449 (0.001)	0.233 (0.003)	0.116 (0.023)	0.048 (0.070)	−0.005 (0.247)
2003	0.072 (0.002)	0.408 (0.006)	0.197 (0.012)	0.131 (0.019)	0.066 (0.038)	−0.022 (0.670)
2004	0.059 (0.004)	0.291 (0.034)	0.196 (0.009)	0.151 (0.006)	0.055 (0.054)	−0.039 (0.816)
2005	0.067 (0.002)	0.355 (0.014)	0.185 (0.016)	0.134 (0.015)	0.046 (0.091)	−0.026 (0.773)
2006	0.063 (0.004)	0.357 (0.015)	0.195 (0.013)	0.130 (0.020)	0.046 (0.099)	−0.018 (0.550)
2007	0.087 (0.000)	0.394 (0.008)	0.217 (0.007)	0.130 (0.021)	0.038 (0.139)	−0.010 (0.378)
2008	0.062 (0.004)	0.301 (0.038)	0.144 (0.056)	0.093 (0.074)	−0.043 (0.840)	−0.072 (0.141)
2009	0.098 (0.000)	0.358 (0.014)	0.123 (0.088)	0.077 (0.117)	0.041 (0.118)	−0.024 (0.725)
2010	0.120 (0.000)	0.446 (0.003)	0.123 (0.092)	0.047 (0.259)	0.021 (0.265)	−0.030 (0.911)
2011	0.086 (0.000)	0.398 (0.006)	0.072 (0.245)	−0.009 (0.721)	−0.004 (0.535)	−0.033 (0.996)
2012	0.085 (0.000)	0.358 (0.012)	0.054 (0.330)	0.006 (0.561)	−0.022 (0.813)	−0.054 (0.425)
2013	0.058 (0.006)	0.306 (0.035)	0.003 (0.697)	−0.022 (0.974)	−0.017 (0.740)	−0.057 (0.365)
2014	0.062 (0.005)	0.423 (0.005)	0.095 (0.170)	0.067 (0.161)	−0.022 (0.810)	−0.075 (0.119)
2015	0.041 (0.026)	0.314 (0.029)	0.049 (0.367)	0.075 (0.122)	−0.007 (0.583)	−0.055 (0.405)

注：表中距离 d 的单位为公里，（ ）内为 p 值。

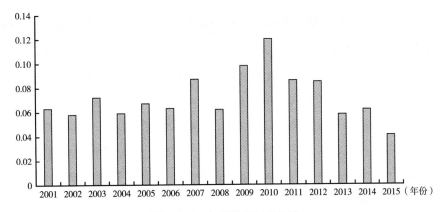

图 5.1.1 专利的空间相关性

从表 5.1.4 和图 5.1.1 可以看到，创新产出存在较强的空间相关性，并且该种空间相关性随时间波动变化，同时随着两地间距离的增加，这种相关性逐渐减少，当距离超过 2000km 时，空间相关性不再显著。在下文的分析中，我们选择按式（5.1.1）所构造的空间权重矩阵进行研究，从而避免主观选择给定距离 d 所带来的偏差。

5.1.5.2 空间面板计量模型分析

根据 Griliches-Jaffe 提出的知识生产函数并在其中考虑政策因素建立模型。依据 Anselin 等（1997）空间依赖性的检验方法，通过比较拉格朗日乘数 LM-sar 与 LM-err 及其稳健形式 Robust LM-sar 与 Robust LM-err 的显著性来选择模型。其原则为，若 LM-sar 比 LM-err 更显著，且 RobustLM-sar 显著而 Robust LM-err 不显著，则应选择空间自回归模型，相反则应选择空间误差模型。依据该原则以及 Hausman 检验（1984），本研究最终选定固定效应空间自回归模型。为此我们构建空间自回归模型如式（5.1.13）所示：

$$\ln Pwp_{it} = \rho \sum_{j=1}^{n} w_{ij} \ln Pup_{jt} + \beta_1 \ln Gov_{it} + \beta_2 \ln Fin_{it} + \sum_k \delta_k x_{kit} + \mu_{it} \quad (5.1.13)$$

为了消除规模的影响以及地区的异质性，本部分的创新产出以各个地区平均每 1000R&D 全时人员专利数量衡量（Lim，2003；Carlino et al.，

2007）。式（5.1.13）中 ρ 表示空间自相关系数，$\sum\limits_{j=1}^{n} w_{ij}$ 表示基于地理距离的行标准化空间权重矩阵。Pwp_{it} 表示 i 地区 t 期的创新产出，Gov，Fin 分别表示 i 地区 t 期政府补助以及金融机构贷款，β 为相应变量的系数。x 为一系列控制变量，包含区域经济发展水平（Gdp），用地区人均国内生产总值的对数值来表示；区域对外开放程度（Exp、Imp），用区域出口总额、进口总额的对数来表示；地区科技人力投入（Peo），用地区 R&D 全时人员当量对数来表示；区域劳动者素质（$Eduyear$），用地区平均受教育年限来表示，δ 为相应控制变量的系数。μ 为随机误差项。

表 5.1.5　空间自回归模型

变量	Pwp			
	Nonf	Tf	Sf	Stf
Intercept	−1. 341 ***			
	（0. 000）			
Gov	0. 055	0. 135 ***	0. 235 ***	0. 294 ***
	（0. 104）	（0. 000）	（0. 001）	（0. 001）
Fin	−0. 002	0. 043 *	−0. 069 ***	−0. 059 ***
	（0. 945）	（0. 088）	（0. 001）	（0. 004）
Gdp	−0. 027	−0. 220 ***	0. 613 ***	0. 496 ***
	（0. 582）	（0. 000）	（0. 000）	（0. 000）
Exp	0. 243 ***	0. 315 ***	0. 082 *	0. 143 ***
	（0. 000）	（0. 000）	（0. 064）	（0. 002）
Imp	0. 030	0. 049	−0. 095 **	−0. 070
	（0. 390）	（0. 171）	（0. 036）	（0. 144）
Peo	−0. 231 ***	−0. 412 ***	−0. 786 ***	−0. 875 ***
	（0. 000）	（0. 000）	（0. 000）	（0. 000）
Eduyear	0. 038	0. 037	0. 388 ***	0. 362 ***
	（0. 205）	（0. 226）	（0. 000）	（0. 000）
ρ	0. 787 ***	0. 283 ***	0. 520 ***	0. 233 **
	（0. 000）	（0. 008）	（0. 000）	（0. 043）
R-squared	0. 38	0. 46	0. 74	0. 38
Log-L	−232. 12	−205. 74	−42. 68	−22. 31

注：* 表示显著性概率 $\leqslant 0.1$，** 表示显著性概率 $\leqslant 0.05$，*** 表示显著性概率 $\leqslant 0.01$，（）内数值为 p 值。下同。

根据固定效应模型对地区以及时间效应的控制，可以将模型分为四类：无固定效应（*Nonf*）、时间固定效应（*Tf*）、地区固定效应（*Sf*）、时间地区固定效应（*Stf*）。根据表 5.1.5 拟合优度与对数似然值，本研究选择地区固定效应情形下的估计结果进行讨论。从表 5.1.5 中可以看到，空间自回归系数为 0.52，并且在 1% 的水平上显著，这表明我国的创新产出确实存在空间溢出效应，一个地区的创新会对另一地区的创新产生影响。

基于前述分析，由于空间计量模型中的系数并不能直接体现出自变量对因变量的影响，需要对创新政策以及其他变量的估计进行直接效应与间接效应（空间溢出效应）的分解，进一步计算创新政策的空间溢出效应以验证其在创新活动中的角色。所得结果如表 5.1.6 所示。

表 5.1.6　直接效应与间接效应（空间溢出效应）

变量	直接效应	间接效应/空间溢出效应	总体效应
Gov	0.239 ***	0.250 ***	0.489 ***
	(0.002)	(0.008)	(0.002)
Fin	-0.071 ***	-0.076 **	-0.147 ***
	(0.002)	(0.024)	(0.006)
Gdp	0.630 ***	0.665 ***	1.295 ***
	(0.000)	(0.001)	(0.000)
Exp	0.084 *	0.090	0.174 *
	(0.077)	(0.126)	(0.091)
Imp	-0.098 **	-0.106 *	-0.203 *
	(0.045)	(0.094)	(0.059)
Peo	-0.807 ***	-0.862 ***	-1.669 ***
	(0.000)	(0.001)	(0.000)
Eduyear	0.397 ***	0.421 ***	0.818 ***
	(0.000)	(0.001)	(0.000)

从空间自回归模型的效应分解来看，政府补助以及金融机构贷款的直接效应和空间溢出效应均显著为正，表明政府补助以及金融机构不仅具有显著的直接效应，其所引致的空间溢出效应对区域创新活动具有显著的促进

作用。

　　从直接效应来看，政府补助以及金融机构贷款均通过 1% 的显著性水平的检验，政府补助对专利产出具有显著的正向影响，而金融机构贷款对专利产出具有显著的负向影响。从影响幅度来看，政府补助的作用大于金融机构贷款的作用，这与 Guellec 和 Pottelsberghe（1997）的研究一致。关于金融机构贷款对创新的负向影响这一结论，其原因在于政府公共研发投资与金融机构贷款的特性不同，后者通常带有营利性的目的，因此金融机构对贷款对象进行选择时会更愿意选择投资周期短以及具有高偿债抵押能力的企业，而创新企业通常收益上具有不确定性以及较长的研究周期，同时创新资产大多数是无形的，没有满足金融机构要求的合适抵押品，再加上金融机构对贷款审批的严格控制，可能使创新企业错失市场机会。这些原因使得具有较强创新能力但是偿债能力较弱的企业难以从金融机构获得贷款支持，这便降低了金融机构贷款的使用效力（白俊红和蒋伏心，2015；杜跃平等，2016）。控制变量中地区经济发展水平、出口以及劳动者素质对专利产出具有显著的正向影响，而进口与科技人员投入对专利产出具有负向的作用。进口与出口系数的符号表明，国外的竞争者会对国内的创新者造成较大的竞争压力，而国外的潜在市场以及经济的对外开放程度对创新具有促进作用（Blind，2012）。科技人员投入系数为负，说明专利产出并没有随着科技人员投入的数量而按比例增长，人员投入的效率不高。

　　从空间溢出效应来看，政府补助以及金融机构贷款同样通过了显著性检验，系数分别为 0.25、-0.08，表明创新政策对邻近地区的创新能够产生显著的空间溢出效应。这说明了政策所带来的空间溢出效应对创新的重要贡献，改变本地区的政府补助、金融机构贷款，将对邻近地区的创新产出产生重要影响。伴随着近年来国家提出的长江经济带、中部崛起、区域经济一体化等战略的实施，区域间的合作交流日益频繁，创新政策的空间外溢性也在日益明显，它们将对创新产出具有重要的影响。从控制变量的间接效应来看，区域创新的关键特征对周边地区也产生明显的溢出效应，一个地区某些变量的改变会相应地改变邻近区域的创新，其中地区经济发展水平对邻近地区的创新产出的间接效应显著为正，说明地区经济发展能够有效带动邻近地区创新发展。一般来说，地区经济发展一般伴随着生产要素的流动、产业集聚等，因而可以通过经济要素、技术资源和基础设施体系等要素对邻近地区的创新产出产生影响。科技人员投入对邻近地区创新产出的间接效应显著。这是由于创新人才具有较强的流动性，当一个地区实施更优惠的政策便可以吸引更多的人才流入。类似的劳动者素质以及对外开放程度均表现出明显的空间溢出效应。

5.1.6　稳健性分析

5.1.6.1　资本存量模型

由于政府补助并不是只在补助当年发挥作用，它可能在相当长的一段时间内对专利产出产生影响，因而引入存量的概念，以此来刻画政策变量对专利产出的累积影响。对金融机构贷款常采用相同的分析方式。

参考吴延兵（2006）、朱平芳等（2016）的计算方法可以得到政策变量的资本存量数据。计算方法为：

$$Kgov_{it} = (1 - \delta)Kgov_{i,t-1} + Gov_{it} \tag{5.1.14}$$

$$Kgov_{i,2001} = \frac{Gov_{i,2001}}{g_i + \delta} \tag{5.1.15}$$

其中，$Kgov_{it}$ 是 i 地区第 t 年的政府补助存量，Gov_{it} 是 i 地区第 t 年的政府补助额，$Kgov_{i,2001}$ 是 i 地区基年的政府补助存量，δ 为折旧率，g_i 为 2001～2015 年政府补助的增长率。根据周亚虹等（2012）的研究表明，折旧率对研究结果的影响不大。在总结学者研究经验的基础上，本研究中选取的折旧率为 15%。同样对金融机构贷款采用相似的方法进行计算。

表 5.1.7　资本存量模型

变量	Pwp	变量	Pwp
$Kgov$	0.430 *** （0.000）	Peo	-0.819 *** （0.000）

变量	Pwp	变量	Pwp
Kfin	−0.114 *** (0.000)	eduyear	0.369 *** (0.000)
Gdp	0.584 *** (0.000)	ρ	0.484 *** (0.000)
Exp	0.062 (0.156)	R-squared	0.75
Imp	−0.094 ** (0.036)	Log-L	−33.97

表 5.1.8 直接效应与间接效应（空间溢出效应）

变量	直接效应	间接效应/空间溢出效应	总体效应
Kgov	0.441 *** (0.000)	0.408 *** (0.006)	0.848 *** (0.000)
Kfin	−0.118 *** (0.000)	−0.111 *** (0.010)	−0.229 *** (0.000)
Gdp	0.596 *** (0.000)	0.549 *** (0.001)	1.145 *** (0.000)
Exp	0.064 (0.162)	0.060 (0.216)	0.124 (0.178)
Imp	−0.098 ** (0.035)	−0.092 * (0.084)	−0.190 ** (0.047)
Peo	−0.832 *** (0.000)	−0.778 *** (0.003)	−1.610 *** (0.000)
Eduyear	0.376 *** (0.000)	0.349 *** (0.003)	0.725 *** (0.000)

从表 5.1.8 来看，在采用存量的概念后，政府补助与金融机构贷款的空间溢出效果有所增强，分别为 0.41、−0.11，但并未改变变量的显著性与作用方向，变量的分析结果与之前的分析结果类似，政府补助以及金融机构贷款的空间溢出效应会明显地影响区域创新。

5.1.6.2　滞后变量模型

由于政策的滞后性以及内生性的影响，我们将当期以及滞后一期的政府补助与金融机构贷款分别引入模型，对其建立空间自回归模型，以此研究政策变量对创新产出的影响。

如表 5.1.9 所示，将当期以及滞后一期的政策变量引入模型中，空间自回归系数在 1% 的显著性水平上仍然显著，各个变量的系数与上述解释大致相同。通过表 5.1.10 发现政府补助以及金融机构贷款具有明显的空间溢出，其引致的空间溢出效应对区域创新具有显著的影响。

表 5.1.9　滞后变量模型

变量	Pwp			
	（1）	（2）	（3）	（4）
L1. *Gov*	0.118	0.184 ***	0.093	
	（0.113）	（0.006）	（0.214）	
L1. *Fin*	−0.0003	−0.035 *		0.007
	（0.988）	（0.090）		（0.766）
Gov	0.176 **		0.152 *	
	（0.029）		（0.062）	
Fin	−0.069 ***			−0.058 **
	（0.005）			（0.018）
Gdp	0.632 ***	0.648 ***	0.665 ***	0.667 ***
	（0.000）	（0.000）	（0.000）	（0.000）
Exp	0.074	0.085 *	0.060	0.115 **
	（0.112）	（0.061）	（0.202）	（0.011）
Imp	−0.099 **	−0.098 **	−0.097 **	−0.096 **
	（0.033）	（0.037）	（0.039）	（0.042）
Peo	−0.793 ***	−0.799 ***	−0.795 ***	−0.769 ***
	（0.000）	（0.000）	（0.000）	（0.000）
Eduyear	0.394 ***	0.394 ***	0.402 ***	0.397 ***
	（0.000）	（0.000）	（0.000）	（0.000）
ρ	0.499 ***	0.528 ***	0.484 ***	0.552 ***
	（0.000）	（0.000）	（0.000）	（0.000）
R-squared	0.74	0.73	0.73	0.73
Log-L	−29.05	−35.23	−34.93	−36.36

表 5.1.10　直接效应与间接效应（空间溢出效应）

变量	（1）	（2）	（3）	（4）	（5）	（6）	（7）	（8）
L1. *Gov*	0.121	0.117	0.191 **	0.201 **	0.092	0.087		
	(0.116)	(0.157)	(0.011)	(0.026)	(0.222)	(0.254)		
L1. *Fin*	−0.001	−0.001	−0.035	−0.038			0.009	0.012
	(0.966)	(0.975)	(0.106)	(0.156)			(0.733)	(0.721)
Gov	0.179 **	0.170 *			0.156 *	0.144		
	(0.033)	(0.054)			(0.082)	(0.101)		
Fin	−0.070 ***	−0.069 **					−0.060 **	−0.073 *
	(0.007)	(0.042)				(0.026)	(0.077)	
Gdp	0.647 ***	0.626 ***	0.667 ***	0.712 ***	0.681 ***	0.644 ***	0.692 ***	0.830 ***
	(0.000)	(0.001)	(0.000)	(0.001)	(0.000)	(0.001)	(0.000)	(0.001)
Exp	0.076	0.074	0.088 *	0.096	0.062	0.060	0.117 **	0.142 **
	(0.114)	(0.160)	(0.069)	(0.124)	(0.214)	(0.255)	(0.017)	(0.047)
Imp	−0.098 **	−0.097	−0.101 **	−0.111	−0.103 **	−0.099 *	−0.098 *	−0.120 *
	(0.049)	(0.103)	(0.049)	(0.112)	(0.037)	(0.089)	(0.055)	(0.100)
Peo	−0.810 ***	−0.794 ***	−0.821 ***	−0.887 ***	−0.815 ***	−0.780 ***	−0.798 ***	−0.970 ***
	(0.000)	(0.002)	(0.000)	(0.002)	(0.000)	(0.002)	(0.000)	(0.002)
Eduyear	0.400 ***	0.388 ***	0.408 ***	0.436 ***	0.408 ***	0.387 ***	0.410 ***	0.492 ***
	(0.000)	(0.002)	(0.000)	(0.002)	(0.000)	(0.002)	(0.000)	(0.001)

注：（1）、（3）、（5）、（7）列分别代表直接效应，（2）、（4）、（6）、（8）列分别代表间接效应（空间溢出效应）。

5.1.6.3　不同空间权重矩阵

为了避免空间权重矩阵设定的主观性引发的质疑，以及影响强度衰减速度的不同，再基于地理距离倒数 3 次方、2 次方以及空间单元的经济距离（林光平等，2005）分别建立权重矩阵，对前文结果进行进一步的验证（见表 5.1.11、表 5.1.12）。

表 5.1.11　不同权重矩阵模型估计

变量	距离倒数 3 次方	距离倒数 2 次方	经济距离矩阵
Gov	0.310 *** (0.000)	0.284 *** (0.000)	0.221 *** (0.001)
Fin	−0.066 *** (0.001)	−0.066 *** (0.001)	−0.071 *** (0.000)
Gdp	0.681 *** (0.000)	0.637 *** (0.000)	0.671 *** (0.000)
Exp	0.051 (0.258)	0.059 (0.183)	0.102 ** (0.020)
Imp	−0.072 (0.110)	−0.077 * (0.086)	−0.082 * (0.067)
Peo	−0.736 *** (0.000)	−0.757 *** (0.000)	−0.794 *** (0.000)
Eduyear	0.433 *** (0.000)	0.410 *** (0.000)	0.364 *** (0.000)
ρ	0.286 *** (0.000)	0.397 *** (0.000)	0.478 *** (0.000)
R-squared	0.74	0.74	0.75
Log-L	−45.19	−43.21	−41.12

表 5.1.12　直接效应与间接效应（空间溢出效应）

变量	（1）	（2）	（3）	（4）	（5）	（6）
Gov	0.321 *** (0.000)	0.117 *** (0.001)	0.289 *** (0.000)	0.179 *** (0.003)	0.229 *** (0.002)	0.206 *** (0.009)
Fin	−0.067 *** (0.003)	−0.024 ** (0.011)	−0.069 *** (0.002)	−0.043 ** (0.016)	−0.072 *** (0.001)	−0.067 ** (0.019)
Gdp	0.699 *** (0.000)	0.254 *** (0.000)	0.657 *** (0.000)	0.406 *** (0.000)	0.680 *** (0.000)	0.621 *** (0.001)
Exp	0.052 (0.276)	0.019 (0.295)	0.063 (0.181)	0.039 (0.209)	0.102 ** (0.030)	0.094 * (0.066)
Imp	−0.074 (0.114)	−0.027 (0.136)	−0.080 (0.088)	−0.050 (0.130)	−0.083 * (0.074)	−0.077 (0.128)
Peo	−0.757 *** (0.000)	−0.277 *** (0.000)	−0.781 *** (0.000)	−0.488 *** (0.000)	−0.809 *** (0.000)	−0.746 *** (0.002)
Eduyear	0.445 *** (0.000)	0.163 *** (0.000)	0.423 *** (0.000)	0.263 *** (0.000)	0.371 *** (0.000)	0.337 *** (0.001)

注：（1）、（3）、（5）列分别代表直接效应，（2）、（4）、（6）列分别代表间接效应（空间溢出效应）。

从表 5.1.11 可以发现,空间自回归系数通过了 1% 的显著性水平的检验,并且模型的主要变量仍然保持着显著性与相同的作用方向。表 5.1.12 表明在不同的空间权重矩阵下,政府补助的空间溢出效应分别为 0.117、0.179、0.206,而金融机构贷款的空间溢出效应分别为 -0.024、-0.043、-0.067,均表现出明显的显著性,这仍然证明了政府补助以及金融机构贷款存在明显的外溢性,并且会对区域创新发挥显著的影响作用。

5.1.6.4 拓展模型

为了进一步揭示区域创新以及创新政策之间的动态依赖关系,同时对上述数据建立动态空间面板模型。

$$Pwp_{it} = \alpha + \tau Pwp_{it-1} + \varphi \sum_{j=1}^{n} w_{ij} Pwp_{jt-1} + \rho \sum_{j=1}^{n} w_{ij} Pwp_{jt} + \beta_1 Gov_{it} + \beta_2 Fin_{it}$$
$$+ \sum_k \delta_k x_{kit} + \gamma_1 \sum_{j=1}^{n} w_{ij} Gov_{it} + \gamma_2 \sum_{j=1}^{n} w_{ij} Fin_{it} + \sum_k \theta_k \sum_{j=1}^{n} w_{ij} x_{kit} + \mu_{it}$$

$$(5.1.16)$$

其中,Pwp_{it-1} 表示滞后一期的被解释变量。

表 5.1.13 动态空间面板模型

变量	Pwp	变量	Pwp
L1. Pwp	0.709 ***	Imp	0.004
	(0.000)		(0.900)
WL1. Pwp	-0.102	Peo	-0.430 ***
	(0.378)		(0.000)
Gov	0.166 ***	$Eduyear$	0.083 *
	(0.001)		(0.055)
Fin	-0.054 ***	ρ	0.424 ***
	(0.000)		(0.000)
Gdp	0.240 ***	R-squared	0.87
	(0.001)		
Exp	-0.021	Log-L	118.13
	(0.519)		

表 5.1.14　直接效应与间接效应（空间溢出效应）

变量	直接效应	间接效应/空间溢出效应	总效应
Gov	0.170 ***	0.128 **	0.299 ***
	（0.000）	（0.038）	（0.002）
Fin	−0.055 ***	−0.042 **	−0.097 ***
	（0.000）	（0.046）	（0.002）
Gdp	0.247 ***	0.184 **	0.431 ***
	（0.001）	（0.039）	（0.002）
Exp	−0.021	−0.015	−0.037
	（0.507）	（0.558）	（0.520）
Imp	0.005	0.004	0.009
	（0.880）	（0.886）	（0.871）
Peo	−0.440 ***	−0.336 **	−0.776 ***
	（0.000）	（0.021）	（0.000）
Eduyear	0.084 **	0.062	0.146 **
	（0.042）	（0.110）	（0.048）

从表 5.1.13 和表 5.1.14 来看，上一期的专利产出会对本期产生显著的正向影响，表明创新存在累积效应，而空间自回归系数为 0.42，并且在 1% 的水平上显著，我们仍然可以得到创新存在明显的空间溢出效应。同样可以发现创新政策在政府补助和金融机构贷款上的空间溢出效应分别为 0.13 和 −0.04，并表现出明显的显著性，说明创新政策的外溢性同样在区域创新中扮演着重要的角色。

通过上述稳健性分析均能得到创新政策的空间溢出效应在区域创新中发挥重要作用的结论。

5.1.7　结论

本研究利用 2001~2015 年中国 31 个省级行政区创新产出与创新政策等数据，利用空间计量方法分析在我国区域创新分布及其动态演进过程中，创新政策在其中的内部传导效应以及空间溢出效果。研究表明：我国各省份的区域创新活动存在集聚现象并且表现出显著的空间相关性。Moran 指数以及空间计量模型的空间相关系数显著为正，说明地区间的创新活动并不是随机独立存在的，还会受到其他地区创新活动的影响，与周边地区的联系将有利于本地区创新活动的增加。鉴于金融机构贷款营利性的性质，金融机构贷款的使用效力降低了，政府补助的影响大于金融机构贷款的影响。伴随着创新政策直接效应的显著作用，创新政策的空间溢出效应也有助于推动其他地区创新活动的发展，这种外溢性在区域创新中扮演着重要的角色。

5.2　创新政策对全要素生产率的影响及空间溢出效应 *

本研究旨在揭示创新政策对区域经济发展的影响。通过对中国 30 个省级行政区域 2001～2017 年创新政策对全要素生产率的影响及其空间溢出效应的研究发现，区域创新政策显著地影响全要素生产率水平，并且这种影响主要通过劳动扭曲而形成。从政策工具异质性的角度来看，政府资金对全要素生产率的提升作用最大。从空间溢出效应角度的分析表明，创新政策对全要素生产率的影响具有显著的空间溢出效应，一个地区的创新政策不仅会直接影响本地区的全要素生产率，而且这种影响会辐射到相邻地区，产生正向溢出效应。本研究结论肯定了区域创新政策对于区域经济发展的激励引导作用以及对其他地区所产生的标杆和示范作用。

5.2.1　引言

党的十九大报告宣告中国社会主义建设进入新时代，指出我国经济已由高速增长阶段转向高质量发展阶段，正处在转变发展方式、优化经济结构、转换增长动力的攻关期。而对于经济发展方式的转变，报告中则明确指出要用创新驱动经济发展。在这一背景下，中央及各地政府纷纷推出了创新发展战略，在科技方面投入巨大的财力物力，通过科技创新发展经济，从而带动全局生产率的增长。具体举措包括创新型省份建设、创新型城市建设等，通

---

*　本部分主要内容已发表于《科学学研究》2020 年第 10 期。

过技术扶持与政策鼓励在全国范围内形成经济带的布局。而试点建设的一个重要意义在于总结经验、形成示范，对其他地区产生正向溢出效应。因此，全面评价创新发展政策措施的实施效果，不仅需要考察这些政策对本区域经济发展的影响及其作用路径，而且还要对其空间溢出效果进行评估，从而优化创新资源的配置，实现国家经济高质量发展的目标。

关于经济高质量发展的判断，可以有多个角度的评价与衡量，其中一个最为综合的指标就是全要素生产率。长期以来，学者们围绕全要素生产率进行了一些十分有益的研究工作。但综观已有研究发现，还存在如下几个方面的研究局限。其一，关于政策对全要素生产率的影响研究，目前大多集中在某些单一的政策措施方面。对于一些综合措施，如区域的创新政策对全要素生产率的影响方面则缺乏研究。其二，对于政策对全要素生产率产生影响的机制还缺乏深入的探究，不同政策的影响机理还不清晰。而关于这一问题的认识，对优化政策手段、更好地服务创新战略目标是不可或缺的。其三，对于典型地区与其他地区由创新驱动经济发展的关系还缺乏研究，对于大国经济如何取得均衡发展还缺乏足够的认识。因此，本研究选择全要素生产率作为衡量区域经济发展的综合指标，全面考察创新政策对全要素生产率的影响。首先探讨区域创新政策对全要素生产率的直接影响。基于创新政策工具的异质性，重点选取政府资金、金融机构贷款、科技成果转化以及知识产权保护等政策指标工具并对此进行量化分析，从而分别得到不同政策的实施效果并进行比较分析。在此基础上，进一步分析创新政策通过何种传导路径影响全要素生产率。最后通过空间计量分析技术检验创新政策对全要素生产率的影响是否存在空间溢出效应。

5.2.2　文献回顾、影响机制与研究假定

5.2.2.1　文献回顾

一个国家的区域经济发展是否协调，并不单纯依靠自然禀赋、市场及自身经济的增长绩效，区域政策、制度往往可以对其产生深层次的影响。而政策的实施效果失败的案例并不意味着对政策的彻底否定，政策的成功与否在

各个国家以及地区会存在差异，它受制于各国的经济发展阶段、地方政府任务目标、制度环境、政策工具、政府能力、地区经济发展水平以及市场化程度等（韩永辉等，2017；孙早和席建成，2015；Nunn 和 Trefler，2010）。国内外针对全要素生产率的研究视角大致可以分为制度环境和政府行为角度、创新基础设施角度、创新模式角度等（张杰等，2011；Furman 等，2002；Sawada，2010）。制度创新引致的制度变迁能够优化创新系统结构以及资源配置，从而提高要素的产出效率，实现内涵式的集约化增长（郭国峰等，2007）。而影响全要素生产率的制度环境可以分为市场制度、政府支持制度和创新合作制度等（余泳泽和张先轸，2015），其中政府支持政策是影响全要素生产率水平的重要因素。关于政策对全要素生产率的影响有两种不同的观点，一种观点认为，政策促进了全要素生产率的提升。Harris 和 Trainor（2005）以及 Skuras 等（2006）发现，政府补贴能够显著提高受助企业的全要素生产率水平。还有一种观点认为，政策不能促进全要素生产率的提高。Lee（1996）发现政府干预与全要素生产率提升不具有相关性。Obeng 和 Sakano（2000）发现政府政策导致全要素生产率水平显著降低。朱沛华和李军林（2019）发现财政扩张对全要素生产率产生显著的负面影响。

从已有的文献来看，目前学界大多从财政政策、产业政策等对全要素生产率的影响角度进行研究，鲜有研究关注创新政策对全要素生产率的作用。由于创新技术与产品所具有的公共品溢出特征，创新者可能无法完全独占创新技术知识的收益。而 R&D 产出品的利益外溢问题，将会使私人部门生产这类产品没有足够的利益刺激，对整个社会来说将产生福利损失。为了弥补这一"市场失灵"的存在，世界上主要国家无不出台鼓励创新创业的政府政策，不遗余力地支持本国开展创新创业活动。那么这种创新政策是否与一般的政府政策对全要素生产率的影响存在不同？创新政策作用于全要素生产率的机制又是什么？并且，鉴于张国兴等（2017）发现地理空间单元之间通过无意识的知识交流而获得智力成果进而能够影响区域经济增长。那么创新政策是否还会由于地区间的相互作用而对其他地区的全要素生产率产生影响？因此，与以往研究不同，本研究的贡献在于从创新政策的角度分析其对全要素生产率的影响，并在此基础上探究创新政策通过何种传导路径对全要素生产率产生影响，同时考虑创新政策在区域间的相互作用效果，并将这种溢出效应进行度量。这将会丰富创新政策对全要素生产率影响领域的相关研究。

5.2.2.2　影响机制与研究假设

我国正处于经济转型的过程中，市场化进程已经取得了较大的进展，但是由于各地区资源禀赋、地方政策的不同，市场化程度还存在明显的地域差异（樊纲等，2011）。市场化改革面临的一个最大的问题就是要素市场的市场化进程严重滞后于产品市场的市场化进程。已有研究发现资源配置不当会降低全要素生产率（盖庆恩等，2015），如果能够有效改善企业在要素市场面临的扭曲，改善要素配置效率，将会提高全要素生产率（龚关和胡关亮，2013），进而促进经济增长。

由于在生产过程中，资本与劳动是两种比较重要的投入要素，因而本研究将要素市场扭曲划分为资本扭曲与劳动扭曲两个维度，从这两个维度探讨创新政策对全要素生产率的影响机制。其影响机制如图 5.2.1 所示。

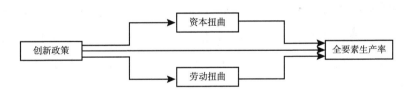

图 5.2.1　创新政策影响全要素生产率机制分析

自从 1994 年中国实施分税制改革以来，对政府官员的绩效考核不仅会关注他们的政治表现同时更会关注当地经济的增长情况。在官员政治晋升竞争的情形下，官员与企业之间出于各自目的建立的政治关系将会影响企业的绩效，而这种政治资源的过度也会阻碍公司进行创新活动，进而降低其效率，并最终无益于改善经济增长质量（袁建国等，2015）。在中国经济发展新常态下，加大政府政策执行力度必将提升政府的偿债压力，进而增加了公共债务风险。尽管政府政策对于经济的促进作用仍然十分明显，但是过度的政府政策投入会带来过度投资、产能过剩等问题（郭长林，2016）。这说明政府干预如果使用不当，则将不利于区域间的分工演进，扩大经济增长的地域差距，恶化交易环境，最终将损害企业的利润率与生产效率。同时政府的外在干预等措施，限制了高素质劳动力的自由流动和优化配置，也降低了企业开展自主创新活动的动力（白俊红和卞元超，2016）。因而随着时间的推移，政府干预等措施可能会加大要素市场的扭曲程度，进而会对全要素生产率产生影响。故本研究提出假设。

假设1：创新政策会加大要素扭曲程度，从而影响全要素生产率。

然而创新政策可能与一般的政府政策有所不同。创新需要有持续大量的资金投入，而创新收益的不确定性又使得其资金来源与数量受到限制。由于科技创新的溢出效应而出现的"搭便车"现象，以及创新不确定性引致的市场失灵，这使得创新资源不能得到市场机制的优化配置，需要市场以外的干预进行协调规范，而干预正是政府职能得以发挥作用矫正市场运行机制的常用策略（杜跃平等，2016）。通过政府创造一个激励创新和创业活动的环境，将会发挥技术溢出效应和社会带动效应。鉴于创新政策能够改善"市场失灵"并且能够矫正市场运行机制，那么随着时间的推移，政府干预等措施可能会降低要素市场的扭曲程度，进而会对全要素生产率产生影响。故本研究提出假设。

假设2：创新政策会降低要素扭曲程度，从而影响全要素生产率。

5.2.3　模型构建与数据说明

5.2.3.1　创新政策对全要素生产率影响模型的建立

为了研究创新政策对全要素生产率的影响，将全要素生产率作为被解释变量，所建立的模型如下。

$$TFP_{it} = \beta_0 + \beta_1 Gov_{it} + \beta_2 Fin_{it} + \beta_3 Cpeo_{it} + \beta_4 Papeo_{it} + \beta_5 X_{it} + \varepsilon_{it} \qquad (5.2.1)$$

其中 Gov，Fin，$Cpeo$，$Papeo$ 代表创新政策，分别为各省份的政府资金、金融机构贷款以及科技成果转化、知识产权保护等政策变量，X 表示一系列控制变量。全要素生产率以及创新政策的具体度量方法见下文。

5.2.3.2　创新政策对全要素生产率影响传导机制模型的建立

在分析了创新政策对全要素生产率的影响之后，本研究进一步研究创新政策对全要素生产率的作用机制。依据前文的分析，创新政策可能会通过对要素市场扭曲产生影响进而对全要素生产率产生影响。而在进一步将要素扭曲划分为资本扭曲与劳动扭曲后，利用温忠麟等（2004）在 Sobel 的基础上构造的中介效应检验程序，设定如下回归方程。

$$TFP_{it} = \alpha_0 + \alpha_1 Treat_{it} + \alpha_2 X_{it} + \mu_{it} \tag{5.2.2}$$

$$Distort_{it} = \beta_0 + \beta_1 Treat_{it} + \beta_2 X_{it} + \mu_{it} \tag{5.2.3}$$

$$TFP_{it} = \gamma_0 + \gamma_1 Treat_{it} + \gamma_2 Distort_{it} + \gamma_3 X_{it} + \mu_{it} \tag{5.2.4}$$

其中，$Treat$ 表示创新政策，$Distort$ 表示要素扭曲。要素扭曲的度量方法见下文。

5.2.3.3　创新政策对全要素生产率影响空间溢出效应模型的建立

根据前文分析可以得到创新政策对全要素生产率的影响与作用路径，那么创新政策是否会由于区域间的相互影响而对全要素生产率产生空间溢出效应呢？本研究将采用空间计量模型对上述关系进行验证。

在空间计量模型中，空间权重矩阵起着至关重要的作用，它表明一个地区同其他地区的联系。由于区域邻接性并不能很好地反映区域之间的空间关联，本研究选择基于距离确定的空间权重矩阵，即主对角线上的元素为 0，其余位置的元素为两个省份省会城市之间的地理距离。

事实上，不同类型的空间计量模型所假定的空间传导机制并不相同。由于 SDM 模型和 SAC 模型综合考虑了 SAR 模型和 SEM 模型的传导机制，因此本研究首先建立 SDM 模型和 SAC 模型，并通过放松条件得到 SAR 模型和 SEM 模型。

$$\begin{aligned} TFP_{it} = {} & \beta_0 + \rho WTFP_{it} + \beta_1 Gov_{it} + \beta_2 Fin_{it} + \beta_3 Cpeo_{it} \\ & + \beta_4 Papeo_{it} + \beta_5 X_{it} + \theta_1 WTFP_{it} + \theta_2 WGov_{it} \\ & + \theta_3 WCpeo_{it} + \theta_4 WPapeo_{it} + \theta_5 W X_{it} + \varepsilon_{it} \end{aligned} \tag{5.2.5}$$

$$\begin{aligned} TFP_{it} = {} & \beta_0 + \rho WTFP_{it} + \beta_1 Gov_{it} + \beta_2 Fin_{it} + \beta_3 Cpeo_{it} \\ & + \beta_4 Papeo_{it} + \beta_5 X_{it} + \mu_{it} \end{aligned} \tag{5.2.6}$$

$$\mu_{it} = \lambda W \mu_{it} + \varepsilon_{it}$$

对式（5.2.5）、式（5.2.6）SDM、SAC 模型限制一定的条件后，就可以得到 SAR 模型、SEM 模型：

$$TFP_{it} = \beta_0 + \rho WTFP_{it} + \beta_1 Gov_{it} + \beta_2 Fin_{it} + \beta_3 Cpeo_{it}$$
$$+ \beta_4 Papeo_{it} + \beta_5 X_{it} + \varepsilon_{it} \tag{5.2.7}$$

$$TFP_{it} = \beta_0 + Gov_{it} + \beta_2 Fin_{it} + \beta_3 Cpeo_{it} + \beta_4 Papeo_{it} + \beta_5 X_{it} + \mu_{it}$$
$$\mu_{it} = \lambda W \mu_{it} + \varepsilon_{it} \tag{5.2.8}$$

其中，ρ 和 λ 分别为空间自相关系数和空间误差系数，其余指标含义同式（5.2.1）。

由于空间计量模型中变量之间复杂的依赖关系，模型系数并不能简单地被认为是真实的弹性，需要利用直接效应与间接效应（空间溢出效应）的分解与估计（Lesage 和 Fischer，2008；Elhorst，2014）。其中直接效应测度的是自变量的变化对本区域因变量的影响，间接效应（空间溢出效应）测度的是某一单位自变量的变动对其他空间单元因变量的影响效应。

5.2.3.4 数据说明与变量的度量

（1）数据说明

本研究所研究的样本为 2001~2017 年中国 30 个省份的面板数据，西藏自治区由于数据的缺失并未包含在内。数据来源于《中国统计年鉴》《中国科技统计年鉴》以及各省份统计年鉴。

（2）全要素生产率（TFP）的度量

首先构建柯布—道格拉斯（C-D）形式的生产函数，再选用随机前沿法（SFA）对全要素生产率进行测算。在计算各地区全要素生产率时，将各省份的产出变量设定为地区生产总值，并且以 GDP 指数进行平减，折算成 2001 年的不变价；投入变量设定为资本投入与劳动投入。采用永续盘存法 $K_{it} = \dfrac{I_{it}}{P_{it}} + (1-\delta) K_{it-1}$ 估算资本投入，其中资本投入来源于各地区资本形成总额中的固定资本形成总额，并且以固定资产投资价格指数进行平减得到 2001 年不变价，劳动投入来源于各地区就业人员数。

（3）政策变量的度量

由于创新是一种连续性的活动，上一期的政府资金规模会对当期政府的支出选择产生重要的影响，为了反映政策资金的累积效应，因此本研究试图用存量指标来衡量政府资金。参考吴延兵（2006）的计算方法得到政府资金的资本存量。同样对金融机构贷款采用相似的方法进行计算。其中政府资金与金融机构贷款来源于各地区 R&D 活动中的政府资金与金融机构贷款，并按照创新支出的用途，以消费价格指数与固定资产投资价格指数得到加权的综合指数折算成 2001 年不变价。参考樊纲等（2011）指标的设置原则，分别采用各地区技术市场成交额、三种专利（发明、实用新型、外观设计）授权数与本地区 R&D 全时人员之比度量科技成果转化以及知识产权保护。

（4）要素扭曲的度量

为了测算不同生产要素的扭曲程度，从而更为客观反映要素市场扭曲的含义，本研究选择生产函数法测度要素扭曲程度。依据之前估计的生产函数可以得到每种要素的边际产出，再结合要素的实际价格就可以得到资本扭曲与劳动扭曲。

$$Disk = \frac{MP_K}{r} \qquad\qquad (5.2.9)$$

$$Disl = \frac{MP_L}{w} \qquad\qquad (5.2.10)$$

其中，$Disk$、$Disl$ 分别为资本扭曲与劳动扭曲，MP_K、MP_L 分别为资本与劳动的边际产出，r、w 分别为资本和劳动的实际价格。其中资本的实际价格以各地区一年期贷款基准利率的平均值度量。劳动的实际价格以农村人均工资性收入乘以当年农村人口来估计农村工资总额，加上城镇单位工资总额形成全国工资总额，再以消费价格指数折算成 2001 年的不变价，然后除以劳动力数量得到。

（5）控制变量

同时本研究以对外依存度、产业结构和人力资本水平等指标作为控制变量（余泳泽和张先轸，2015；朱沛华和李军林，2019；刘伟江等，2019），以此获得创新政策与全要素生产率之间更加准确的关系。其中对外依存度为地区进出口总额与地区生产总值的比重，其中进出口总额以2001年不变价进行平减处理，同时依据人民币兑换美元的平均汇率将出口额与进口额转换成人民币。产业结构以第三产业增加值与地区生产总值之比衡量，人力资本水平以各地区各类人口比例为权重乘以对应受教育年限得到。

5.2.4 实证分析

5.2.4.1 创新政策对全要素生产率的影响

基于上文中模型的设定思路，首先采用OLS方法进行回归分析，回归结果见表5.2.1。

表 5.2.1　OLS 估计结果

变量	Gov	Fin	Cpeo	Papeo	Igdp	P3	Eduyear
系数	0.284 ***	−0.038 ***	−0.062 ***	0.030	−0.171 ***	0.447 ***	0.040 ***
T 值	(19.82)	(−6.48)	(−2.92)	(0.80)	(−5.55)	(6.04)	(3.91)

注：* 表示显著性概率 0.1，** 表示显著性概率 0.05，*** 表示显著性概率 0.01，（）内为 t 值。下同。

由表5.2.1可以发现，政府资金、金融机构贷款、科技成果转化系数均通过了1%显著性水平检验，其中政府资金对全要素生产率具有显著的正向影响，金融机构贷款和科技成果转化对全要素生产率具有显著的负向影响，而知识产权保护的系数并不显著。从影响幅度来看，政府资金的作用大于其他政策工具的作用。关于金融机构贷款对全要素生产率的负向影响这一结论，其原因在于与政府公共研发投资不同，金融机构贷款通常带有营利性的目的，因此金融机构对贷款对象进行选择时会更愿意选择投资周期短以及具有高偿债抵押能力的企业。而创新企业通常收益上具有不确定性以及较长的产品研究周期，同时创新资产大多数是无形的，没有满足金融机构要求的合适抵押品。再加上金融机构对贷款审批的严格控制，可能使得创新企业错失市场机会。这些原因使得具有较强创新能力但是偿债能力较弱的企业难以从金融机构获得贷款支持，而"平庸型企业"获得了支持，这便降低了金融机构贷款的使用效力（杜跃平等，2016；白俊红和蒋伏心，2015）。而随着知识和经济的紧密性越来越强，知识生产和使用之间的矛盾也在日益加深。科学知识的保密和私有化、专利许可的昂贵费用加大了企业研发的前期投入成本，无形中就会使企业对科学研究的专利望而却步（文剑英，2019）。这说明当前阶段技术市场并不成熟，转化条件苛刻，市场条件不允许，门槛高等因素，不仅浪费了科研资源，还增加了知识转化成本，导致其对全要素生产率的影响为负。同时政府资金与金融机构贷款和科技成果转化主导对象的不同也会导致它们对全要素生产率的作用方向不同。

从控制变量来看，对外依存度、产业结构与人力资本对全要素生产率具有显著的影响作用。其中，对外依存度对全要素生产率的影响为负，表明尽管在经济全球化的趋势下，各国参与国际化分工的程度不断加深，但是由此也会使得经济危机的风险加大，从而不能够促进全要素生产率的提高。产业结构对全要素生产率的影响为正，表明产业结构的优化升级将会对全要素生产率产生促进作用。人力资本的提升也会对全要素生产率的增长产生显著的影响。

5.2.4.2　创新政策影响全要素生产率机制分析

基于上述分析，我们可以发现创新政策能够对全要素生产率产生显著影响。那么创新政策到底是通过什么样的传导机制去影响全要素生产率呢？因此我们对上述数据建立中介效应模型，以此来验证是否存在创新政策—要素扭曲—全要素生产率的传导路径。

首先我们计算创新政策对全要素生产率的总效应。依据式（5.2.2）可以得到分析结果如表 5.2.2 所示。

表 5.2.2　创新政策对全要素生产率的总效应

变量	Gov	Fin	Cpeo	Papeo	Igdp	P3	Eduyear
系数	0.284 ***	−0.038 ***	−0.062 ***	0.030	−0.171 ***	0.447 ***	0.040 ***
T 值	（19.82）	（−6.48）	（−2.92）	（0.80）	（−5.55）	（6.04）	（3.91）

由表5.2.2可以发现，除了知识产权保护的系数不显著外，其余政策变量的系数均表现出较高的显著性，依据温忠麟等（2004）中介效应检验程序可得，知识产权保护不适合做中介效应分析，而可以对其余政策工具进行中介效应分析。因此，下文中我们将对除知识产权保护以外的其余政策工具进行中介效应分析。

依据式（5.2.2）~（5.2.4）我们可以得到表5.2.3。

表 5.2.3　中介效应分析

变量	（1）Tfp	（2）Disk	（3）Tfp	（4）Tfp	（5）Disl	（6）Tfp
Gov	0.286*** (20.49)	−2.145*** (−9.77)	0.294*** (18.34)	0.286*** (20.49)	−0.078** (−2.38)	0.281*** (20.67)
Fin	−0.039*** (−6.91)	0.0480 (0.48)	−0.039*** (−6.89)	−0.039*** (−6.91)	−0.031** (−2.45)	−0.041*** (−7.50)
Cpeo	−0.058*** (−2.81)	0.591 (1.51)	−0.061*** (−2.89)	−0.058*** (−2.81)	0.161** (2.49)	−0.048** (−2.24)
Disk		(1.07)	0.00400			
Disl					(−4.22)	−0.067***
Igdp	−0.168*** (−5.48)	−0.911** (−2.27)	−0.165*** (−5.32)	−0.168*** (−5.48)	0.204** (2.46)	−0.154*** (−5.27)
P3	0.460*** (6.40)	7.780*** (7.57)	0.430*** (6.01)	0.460*** (6.40)	−1.240*** (−6.70)	0.377*** (5.00)
Eduyear	0.043*** (4.58)	−0.501*** (−3.59)	0.045*** (4.64)	0.043*** (4.58)	−0.203*** (−8.36)	0.030*** (2.74)
Sobel检验			不显著			—
中介效应			不存在			存在
中介效应/总效应			—			政府资金:1.83% 金融机构贷款:5.83% 科技成果转化:18.62%

如表 5.2.3 所示，列（3）中资本扭曲的系数为 0.004，但是不显著。依据中介效应检验程序，需要进行 Sobel 检验。结果发现，在 5% 显著性水平下，不能拒绝原假设，说明不存在中介效应。这表明创新政策并没有通过资本扭曲这一路径对全要素生产率产生影响。列（6）劳动扭曲的系数为 -0.067，且通过 1% 的显著性检验，意味着劳动扭曲对全要素生产率产生负向影响，说明劳动扭曲的程度增大，会对全要素生产率产生负向影响。由列（4）～（6）中的估计结果可知，在创新政策影响全要素生产率的过程中，系数均显著，表明来自劳动扭曲的中介效应显著，无须进行 Sobel 检验。结合列（5）与列（6）的回归系数可知，存在"政府资金提高—劳动扭曲降低—全要素生产率提高""金融机构贷款提高—劳动扭曲降低—全要素生产率提高""科技成果转化提高—劳动扭曲提高—全要素生产率降低"的传导路径。

按照现在金融市场的机制设计，创新活动难以获得有效的资本供给。创新活动缺少有形资本，使得通过担保获得融资的途径不畅，而民间融资的高利率大大限制了长期性的大额融资需求（杜跃平等，2016）。再加上目前商业银行对资金需求的层层审批机制，手续烦琐复杂，导致创新活动难以获得有效的资金和其他资源的有效供给。而创新技术与产品公共品溢出特征以及创新不确定性等又会产生"市场失灵"。为此政府资金以及金融机构贷款一般会在研发初期给予创新活动支持，它们的出现可以在一定程度上缓解市场失灵，从而减少了要素市场的扭曲，最终提升了全要素生产率。而科技成果转化是在市场条件下进行的，如果政府在这一方面对其干预过多，基于市场机制，反而会增加要素市场的扭曲，进而造成全要素生产率的降低。原本为了公众利益而生产的知识，由于没有被充分利用，最终却造成了知识的浪费和公众利益的损害。

5.2.4.3　空间计量分析

基于上述分析可以发现，政府资金、金融机构贷款、科技成果转化会通过要素扭曲对全要素生产率产生影响。那么在区域间经济活动日益频繁的情况下，创新政策对全要素生产率的影响是否存在空间溢出效应呢？我们进一步通过空间计量分析对其进行验证。

（1）空间相关性检验

在对全要素生产率进行空间计量分析前，首先需要对其进行空间相关性分析。基于空间权重矩阵的构造方法，以各省会城市之间的地理距离（d）的倒数构造空间权重矩阵，在此基础上计算 Moran 指数。Moran 指数具有如下形式。

$$Moran's \ I = \frac{\sum_{i=1}^{n} \sum_{j=1}^{n} w_{ij}(y_i - \bar{y})(y_j - \bar{y})}{S^2 \sum_{i=1}^{n} \sum_{j=1}^{n} w_{ij}} \qquad (5.2.11)$$

其中，w_{ij} 为空间权重矩阵，y_i 为第 i 个地区的观测值，$\bar{y} = \frac{1}{n} \sum_{i=1}^{n} y_i$，$S^2 = \frac{1}{n} \sum_{i=1}^{n} (y_i - \bar{y})^2$，$I$ 的取值范围是 $[-1, 1]$，$I > 0$ 代表具有空间正相关性，$I < 0$ 代表具有空间负相关性。

通过表 5.2.4 可以发现，2001~2017 年，全要素生产率表现出显著的正向空间相关性，即存在空间集聚，说明相邻地区之间的全要素生产率会产生相互影响。因而，我们可以运用空间计量模型对我国创新政策与全要素生产率之间的关系进行研究。

表 5.2.4　各省份 TFP 的 Moran's I 指数

年份	2001	2002	2003	2004	2005	2006	2007	2008	2009
Moran's I	0.119 ***	0.118 ***	0.118 ***	0.118 ***	0.118 ***	0.118 ***	0.118 ***	0.118 ***	0.118 ***
Z 值	4.287	4.284	4.282	4.279	4.276	4.273	4.271	4.268	4.265

年份	2010	2011	2012	2013	2014	2015	2016	2017	
Moran's I	0.118 ***	0.118 ***	0.117 ***	0.117 ***	0.117 ***	0.117 ***	0.117 ***	0.117 ***	
Z 值	4.262	4.259	4.256	4.253	4.250	4.247	4.244	4.241	

（2）实证结果分析

为了提高回归结果的准确性，我们基于前述分析，考虑空间面板 SAR、SEM、SAC、SDM 模型并进行估计。进一步经过 Hausman 检验，应该选用地区固定效应模型。模型的回归结果如表 5.2.5 所示。

表 5.2.5　空间计量结果

变量	（1） SAR	（2） SEM	（3） SAC	（4） SDM
Gov	0.203 ***	0.275 ***	0.208 ***	0.233 ***
	（12.53）	（17.90）	（11.74）	（11.43）
Fin	−0.035 ***	−0.034 ***	−0.034 ***	−0.039 ***
	（−8.92）	（−8.76）	（−8.84）	（−9.86）
$Cpeo$	−0.069 ***	−0.047 **	−0.057 ***	−0.062 ***
	（−3.32）	（−2.23）	（2.75）	（−2.99）
$Papeo$	−0.012	0.009	−0.015	−0.029
	（−0.35）	（0.25）	（−0.43）	（−0.79）
$Igdp$	−0.176 ***	−0.165 ***	−0.175 ***	−0.158 ***
	（−8.34）	（−7.15）	（−7.96）	（−7.32）
$P3$	0.305 ***	0.419 ***	0.334 ***	0.352 ***
	（4.68）	（5.95）	（24.87）	（5.07）
$Eduyear$	0.010	0.034 ***	0.012	0.013
	（0.99）	（3.56）	（1.21）	（1.31）
$W×Gov$				0.040
				（0.85）
$W×Fin$				−0.083 **
				（−3.03）
$W×Cpeo$				−0.333 ***
				（−3.70）
$W×Papeo$				−0.020
				（−0.22）
Rho	0.398 ***		0.363 ***	0.459 ***
	（6.81）		（5.89）	（4.80）
$Lamda$		0.576 ***	0.428 ***	
		（5.56）	（4.17）	
R-squared	0.9096	0.9096	0.9102	0.9083
Log-L	853.05	844.73	860.05	865.35

从表 5.2.5 来看，以上几类空间面板计量模型的空间项系数分别为 0.398、0.576、0.363/0.428、0.459，并且在 1% 的水平上显著为正，表明本地区的全要素生产率水平会受到其他地区全要素生产率水平的影响。选用

223

Wald 检验、LR 检验、Robust-LM 检验和 LM 检验等对模型的拟合效果进行检验，综合上述检验结果以及对数似然函数值发现，SDM 模型具有更好的解释效果，因而本研究选择 SDM 模型进行分析（见表 5.2.6）。

表 5.2.6 SDM 模型估计结果

变量	（1） TFP	（2） TFP	（3） TFP	（4） TFP	（5） TFP
Gov	0.186 *** （9.07）				0.234 *** （11.43）
Fin		−0.018 *** （−4.64）			−0.039 *** （−9.86）
Cpeo			−0.076 *** （−3.33）		−0.062 *** （−2.99）
Papeo				0.0490 （1.20）	−0.0290 （−0.79）
Igdp	−0.176 *** （−7.65）	−0.198 *** （−8.32）	−0.188 *** （−7.99）	−0.182 *** （−7.50）	−0.158 *** （−7.32）
P3	0.225 *** （3.32）	0.300 *** （4.20）	0.372 *** （4.79）	0.242 *** （3.14）	0.352 *** （5.07）
Eduyear	0.00500 （0.51）	0.0110 （1.13）	0.034 *** （4.06）	0.027 ** （2.55）	0.0130 （1.31）
W×Gov	−0.059 ** （−1.97）				0.0400 （0.85）
W×Fin		0.086 *** （6.35）			−0.083 *** （−3.03）
W×Cpeo			−0.292 *** （−3.57）		−0.333 *** （−3.70）
W×Papeo				−0.113 （−1.43）	0.0200 （0.22）
Spatial					
Rho	0.537 *** （7.69）	0.699 *** （15.40）	0.831 *** （26.63）	0.826 *** （23.85）	0.459 *** （4.80）

从表 5.2.6 的估计结果可以看出，分别只考虑其中的一种政策变量以及将所有的政策变量放到一个模型中，空间计量模型的空间自相关系数均显著

为正，表明本地区的全要素生产率会受到其他地区全要素生产率的影响。由于 SDM 模型的回归系数并不能直接反映自变量对因变量影响程度，需要对创新政策以及其他变量的估计进行直接效应与空间溢出效应的分析，通过直接效应、空间溢出效应和总效应具体表征创新政策的影响效果。由此得到表 5.2.7。

表 5.2.7 直接效应与空间溢出效应、总效应

变量	(1) TFP	(2) TFP	(3) TFP	(4) TFP	(5) TFP
直接效应					
Gov	0.189 ***				0.240 ***
	(9.15)				(11.73)
Fin		−0.012 ***			−0.043 ***
		(−2.66)			(−10.35)
Cpeo			−0.144 ***		−0.074 ***
			(−4.19)		(−3.59)
Papeo				0.0350	−0.0310
				(0.80)	(−0.89)
Igdp	−0.182 ***	−0.212 ***	−0.220 ***	−0.212 ***	−0.160 ***
	(−8.02)	(−8.60)	(−7.78)	(−7.22)	(−7.42)
P3	0.237 ***	0.325 ***	0.438 ***	0.287 ***	0.362 ***
	(3.62)	(4.62)	(5.20)	(3.40)	(5.22)
Eduyear	0.00500	0.0110	0.039 ***	0.031 ***	0.0130
	(0.51)	(1.15)	(4.52)	(2.63)	(1.27)
空间溢出效应					
Gov	0.086 ***				0.268 ***
	(2.65)				(3.83)
Fin		0.238 ***			−0.183 ***
		(6.57)			(−3.52)
Cpeo			−2.165 ***		−0.672 ***
			(−2.94)		(−3.10)
Papeo				−0.468	0.00200
				(−1.06)	(0.01)

续表

变量	（1）TFP	（2）TFP	（3）TFP	（4）TFP	（5）TFP
lgdp	−0.206 ***	−0.462 ***	−0.951 ***	−0.898 ***	−0.139 **
	（−3.27）	（−3.91）	（−3.39）	（−3.16）	（−2.46）
P3	0.262 ***	0.693 ***	1.878 ***	1.204 ***	0.316 **
	（3.09）	（4.13）	（3.38）	（2.59）	（2.15）
Eduyear	0.00400	0.0210	0.164 ***	0.126 **	0.0110
	（0.41）	（1.13）	（5.21）	（2.50）	（1.08）
总效应					
Gov	0.275 ***				0.508 ***
	（10.07）				（7.38）
Fin		0.226 ***			−0.226 ***
		（5.96）			（−4.19）
Cpeo			−2.309 ***		−0.746 ***
			（−3.03）		（−3.34）
Papeo				−0.433	−0.0290
				（−0.95）	（−0.17）
lgdp	−0.388 ***	−0.674 ***	−1.171 ***	−1.110 ***	−0.299 ***
	（−5.16）	（−5.05）	（−3.89）	（−3.63）	（−4.49）
P3	0.500 ***	1.019 ***	2.317 ***	1.491 ***	0.678 ***
	（3.75）	（4.71）	（3.77）	（2.80）	（3.56）
Eduyear	0.00900	0.0320	0.204 ***	0.157 ***	0.0240
	（0.46）	（1.15）	（5.52）	（2.59）	（1.23）

从表5.2.7可以发现政府资金的直接效应和空间溢出效应显著为正，金融机构贷款以及科技成果转化的直接效应和空间溢出效应均显著为负，知识产权保护的两种效应均不显著。

从直接效应来看，政府资金、金融机构贷款、科技成果转化均通过了1%的显著性水平检验，其中政府资金对全要素生产率具有显著的正向影响，而金融机构贷款和科技成果转化对全要素生产率具有显著的负向影响。与OLS估计系数相比，SDM模型中的政府资金的直接效应更小，而金融机构贷款和科技成果转化的直接效应更大，这也在一定程度上说明了OLS估计由于没有考虑空间效应而高估了政府资金的直接效应，低估了金融机构贷款和科技成果转化的直接效应。

从空间溢出效应来看，政府资金、金融机构贷款以及科技成果转化同样通过了 1% 的显著性检验，系数分别为 0.268、−0.183、−0.672，表明创新政策能够对邻近地区的全要素生产率产生显著的空间溢出效应，这证明了前文中所述创新政策会由于地区间的相对作用而对其他地区的全要素生产率产生影响作用。改变本地区的政府资金、金融机构贷款、科技成果转化，将对邻近地区的全要素生产率产生重要的影响。伴随着近年来国家提出的长江经济带、中部崛起、区域经济一体化等战略的实施，区域间的合作交流日益频繁，创新政策的空间外溢性也日益明显，它们将对全要素生产率产生重要的影响。一般来说，地区经济发展一般伴随着生产要素的流动、产业集聚等，因而可以通过经济要素、技术资源和基础设施体系等方式对邻近地区的全要素生产率产生影响。因此控制变量中对外依存度与产业结构均表现出明显的空间溢出效应。

5.2.5 结论

本研究利用 2001~2017 年中国 30 个省级行政区域创新政策与全要素生产率等数据，首先对创新政策影响全要素生产率的作用进行了探讨，并针对政策工具的异质性分析不同工具的作用效果。在此基础上对创新政策影响全要素生产率的传导路径进行研究。最后从空间溢出角度分析创新政策对全要素生产率的影响作用。研究发现如下。①创新政策能够显著影响全要素生产率的提升。在具体政策工具的影响作用方面，政府资金对全要素生产率具有显著的正向激励影响作用，金融机构贷款和科技成果转化对全要素生产率具有显著的负向作用，而知识产权保护对全要素生产率并没有显著的影响作用；从影响幅度来看，政府资金的作用更大。②从政策发挥作用的传导路径来看，存在"政府资金提高—劳动扭曲降低—全要素生产率提高""金融机构贷款提高—劳动扭曲降低—全要素生产率提高""科技成果转化提高—劳动扭曲提高—全要素生产率降低"的传导路径。③考虑区域之间的空间相关性后，与周边地区的联系将有助于本地区全要素生产率的增长，一个地区的创新政策不仅对当地的全要素生产率产生直接影响，而且还有空间溢出效应，影响其他地区全要素生产率的增长。

5.3 中国省际科技成果转化效率测度及影响因素研究

本研究基于 2011～2017 年中国省级面板数据，构建投入产出模型，采用三阶段 DEA 方法测度区域科技成果转化效率，采用 σ 收敛和 β 收敛检验我国科技成果转化效率的收敛性，并采用面板数据的方法分析科技成果转化效率的影响因素。研究发现：传统 DEA 方法会高估科技成果转化效率，剔除管理无效率和随机扰动后，中国各地区科技成果转化效率产生了较大的变化，各省份科技成果转化效率呈增长趋势；各省份科技成果转化效率存在 σ 收敛和 β 收敛，但收敛只存在东部地区和西部地区；政府科学技术支出和政府购买是加快科技成果转化效率的重要政策工具。本研究聚焦成果转化过程，测度各省份的科技成果转化效率，并对效率水平进行收敛性分析；从政府参与角度分析了创新政策对科技成果转化效率的促进作用，为更好地采取措施提高科技成果转化效率、实现高质量经济增长和减小地区科技成果转化效率差距提供经验证据。

5.3.1 引言

近年来，我国大力实施创新驱动发展战略，创新投入不断提高，创新成果丰硕。但与此同时，大量科技成果闲置，科技成果转化难等问题也引起了业界和学界的重点关注。科技成果只有转化成生产力才能最终达到促进经济增长的目标，可以说转化效率的高低决定了科技成果对经济增长的贡献程度。为了实现经济高质量增长，我们迫切需要加速科技成果转化，打通创新拉动经济增长的"最后一公里"。制度方面，为了推动科技成果转化，《科技成果转化法》于 2015 年修订，国务院针对科技成果转化法的出台制定了《实施促进科技成果转化法若干规定》，2016 年 4 月，国务院出台《促进科技成果转移转化行动方案》，至此，促进科技成果转化"三部曲"已形成。实践层面，在全面创新改革试验区、自主创新示范区、创新型省份和城市、科技成果转移示范区等建设方面，各地区针对科技成果转化的机构、载体、渠道等打出了政策"组合拳"以推动科技成果转移转化。

但我国科技成果转化效率的分布如何，是否存在明显的地区差异，政府创新政策在其中又起到何种推动作用？厘清这些问题对于深化创新驱动发展战略、提升国家创新体系效能具有重要意义。为回答以上问题，本研究基于中国科技成果转化系统，构建以专利数量、论文产出数、资本存量以及从业人员数为投入变量，以技术市场成交额和高新技术企业数为产出变量的投入产出模型，估计各省份科技成果转化效率，进而采用 σ 收敛、绝对 β 收敛和条件 β 收敛对科技成果转化效率的收敛性进行检验。然后从创新供给政策、创新需求政策和创新环境政策入手分析科技成果转化过程中创新政策的作用。

相比以往的研究，本研究有如下创新之处。

首先，本研究聚焦科技成果转化阶段，区分地区异质性和无效率成分，采用三阶段 DEA 模型对区域科技成果转化效率进行了实证测度。已有研究普遍认同将创新分为生产阶段和商业化阶段（叶锐等，2012），但众多实证文献更多关注创新的生产阶段，主要研究专利数量问题，一是忽略了专利质量问题（刘兰剑等，2020），二是忽略了专利商业化过程。然而创新的市场价值最终还是取决于其转化后产生的经济效益。本研究则聚焦于成果转化过程，使用三阶段 DEA 模型能更好地测度科技成果转化效率。

其次，采用 σ 收敛和 β 收敛法对我国各地区科技成果转化效率的收敛性进行了实证检验。已有对创新的商业化效率的分析一般集中在东部、中部、西部三大地区之间或行业之间的比较以及效率在时间上的变化趋势。但如果要动态和更全面地反映各地区科技成果转化效率的变化趋势和特征，还需要对我国各地区科技成果转化效率的收敛性进行实证分析，而已有文献则缺乏此方面的研究。

最后，从政策工具视角出发，采用面板数据模型探讨创新政策对科技成果效率的影响，更加客观地认识政府参与对科技成果转化效率的影响程度，从而为提出相关政策建议以更好地促进国内地区科技成果转化提供相关依据。而以往研究还没有测度过创新政策对区域科技成果转化的影响。

5.3.2 科技成果转化系统与文献综述

5.3.2.1 中国科技成果转化系统

界定及明晰科技成果转化相关概念的内涵是深入分析中国科技成果转化系统的前提。《中华人民共和国促进科技成果法》将科技成果定义为指科学研究与技术开发所产生的具有实用价值的成果。科技成果一般分为两类，一类是以高水平论文为代表性的理论性科技成果，另一类则是以专利为代表的应用性科技成果。科技成果的供方包括但不限于科研机构、企业和个人等，这些供方主体同时也可以是科技成果的需方主体。

依据《中华人民共和国促进科技成果法》，科技成果转化是指为了提高生产力水平而对科技成果所进行的后续试验、开发、应用、推广直至形成新技术、新工艺、新材料、新产品，发展新产业等活动。也就是说，科技成果转化过程实质上是从供方提供科技成果，到需方整合科技成果及其他资源，产出具有经济技术效益的产品的过程。这是一项复杂的系统工程，具有以下特点：①科技成果转化主体复杂，除供需双方以外，政府和中介机构在科技成果转化中也起着重要的推动和中介作用；②科技成果转化方式复杂，常见的科技成果转化方式有创办企业、转让、许可、合作转化和作价参股等；③科技成果转化市场复杂，地区市场和行业市场众多。

5.3.2.2 科技成果转化相关文献综述

国内外对科技成果转化问题相关的研究较多，本研究从科技成果转化系统、科技成果转化绩效评价和科技成果转化的影响因素三方面对已有文献进行综述。

（1）科技成果转化系统相关研究

对科技成果转化系统的研究可以划分为科技成果转化的概念辨析、作用机制、作用模式等。国外关于科技成果转化系统的研究起步较早，研究内容包括技术转移的渠道、机制、背景等。Morrissey 和 Almonacid（2005）构建了适用于中小企业科技成果转化需求的动态模型，他们认为中小企业科技成果转化的关键要素包括在项目的早期阶段与中小企业和企业家进行接触、研究计划的灵活性以及获得技术转让资金的途径。Colyvas（2007）分析了斯坦福大学 1968~1982 年的生命科学科技成果转化项目，从投资、投资者、奖励、校企边界等视角建立多个可行的科技成果转化模式。

国内方面，刘姝威等（2006）提出要提高科技成果转化率，需要从科研项目立项的合理性、科技成果市场推广和成果转化后的跟踪服务着手。梁平和孔令章（2009）对河北省"十五"期间的科技成果转化情况进行了分析，认为河北省的科技成果转化过程中仍然存在问题，并提出了相应的对策。徐丰伟和丁昱丹（2020）将科研机构、企业等主体在科技成果转化过程中发生的多重交互活动界定为"界面"，他们认为科技成果转化界面的要素实力、要素组织、环境和敏捷性能提供优化科技成果转化的路径思考。

（2）科技成果转化绩效评价研究

已有文献对科技成果转化绩效的评价分为指标体系评价和效率评价两大类。指标体系评价方面，具有代表性的研究有：石善冲（2003）从科技开发能力、科技成果转化能力和科技成果转化直接效果这三个方面评价了河北省工业行业的科技成果转化效果；俞立平和武夷山（2011）则选取技术市场成交额、专利、论文三类指标对地区科技成果进行了评价；阎为民和周飞跃（2006）利用综合模糊评判模型测定高校科技成果转化绩效；刘威和陈艾菊（2008）利用网络层次分析法进行绩效评价。

效率评价方面，测度方法主要有两种，一种是参数方法，以 Fare 和 Grosskopf（1996）提出的随机前沿分析（SFA）为代表，例如，Wang（2007）测算了 30 个国家的科技成果转化效率，并进行了比较评价；吴佩佩等（2014）同时使用 DEA 方法和 SFA 方法测算区域科技成果转化效率，对两种方法的结果进行比较表明 SFA 方法能更好地拟合科技成果转化情况。另一种是非参数方法，以 Thursby 等（2002）使用的数据包络方法（DEA）为代表。刘家树和菅利荣（2010）测度了我国大中型企业的科技成果转化效率；林江等（2011）测度了"泛珠三角"区域框架的科技成果转化效率。

近年来，部分学者在测算创新效率时，通常将两阶段 DEA 方法的第二阶段认为是科技成果转化效率，如 Guan 和 Chen（2010）基于两阶段价值链理论，将高技术产业创新过程分解为知识创新和科技成果商业化过程，并利用两阶段 DEA 模型进行创新效率测算；肖仁桥等（2012）利用两阶段链式关联型网络 DEA 模型对 2005~2009 年中国省际高技术产业创新效率进行测度分析，并对两阶段效率的影响因素进行检验；包英群等（2016）基于两阶段 DEA 方法对中国平板产业的企业创新效率进行分析；李牧南等（2017）则从"研发—转化"两个解耦维度对中国高技术产业创新效率进行计算和评价。

（3）科技成果转化的影响因素研究

国外方面，Das（2007）发现人力资源水平、宏观管理水平和产业结构等区域特征是科技成果转化率的重要影响因素。Henry 等（2009）发现开放国际贸易政策对发达国家技术转移有正向影响。Kirchberger 和 Pohl（2016）从已有文献中归纳出 13 个决定科技成果转化的因素，并且发现创业企业和产学研合作对科技成果转化越来越重要的趋势。

国内方面，刘家树和菅利荣（2010）指出政府资金支持、新产品开发经费、科技服务和区域因素是科技成果转化的重要影响因素；郭强等（2012）对影响高校科技成果转化的内部因素和外部因素进行了定性分析。

综上，学者们对科技成果转化问题的关注重点逐渐从定性分析转向定量分析，从体系建设转向绩效评价，但是现有文献对科技成果转化进程聚焦不够，林江等（2011）和吴佩佩等（2014）的研究虽然聚焦于科技成果转化效率，但是忽略了地区异质性和环境差异的影响。此外，虽然通常认为评价创新效率时常用的两阶段 DEA 模型中第二阶段的效率为商业成果化效率，但是两阶段 DEA 在第二阶段的投入和产出的分析过程中，同样忽略了外界环境和随机干扰等因素对效率值的影响。

5.3.3 模型设定与数据说明

5.3.3.1 三阶段 DEA 模型

为了更为客观准确地测算我国区域科技成果转化效率，本研究采用 Fried 等（2002）构建的三阶段 DEA 模型来估计效率。三阶段 DEA 模型实质上是经 SFA 方法调整后的 DEA 模型，在传统 DEA 模型的基础上同时考虑环境因素和随机噪声的影响。

三阶段 DEA 模型的第一阶段是基于每个决策单元初始的投入和产出数据，运用传统 DEA 模型估计科技成果转化效率，计算投入（或产出）冗余值。第二阶段是运用 SFA 模型剔除环境因素和随机因素的影响，对最初的投入（或产出）指标进行调整。第三阶段是依据调整后的产出指标，再次使用第一阶段的方法估计效率，以起到修正作用，从而使获得的评价结果更加科学。

（1）传统 DEA 模型效率测算

在第一阶段，本研究使用 2011～2017 年各省份科技成果转化相关投入产出数据进行初始效率评价。基于本研究关注如何提高科技成果转化能力，打通创新的"最后一公里"的研究目标，本研究选择产出导向的规模报酬可变模型（DEA-BCC 模型）。对于任意省份，产出导向下对偶形式的 BCC 模型可表示为如下公式。

$$
\begin{cases}
\min \dfrac{1}{\omega_j} = \displaystyle\sum_{i=1}^{m} V_i X_{ij} + v_0 \\[2mm]
s.t. \qquad \displaystyle\sum_{r=1}^{s} U_r Y_{rj} = 1 \\[2mm]
\displaystyle\sum_{i=1}^{m} V_i X_{ij} - \sum_{i=1}^{m} U_r Y_{rj} + v_0 \geqslant 0
\end{cases}
\tag{5.3.1}
$$

其中 $j=1, 2, \cdots, n$；U_r，$V_i \geqslant \varepsilon > 0$；$r=1, 2, \cdots, n$；$s$，$i=1, 2, \cdots, n$；$m$，$v_0$ 无正负限制；Y_{rj} 表示第 j 个决策单元的第 r 个产出项；X_{ij} 表示第 j 个决策单元的第 i 个投入项；U_r 表示第 r 个产出项的权数；V_i 表示第 i 个投入项的权数。

（2）似 SFA 回归剔除环境因素和统计噪声

第二阶段的主要目标是将第一阶段的松弛变量分解成环境因素、管理无效率和统计噪声。在第二阶段，以松弛变量作为被解释变量、环境变量作为解释变量进行回归。根据 Fried 等（2002）的研究，构造如下似 SFA 回归函数。[①]

$$R_{ni} = f^n(z_i, \beta^n) + v_{ni} + u_{ni}$$
$$n = 1, 2, \cdots, N; i = 1, 2, \cdots, I \qquad (5.3.2)$$

利用 SFA 方法的回归结果对原始数据中的产出进行一定的调整，公式如下。

$$\widehat{Y}_{ni} = Y_{ni} + [\max\{z_i \beta^n\} - z_i \beta^n] + [\max\{v_{ni}\} - v_{ni}] \qquad (5.3.3)$$

其中，$\widehat{Y}_{ni}$、Y_{ni} 分别代表调整后和原始数据计算的产出量，其中，第一个中括号是对环境因素的调整，第二个中括号表示对统计噪声的调整。

（3）调整后的 DEA 模型效率测算

本节在第三阶段，运用调整后的各省份科技成果转化投入产出变量再次测算各省份的效率。此时测算出的效率已经剔除了环境因素和随机因素的影响，因而是相对真实准确的。

5.3.3.2 收敛性检验

本研究采用三种常见收敛方法对地区科技成果转化效率的收敛性进行检验，即 σ 收敛、绝对 β 收敛和条件 β 收敛（Baumol 和 Oates，1988；Sala-I-Martin，1997）。检验 σ 收敛的重要指标是离散程度，如果离散程度呈缩小趋势，说明科技成果转化效率存在 σ 收敛。本研究选用标准差、变异系数和 σ 系数来分析各省份科技成果转化效率的离散程度，三种系数的计算公式如下所示。

---

① 其中 z_i 为选取的可观测的环境变量集；$f^n(z_i, \beta^n)$ 表征环境变量对产出不足 R_{ni} 的影响；$v_{ni} + u_{ni}$ 为混合误差项。一般假定 $v_{ni} \sim N(0, \sigma_{vn}^2)$ 反映统计噪声的影响，$u_{ni} \geq 0$ 反映管理非效率。

$$SD = \sqrt{\left[\sum_{i=1}^{N} (TE_i - \bar{TE})^2\right]/N} \tag{5.3.4}$$

$$CV = SD/\bar{TE} \tag{5.3.5}$$

$$\sigma = \sqrt{\left[\sum_{i=1}^{N} (\ln TE_i - \ln \bar{TE})^2\right]/N} \tag{5.3.6}$$

其中，i 代表省份，SD 为标准差，CV 代表变异系数，σ 代表 σ 系数，TE 代表科技成果转化效率，$\bar{TE}$ 为科技成果转化效率的均值，N 代表省份的数量，$\ln$ 表示取自然对数。

参考李彦龙（2018）的做法，我们采用回归模型检验科技成果转化效率的绝对 β 收敛和条件 β 收敛，其中绝对 β 收敛采用横截面方法，而条件 β 收敛检验采用面板分析方法。本研究使用的绝对 β 收敛检验和条件 β 收敛检验的回归方程如下所示。

$$g_i = \alpha + \beta_1 TE_{i,0} + \lambda_i \tag{5.3.7}$$

$$TE_{i,t} - TE_{i,t-1} = \alpha + \beta_2 TE_{i,t-1} + \gamma Z_{i,t-1} + \omega_{i,t} \tag{5.3.8}$$

其中，i 代表省份，t 为时间，g 表示科技成果转化效率的年均增长率，$TE_{i,0}$ 表示样本初期的效率值，λ_i 表示随机干扰项，$Z_{i,t-1}$ 代表控制变量。如果 β_1（β_2）显著为负，则说明科技成果转化效率存在绝对 β 收敛（条件 β 收敛）。

此外，由 β 收敛系数可计算出考察期 T 内的收敛速度 s 和追赶时间 τ，公式为：

$$s = -\frac{\ln(1+\beta)}{T}, \tau = \frac{\ln(2)}{s} \tag{5.3.9}$$

5.3.3.3　变量选取与数据来源

（1）投入变量

科技成果转化不能仅依靠科技成果投入来实现，在转化过程中，还需投入人力和物力，因此本研究从科技成果投入、资本投入和劳动投入三方面来选取投入变量。企业和高校是产生科技成果的重要主体，科技成果主要表现形式为专利和论文，因此本研究选取专利授权量（$X1$）和论文产出数（$X2$）作为科技成果投入的变量。资本投入变量选择资本存量（$X3$），劳动投入变量选择就业人数（$X4$）。

（2）产出变量

科技成果转化可以通过两种途径实现，一是作为商品交易，二是技术自转化，代表着两种不同的产出方向，分别选用技术市场交易额（$Y1$）和高技术产业企业数（$Y2$）进行衡量。

（3）环境变量

环境变量的选取需遵循两点原则，一是决策单元不能自主选择环境变量，二是环境变量对冗余变量存在影响。本研究环境变量主要包括经济发展水平、开放水平、产业结构和创新水平等，具体选择的变量有实际人均GDP（$Z1$）、开放水平（$Z2$）、产业结构（$Z3$）、科技活动人员数（$Z4$）和科技活动经费（$Z5$）（见表5.3.1）。

表5.3.1　变量汇总

变量类别	变量符号	变量名称	变量计算方法
投入指标	$X1$	专利授权量	各地区当年专利申请授权数(项)
	$X2$	论文产出数	各地区被国外数据库收录的科技论文数量(篇)
	$X3$	资本存量	以2000年为基期，借鉴张军等(2004)的算法进行估算，从而可求得2000~2017年各地区的资本存量(亿元)
	$X4$	就业人数	各地区历年城镇就业人员数(万人)
产出指标	$Y1$	技术市场交易额	各地区技术市场成交额(亿元)
	$Y2$	高技术产业企业数	各地区高技术产业的企业数量(个)
环境变量	$Z1$	实际人均GDP	实际GDP/总人口(亿元/万人)
	$Z2$	开放水平	各省份实际外商投资额占GDP的比重(%)
	$Z3$	产业结构	二、三产业增加值占GDP的比重(%)
	$Z4$	科技活动人员数	各地区R&D人员全时当量(人年)
	$Z5$	科技活动经费	各地区科技活动经费支出(亿元)

根据所选分析工具及指标的特点，由于西藏、香港、澳门和台湾地区的数据资料不齐全或不完整，本研究只分析我国 30 个省份 2011～2017 年的科技成果转化效率。其中，专利授权量、论文产出数、技术市场交易额、科技活动人员数以及科技活动经费的基础数据来自历年的《中国科技统计年鉴》，其他变量的基础数据来自 EPS 数据库，并与国家统计局、《中国科技统计年鉴》等进行比对。

5.3.3.4　变量描述性统计

由于各个指标的计量单位不同会对分析结果产生较大的影响，本研究采用无量纲化数据处理方法，即为消除指标不同计量单位的影响，用各项子指标除以各自平均值的方法来对指标数据进行正规化处理，则可得到均值为 1 的无量纲子指标。

表 5.3.2 为产出变量、投入变量及环境变量经过标准化处理后的描述性统计结果。从表 5.3.2 中可以看出，各变量之间的最大值与最小值之间的差异极其不平衡。其中，差异最大的变量为 $Y1$，标准差为 2.827，样本期内技术市场规模均值在 144.2 亿元，而最大值达到均值的 31.11 倍；产出变量 $Y2$ 的标准差相对 $Y1$ 较低，但也达到 1.528，最大值是均值的 11.62 倍，可见各地科技成果转化产出极不均衡。各投入变量的标准差在 0.839 和 1.999 之间，其中 $X1$ 的标准差最大，意味着各省份专利授权数量存在较大差异。各环境变量的标准差在 0.074 和 1.243 之间，可见各地环境变量的分布也存在较大的差异。这也充分说明了样本地区在产出、投入、环境变量等方面存在较为严重的不平衡现象。

表 5.3.2　描述性统计

变量	观测值	均值	标准差	最小值	最大值	原始数据均值
$Y1$	210	1	2.827	0	31.11	144.2
$Y2$	210	1	1.528	0.0140	11.62	733.8
$X1$	210	1	1.999	0.00300	14.92	22295
$X2$	210	1	1.535	0.00100	12.82	7893
$X3$	210	1	1.049	0.0250	5.984	24731

变量	观测值	均值	标准差	最小值	最大值	原始数据均值
$X4$	210	1	0.839	0.0820	6.797	811.2
$Z1$	210	1	0.723	0.121	4.111	2.179
$Z2$	210	1	1.238	0.108	13.21	44.29
$Z3$	210	1	0.074	0.724	1.135	87.77
$Z4$	210	1	1.243	0.0110	7.346	76950
$Z5$	210	1	0.663	0.0310	2.997	0.726

5.3.4　科技成果转化效率测算结果及分析

5.3.4.1　三阶段 DEA 测算结果

（1）第一阶段传统 DEA 实证结果分析

本研究首先运用产出导向的规模报酬可变模型（DEA-BCC 模型），借助软件 DEAP 2.1 对样本地区在 2011~2017 年的科技成果转化效率进行了评价分析，其结果如表 5.3.3 所示。

从全国范围来看，在不考虑外部环境变量和随机因素的情况下，样本期内，平均综合技术效率水平值为 1 的省份数量在 4~8 个逐年波动变化，且集中在东部地区，可见有部分省份已经达到技术有效前沿面。全国平均综合技术效率水平在 0.7 左右波动，东部地区呈现波动下降趋势，中部和西部地区为波动上升趋势。其中，全国及中西部地区的平均纯技术效率水平均呈波动上升趋势，东部地区则呈现波动下降趋势，但是东部地区的效率水平始终高于中、西部地区及全国平均水平。而全国及三大区域规模效率水平都比较高，均高于所在地区的纯技术效率水平，且差异及变化幅度较小，这说明限制东、中、西部地区科技成果转化效率提升的主要因素在于纯技术效率不高的影响。但是第一阶段得到的结果没有将环境因素与随机因素的作用成分去除，因而难以反映不同地区的实际科技成果转化情况，因此还需进行进一步调整和测算。

表 5.3.3　初始 DEA 效率值

地区	2011 年	2012 年	2013 年	2014 年	2015 年	2016 年	2017 年	均值
全　国	0.646	0.625	0.643	0.707	0.724	0.741	0.685	0.682
东　部	0.736	0.746	0.784	0.808	0.813	0.832	0.777	0.785
中　部	0.592	0.597	0.63	0.702	0.757	0.822	0.751	0.693
西　部	0.457	0.458	0.458	0.499	0.498	0.541	0.593	0.501
东　北	0.576	0.538	0.52	0.615	0.643	0.634	0.586	0.587
上　海	0.781	0.725	0.735	0.753	0.782	0.758	0.655	0.741
北　京	1	1	1	1	1	1	1	1.000
天　津	0.997	0.969	0.967	1	1	1	0.87	0.972
山　东	0.635	0.680	0.704	0.817	0.855	0.861	0.698	0.762
广　东	1	1	1	1	1	1	1	1.000
江　苏	1	1	0.965	1	1	1	0.819	0.969
河　北	0.489	0.481	0.488	0.567	0.599	0.581	0.486	0.527
浙　江	0.584	0.599	0.721	0.732	0.73	0.741	0.643	0.679
海　南	0.87	0.631	0.551	0.53	0.63	0.728	0.664	0.658
福　建	0.555	0.514	0.504	0.553	0.502	0.466	0.458	0.507
安　徽	0.466	0.504	0.52	0.665	0.763	0.846	0.749	0.645
山　西	0.345	0.317	0.344	0.317	0.371	0.361	0.444	0.357
江　西	1	1	1	1	1	1	1	1.000
河　南	0.621	0.602	0.605	0.655	0.672	0.748	0.513	0.631
湖　北	0.54	0.59	0.703	0.891	1	1	0.968	0.813
湖　南	0.715	0.676	0.701	0.693	0.735	0.935	0.93	0.769
云　南	0.294	0.388	0.332	0.346	0.414	0.498	0.485	0.394
内蒙古	0.74	1	0.467	0.404	0.5	0.525	0.39	0.575
四　川	0.578	0.519	0.488	0.547	0.527	0.592	0.731	0.569
宁　夏	0.453	0.415	0.315	0.314	0.462	0.361	0.322	0.377
广　西	0.888	0.661	0.61	0.534	0.601	0.621	0.595	0.644
新　疆	0.148	0.121	0.106	0.113	0.125	0.191	0.164	0.138
甘　肃	0.629	0.598	0.631	0.719	0.723	0.667	0.574	0.649
西　藏	1	1	1	1	1	1	0.623	0.946
贵　州	0.713	0.569	0.532	0.563	0.716	1	1	0.728
重　庆	0.406	0.378	0.397	0.55	0.476	0.562	0.513	0.469
陕　西	0.653	0.695	0.712	0.816	0.783	0.669	0.885	0.745
青　海	1	1	1	1	1	1	1	1.000
吉　林	0.88	0.881	0.914	1	1	1	0.916	0.942
辽　宁	0.693	0.689	0.64	0.728	0.733	0.645	0.625	0.679
黑龙江	0.224	0.227	0.239	0.326	0.357	0.349	0.325	0.292

（2）第二阶段 SFA 回归结果分析

在第二阶段，运用 SFA 模型分解出环境因素、随机误差和管理无效率的影响，剔除由此造成的产出增加以对初始产出变量 $Y1$ 和 $Y2$ 进行调整。首先根据第一阶段的结果，测算出产出指标的松弛量。然后分别以 $Y1$ 和 $Y2$ 的产出松弛量作为 SFA 回归函数中的被解释变量，以实际人均 GDP、开放水平、产业结构、科技活动人员数和科技活动经费作为解释变量，考察 5 个环境变量对 2 个产出松弛变量的影响。运用软件 Frontier4.1，可得到第二阶段 SFA 回归结果，如表 5.3.4 所示。从表中可以看出，部分结果经检验呈现出不同程度的显著，依此可知，外部环境对不同区域的产出项松弛变量有一定的显著作用。因此，为了有效剥离管理因素和随机因素，对产出变量进行第二阶段的调整则显得相当重要。LR 单边检验值均通过 1% 的显著性检验，说明进行第二阶段 SFA 回归是必要的。

在考察环境变量对投入松弛变量所带来的影响时，若系数结果是正值，则意味着环境变量值的上升将会带来产出增加，对科技成果转化效率产生正影响。若结果是负值，表明此环境变量的上升将带来产出下降，对科技成果转化效率产生负影响。具体来看，$Z1$ 的增加能扩大技术市场规模，进而提高总效率水平；$Z3$ 和 $Z4$ 的增加能提高地区高新技术企业数量进而提高总效率水平；而 $Z5$ 的增加将导致产出减少，不利于总效率的提高。

表 5.3.4　SFA 模型结果汇总（样本数/截面：210/7）

环境变量指标	技术市场规模松弛变量	高技术产业企业松弛变量
常数项	1.732(1.593)	−1.034(1.115)
$Z1$	0.579 *** (0.12)	0.112(0.081)
$Z2$	0.039(0.083)	−0.02(0.055)
$Z3$	−0.584(1.677)	1.967 * (1.199)
$Z4$	0.077(0.056)	0.113 *** (0.037)
$Z5$	−0.562 *** (0.139)	−0.241 *** (0.089)
sigma-squared	1.457 *** (0.404)	0.661 *** (0.186)

环境变量指标	技术市场规模松弛变量	高技术产业企业松弛变量
gamma	0.949 *** (0.015)	0.955 *** (0.014)
对数似然函数值	−78.7	16.383
LR 单边检验值	192.183 ***	203.15 ***

注：括号内是标准误，*、** 和 *** 分别表示在 10%、5% 和 1% 的水平上显著。

（3）第三阶段调整后的 DEA 实证结果分析

对各地区科技成果转化产出进行调整，对各地区由于环境因素及统计噪声造成的产出不足补充，再次运用 DEAP2.1 软件进行 BCC 模型分析，结果如表 5.3.5 所示。从表中数据可知，剔除外界环境和随机干扰因素对效率影响后，我国各省份科技成果转化效率值均有不同程度的下降。这说明我国科技成果转化效率没能达到完全有效，且效率水平不高，可见我国科技成果转化效率还有很大的提升空间。但考察期内整个效率水平呈上升态势，说明我国科技成果转化效率逐步提升。表 5.3.5 的结果说明第一阶段各地区的效率水平并不能真正反映科技成果转化的水平，较好的外界环境和随机干扰因素会导致地区效率水平虚高。

表 5.3.5　第三阶段 DEA 效率值

地区	2011 年	2012 年	2013 年	2014 年	2015 年	2016 年	2017 年	均值
全　国	0.400	0.418	0.434	0.455	0.468	0.468	0.495	0.448
东　部	0.448	0.470	0.483	0.502	0.516	0.509	0.530	0.494
中　部	0.269	0.293	0.330	0.364	0.394	0.423	0.459	0.362
西　部	0.478	0.488	0.498	0.518	0.518	0.506	0.533	0.505
东　北	0.223	0.238	0.239	0.250	0.272	0.281	0.316	0.260
上　海	0.469	0.446	0.432	0.441	0.444	0.432	0.422	0.441
北　京	1	1	1	1	1	1	1	1
天　津	0.499	0.552	0.555	0.657	0.703	0.705	0.690	0.623
山　东	0.209	0.255	0.275	0.288	0.314	0.312	0.321	0.282
广　东	0.332	0.366	0.431	0.458	0.482	0.490	0.636	0.456
江　苏	0.361	0.421	0.371	0.375	0.380	0.377	0.375	0.380
河　北	0.204	0.220	0.233	0.262	0.279	0.263	0.298	0.251

地区	2011 年	2012 年	2013 年	2014 年	2015 年	2016 年	2017 年	均值
浙　江	0.218	0.245	0.295	0.300	0.320	0.308	0.336	0.289
海　南	1	1	1	1	1	1	1	1
福　建	0.186	0.197	0.239	0.243	0.240	0.204	0.225	0.219
安　徽	0.300	0.329	0.359	0.398	0.429	0.455	0.469	0.391
山　西	0.301	0.318	0.348	0.355	0.370	0.363	0.446	0.357
江　西	0.333	0.362	0.398	0.456	0.494	0.511	0.583	0.448
河　南	0.214	0.229	0.243	0.246	0.252	0.237	0.213	0.233
湖　北	0.223	0.252	0.348	0.449	0.541	0.576	0.579	0.424
湖　南	0.242	0.265	0.286	0.280	0.280	0.394	0.461	0.315
云　南	0.261	0.304	0.287	0.292	0.340	0.312	0.315	0.302
内蒙古	0.208	0.233	0.171	0.148	0.191	0.191	0.231	0.196
四　川	0.226	0.243	0.242	0.259	0.277	0.286	0.395	0.275
宁　夏	1	0.988	1	1	0.982	0.945	1	0.988
广　西	0.275	0.294	0.305	0.298	0.301	0.264	0.293	0.290
新　疆	0.265	0.261	0.288	0.276	0.268	0.247	0.240	0.264
甘　肃	0.581	0.595	0.615	0.673	0.664	0.639	0.601	0.624
贵　州	0.627	0.635	0.671	0.674	0.672	0.652	0.743	0.668
重　庆	0.411	0.373	0.395	0.495	0.419	0.451	0.423	0.424
陕　西	0.400	0.443	0.506	0.583	0.580	0.581	0.617	0.530
青　海	1	1	1	1	1	1	1	1
吉　林	0.299	0.308	0.298	0.298	0.300	0.314	0.370	0.312
辽　宁	0.197	0.214	0.207	0.209	0.240	0.269	0.301	0.234
黑龙江	0.173	0.191	0.211	0.242	0.277	0.261	0.277	0.233

5.3.4.2　科技成果转化效率结果分析

（1）全国水平分析

从表5.3.5中可以看出全国科技成果转化效率水平从2011年的0.400逐年上升至2017年的0.495，样本期内平均水平为0.448，可见整体上我国科技成果转化效率水平呈上升态势，但离有效水平差距仍较远。图5.3.1绘制了全国科技成果转化综合效率、技术效率和规模效率的趋势。从图中来看，全国技术效率水平较为稳定，在0.8左右，而规模效率则表现为上升趋势，从 2011 年的 0.48 左右上升到 2017 年的 0.6 左右，由此可见，当前阶段影响全国科技成果转化效率的主要因素为规模效率。

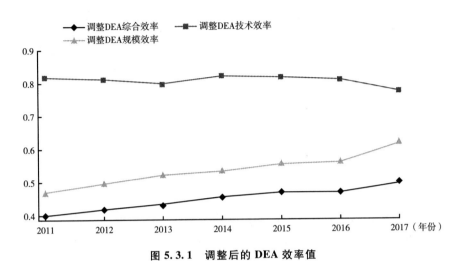

图 5.3.1　调整后的 DEA 效率值

（2）地区水平分析

从表 5.3.5 中可以看到，2011～2017 年，东部地区平均科技成果效率水平为 0.494，中部地区为 0.362，西部地区为 0.505，东北地区为 0.260。可见，东部和西部地区的科技成果转化效率值位于全国平均水平之上，中部地区和东北地区的科技成果转化效率值低于全国平均水平。图 5.3.2 绘制了各地区的科技成果转化效率趋势图，从图中可以看到，中国各地区的科技成果转化效率呈现较大的差异，东部地区和西部地区位于第一梯队，中部地区处于第二梯队，东北地区处于第三梯队。这一方面说明东部地区和西部地区的科技成果转化机制运行良好，已有创新成果能进行有效转化；另一方面也说明中部地区和东北地区在科技成果转化的过程中，出现了创新过程和转化过程脱节的现象，导致科技成果不能有效转化，从而对经济发展起不到应有的促进作用。

（3）分省份水平分析

从各省份来看，只有东部地区的北京和海南、西部地区的青海和宁夏连

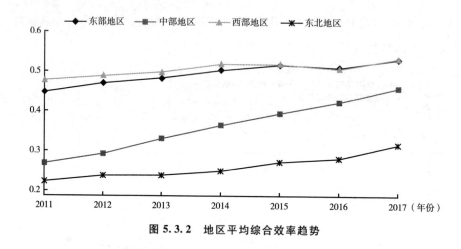

图 5.3.2　地区平均综合效率趋势

续多年处在科技成果转化效率的生产前沿边界上，其科技成果转化的投入、产出组合最有效率。其余省份均存在投入产出改进的必要性和效率提升的空间。

从 2011~2017 年各省份科技成果转化效率的平均水平来看，北京、海南和青海的均值为 1，已达到生产前沿，宁夏排在第 4 位，平均效率为 0.988，十分接近生产性前沿，处于第一行列。贵州、甘肃、天津和陕西排名分列第 5~8 位，效率值均在 [0.5，0.7]，位于第二行列。广东、江西、上海、湖北和重庆的效率值在 [0.4，0.5]，位列第 9~13 位，处于第三行列。安徽、江苏等省份的效率值在 [0.3，0.4]，位列第 14~19 位，处于第四行列，广西等省区效率值在 [0.1~0.3]，位列第 20~30 位，处于第五行列。由此可见科技成果转化效率水平整体较低，且省份间水平差异较大。

5.3.4.3　科技成果转化效率的收敛性分析

接下来对我国科技成果转化效率的收敛情况进行分析。

（1）σ 收敛

本研究计算了全国范围内科技成果转化效率的标准差、变异系数和 σ 系数，结果如表 5.3.6 所示。从表中资料来看，科技成果转化效率的标准差从 2011 年的 0.265 波动下降到 2017 年的 0.247，变异系数从 2011 年的 0.662 下降到 2017 年的 0.499，σ 系数也从 0.559 波动下降到 0.477。由此可见，科技成果转化效率的离散程度表现为较为明显的下降趋势，这在一定程度上说明了各省份科技成果转化效率的变化具有一定的趋同性。因此我们可以认为科技成果转化效率存在 σ 收敛，即各省份科技成果转化效率之间的差距正在缩小。

表 5.3.6　科技成果转化效率的 σ 收敛结果

年份	2011	2012	2013	2014	2015	2016	2017
均值	0.400	0.418	0.434	0.455	0.468	0.468	0.495
标准差	0.265	0.257	0.255	0.257	0.250	0.249	0.247
变异系数	0.662	0.615	0.588	0.565	0.535	0.532	0.499
σ 系数	0.559	0.522	0.511	0.523	0.488	0.497	0.477

　　由上文可知，科技成果转化效率的分布具有地区差异，那么各地区内部是否同样具有收敛性呢？本研究绘制了分地区变异系数和 σ 系数趋势图（见图 5.3.3）。从图中我们可以看到，地区内部离散水平存在差异，总体来看，东部地区和西部地区离散程度较高，说明东部地区和西部地区内各省份科技成果转化效率差异较大，但随着时间的推移，有收敛趋势。而中部地区和东北地区内部离散程度较低，但中部地区的变异系数和 σ 系数均呈上升趋势，说明中部地区内各省份之间不存在 σ 收敛，地区间科技成果转化效率差异越来越大。

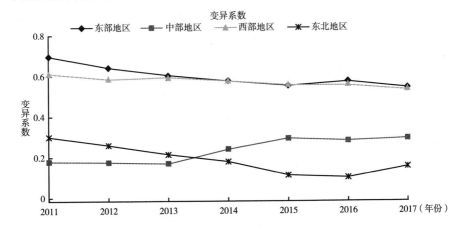

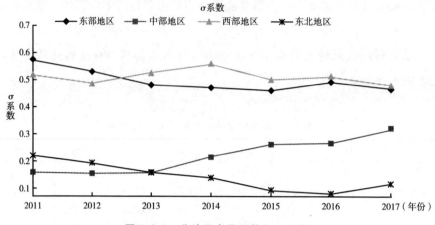

图 5.3.3　分地区变异系数和 σ 系数

（2）β 收敛

对全国科技成果转化效率是否存在 β 收敛进行分析，β 收敛检验结果见表 5.3.7。表中（1）列和（2）列为绝对 β 收敛的回归结果，其中（1）列以 2011 年的科技成果转化效率的自然对数为解释变量，以 2012～2017 年的科技成果转化效率增长率的平均值为被解释变量。（2）列则借鉴张维今等（2020）的做法，以 2011～2014 年平均效率的对数值为解释变量，以 2015～2017 年的年均效率增长值为被解释变量以消除异常波动的影响。

表 5.3.7 中 $\ln TE\_2011$ 的系数为 -0.045，在 1% 的显著性水平上显著，消除异常波动后，$\ln TE\_0$ 的系数为 -0.055，在 10% 的显著性水平上显著，这表明在初期科技成果转化效率较低的地区具有较高的效率增长率，说明科技成果转化效率表现出明显的绝对 β 收敛。由此可知，科技成果转化效率水平发生了一些变化，各省份科技成果转化效率的差距也在缩小。随着时间的推移，全国各省份科技成果转化效率最终会达到一个相同的水平。通过计算得到两种估计方法下，我国各省份科技成果转化效率的追赶时间分别为 105.378 年和 85.770 年，即大约通过 85 年的追赶，各省份科技成果转化效率将达到一个相同的稳态，各省份之间的差距不会特别明显。

表 5.3.7 中（3）～（8）列为相对 β 收敛的回归结果，（3）列严格假

定各省份具有相同的经济特征，不包含控制变量。变量 l. $\ln TE$ 的系数为 -0.261，且通过了显著性检验，这表明在初期科技成果转化效率较低的地区具有较高的效率增长率，说明科技成果转化效率表现出明显的条件 β 收敛。收敛速度为 0.043，追赶时间则为 16.042 年。（4）列在（3）列的基础上加入地区经济发展水平、金融支持、基础设施投资和外商直接投资等表征地区异质性的控制变量，估计得到的系数显著为负，说明存在条件 β 收敛。收敛速度提高到了 0.062，追赶时间为 11.104 年，由此可见，加入控制变量后，收敛速度更快、追赶时间更短，说明控制变量的加入对科技成果转化效率收敛性产生促进作用。

表 5.3.7 中（5）～（8）列为分地区的条件 β 收敛检验结果，其中东部和西部地区 β 系数都小于 0 且均通过了 1% 的显著性检验，说明东部地区和西部地区存在显著的条件 β 收敛趋势，即随着时间的推移，各地区的科技成果转化效率会趋向于各自的稳态水平，从收敛速度和追赶时间来看，东部地区和西部地区的收敛速度分别为 0.076 和 0.129，追赶时间为 9.166 年和 5.368 年。可见东部地区收敛较慢，追赶时间相对较长。而中部地区和东北地区 β 系数没有通过显著性检验，说明地区内科技成果转化效率的差异将会长期存在。

由此可知，科技成果转化效率水平发生了一些变化，整体上，各地区科技成果转化效率的差距在缩小，但从地区层面来看，只有东部和西部地区存在条件 β 收敛。

表 5.3.7　科技成果转化效率的 β 收敛结果

变量	（1） $g1$	（2） $g2$	（3） 全样本	（4） 全样本	（5） 东部	（6） 中部	（7） 西部	（8） 东北
$\ln TE\_2011$	-0.045^{***} （0.014）							
$\ln TE\_0$		-0.055^{*} （0.027）						

续表

变量	（1） $g1$	（2） $g2$	（3） 全样本	（4） 全样本	（5） 东部	（6） 中部	（7） 西部	（8） 东北
l. lnTE			-0.261 *** （0.054）	-0.354 *** （0.065）	-0.411 *** （0.109）	-0.138 （0.170）	-0.595 *** （0.159）	-0.391 （0.258）
收敛速度	0.007	0.008	0.043	0.062	0.076		0.129	
追赶时间	105.378	85.770	16.042	11.104	9.166		5.368	
控制变量	否	否	否	是	是	是	是	是
_cons	0.000 （0.017）	0.308 *** （0.014）	-0.201 *** （0.052）	-1.509 （1.237）	0.077 （2.757）	-6.759 （4.064）	-4.346 ** （2.153）	1.177 （15.795）
N	30	30	180	180	60	36	66	18
adj. R^2	0.243	0.097	-0.037	0.020	0.119	-0.152	0.070	-0.174

注：括号内是标准误，*、**和***分别表示在10%、5%和1%的水平上显著。

5.3.5 创新政策与科技成果转化效率

科技成果作为允许有偿转让的知识形态的商品，其转化成可消费的最终产品的过程需要通过市场机制。但是由于科技成果转化存在技术外溢性特征（王乔等，2019），在转化过程中可能出现市场失灵。为了有效驱动科技成果转化、提高科技成果转化效率，政策干预可以作为外生变量以应对市场失灵。因此，政策因素在促进科技成果转化、提高创新生产力的过程中同样起着关键的作用。

自2006年以来，我国出台了大量扶持科技创新的政策以促进科技成果转化。根据政策作用性质，创新政策可以分为供给型政策、需求型政策和环境型政策。供给型政策主要作用于科技成果转化的供给主体，起直接驱动作用，包括项目资助、成果奖励等财政支出政策和减免退税、加计扣除等财政收入政策。需求型政策则作用于科技成果转化的需求主体，起引导作用，包括政府采购等政策措施。环境型政策作用于科技成果转化的过程，起催化作用，包括改革科技体制机制、促进产学研、促进创业等政策措施。

为了探究创新政策对科技成果转化效率的影响，本研究建立如下模型进行分析。

$$\ln TE_{i,t} = \alpha + \beta X_{i,t-1} + \gamma Z_{i,t-1} + \varepsilon_{i,t} \tag{5.3.10}$$

其中，i 表示地区，j 表示年份。被解释变量 $\ln TE$ 为利用三阶段 DEA 测算出的科技成果转化效率的对数值，X 表征创新政策向量，Z 表征控制变量向量。为了控制科技成果转化效率与创新政策和控制变量之间的双向因果关系，本研究的解释变量和控制变量均滞后一期。

本研究选取政府科学技术支出规模代表供给型政策，选取政府采购规模表征需求型环境政策，选取是否创新型省份表征环境型政策。政府科学技术支出规模（GovSub）以地方财政科学技术支出占地方财政总支出的比重来衡量，数据来源于历年《中国统计年鉴》；政府采购规模（GovPro）以地方政府采购规模占地方财政总支出的比重来衡量，数据来源于政府采购网与《中国统计年鉴》；是否创新型省份（InnovProv）为虚拟变量，被批准为创新型省份的地区在批准当年及以后年份取值为 1，否则为 0。

根据国内外相关研究，本研究控制了地区人力资本、对外开放、经济发展、城市化水平和金融发展规模等与区域科技成果的生产与转化密切相关的经济环境变量（见表 5.3.8）。

表 5.3.8 政策因素对科技成果转化效率的影响

变量	(1) Crste	(2) Crste	(3) Crste	(4) Crste	(5) Vrste	(6) Scale
GovSub	0.003			0.025	0.094***	−0.069*
	(0.038)			(0.052)	(0.026)	(0.036)
GovPro		0.139***		0.139***	0.004	0.135***
		(0.039)		(0.039)	(0.019)	(0.027)
InnovProv_			0.009	−0.012	−0.100	0.087
			(0.091)	(0.125)	(0.061)	(0.085)
Hum	0.643	0.362	0.664	0.318	0.361	−0.041
	(0.668)	(0.844)	(0.675)	(0.898)	(0.439)	(0.613)
Fdi	0.113	0.150	0.113	0.141	0.188***	−0.047
	(0.072)	(0.100)	(0.071)	(0.103)	(0.050)	(0.070)
DPGDP	4.675**	7.147***	4.721**	6.673**	3.120**	3.559*
	(1.962)	(2.608)	(1.902)	(2.801)	(1.369)	(1.911)

变量	（1）	（2）	（3）	（4）	（5）	（6）
	Crste	Crste	Crste	Crste	Vrste	Scale
Urb	−1.048 **	−0.855	−1.047 **	−0.927	−1.264 ***	0.338
	（0.425）	（0.645）	（0.417）	（0.672）	（0.328）	（0.459）
Fin1	0.791 ***	0.656 ***	0.794 ***	0.646 ***	0.012	0.633 ***
	（0.112）	（0.164）	（0.110）	（0.176）	（0.086）	（0.120）
N	180	90	180	90	90	90
adj. R^2	0.264	0.398	0.264	0.385	0.352	0.450

注：括号内是标准误，* 、** 和 *** 分别表示在10%、5%和1%的水平上显著。回归样本数量存在。

表 5.3.8 报告了政策因素影响科技成果转化效率的估计结果。表中（1）～（4）列被解释变量为总技术效率（*Crste*），其中（1）～（3）列放入单个政策因素，变量 *GovPro* 的回归系数为 0.139，且在 1% 的显著性水平上显著，说明政府采购规模的增加能显著提高科技成果转化效率，而政府科学技术支出规模（*GovSub*）和是否创新型省份（*InnovProv*）对总技术效率不存在显著影响。（4）列对三个政策因素同时进行回归，系数符号和显著性也没有发生较大改变，说明各政策因素间不存在交叠效应。

我们还以总技术效率的分解效率——纯技术效率（*Vrste*）和规模效率（*Scale*）分别作为被解释变量进行回归，结果见表 5.3.8 的（5）～（6）列。结果显示，变量 *GovSub* 对地区纯技术效率的影响显著为正，但对规模效率的影响却显著为负，可见虽然政府科学技术支出规模对科技成果转化效率存在显著影响，但是其对纯技术效率的推动作用和对规模效率的阻碍作用产生了抵消，因此对总技术效率的影响不显著。因而，为了提高科技成果转化效率，可以从降低政府科学技术支出规模对规模效率的负向影响入手。（5）～（6）列的结果还显示，政府采购规模之所以能推动总技术效率的提高，是因为政府采购规模的增加对地区规模效率有显著促进作用。

差异的原因是政府采购数据来源于政府采购网，数据起始年份为 2015 年。

5.3.6 结论

本研究利用三阶段 DEA 模型对 2011～2017 年我国科技成果转化效率进行了测度及收敛性分析，并对科技成果转化效率的影响因素及对经济增长的影响进行了检验，研究结果表明：①在剔除环境因素和随机误差影响后，我国地区科技成果转化效率发生了较大的变化，调整后，科技成果转化效率整体水平偏低；②收敛性分析的结果表明，整体来看，各省份科技成果转化效率既存在 σ 收敛，也存在绝对 β 收敛和条件 β 收敛，说明各省份之间科技成果转化效率的差距正在缩小，但科技成果转化效率的收敛性具有地区差异，具体表现为东部地区和西部地区均存在收敛，而中部地区不存在收敛；③政策因素是推动科技成果转化效率的重要影响因素，其中政府采购规模的增加有利于总技术效率提高，政府科学技术支出规模对科技成果转化效率的纯技术效率有推动作用。

第**6**章
协同创新与经济开放对创新的影响

6.1 考虑创新网络成本及异质认识效应的
企业合作创新演化研究

本部分的研究将创新网络成本和企业异质性纳入企业合作创新的影响因素中，对描述和管理企业创新网络具有重要意义。通过构建企业合作创新的动态社会网络博弈模型对企业合作创新行为进行博弈演化分析。当引入创新网络成本时，结果表明：创新网络成本越低，企业合作水平越高；网络成本常系数越小，创新网络达到稳定的演化速度越慢，边际系数与常系数作用相反，且演化速度对边际系数更为敏感。考虑企业异质性的研究表明：随着企业合作意愿由高到低，合作密度将由平稳演变为周期性波动；企业创新自信越强、损失敏感度越低、风险偏好越高，则越倾向于合作创新。此外，收益差距、知识转化率、合作成本以及违约成本也会随合作创新涌现。

6.1.1 引言

合作创新是企业分散创新成本和风险的重要方法，同时也能为企业提供异质性知识，增强互动学习能力，向企业注入新的活力。因此，我国各地都积极制定政策促进合作创新的发展，如成立高新园区、减税免税等。但是园区中企业"重聚合而轻协作"的现象时有发生，合作创新活跃度并不理想。因此，如何促进集群企业间形成有效的创新网络、理解创新网络在不同场景中演化规律，从而制定相应措施激励企业开展合作创新，是一个值得重点关注的问题。

自创新网络概念提出以来，一直被认为是企业合作创新的最佳组织模式，也是学术界和企业界关注的热点问题（Freeman，1991；王大洲，2001；刘兰剑和司春林，2009；方炜和王莉丽，2018）。有学者从创新网络具有典型的复杂网络特征出发，基于复杂网络与生态系统的视角，分析了创新网络的系统构造和运行机理，认为系统的稳定取决于企业自组织的合作机制、政府主导和制度安排（李金华和孙东川，2006；刘丹和闫长乐，2013）；将复杂网络理论引入合作创新后研究发现，无标度网络下的合作涌现率比小世界网络的更为稳定，网络规模效应对网络演化速度具有显著影响，创新网络结构对合作的密度、对象和稳定性都将产生影响（曹霞和刘国巍，2015；徐建中，2019；袁剑锋，2017；邵强等，2017；李晨光和赵继新，2019）。在合作创新过程中，成本和收益是企业关注重点，企业双方收益分配系数与成本系数呈负相关，维持合作的关键在于履约收益要高于违约收益（张洪潮和何任，2010；彭佑元等，2016）。随着演化博弈论和有限理性的引入（Smith et al.，1973；Peter，1978），将企业看作有限理性的博弈主体，在合作创新中防止背叛的根本在于能否识别对方企业特性，且违约惩罚机制能抑制机会主义倾向，建立合适的惩罚机制和收益制约机制，从而实现长期稳定合作（易余胤等，2005；罗剑锋，2012；刁丽琳，2012）。

梳理文献发现国内外学者在企业合作创新行为的研究上进行了有益的探索，为本研究提供了理论基础。然而，已有文献存在两方面的缺陷，一方面，从收益和成本角度来看，现有文献在研究企业合作创新时，并未将交易成本理论中的创新网络成本作为合作创新的影响因素纳入研究，大量的研究成果证实了网络结构对合作创新的影响，却忽视了如下显而易见的问题，即企业在复杂社会网络中博弈时，需不需要为维持创新网络而支付成本呢？

（罗炜等，2001）创新网络成本又将产生怎样的影响呢？另一方面，企业作为合作创新参与者，由于自身条件、认知能力、社会环境和资源等各方面的限制，其行为潜在地受到影响，具备不同的理性程度（Gino et al.，2008），目前研究主要基于微分方程的复制动态演化机制从而分析合作行为，并未考虑现实创新网络中企业异质理性程度，只有少数文献将参照点效应引入企业合作创新研究（杨剑等，2020；吕斐斐等，2017）。鉴于此，本研究从社会网络演化博弈的视角研究企业合作创新行为的涌现，构建一个基于动态社会网络的合作创新博弈模型，在考虑创新网络成本的同时，将企业的异质性分为合作意愿差异和利益感知差异，运用仿真实验探讨其对企业合作的影响，以期在企业合作创新研究中提供理论基础和有益借鉴。

6.1.2 企业合作创新博弈模型

6.1.2.1 理论框架

关于企业合作创新行为的动因可以从多个角度出发：资源基础观认为企业合作创新是利用稀缺资源的异质性从而增强竞争优势的价值创造过程，交易成本理论认为企业合作可以降低市场交易的不确定性、信息不对称和道德风险，产业组织理论认为企业合作能有效实现技术内部共享、提高创新效率。现有研究表明，合作主体的合作收益系数、成本分配、惩罚机制、机会主义等都对企业合作创新行为有显著影响，并且由于企业主体在学习能力、判断能力和决策执行的有效性方面存在诸多差异，具备不同的理性程度，在效益感知、创新感知、损失规避和风险偏好方面都存在一定的差异，因此本研究主要探究创新网络成本和企业异质性对企业合作创新行为涌现的影响。

（1）创新网络成本

企业在长期的竞合博弈中形成创新网络组织模式，交易成本理论认为，企业合作创新相比自主创新存在特殊的交易成本，如创新网络的寻伴成本、企业联盟沟通成本、谈判签约成本、履约成本和合作失败风险成本等，都受到合作对象数量的显著影响，而现有文献研究企业合作创新成本时，往往只考虑企业双方对合作产品的 R&D 投入，并未将创新网络成本纳入研究范围，本研究正是基于上述两点考虑，探究创新网络成本对合作创新的影响，根据现有文献，假设创新网络成本 γ 是企业 i 博弈对手数量 k_i 的增函数（Hanaki et al.，2007）。

$$\gamma(k_i) = c\,k_i^{\sigma},(0 \leqslant c,1 \leqslant \sigma \leqslant 2) \tag{6.1.1}$$

其中，c 为创新网络成本常系数，σ 为创新网络成本边际系数。

（2）企业异质性效应

企业间更快地调整博弈策略和寻伴行为是自利性企业产生合作的重要原因，且企业间信任程度是双方能否合作创新的一个重要影响因素，而企业博弈要素[①]变化实质上是企业主体在博弈中合作意愿的变化（Berninghaus，2008；于贵芳等，2020），结合企业受到的外部环境和自身文化影响，将企业博弈要素分为三种——低策略寻伴比、等策略寻伴比和高策略寻伴比，对应企业的合作意愿由高到低。企业是否愿意进行合作创新，还与合作过程中收益感知、创新自信、风险偏好和损失规避等因素有关（杨剑等，2020）。本研究将以上两点归入企业异质性，探究不同合作意愿和利益感知下的企业在创新网络中的合作行为特征。

6.1.2.2　博弈模型

本研究基于现有企业合作创新的研究成果，将企业社会网络成本和企业异质性纳入企业合作创新的研究中。考虑参照点效应，对于任意企业 i 可建立合作创新收益函数。

$$R_i = f\{V_{a_{i,t},a_{j,t}}[\omega(l_i),\upsilon(\Delta E_{i,a_{i,t}})],\theta_i C,\delta_i S_{i,j},P\} \tag{6.1.2}$$

其中，企业合作创新感知收益 $V_{a_{i,t},a_{j,t}}$ 指企业 i 在双方策略组合 $a_{i,t},a_{j,t}$ 下，基于参照点对客观收益的主观评价，一般来说，企业采取不同创新策略会有不同的参照点，本研究将合作创新的参照点设置为合作创新收益的期望值 E_1，将独立创新的参照点设置为 $E_0 = 0$，根据 Tversky 和 Kahneman（1992）提出的价值公式：

---

① 指企业调整策略和寻伴行为。

$$v(\Delta E_{i,a_{i,t}}) = \begin{cases} (\Delta E_{i,a_{i,t}})^{\alpha}, \Delta E_{i,a_{i,t}} \geq 0 \\ -\lambda(\Delta E_{i,a_{i,t}})^{\beta}, \Delta E_{i,a_{i,t}} < 0 \end{cases} (0 < \alpha \text{、} \beta \leq 1, 0 < \lambda) \qquad (6.1.3)$$

其中，$\Delta E_{i,a_{i,t}}$ 为 t 时刻企业 i 策略 $a_{i,t}$ 的实际收益与参照点的收益差 $\Delta E_{i,a_{i,t}} = \pi_{a_{i,t},a_{j,t}} - E_0 (E_1)$。$\alpha$、$\beta$ 为风险态度系数，描述企业在基于参照点下的风险偏好，取值越大，越倾向冒险；λ 为损失规避系数，刻画企业面临损失时的规避程度，取值越大，对损失越敏感（曹霞和张路蓬，2016）。根据前景理论可得企业 i 的感知收益为如下。

$$V_{a_{i,t},a_{j,t}}[\omega(l_i), v(\Delta E_{i,a_{i,t}})] = \omega(l_i)v(\Delta E_{i,a_{i,t}}), (0 \leq \omega(l_i) \leq 1) \qquad (6.1.4)$$

其中，ω（l_i）表示企业对自身创新能力的自信程度，取值越大，表明企业越自信，l_i 为企业 i 的创新能力。

企业合作的研发投入 $\theta_i C$ 表示企业 i 在合作创新过程中对某产品的研发投入成本。企业面对日益复杂的产品制造、升级和开发体系，需要共同投入一定的创新成本，从而实现合作创新的收益，C 表示企业双方的合作创新成本，θ_i 为企业 i 的成本分配系数（曹霞和张路蓬，2016）。

企业合作创新溢出效益 $\delta_i S_{i,j}$ 表明当企业 j 采取合作行为时产生的外部收益，由于产品技术转移的不确定性和知识互补性，企业 i 在不付出额外成本的情况下从企业 j 获得知识和收益，$S_{i,j}$ 表示企业双方采取合作策略时形成的知识共享池，δ_i 表示企业 i 的知识学习效率，将共享知识转化为自身收益（柴国荣和宗胜亮，2009）。

违约惩罚 P 是企业双方中对违反合作契约一方的处罚，以补偿履约方的损失，违约惩罚机制是促进企业合作创新涌现的重要方式之一，合作是否涌现取决于惩罚成本能否抵消机会主义行为的违约超额收益（罗剑锋，2012；刁丽琳，2012），当然，在双方均违约的情况下，则不存在违约惩罚。

创新网络成本 γ_i，上文已经给出，不再赘述。

为便于分析和保证一般性，将企业 i 与企业 j 的收益函数 R_i 表征为线性函数如下。

$$R_{a_{i,t},a_{j,t}} = V_{a_{i,t},a_{j,t}}[\omega(l_i),\upsilon(\Delta E_{i,a_{i,t}})] - \theta_i C + \delta_i S_{i,j} - P \qquad (6.1.5)$$

企业 i 与企业 j 进行博弈时，不同的组合策略情况下的收益不同，根据上述企业的成本和收益，构建企业 i 与企业 j 的"合作—独立"博弈支付矩阵，如表 6.1.1 所示。为使双方均选择"独立创新"的企业有机会产生竞合关系，其中 $c \leqslant o \neq 0 \ll 1$。

表 6.1.1　企业合作创新博弈支付矩阵

策略	合作创新（C）	独立创新（D）
合作（C）	$\begin{pmatrix} V_{C,C} - \theta_i C + \delta_i S_{i,j}, \\ V_{C,C} - \theta_j C + \delta_j S_{i,j} \end{pmatrix}$	$\begin{pmatrix} P - \theta_i C, \\ V_{D,C} + \delta_j S_{i,0} - P \end{pmatrix}$
独立（D）	$\begin{pmatrix} V_{D,C} + \delta_i S_{0,j} - P, \\ P - \theta_j C \end{pmatrix}$	(o,o)

6.1.2.3　创新网络演化的假设前提

企业在合作创新过程中存在竞争、合作和背叛等非线性作用机制，实现产品技术创新，本质上符合基于复杂社会网络的演化过程，企业作为创新网络节点，企业间存在错综复杂的竞合关系，这些关系构成了节点的连边。企业创新网络由异质性的主体构成，具体表现为企业合作意愿、对外信任程度以及企业自我感知等方面均存在差异，导致在合作过程中企业的决策行为存在显著差异，在研究过程中，本研究将多种类别的创新主体抽象认定为不同类型的企业（张宏娟和范如国，2014），基于现有文献设置创新网络特征。

①初始状态下，企业间均无联系，企业间随时间推移由于竞合关系形成创新网络，企业 i 在形成当前创新网络时和维持与其他企业的竞合关系需要付出一定的成本。

②企业双方在按合理分配合作成本和研发收益基础上进行合作创新，但部分企业基于利己的动机，可能存在机会主义行为（杨剑等，2020；Rand et al.，2016）。

③企业采用费米更新规则，策略选择取决于上一次博弈收益与邻居企业

收益的对比，但企业在决策后仍有可能出现执行失误。

6.1.2.4　企业博弈要素

传统演化博弈模型采用复制动态的方法求解博弈的均衡稳定状态，抽象地描述企业合作创新行为的博弈演化过程，但现实的合作创新过程中，部分企业考虑寻伴成本、决策成本以及合作失败风险成本而选择"独立创新"策略，即主体的合作意愿往往与实际环境、相互信任程度、企业文化等各方面有关，复制动态方法未能体现异质性的企业主体在合作意愿、效用感知上的差别以及创新网络成本对合作涌现的影响。鉴于此，本研究将演化博弈理论与复杂网络相结合，运用仿真实验方法探究其对企业合作创新行为的影响。

考虑多个企业在创新网络中进行重复博弈，策略和对手是企业的两种博弈要素，博弈过程中企业的策略和对手随时间变化。博弈个体能获得对手的收益和策略等信息，每轮博弈结束后，以概率 p 和 μ 调整自己的策略和博弈对手集合（$0 \leqslant p$，$\mu \leqslant 1$），如图 6.1.1 所示。

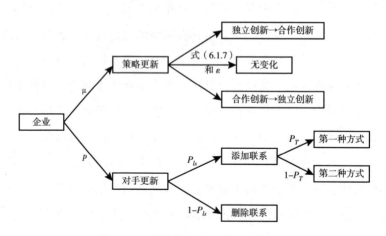

图 6.1.1　创新网络企业博弈要素调整

1. 企业策略更新

根据博弈支付矩阵可知，$R_i\left(a_{i,t}, a_{j,t}\right)$ 表示企业 i 的策略为 $a_{i,t}$，其对手企业 j 的策略为 $a_{j,t}$ 时企业 i 的收益，可求得企业 i 在 t 时刻总收益 $u_{i,t}$。

$$u_{i,t} = \sum_{j \to k_i} R_i(a_{i,t}, a_{j,t}) - \gamma(k_i) \tag{6.1.6}$$

当个体更新其博弈策略时，个体采用费米更新规则（Gyorgy and Hauert，2002）。

$$F(a_{i,t} \leftarrow a_{j,t}) = \frac{1}{1 + \exp[(u_{i,t} - u_{j,t})/f]} \tag{6.1.7}$$

其中，$F(a_{i,t} \leftarrow a_{j,t})$ 表示企业 i 现有策略 $a_{i,t}$ 模仿企业 j 现有策略 $a_{j,t}$ 的概率，f 为费米常数。此外还假定企业在决策后以 ε 概率发生执行失误（$0 < \varepsilon \le 0.005$）。

2. 企业对手更新

每轮博弈后，企业 i 以概率 p 调整对手企业集合，企业更新算法如图 6.1.1 所示。企业建立关系和删除关系成功与否基于修改行为所产生的收益。

（1）删除竞合关系

当企业 i 尝试删除与某企业的博弈关系时，先从邻居集合中选择收益最低的企业 j，如果删除与企业 j 之间的博弈关系产生的成本降低高于维持这条博弈关系所带来的收益，即 $[\gamma(k_i) - \gamma(k_i - 1)] - \pi_i(a_{i,t}, a_{j,t}) > 0$，企业 i 将单方面删除与企业 j 的博弈关系，且不需要得到对手的同意。

（2）建立竞合关系

企业间有两种方法建立新博弈关系：第一种是从邻居的邻居中选择新的对手，第二种是从非邻居集合中选择对手。我们采用混合方式选择新对手建立竞合关系，假设企业 i 以概率 p_T 采取第一种方式，以概率 $1 - p_T$ 采用第二种方式。采取第一种方式时，企业 i 选择某一个企业的概率正比于二者共有的邻居数。

无论以何种方式选择新对手，企业 i 与其候选企业 j 间博弈关系建立需要得到双方同意。即式（6.1.8）成立。

$$\begin{cases} E[\pi_i(a_{i,t}, a_{j,t})] - [\gamma(k_i + 1) - \gamma(k_i)] > 0 \\ E[\pi_j(a_{i,t}, a_{j,t})] - [\gamma(k_j + 1) - \gamma(k_j)] > 0 \end{cases} \tag{6.1.8}$$

其中，$E[\pi_i(a_{i,t}, a_{j,t})]$ 是企业 i 与企业 j 建立博弈关系带来的预期

收益，需要获得候选对象在 t 时刻的博弈信息。若以第一种方式寻伴，则双方通过共同邻居获取对方的策略等信息，若企业 i 是以第二种方式选择，则无法获得企业 j 的信息，将以自己过往的经历预测对方策略，并计算预期收益，即

$$\mathrm{E}[\pi_i(a_{i,t}, a_{j,t})] = \tau_{i,t} \times \pi(a_{i,t}, C) + (1 - \tau_{i,t}) \times \pi(a_{i,t}, D) \qquad (6.1.9)$$

其中，$\tau_{i,t}$ 是企业 i 根据自己过往经历计算企业 j 在 t 时刻将采取合作创新的概率，表达式为：

$$\tau_{i,t} = \varphi \tau_{i,t-1} + (1 - \varphi) L_{i,t-1} \qquad (6.1.10)$$

其中，$\varphi \in (0, 1)$ 表示信任的权重因子，$L_{i,t-1}$ 是 $t-1$ 时刻企业 i 的博弈经历。$L_{i,t-1}$ 度量方法采用开放型的信任，为 $t-1$ 时刻企业 i 的所有邻居中的合作者比例（谢逢洁，2016）。

6.1.3　仿真实验与结果分析

6.1.3.1　企业创新网络动态博弈算法和参数设置

根据本研究构建的企业合作创新网络动态博弈演化模型和算法，利用 Python 实现算法模型从而进行仿真分析。算法步骤如下。

第一步，企业初始呈现为无连通网络状态，企业根据自身意愿和特性相互选择形成竞合关系。

第二步，企业主体在创新网络中的博弈过程。在每期博弈中，企业与邻居企业进行博弈并计算总收益。

第三步，企业策略更新和寻伴过程。在下轮博弈进行之前，企业以概率 p 和 μ 更新策略或是更新对手。

第四步，循环第二、三步直到达到设定的博弈总周期 T。

根据模型基本假设，设定参数取值：$\pi_{C,C} = 12$，$\pi_{D,C} = 6$，$C = 20$，$S_{i,j} = 8$，$P = 4$，$\varepsilon = 0.05$，$\alpha = \beta = 0.88$，$\lambda = 2.25$，$f = 0.1$，其余参数均设置为 0.5。基于以上初始值，取 50 次测试的平均值从而保证仿真结果的稳定性。

6.1.3.2 企业创新网络成本、博弈要素差异对合作创新的影响

从图6.1.2-Ⅰ、Ⅳ、Ⅶ可见，在低策略寻伴比时，企业秉持一贯的合作创新理念，更频繁地进行寻伴行为，而较少地变换合作策略。创新网络中的企业在博弈初期合作行为不断涌现，合作密度增大，之后达到一个稳定状态，创新网络成本的常系数 c 取值越小，创新网络演化达到稳定状态的速度越快，而不管边际系数 σ 如何变化，合作水平和演化规律都基本没有影响，稳定状态时合作密度在 0.5 左右。从图6.1.2-Ⅱ、Ⅴ、Ⅷ来看，在等策略寻伴比时，企业在决策和寻伴行为上采取相同的概率。此时，常系数 c 对创新网络达到稳定状态的演化速度没有影响，而随着 σ 值的减小，网络演化速度越慢；相较于图6.1.2-Ⅰ、Ⅳ、Ⅶ，合作密度均值有所上升，但幅度不大，稳定状态时合作密度均值在 0.55 左右。

从图6.1.2-Ⅲ、Ⅵ、Ⅸ可以观察到，在高策略寻伴比时，企业因内外部环境因素影响，较少进行寻伴行为，而频繁地进行合作，常见于多个大型企业间长期保持竞合关系，但是在多个项目上进行合作创新决策。此时，企业创新网络不论是从演化规律，还是从合作密度都出现根本性的变化。具体地说，创新网络中企业的合作密度随着博弈演化出现周期性变化，随着常系数 c 减小，演化周期时间变长[①]，边际系数 σ 越小，合作密度峰谷差值越大。

结论1：在企业合作创新博弈演化过程中，策略寻伴比由低向高，对应着企业对待合作创新意愿由高向低，也导致创新网络中的合作涌现由稳定转变周期性波动；而创新网络成本越低，企业间合作密度越大，但在策略寻伴比的不同阶段，创新网络成本常系数和边际系数在创新网络演化中扮演的角色各有不同。

6.1.3.3 感知效用对合作创新的影响

在探究感知收益对企业合作创新影响时，需要考虑现实中创新网络成本结构，在咨询管理科学领域专家和当地政府雇员后，设置参数取值：$c = 0.05$，$\sigma = 2$，$\mu/p = 1$。根据式（6.1.4）、（6.1.5）可知，企业的感知收益受到权重函数 $\omega(l)$ 和价值函数 $v(\Delta E)$ 的影响。因此，本节探究感知价

---

① 在图6.1.2-Ⅸ中，后续实验证实仅演化周期延长。

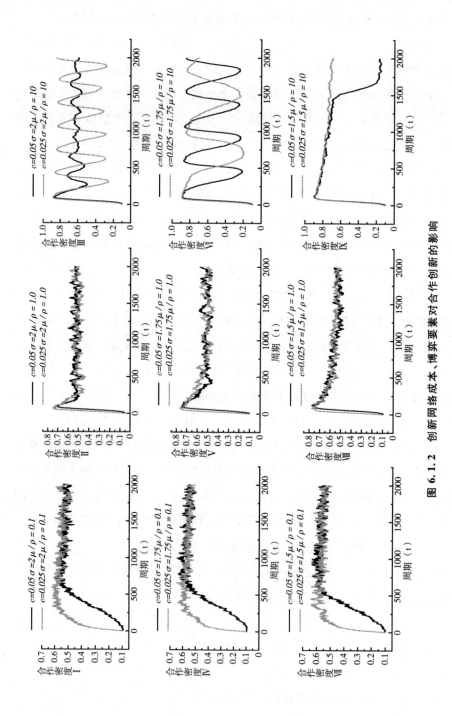

图 6.1.2　创新网络成本、博弈要素对合作创新的影响

值函数的风险态度系数 α、β 与损失规避系数 λ，以及关于企业创新自信 ω（l）对合作涌现的影响。

从图 6.1.3 中可以看出，α、β 取值较小时，由于初期企业间沟通交流少导致信息缺乏，且企业有合作创新倾向，网络中选择合作创新的企业迅速增加，但随着时间的推移，合作密度最后稳定在 0.52 左右；随着风险态度系数 α、β 的增大，网络中选择进行合作创新的企业不断增多，当 α、β 取值为 1 时，选择合作创新的企业稳定在 90% 左右。

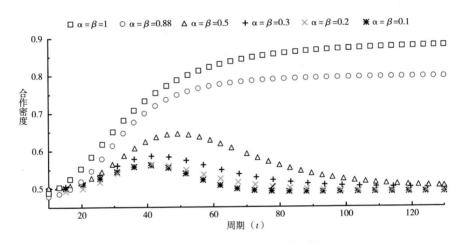

图 6.1.3　风险偏好对合作创新的影响

而企业面临损失的敏感性程度则刚好相反，随着损失规避系数的增加，创新复杂网络中愿意选择合作创新的企业数变少，但合作密度始终维持在 0.4 之上；当损失规避系数 $\lambda = 0.5$ 时，网络中选择合作的企业将稳定在 90% 左右，如图 6.1.4 所示。

创新自信 ω（l）是关于企业创新成功率的函数，创新成功率 l 表征企业创新能力，而创新自信 ω（l）表征企业对创新能力的主观感知。从图 6.1.5 中我们看到，随着企业创新感知 ω（l）的增加，企业越来越趋向于选择合作创新，当 ω（l）= 0.9 时，绝大部分企业都愿意参与到合作创新中来。

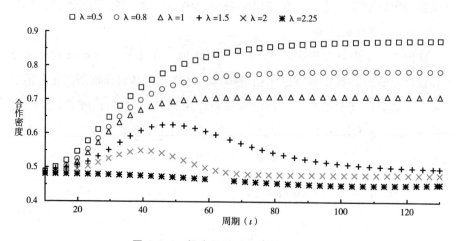

图 6.1.4　损失规避对合作创新的影响

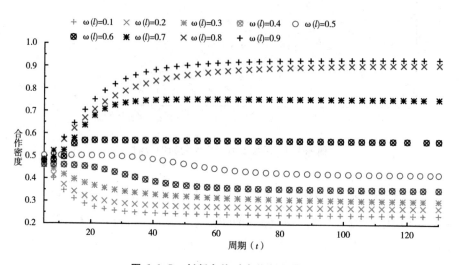

图 6.1.5　创新自信对合作创新的影响

结论 2：在企业合作创新博弈演化中，企业的风险偏好和损失规避程度是影响合作涌现的重要原因，企业越有冒险倾向，合作密度越高，企业对损失越敏感，合作密度越低，且二者的影响在初期均存在对合作涌现的冲击，而企业创新自信与合作创新呈正向关系，这一点也解释了现实社会中，创新能力强或创新自信越强的企业总是相互联合，而创新能力低导致创新自信较弱的企业处于孤立窘境。

6.1.3.4　其他因素对合作创新的影响

根据式（6.1.5）可知，企业 i 在竞合博弈过程中是否会选择合作创新还受到收益差距、创新成本、知识转化率和违约成本的影响。$R_{C,D}-R_{D,C}$ 刻画的是企业机会主义行为的诱惑。从图 6.1.6 中可以很明显地看出，当企业面临的诱惑越大时，即 $R_{C,D}-R_{D,C}$ 越小时，企业越倾向于独立创新，但即便如此，在 $R_{C,D}-R_{D,C}=-0.75R_{D,C}$ 时，在创新网络环境中，合作创新密度仍然将稳定在 25% 左右。

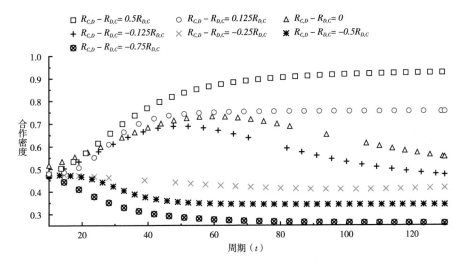

图 6.1.6　收益差距对合作创新的影响

企业双方达成合作共识后，当期组成的知识共享池是固定的。

从图 6.1.7 中可以看出，网络中的企业随着相对合作创新成本的增加，选择合作创新的意愿下降，当 $C=2S$ 时，只有部分企业进行合作创新，但是合作密度始终不低于 30%；在合作成本 $C=0.25S$ 时，选择合作创新的企业将达到 90% 以上。

当企业进行合作创新时，当期共享知识将保持不变，但企业知识转化率不同，也将导致合作创新密度不同。图 6.1.8 体现了企业的知识转化率对企

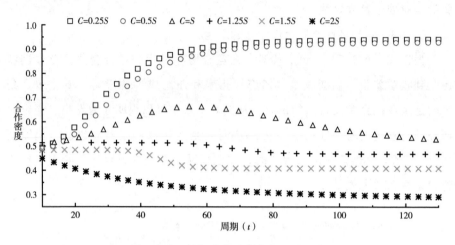

图 6.1.7　创新成本对合作创新的影响

业策略选择的影响，学习能力越强，企业越不愿意进行合作创新，或者说更愿意吸收外部知识从而独立创新。尽管如此，在 $\delta = 0.9$ 的情况下，仍然有 35%左右的企业愿意进行合作创新。

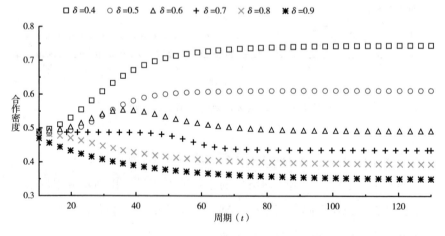

图 6.1.8　知识转化率对合作创新的影响

有研究认为只有惩罚机制是对未来收益的有效制约，能杜绝机会主义行为，而在违约成本较小时，企业间机会主义盛行，不会进行合作创新。

但从图 6.1.9 所显示的结果来看，在违约成本 $P = 0.25S$ 的情况下，有约
40% 的企业选择进行合作创新。相较于在完全理性下的研究，在有限理性
条件下，企业选择合作创新意愿发生变化，即使违约成本很小，仍然有选
择合作创新的企业存在，随着违约成本的增加，企业间合作水平会相应
升高。

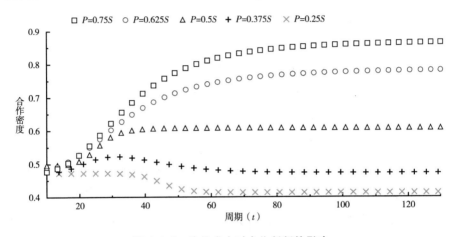

图 6.1.9　违约成本对合作创新的影响

结论 3：机会主义诱惑越大、创新成本越高将导致合作创新密度骤减，
同时，违约成本低也将诱发背叛行为的发生，知识转化率对合作创新也有负
向影响，但不管怎样，由于创新网络的复杂网络结构，合作创新不会完全
消失。

6.1.4　结论

本研究在考虑创新网络成本的情况下探究异质性企业合作涌现，构建
了一个创新网络的动态博弈演化模型，利用仿真实验探究企业在创新网络
成本、博弈要素和收益感知等因素对合作创新涌现以及创新网络演化的影
响和作用机理。研究结果表明：创新网络成本越低，企业合作水平越高，
网络成本常系数越小，网络演化速度越慢，边际系数与常系数作用相反，
且演化速度对边际系数更敏感；策略寻伴比由低向高，演化规律由后期平

稳变为周期性波动；此外，在参照点效应下，企业创新自信越强、损失敏感度越低、越偏好风险，则越倾向于合作创新；最后，机会主义行为诱惑、知识转化率、合作成本与合作水平呈负向关系，违约成本与合作涌现呈正向关系。

6.2　对外直接投资对区域创新的影响

"一带一路"倡议提出后，2013~2016 年中国部分区域对外直接投资大幅增加。基于该准自然实验，本研究以 280 个城市创新产出为被解释变量，以其所在区域是否积极响应"一带一路"倡议为核心解释变量，运用双重差分模型，实证分析对外直接投资对城市区域创新的影响。研究发现："一带一路"倡议提出后，对外直接投资增加的区域创新水平明显提高，说明中国对外直接投资存在逆向技术溢出效应；金融发展水平、GDP 增速和第二产业占比影响对外直接投资增加的区域创新水平提高的幅度，表明地区吸收能力影响对外直接投资的逆向技术溢出效应。

6.2.1　引言

自 2013 年习近平总书记提出"一带一路"倡议以来，中央和地方各级部门、企业单位积极响应，狠抓落实。随着"一带一路"建设逐步推进，我国对外投资规模也不断扩大。据统计，2013~2016 年我国对外直接投资总量由 364 亿美元上升到 1504.3 亿美元，对外直接投资占 GDP 比例由 0.38%上升到 1.35%①。这一特征事实为分析对外直接投资的逆向技术溢出效应提供了新的思路。

对外直接投资的逆向技术溢出效应，即对外直接投资对本国技术创新的影响，对母国经济发展至关重要，长期受到政府和学术界的广泛关注。一些研究认为，对外直接投资可以通过模仿外国企业的产品和技术、吸收外国人

---

①　规模数据为对外直接投资流量数据（31 个地区加总，美元计）。

才等促进母国创新，即存在逆向技术溢出效应（Li et al.，2016；Porterie and Lichtenberg，2001；王英和刘思峰，2008）。另外一些研究则发现，逆向技术溢出效应不存在，甚至在部分国家对外直接投资抑制母国创新（Bitzer and Kerekes，2008；白洁，2009；Chen et al.，2014；毛其淋和许家云，2014）。部分学者认为不同地区对外直接投资逆向技术溢出效应的吸收能力不同是导致结论分歧的重要原因（衣长军等，2015；陈岩，2011；李梅和柳士昌，2012；尹东东和张建清，2016；李娟等，2017；韩先锋等，2020）。

从既有研究来看，国内外研究学者关于对外直接投资的逆向技术溢出效应的实证研究结论尚未达成一致，中国对外直接投资是否存在逆向技术溢出效应？是否存在区域异质性？异质性的来源有哪些？厘清这些问题对于中国经济实现高质量发展、构建"双循环"新发展格局具有重要意义。

为了回答上述问题，本研究创新性地以各省份对"一带一路"倡议的不同响应行为准自然实验，即以 2013～2016 年对外直接投资是否显著提高为判断标准，来设计实验组和对照组，构建双重差分模型，利用 2010～2018 年地级以上数据检验对外直接投资的逆向技术溢出效应。在此基础上，本研究通过敏感性分析的方法识别出逆向技术溢出效应的异质性特征，并利用多元 Logistic 模型探究异质性的来源。

与已有研究相比，本研究的创新点主要体现在如下几个方面。第一，为对外直接投资的逆向技术溢出效应提供了新的证据。已有研究通常以对外直接投资规模为关键变量，检验其对母国创新的影响（毛其淋和许家云，2014；韩先锋等，2020）。本研究则基于"一带一路"倡议提出后，地区对外直接投资增长表现存在差异这一基本特征事实为准自然实验，采用双重差分模型对逆向技术溢出效应的存在性进行实证研究。

第二，从吸收能力视角探究逆向技术溢出效应的异质性特征是对现有文献的有益补充。已有研究关于逆向技术溢出效应的异质性分析大都关注区域层面，认为东、中、西部的逆向技术溢出效应存在差异（阚大学，2010；符磊，2015）。部分学者关注吸收能力的影响，认为只要吸收能力达到一定的门槛值，逆向技术溢出效应才会表现出积极促进作用（许晓芹等，2019；孔群喜等，2018）。本研究基于敏感性分析方法识别出正效应组、负效应组和标准组，发现了这三类实验组别的逆向技术溢出效应具有显著差异，并进一步探究了差异的来源。

第三，拓展了"一带一路"倡议的相关研究。现有研究"一带一路"倡议政策效应的文献，通常将"一带一路"倡议圈定的 18 个省份作为实验组，其余地区作为对照组。考虑以下事实：倡议没有提及的省份或节点城市也可能积极响应该倡议[①]，上述实验设计是不严谨的。本研究以各省份在"一带一路"倡议下，2013～2016 年对外直接投资是否显著提高为判断标准，设计实验组和对照组，为"一带一路"倡议的经济效应研究提供了新的方向。

6.2.2 "一带一路"倡议下对外直接投资增加的特征事实分析

6.2.2.1 "一带一路"倡议与中国对外直接投资总量

图 6.2.1 是 2003～2018 年中国对外直接投资总量与 GDP 之比的变化曲线[②]。可以看到，"一带一路"倡议提出前中国对外直接投资总量呈平稳增长趋势，2015～2016 年实现了跳跃式增长，2017～2018 年有所回落。进一步以 2003～2012 年以及 2017～2018 年数据对 2013～2016 年数据进行预测，发现 2015～2016 年对外直接投资增速显著高于预测值[③]。"一带一路"倡议与

---

① 江苏和贵州在倡议中没有被提及，但是它们也积极响应该倡议。例如，时任北京市市长王安顺在政府工作报告里提到"主动融入国家'一带一路'战略，深化对外交流与合作"，时任江苏省省长李学勇在博鳌亚洲论坛江苏专场交流会上发表演讲，主题就是《携手"一带一路"共创美好未来》，历数江苏在"一带一路"倡议中发展的优势区位与积极作为。

② 数据来自《2003-2018 年度中国对外直接投资统计公报》。参考宛群超等（2019）使用对外直接投资占 GDP 比重。

③ 具体检验方法：首先，使用 2003～2012 年和 2017～2018 年对外直接投资占 GDP 比重数据进行线性拟合；其次，根据线性拟合结果计算 2013～2016 年对外直接投资占 GDP 比重的估计值及标准差；最后，假设对外直接投资占 GDP 比重估计值服从正态分布，判断真实值是否落在估计值 2.58 倍标准差（估计值位于 2.58 倍标准差内的概率为 99%）的区间内。

对外直接投资增加时间上具有先后一致性，由此可以初步认为"一带一路"倡议提出给中国对外直接投资总量带来了正向冲击，中国"走出去"步伐加快。

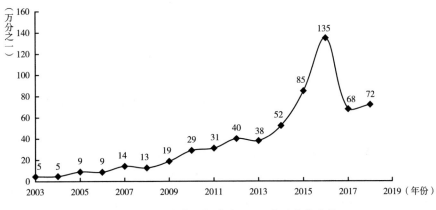

图 6.2.1　对外直接投资占 GDP 比重变化趋势

6.2.2.2　"一带一路"倡议与分省对外直接投资

总体来看，"一带一路"倡议提出后，各省份对外直接投资占 GDP 比重的走势存在较大差异。具体地，北京、上海、宁夏等地区明显受到"一带一路"倡议的影响，其对外直接投资占 GDP 比重大幅度上升；而陕西、青海、黑龙江等地区在"一带一路"倡议提出前后走势无明显变化[1]。

进一步，我们使用区间估计法来判断各省份在 2013～2016 年对外直接投资是否显著提高[2]，如果显著提高，则可以认为该省份对外直接投资受"一带一路"倡议的显著影响；反之，则不受"一带一路"倡议影响。上海、内蒙古、北京、吉林、天津、宁夏、山东、广东、广西、新疆、江苏、江西、河北、河南、浙江、福建、贵州、重庆、青海、黑龙江在 2013～2016

---

[1]　数据来自《2006–2018 年度中国对外直接投资统计公报》，《2003–2005 年度中国对外直接投资统计公报》未公布分省对外直接投资数据。

[2]　利用 2006～2012 年和 2017～2018 年对外直接投资占 GDP 比重数据对各省份 2013～2016 年数据进行区间估计。

年对外直接投资远高于预测区间的值。因此，本研究认定上海等 20 个省份为"一带一路"倡议响应组，其他省份为控制组。

6.2.3 理论分析、研究设计及实证结果

6.2.3.1 理论分析

"一带一路"倡议向各地区发出信号，鼓励提高对外直接投资规模，因而可能会对区域创新产生影响。各地区接收鼓励信号后，据此做出反应，表现为对外直接投资水平在倡议提出后显著提高，而其他地区则没有明显变化。

对"一带一路"倡议做出反应的地区对外直接投资得以显著提高，因而有可能产生逆向创新溢出效应，对区域创新产生影响。但是由于吸收能力的差异，对外直接投资的逆向创新溢出效应可能呈现不同的方向。吸收能力强则逆向创新溢出效应为正，能促进区域创新，吸收能力一般则对创新无影响，吸收能力弱则对创新产生抑制作用。综上，"一带一路"倡议对区域创新的具体作用路径及影响方向，如图 6.2.2 所示。

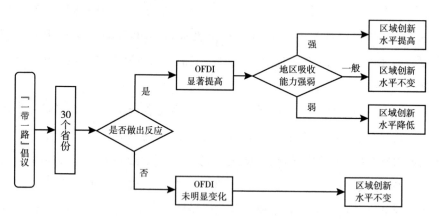

图 6.2.2 对外直接投资对区域创新的作用路径

6.2.3.2 研究设计

本研究以"一带一路"倡议提出为契机，以各地区对外直接投资是否

对倡议做出反应为分组依据，设置实验组和对照组，采用双重差分模型检验做出反应对区域创新水平的影响[①]。具体模型设置如下。

$$Patent_{i,t} = \alpha + \beta X_{i,t-2} + \gamma\, Term_{i,t} \times Treat_{i,t}$$
$$+ \theta\, Term_{i,t} + \delta\, Treat_{i,t} + u_i + v_t + \varepsilon_{i,t} \tag{6.2.1}$$

其中，i 为城市，t 为时间，$t-2$ 表示控制变量滞后两期。$Patent$ 为被解释变量，代表区域创新水平，以专利数量的自然对数来衡量。$Treat$ 为是否做出反应，如果城市 i 所在省份的对外直接投资在"一带一路"倡议提出后明显增加，取值为 1；反之，取值为 0[②]。$Term$ 为"一带一路"倡议冲击时点，2015 年前取值为 0，2015 年及以后取值为 1[③]。$Term_{i,t} \times Treat_{i,t}$ 为政策效应项，系数 γ 代表政策效应[④]。X 为控制变量，包括经济发展水平（GDP 的自然对数）、金融发展水平（金融机构贷款余额占 GDP 比重）、第二产业发展情况（第二产业占比）、地方政府创新投入（地方政府科技经费支出占比）、对外开放水平（FDI 的自然对数）。u 为个体固定效应，v 为时间固定效应，ε 为残差。

本研究以中国 280 个地级及以上城市为研究对象，研究区间选取 2010～2018 年，以 2010 年为研究起始点的原因在于排除 2008～2009 年经济危机的影响。专利数据手工搜集自专利云网站，其余变量数据来源于《中国城市统计年鉴》。主要变量的描述性统计结果如表 6.2.1 所示。

---

① 为表述方便在后文中将做出反应对区域创新水平的影响称为"政策效应"。

② 根据前文研究结果，20 个省份对"一带一路"倡议做出反应，其余 10 个省份未受影响。基于省级数据使用双重差分研究政策效应则实验组数量较少，因此本研究采用地级市数据对政策效应进行评估。

③ 虽然"一带一路"倡议在 2013 年提出，但是很多省份做出反应的时间区间为 2014～2016 年，因此本研究参照王桂军和卢潇潇（2019）的做法，将 2015 年视为政策冲击时点。

④ $Term_{i,t} \times Treat_{i,t}$ 的系数 γ 用以度量政策效应是对双重差分方法最为常见的说明，在本研究应将政策效应更为完整地理解为本研究设计的"一带一路"倡议干预对实验组创新水平的平均影响。而"一带一路"倡议干预表现为实验后对外直接投资显著上升，因此，系数 γ 表现的是对外直接投资显著上升对创新水平的平均影响。为了便于表述，本研究仍使用政策效应项指代 $Term_{i,t} \times Treat_{i,t}$。

表 6.2.1 变量的描述性统计

变量	样本量	均值	标准差	最小值	最大值
专利数量的自然对数	2520	7.16	1.65	1.10	11.86
GDP 的自然对数	2520	16.29	0.95	13.54	19.46
金融机构贷款余额占 GDP 比重	2520	0.85	0.53	0.08	7.45
第二产业占比	2520	49.57	10.56	14.95	90.97
地方政府科技经费支出占比	2520	0.01	0.01	0.00	0.21
FDI 的自然对数	2405	10.01	1.76	2.77	14.94

6.2.3.3 平行趋势检验

满足平行趋势假设是双重差分模型估计有效的重要前提。本研究首先绘制了实验组和对照组 2010~2018 年创新水平变化趋势线，如图 6.2.3 所示。图中横轴为年份，纵轴为专利数量的自然对数。为了便于观察，我们将实验组创新水平（I 类）向下平移 0.74 个单位，使得政策冲击前实验组和控制组的创新水平数值上接近。从图中可以看到，2010~2015 年实验组和对照组的创新水平无明显差异，即满足平行趋势假设；2016 年之后，有两组的实验组创新水平增速明显快于对照组，初步证明响应"一带一路"倡议对区域创新有促进作用。

本研究进一步基于实证模型对平行趋势进行检验，具体设置如下。

$$Patent_{i,t} = \alpha + \beta X_{i,t-2} + \sum_{j=2011}^{2018} \gamma_j Term_{i,t,j} \times Treat_{i,t}$$
$$+ \theta Term_{i,t} + \delta Treat_{i,t} + u_i + v_t + \varepsilon_{i,t} \qquad (6.2.2)$$

其中，$Term_{i,t,j} \times Treat_{i,t}$ 表示第 j 年的政策效应项，当 $j=t$ 时，$Term_{i,t,j}=1$；其余情况 $Term_{i,t,j}=0$。除 $Term_{i,t,j} \times Treat_{i,t}$ 外，其余变量定义与模型（6.2.1）相同。系数 γ_j 的显著性用来判断是否满足平行趋势，若 γ_{2011}，…，γ_{2014} 不显著，则可以认为"一带一路"倡议提出前实验组和对照组的创新水平不存在显著差异，即满足平行趋势。

2014 年及之前，系数 γ_j 不显著，说明通过了平行趋势检验。2015 年及之后，系数 γ_j 则显著为正，由此可见对"一带一路"倡议做出反应显著提高了区域创新水平。

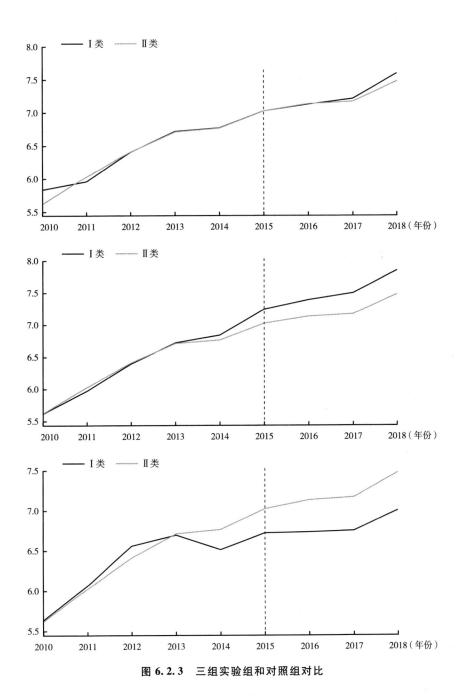

图 6.2.3　三组实验组和对照组对比

6.2.3.4　基准回归结果

表 6.2.2 报告了基准回归分析的结果。其中（1）列为采用普通 OLS 回归的估计结果，政策效应 *Term×Treat* 项虽然不显著，但为正值。（2）列加入城市固定效应，政策效应 *Term×Treat* 项的系数为 0.118，在 1% 的显著性水平上显著，说明控制了城市固定效应后，对"一带一路"倡议做出反应显著提高了区域创新水平。（3）列加入年份固定效应，政策效应 *Term×Treat* 项仍然显著为正，再次证明对"一带一路"倡议做出反应对区域创新水平有显著促进作用。

表 6.2.2　基准回归结果

为量	（1） 创新水平	（2） 创新水平	（3） 创新水平
Term	−0.0433 （0.0500）	−1.890 *** （0.231）	3.050 *** （0.524）
Treat	0.0283 （0.0754）	−0.101 ** （0.0467）	1.385 *** （0.120）
Term×Treat	0.104 （0.0721）	0.118 *** （0.0302）	0.117 *** （0.0277）
经济发展水平	1.127 *** （0.0351）	1.713 *** （0.0478）	0.555 *** （0.119）
第二产业占比	−0.00125 （0.00231）	−0.000415 （0.00304）	0.0202 *** （0.00355）
金融发展水平	0.320 *** （0.0567）	0.193 ** （0.0838）	0.0821 ** （0.0408）
科技经费占比	20.86 *** （3.084）	0.269 （0.971）	1.536 * （0.834）
外商直接投资	0.0762 *** （0.0173）	−0.0457 *** （0.0152）	−0.0290 ** （0.0141）
城市固定效应	否	是	是
年份固定效应	否	否	是
观测值	2405	2405	2405
R^2	0.750	0.958	0.963

注：*** 、** 、* 分别表示在 1%、5%、10% 显著性水平上通过检验。

6.2.4　稳健性检验

本研究进行了如下稳健性检验。

（1）采用 2006~2018 年省级数据重新评估政策效应

政策效应项 $Term×Treat$ 显著为正，表明前文结论稳健。（1）~（4）列的结果还说明更换控制变量也不影响结果的稳健性。结果如表 6.2.3 所示。

表 6.2.3　省级数据检验

变量	（1）创新水平	（2）创新水平	（3）创新水平	（4）创新水平
$Term×Treat$	0.113 ** （0.0438）	0.126 *** （0.0432）	0.102 ** （0.0458）	0.122 *** （0.0447）
$Term$	0.791 *** （0.212）	0.841 *** （0.210）	0.417 ** （0.203）	0.463 ** （0.202）
$Treat$	− 0.803 *** （0.214）	− 0.802 *** （0.212）	− 0.632 *** （0.215）	− 0.623 *** （0.212）
金融发展水平	0.555 *** （0.0967）	0.554 *** （0.0944）	0.637 *** （0.103）	0.642 *** （0.100）
出口	0.213 *** （0.0449）	0.223 *** （0.0457）		
对外直接投资	0.0202 （0.0148）		0.0307 * （0.0161）	
经济发展水平	0.600 *** （0.178）	0.616 *** （0.175）	1.002 *** （0.160）	1.062 *** （0.153）
城市固定效应	是	是	是	是
年份固定效应	是	是	是	是
观测值	329	330	329	329
R^2	0.987	0.987	0.986	0.986

注：***、**、*分别表示在 1%、5%、10% 显著性水平上通过检验。

（2）剔除同时期其他区域政策的影响

在研究期内，为了提高区域创新水平，还实施了创新型省份试点政策。这一政策可能对本研究结果产生影响，因此有必要对创新型省份试点政策的效应进行剔除。本研究分别使用市级层面和省级层面数据进行稳健性检验。

表6.2.4报告了使用市级层面数据的回归结果，其中（1）列剔除了实验组和对照组中创新型省份，（2）列仅剔除了实验组中创新型省份，（3）列仅剔除了对照组中创新型省份。政策效应项 $Term \times Treat$ 的系数与基准回归保持一致，均显著为正。

表 6.2.4　剔除创新型省份样本的结果——基于市级层面数据

变量	（1） 创新水平	（2） 创新水平	（3） 创新水平
$Term$	2.220 ***	3.108 ***	2.417 ***
	（0.621）	（0.561）	（0.569）
$Treat$	1.200 ***	1.378 ***	1.249 ***
	（0.133）	（0.113）	（0.120）
$Term$	2.220 ***	3.108 ***	2.417 ***
	（0.621）	（0.561）	（0.569）
$Term \times Treat$	0.130 ***	0.133 ***	0.116 ***
	（0.0397）	（0.0323）	（0.0367）
经济发展水平	0.715 ***	0.535 ***	0.694 ***
	（0.129）	（0.113）	（0.116）
第二产业占比	0.0141 ***	0.0210 ***	0.0155 ***
	（0.00407）	（0.00317）	（0.00348）
金融发展水平	0.0582 *	0.0696 **	0.0751 **
	（0.0351）	（0.0345）	（0.0337）
科技经费占比	5.166 ***	1.753	3.172 ***
	（1.528）	（1.216）	（1.073）
外商直接投资	−0.0381 ***	−0.0282 **	−0.0366 ***
	（0.0139）	（0.0121）	（0.0127）
城市固定效应	是	是	是
年份固定效应	是	是	是
观测值	1429	1919	1915
R^2	0.955	0.954	0.965

注：***、**、*分别表示在1%、5%、10%显著性水平上通过检验。

表 6.2.5 报告了使用省级层面数据的回归结果。政策效应项 *Term×Treat*
的系数与基准回归保持一致，均显著为正，由此排除了同时期其他区域政策
的影响，证明了上文结论的稳健性。

表 6.2.5 剔除创新型省份样本的结果——基于省级层面数据

变量	（1）创新水平	（2）创新水平	（3）创新水平	（3）创新水平
Term×Treat	0.151 ***	0.171 ***	0.136 **	0.171 ***
	（0.0495）	（0.0474）	（0.0552）	（0.0519）
Term	0.996 ***	1.050 ***	0.547 **	0.604 ***
	（0.238）	（0.233）	（0.223）	（0.220）
Treat	−0.104	−0.118	−0.135	−0.162
	（0.167）	（0.165）	（0.181）	（0.178）
金融发展水平	0.499 ***	0.506 ***	0.567 ***	0.587 ***
	（0.103）	（0.101）	（0.109）	（0.105）
出口	0.236 ***	0.249 ***		
	（0.0478）	（0.0480）		
对外直接投资	0.0210		0.0376 **	
	（0.0157）		（0.0179）	
经济发展水平	0.374 *	0.383 **	0.840 ***	0.903 ***
	（0.190）	（0.190）	（0.168）	（0.166）
城市固定效应	是	是	是	是
年份固定效应	是	是	是	是
观测值	241	242	241	241
R^2	0.985	0.985	0.983	0.983

注：*** 、 ** 、 * 分别表示在 1%、5%、10% 显著性水平上通过检验。

（3）敏感性分析

为了排除政策效应的产生受单个实验组的影响，本研究逐次剔除一个实
验组省份并重新评估政策效应，结果显示政策效应项 *Term×Treat* 均显著为
正，再次表明前文结论的稳健性。回归结果整合见表 6.2.6。

表 6.2.6 敏感性分析——逐一剔除一省数据检验

变量	（1） 北京	（2） 天津	（3） 河北	（4） 内蒙古	（5） 吉林
$Term \times Treat$	0.118*** （0.0277）	0.117*** （0.0277）	0.0993*** （0.0284）	0.116*** （0.0280）	0.139*** （0.0281）
控制变量	是	是	是	是	是
城市固定效应	是	是	是	是	是
年份固定效应	是	是	是	是	是
观测值	2396	2396	2306	2351	2333
R^2	0.962	0.963	0.963	0.963	0.963
变量	（6） 黑龙江	（7） 上海	（8） 江苏	（9） 浙江	（10） 福建
$Term \times Treat$	0.154*** （0.0275）	0.118*** （0.0277）	0.139*** （0.0282）	0.122*** （0.0283）	0.106*** （0.0283）
控制变量	是	是	是	是	是
城市固定效应	是	是	是	是	是
年份固定效应	是	是	是	是	是
观测值	2299	2396	2288	2306	2324
R^2	0.965	0.962	0.961	0.961	0.963
变量	（11） 江西	（12） 山东	（13） 河南	（14） 广西	（15） 广东
$Term \times Treat$	0.0655** （0.0274）	0.149*** （0.0286）	0.101*** （0.0286）	0.110*** （0.0292）	0.0889*** （0.0276）
控制变量	是	是	是	是	是
城市固定效应	是	是	是	是	是
年份固定效应	是	是	是	是	是
观测值	2306	2252	2252	2216	2279
R^2	0.965	0.963	0.963	0.962	0.966
变量	（16） 重庆	（17） 贵州	（18） 青海	（19） 宁夏	（20） 新疆
$Term \times Treat$	0.118*** （0.0277）	0.119*** （0.0278）	0.116*** （0.0278）	0.117*** （0.0278）	0.117*** （0.0277）
控制变量	是	是	是	是	是
城市固定效应	是	是	是	是	是
年份固定效应	是	是	是	是	是
观测值	2396	2369	2396	2390	2394
R^2	0.963	0.963	0.963	0.963	0.963

注：***、**、*分别表示在1%、5%、10%显著性水平上通过检验。

6.2.5 进一步研究

对表6.2.6的结果进行进一步分析，可以发现剔除不同省份后，政策效应的系数值呈现较大的波动，例如剔除河北后，政策效应的系数从0.117下降到0.0993，剔除吉林后，政策效应系数上升到0.139。这说明实验组的创新水平提高幅度存在异质性。

分析表6.2.6的结果，可以根据回归系数大小将实验组分为三类：一是标准组，表现为系数范围在（0.116，0.122）[①]，包括北京等10个省份；二是正效应组，说明该省份样本对系数的贡献值较大，表现为剔除该省份后，政策效应系数小于0.116，包括河北、福建、江西、河南、广西、广东；三是负效应组，剔除该省份后，政策效应系数大于0.122，包括吉林、黑龙江、江苏、山东。

将这三类实验组分别与对照组进行对比，结果如图6.2.3所示。可以看到，实验组整体走势与对照组保持一致，虽然对外直接投资在"一带一路"倡议后显著提高，但是创新水平却没能显著上升；正效应组的创新水平在"一带一路"倡议提出后明显高于对照组，说明其对外直接投资和创新水平同步上升；而负效应组的创新水平明显低于对照组，说明其对外直接投资反而抑制了区域创新。

利用模型（6.2.1）对三类实验组的政策效应进行评估，结果如表6.2.7所示。结果显示负效应组交乘项系数显著为负，正效应组的交乘项系数显著为正，标准组的交乘项系数虽然显著为正但数值较小。上述结果表明，不同省份对外直接投资的逆向溢出效应具有异质性。

[①] 将表6.2.6中政策效应项系数由小到大排序后绘制系数随排序变化散点图，使用排序的三次多项式拟合系数的效果非常好。拟合结果显示在系数值为0.11和0.122时出现明显转折，而比0.122大的最小系数为0.139，比0.122小的最大系数为0.119，因此，本研究假定政策效应系数在0.116~0.122时剔除了与总体特征一致的省份。

表 6.2.7　异质性分析结果

变量	（1）负效应组	（2）正效应组	（3）标准组
Term	-1.393 ***	2.293 ***	4.181 ***
	（0.417）	（0.574）	（0.664）
Treat	1.389 ***	1.419 ***	1.587 ***
	（0.154）	（0.147）	（0.161）
Term×Treat	-0.241 ***	0.340 ***	0.0681 *
	（0.0353）	（0.0321）	（0.0414）
经济发展水平	0.513 ***	0.537 ***	0.313 *
	（0.157）	（0.151）	（0.161）
第二产业占比	0.0202 ***	0.0142 ***	0.0224 ***
	（0.00465）	（0.00438）	（0.00499）
金融发展水平	0.0708 *	0.0559	0.0542 *
	（0.0379）	（0.0349）	（0.0324）
科技经费占比	0.508	0.706	-0.314
	（1.201）	（0.842）	（1.242）
外商直接投资	-0.0171	-0.0265 *	-0.0210
	（0.0156）	（0.0151）	（0.0171）
城市固定效应	是	是	是
年份固定效应	是	是	是
观测值	1398	1697	1210
R^2	0.965	0.958	0.970

注：*** 、 ** 、 * 分别表示在 1%、5%、10% 显著性水平上通过检验。

大量已有研究表明对外直接投资对区域创新能力的促进作用受到母国吸收能力的影响（陈岩，2011；李东坤和邓敏，2016）。那么区域吸收能力能否解释我国对外直接投资逆向技术溢出效应的异质性呢？本研究利用实验组中所有城市 2003~2016 年数据作为样本，构建多元 logistic 模型，来探究这一问题。其中实验组类型为类别变量，正效应组取值为 1，负效应组取值为 2，标准组取值为 3。解释变量则选取能影响区域吸收能力的变量，包括经济环境（GDP 规模的自然对数）、金融环境（银行业贷款余额占 GDP 比重）、科技经费支出（使用政府科技经费支出占一般公共预算支出的比重）、第二产业占比（使用第二产业增加值占 GDP 比重）、GDP 增速以及外商直接投资（外商直接投资规模自然对数）。

表 6.2.8 报告了多元 logistic 模型的回归结果，其中（1）（2）列为剔除了江苏的结果，金融发展水平、科技经费占比、第二产业占比、GDP 增速显著为正，经济发展水平不显著但在（1）中为正（2）中为负，外商直接投资为负但在（2）中不显著，说明金融发展水平、科技经费占比、GDP 增速高的地区吸收能力强，经济发展水平影响区域吸收能力但方向不确定，外商直接投资高的地区吸收能力弱。（3）（4）列包含江苏，与（1）（2）列的结果相比，科技经费占比由正向显著转为负向不显著，经济发展水平和外商直接投资的显著性增加，表明科技经费占比不利于区域吸收能力的提高。综合（1）~（4）列的结果，金融发展水平、第二产业占比、GDP 增速是区域吸收能力的正向影响因素，外商直接投资是负向影响因素，科技经费占比和经济发展水平的影响不确定。

表 6.2.8　多元 logistic 回归结果

变量	（1）剔除江苏第三组	（2）剔除江苏第一组	（3）包含江苏第三组	（4）包含江苏第一组
金融发展水平	3.268 ***	0.761 **	3.707 ***	1.234 ***
	（0.459）	（0.380）	（0.424）	（0.345）
科技经费占比	33.01 **	25.03 **	−0.203	−11.37
	（13.11）	（12.19）	（8.116）	（7.419）
第二产业占比	0.0778 ***	0.0536 ***	0.0848 ***	0.0665 ***
	（0.0187）	（0.0131）	（0.0180）	（0.0123）
经济发展水平	0.217	−0.312	0.215	−0.342 *
	（0.284）	（0.206）	（0.267）	（0.188）
GDP 增速	0.288 ***	0.204 ***	0.233 ***	0.153 ***
	（0.0594）	（0.0415）	（0.0544）	（0.0345）
外商直接投资	−0.491 ***	−0.127	−0.563 ***	−0.194 *
	（0.145）	（0.109）	（0.143）	（0.106）
观测值	592	592	644	644

注：*** 、 ** 、 * 分别表示在 1%、5%、10% 显著性水平上通过检验。

6.2.6 结论

本研究以"一带一路"倡议为切入点，研究对外直接投资对区域创新能力的影响，并对对外直接投资的逆向技术溢出效应的异质性进行了分析。本研究主要结论总结如下。

①"一带一路"倡议显著影响了部分地区的对外直接投资水平。上海、内蒙古、北京、吉林、天津、宁夏、山东、广东、广西、新疆、江苏、江西、河北、河南、浙江、福建、贵州、重庆、青海、黑龙江等20个省份对外直接投资出现明显提升。

②对外直接投资对区域创新存在显著正向影响。以对外直接投资显著提高的20个省份为实验组，其城市创新水平在"一带一路"倡议后显著提高，比对照组平均高0.117，这一结论通过了多种显著性检验。

③对外直接投资的逆向技术溢出效应具有异质性。剔除不同省份后，实验组创新水平相较对照组增加的幅度有显著差异，河北、福建、江西、河南、广西、广东为正效应组，吉林、黑龙江、江苏、山东为负效应组，其余省份为标准组，三类实验组的政策效应分别为0.340、−0.241和0.0681。

④金融发展水平、GDP增速、政府科技经费占一般公共预算支出比重、第二产业增加值占GDP比重和对外直接投资是影响政策效应异质性的主要影响因素。其中金融发展水平、第二产业占比、GDP增速是区域吸收能力的正向影响因素，外商直接投资是负向影响因素，科技经费占比和经济发展水平的影响不确定。

第 **7** 章
企业策略对创新的影响

影响企业创新的策略有许多，本章主要从强化资金支持与优化公司治理的角度进行讨论，具体分析债券增信政策、企业内部激励政策对企业创新的影响。

7.1 债券增信对企业创新的影响 *

随着我国债券市场的发展，增信逐渐成为企业吸引投资者、降低发行成本的重要手段。然而，目前鲜有文献对债券增信效果及其对企业研发投入的影响方面进行研究。本节选取 2007~2015 年上市流通的债券为研究对象，讨论企业债券增信对创业创新的影响。研究发现：采用不同第三方保证、抵押和质押等不同的增信方式均能够在不同程度上促进企业进行更多的研发投入，并且这一影响在融资约束样本公司中表现得更为显著，说明债券增信可以有效缓解企业的融资约束对其创新投入的影响，从而促进企业创新。

7.1.1 引言

在全球进入第三次工业革命的关键时刻，中国企业能否起到引领的作

---

* 本部分主要内容已发表于《湖南大学学报（社会科学版）》2018 年第 6 期。

用，这关系到国家百年计划的顺利实现问题。而引领则需要创新，需要创造各种条件使企业具备持续的创新动力。其中，资金支持就是非常关键的要素。有研究表明，由于企业自有资金不足、外部融资成本高昂等，中国大部分企业都会或多或少地面临融资约束问题，这就导致国内企业研发投入和创新能力不足（张璇等，2017）。因此，帮助企业缓解资金约束，增加研发投入，提高企业创新热情，是金融服务业的责任，应该从各种金融渠道、各种金融角度来研究这一问题。

债券增信作为帮助企业成功发行债券、缓解融资约束的一个十分重要的工具，在业界已经成为发行人、承销商、评级机构以及投资者关注的重要问题，在学界，研究者主要关注债券增信对企业投融资决策所产生的效果问题，但研究还不充分，并且对相关问题并没有一致结论。而债券增信是否会对企业研发投入产生影响这一问题，目前还没有研究。同时，在增信手段的细分方面，发达市场经济中的增信手段多种多样，而我国的增信方式较为单一，目前主要选用担保的方式，但在具体操作中，担保的方式分为三种，即第三方担保、抵押担保和质押担保。那么，不同的担保方式其效果和作用是否会有区别？对于这一问题，目前暂未发现研究文献。本研究着力解决如下三个问题：①债券增信是否能够促进企业创新？②不同的债券方式是否会影响对企业创新的金融支持？③债券增信对企业创新的影响在不同融资约束水平的企业是否存在差别？对上述问题的回答，为优化促进企业创新的金融政策和手段提供支持。

7.1.2 研究假设

在融资决策问题中，金融市场中的信息不对称往往会导致公司的非效率投资。在一个无摩擦的融资市场中，企业只要有好的研发创新项目，便可将该信息传递给投资者，并从资本市场中以合适的资金成本获得所需要的用于创新的资金。然而由于信息不对称的存在，企业经理人难以向外部投资者有效传递投资项目的质量信息，导致企业无法以合理的代价获得研发创新所需资金，以致放弃较好的创新项目，引发创新投资不足。这一问题后来被 Fazzari 等（1988）总结为融资约束理论。根据该理论，在有摩擦的市场中，企业研发创新投资可能会遭遇到融资约束，表现为投资与现金流之间的显著正相关关系，此时，企业投资将严重依赖内部现金流量，从而影响其创新投入。

在企业根据研发创新项目需要采用外源性融资时，债券是其首选。债券发行时的评级结果决定了其发行的成本并在很大程度上也决定了其能否顺利发行以及发行的规模，而债券增信则在这些方面都能产生较大作用。首先，在一定程度上，有无增信以及增信的幅度还决定着债券是否能够成功发行；其次，债券增信可以显著降低发行人的筹资成本；最后，在相同成本条件下，有助于扩大融资的规模。综上，提出本研究的假设 1。

假设 1：债券增信能够促进企业进行更多的研发投入。

如前所述，当前我国债券增信的手段主要是担保，但具体操作中又存在不同的担保方式，那么，这些不同担保方式是否会影响到对企业创新的支持？本研究进一步探究这一问题，为此，提出本研究的假设 2。

假设 2：不同增信方式对企业创新支持可能存在不同影响。

当企业面临融资约束时，往往需要"节衣缩食"，而创新活动具有较大的风险，因此企业创新作为企业投资的一部分，融资约束必然会与企业投资之间存在敏感性，由于研发创新具有风险较大和资金投入不确定性的特征，融资约束程度严重时，会在很大程度上减少研发创新方面的投入，而债券增信手段得到的金融支持能有效缓解企业融资约束，因此，提出本研究的假设 3。

假设 3：相比非融资约束企业，债券增信对企业研发投入的促进作用在融资约束企业中更为显著。

7.1.3 研究设计

7.1.3.1 模型与变量

本研究主要基于回归方程（7.1.1）式考察债券增信是否对企业研发投入产生显著正向影响。其中回归系数 β_1 为本研究关注的重点。

$$R\&D_{i,t} = \beta_0 + \beta_1 CE_{i,t} + \beta_2 Credit_{i,t} + \beta_3 ROA_{i,t} + \beta_4 Size_{i,t} + \beta_5 Age_{i,t} + \beta_6 Lev_{i,t} + \beta_7 State_{i,t} + Industry + \varepsilon_i \tag{7.1.1}$$

其中，*R&D* 为企业的研发投入变量，计算方法为企业当年的研发支出的自然对数值；*CE* 表示增信方式向量，代表四个虚拟变量：*CE*1 为债券增信虚拟变量，当债券有增信措施（第三方保证、抵押和质押）时取 1，否则为 0；*CE*2 为债券第三方保证虚拟变量，当债券仅有第三方保证增信措施时为 1，否则为 0；*CE*3 为抵押资产增信虚拟变量，当债券仅有抵押资产增信措施时取 1，否则为 0；*CE*4 为质押资产虚拟变量，当债券仅有质押资产增信措施时为 1，否则为 0。此外，本研究还控制了其他可能影响企业研发投入的财务及治理因素，包括债券信用评级（*Credit*）、资产收益率（*ROA*）、企业规模的自然对数值（*Size*）、企业年龄的自然对数（*Age*）、资产负债率（*Lev*）、是否为国有企业虚拟变量（*State*）以及行业（*Industry*）和年度（*Year*）虚拟变量。其中债券信用评级（*Credit*）变量的取值规则是：若债券信用评级为"A+"则取值为 1，若债券信用评级为"AA−"则取值为 2，若债券信用评级为"AA"则取值为 3，若债券评级为"AA+"则取值为 4，若债券信用评级为"AAA"则取值为 5。

此外，在分样本回归中还用到了融资约束样本和非融资约束样本的划分。定量测度融资约束的思想源于 Kaplan 和 Zingales（1997）的相关工作。他们首先根据公司的财务状况定性地划分出企业融资约束程度，然后刻画出融资约束程度与反映企业特征的变量之间的数量关系，即融资约束指数。进而，将此指数应用到更大的样本，计算出大样本中每个企业的融资约束指数，据此判断企业的相对融资约束程度。当然，这种定量指标不是衡量融资约束的绝对指标，而只能反映出一组样本企业的相对融资约束程度。代表性的测度方法有 KZ 指数、WW 指数和 SA 指数。本研究不采用前两种指数是因为它们存在一个共同的缺陷，即指数的构造方法中包含了很多具有内生性的金融变量，比如公司杠杆、现金流情况等，而融资约束与企业杠杆和现金流等金融变量之间具有相互决定的关系。因此，为避免内生性的干扰，本研究采用了 Hadlock 和 Pierce（2010）的 KZ 方法，依据企业财务报告划分企业融资约束类型，然后仅用企业规模和企业年龄两个随时间变化不大且具有很强外生性的变量构建了 SA 指数。SA 指数越大，企业受融资约束水平越小，反之则企业受融资约束水平越大。

$$SA = -0.737 \times Size + 0.043 \times Size^2 - 0.04 \times Age \qquad (7.1.2)$$

本研究使用 SA 指数测度企业的融资约束程度除了易于计算之外，主要还有如下两大优点：首先，SA 指数没有包含有内生性特征的融资变量；其次，SA 指数相对稳健，根据该指数划分的企业融资约束等级与采用 WW 指数、现金-现金流敏感度来划分企业融资约束等级的结果一致。

7.1.3.2　研究样本与数据来源

本研究选择 2007~2015 年沪深交易所挂牌的所有上市流通的债券（包括企业债券和公司债券）为初始样本。在此基础上，剔除了财务数据缺失的观测值，并对所使用的主要连续变量在 1%~99% 范围内进行 Winsorize 处理。最终本研究得到了 1818 个观测值，详细情况见变量定义及基本统计量部分。数据来源均为万德（Wind）数据库。

7.1.3.3　变量的描述性统计

表 7.1.1 报告了被解释变量、解释变量以及相关控制变量的描述性统计结果。表 7.1.1 显示，*R&D* 变量的均值（中位数）为 17.498（17.614），标准差为 1.788。采用增信手段的企业约占总样本的 16.1%；样本企业中国有企业约占总样本的 41.5%，样本企业的资产负债率平均值约为 51.9%，标准差为 0.167，说明企业之间的资产负债率具有较大的差距。其他变量的基本统计量不再一一赘述。

表 7.1.1　主要变量的基本统计量

变量名称		样本数	均值	标准差	最小值	中位数	最大值
被解释变量	*R&D*	1818	17.498	1.788	7.090	17.614	23.054
解释变量	*CE*1	1818	0.161	0.368	0.000	0.000	1.000
	*CE*2	1818	0.153	0.361	0.000	0.000	1.000
	*CE*3	1818	0.006	0.074	0.000	0.000	1.000
	*CE*4	1818	0.009	0.093	0.000	0.000	1.000

变量名称		样本数	均值	标准差	最小值	中位数	最大值
控制变量	*Credit*	1818	3.214	0.847	1.000	3.000	5.000
	ROA	1818	8.627	5.937	0.689	7.258	32.157
	Size	1818	22.452	1.416	19.155	22.360	26.207
	Age	1818	2.556	0.446	0.000	2.639	3.526
	Lev	1818	0.519	0.167	0.106	0.530	0.846
	State	1818	0.415	0.493	0.000	0.000	1.000

表 7.1.2 列示了相关变量的 Pearson 相关系数，控制变量之间的相关系数绝对值最大仅为 0.619，说明研究变量之间的多重共线性问题不严重。债券增信变量中的 $CE1$ 和 $CE2$ 与企业研发投入变量 $R\&D$ 具有显著的正相关关系，基本符合本研究的假设，而更稳健的结果需要在回归分析中进行进一步的验证。控制变量方面，信用评级 $Credit$、企业规模 $Size$、企业年龄 Age 和负债水平 Lev 与企业研发投入 $R\&D$ 显著正相关，同样符合预期，其余变量的相关关系不再一一赘述。

7.1.4　回归结果及分析

7.1.4.1　债券增信及其方式对企业创新的影响

为验证债券增信是否对企业研发投入造成显著影响，本研究基于回归方程 (7.1.1) 式对其进行检验。表 7.1.3 是债券增信与企业研发投入的 Pooled OLS 回归检验的结果。（1）～（4）列的被解释变量为企业研发投入指标 $R\&D$，而解释变量分别为增信变量 $CE1 \sim CE4$。从表中结果我们可以看到，首先，债券增信能够促进企业研发投入，（1）列中增信变量的回归系数为 0.214（t 值为 2.69），估计系数为正值，并且在 1% 水平上显著，表明相比不采用增信的企业，采用增信手段的企业的研发投入能够提高 21.4%。其次，从不同的增信方式来看，三种增信手段均能够不同程度地促进企业研发投入。从（2）列来看，$CE2$ 变量的回归系数为 0.128（t 值为 1.85），

表 7.1.2　主要变量的相关系数

变量	R&D	CE1	CE2	CE3	CE4	Credit	ROA	Size	Age	Lev	State
R&D	1.000										
CE1	0.130***	1.000									
CE2	0.129***	0.971***	1.000								
CE3	0.021	0.170***	0.092***	1.000							
CE4	0.002	0.215***	0.058**	0.232***	1.000						
Credit	0.279***	0.064***	0.091***	-0.080***	-0.093***	1.000					
ROA	-0.177***	-0.219***	-0.210***	-0.047***	-0.056**	-0.101***	1.000				
Size	0.468***	0.278***	0.292***	-0.012	-0.049**	0.619***	-0.438***	1.000			
Age	0.072***	0.130***	0.120***	0.033	0.039*	-0.024	-0.208***	0.218***	1.000		
Lev	0.175***	0.182***	0.189***	-0.008	-0.008	0.156***	-0.356***	0.438***	-0.034	1.000	
State	0.071***	0.238***	0.261***	-0.017	-0.044*	0.432***	-0.243***	0.446***	0.045*	0.206***	1.000

注：*、**、***分别表示在 10%、5%、1% 的水平上显著，检验均为双侧。

估计系数为正，并且在 10% 水平上显著，表明相比不采用第三方担保增信的企业，采用第三方担保增信的企业研发投入能够提高 12.8%。从（3）列来看，$CE3$ 变量的回归系数为 0.687（t 值为 2.15），估计系数为正，并且在 5% 水平上显著，表明相比不采用抵押担保的企业，采用抵押担保增信的企业研发投入能够提高 68.7%。从回归结果的（4）列来看，$CE4$ 变量的回归系数为 0.574（t 值为 2.28），估计系数为正，并且在 5% 水平上显著，表明相比不采用质押担保的企业，采用质押担保增信的企业研发投入能够提高 57.4%。

从表 7.1.3 控制变量方面的估计结果我们还可以看到，收益变量 ROA、规模变量 $Size$、企业年龄 Age 以及企业资产负债率 Lev 均与企业创新投入呈显著正相关关系，说明收益越高、规模越大、年龄越大以及资产负债率越高的企业越有可能进行更多的研发投入。而 SOE 变量显著为负，表明相比民营企业，国有企业的研发投入要低 49.3% ~ 52.7%。此外，信用评级变量 $Credit$ 则对公司研发投入的影响较小。

表 7.1.3　债券增信与企业研发投入的回归检验结果

被解释变量：$R\&D$

	（1）	（2）	（3）	（4）
CE	0.214 ***	0.128 *	0.687 **	0.574 **
	(2.69)	(1.85)	(2.15)	(2.28)
$Credit$	0.134	0.129	0.129	0.129
	(1.22)	(1.18)	(1.18)	(1.18)
ROA	0.014 ***	0.014 ***	0.014 ***	0.014 ***
	(2.90)	(2.85)	(2.88)	(2.86)
$Size$	0.814 ***	0.815 ***	0.817 ***	0.817 ***
	(19.10)	(19.11)	(19.16)	(19.17)
Age	0.655 ***	0.685 ***	0.717 ***	0.712 ***
	(5.88)	(6.15)	(6.61)	(6.56)
Lev	0.829 ***	0.857 ***	0.905 ***	0.922 ***
	(4.04)	(4.16)	(4.45)	(4.54)
SOE	−0.527 ***	−0.515 ***	−0.493 ***	−0.493 ***
	(−2.95)	(−2.88)	(−2.76)	(−2.76)

续表

被解释变量:*R&D*

	（1）	（2）	（3）	（4）
行业	控制	控制	控制	控制
年份	控制	控制	控制	控制
样本数	1818	1818	1818	1818

注：① ***、**、* 分别表示在 1%、5% 和 10% 水平上显著；②表中报告的是回归结果的估计系数以及括号内的对行业进行 cluster 调整后的 *t* 统计值。下同。

7.1.4.2　考虑融资约束的影响

为验证债券增信对企业研发投入产生的效果是否在不同融资约束程度的企业存在不一样的影响，本研究对上述样本按照融资约束程度进行进一步检验，将之前构造的 SA 指数作为标准，将 SA 指数大于样本中位数的公司划分为非融资约束公司样本（*SA>Median*），而将 SA 指数小于样本中位数的公司划分为融资约束公司样本（*SA<Median*）。表 7.1.4 报告了相应的回归结果，其中被解释变量均是企业研发投入 *R&D*，（1）（2）列回归结果中的解释变量为 *CE*1，（3）（4）列回归结果中的解释变量为 *CE*2，（5）（6）列回归结果中的解释变量为 *CE*3，（7）（8）列回归结果中的解释变量则为 *CE*4。而（1）（3）（5）（7）列中的样本为非融资约束样本，（2）（4）（6）（8）列中的样本则为融资约束样本。可以看出，债券增信对企业研发投入产生的影响在融资约束组中更大也更显著。这一结果表明债券增信可以缓解融资约束企业的资金压力，从而进行更多的研发投入。证实了前文所提出的假设 2，即相比非融资约束企业，债券增信对企业研发投入的促进作用在融资约束企业中更为显著。

表 7.1.4　债券增信与企业研发投入的分样本回归检验结果

被解释变量:*R&D*

	（1） *SA>Median*	（2） *SA<Median*	（3） *SA>Median*	（4） *SA<Median*	（5） *SA>Median*	（6） *SA<Median*	（7） *SA>Median*	（8） *SA<Median*
CE	0.088	0.288 **	0.088	0.045 **	−0.350	0.772 **	0.255	0.611 **
	(0.80)	(2.38)	(0.80)	(2.34)	(−0.25)	(2.27)	(0.50)	(2.57)

被解释变量:R&D

	(1) SA>Median	(2) SA<Median	(3) SA>Median	(4) SA<Median	(5) SA>Median	(6) SA<Median	(7) SA>Median	(8) SA<Median
Credit	0.066	0.250	0.066	0.229	0.060	0.234	0.061	0.237
	(0.47)	(1.63)	(0.47)	(1.49)	(0.43)	(1.53)	(0.44)	(1.55)
ROA	0.019**	0.016**	0.019**	0.015**	0.019**	0.016**	0.018**	0.016**
	(2.29)	(2.38)	(2.29)	(2.35)	(2.22)	(2.42)	(2.22)	(2.38)
Size	0.948***	0.858***	0.948***	0.861***	0.953***	0.871***	0.953***	0.862***
	(10.83)	(12.49)	(10.83)	(12.50)	(10.92)	(12.66)	(10.93)	(12.56)
Age	0.705***	0.455***	0.705***	0.527***	0.736***	0.496***	0.735***	0.496***
	(4.90)	(2.73)	(4.90)	(3.17)	(5.29)	(3.03)	(5.29)	(3.03)
Lev	0.589	0.733***	0.589	0.769***	0.644	0.775***	0.637	0.785***
	(1.45)	(2.93)	(1.45)	(3.07)	(1.60)	(3.11)	(1.58)	(3.15)
State	−0.292	0.935***	−0.292	0.931***	−0.277	0.931***	−0.273	0.922***
	(−1.33)	(−4.44)	(−1.33)	(−4.41)	(−1.26)	(−4.43)	(−1.25)	(−4.38)
行业	控制	控制	控制	控制	控制	控制	控制	控制
年份	控制	控制	控制	控制	控制	控制	控制	控制
样本数	907	911	907	911	907	911	907	911

7.1.5 稳健性检验

一方面，由于并不是所有企业都参与债券增信，采用 Pooled OLS 估计可能会导致选择性偏差（Heckman，1979）。因此，本研究运用 Heckman 选择模型来消除选择性偏误。表 7.1.5 报告了债券增信与研发投入的 Heckman 样本选择模型估计结果，可以看出，债券增信均能够有效增加企业研发投入，且三种不同的增信手段存在显著的异质性［表中（2）～（4）列］，因此，本研究的主要结论不变。

表 7.1.5 债券增信与研发投入的 Heckman 样本选择模型估计结果

被解释变量:R&D

	（1）	（2）	（3）	（4）
CE	0.092 ***	0.060 **	0.492 *	0.471 *
	（2.88）	（2.05）	（1.86）	（1.76）
Credit	0.130	0.127	0.124	0.124
	（1.63）	（0.97）	（1.15）	（1.33）
ROA	0.015 **	0.015 *	0.015 ***	0.015 *
	（2.01）	（1.79）	（3.76）	（1.87）
Size	0.810 **	0.812 **	0.815 *	0.817 **
	（2.42）	（2.27）	（1.78）	（2.03）
Age	0.039 ***	0.037 ***	0.036 ***	0.038 ***
	（3.81）	（2.93）	（3.10）	（2.77）
Lev	0.522 ***	0.517 ***	0.500 **	0.504 ***
	（3.24）	（2.90）	（1.92）	（2.83）
State	−0.375 **	−0.372 **	−0.363 *	−0.361 ***
	（−2.11）	（−2.04）	（−1.74）	（−2.80）
lambda	0.154	0.016	0.042	−0.022
	（1.17）	（1.25）	（1.40）	（1.02）
行业	控制	控制	控制	控制
年份	控制	控制	控制	控制
样本数	1818	1818	1818	1818

另一方面，本研究除了采用 SA 指数衡量公司融资约束程度之外，还参考借鉴了 Baker 等 （2003） 以及李君平和徐龙炳 （2015） 的方法，去掉 Tobin Q，构建一个四因子的衡量公司融资约束程度的 KZ 指数。具体计算公式为:

$$KZ = -3.014 \times Cash - 4.444 \times Cash\ Flow - 62.626 \times Div + 0.153 \times Lev \qquad (7.1.3)$$

其中，$Cash$ 表示公司的期末现金及现金等价物的余额并除以总资产，$Cash\ Flow$ 表示公司经营性现金流除以公司总资产，Div 表示公司的股利支出，Lev 表示公司的资产负债率。计算得到 KZ 指数之后，按照 KZ 指数从小到大进行排序，选取中位数将公司分为高融资约束公司样本 （$KZ>Median$）

和低融资约束公司样本（*KZ<Median*）两组。回归结果如表 7.1.6 所示，其中被解释变量均是企业研发投入 *R&D*，（1）（2）列回归结果中的解释变量为 *CE*1，（3）（4）列回归结果中的解释变量为 *CE*2，（5）（6）列回归结果中的解释变量为 *CE*3，（7）（8）列回归结果中的解释变量则为 *CE*4。而（1）（3）（5）（7）列中的样本为非融资约束样本，（2）（4）（6）（8）列中的样本则为融资约束样本。从表中可以看出，债券增信对企业研发投入产生的影响在融资约束组中更大也更显著，这一结果与表 7.1.4 中的结论类似，因此，本研究的主要结论不变。

表 7.1.6　债券增信与企业研发投入的分样本回归检验结果

被解释变量：*R&D*

	（1） KZ>Median	（2） KZ<Median	（3） KZ>Median	（4） KZ<Median	（5） KZ>Median	（6） KZ<Median	（7） KZ>Median	（8） KZ<Median
CE	0.190 * (1.67)	0.360 *** (3.07)	0.125 (1.06)	0.233 * (1.88)	0.344 (0.67)	1.205 *** (2.86)	0.706 ** (2.07)	0.849 * (1.89)
Credit	-0.032 (-0.24)	0.109 (0.96)	-0.034 (-0.26)	0.102 (0.90)	-0.033 (-0.25)	0.102 (0.90)	-0.030 (-0.23)	0.110 (0.97)
ROA	-0.032 (-0.24)	0.109 (0.96)	-0.034 (-0.26)	0.102 (0.90)	-0.033 (-0.25)	0.102 (0.90)	-0.030 (-0.23)	0.110 (0.97)
Size	0.833 *** (12.53)	0.810 *** (15.32)	0.836 *** (12.58)	0.814 *** (15.35)	0.840 *** (12.66)	0.823 *** (15.59)	0.842 *** (12.70)	0.822 *** (15.52)
Age	0.449 *** (3.03)	0.771 *** (5.46)	0.467 *** (3.14)	0.802 *** (5.68)	0.497 *** (3.41)	0.828 *** (5.95)	0.485 *** (3.34)	0.839 *** (6.03)
Lev	0.549 (1.49)	0.684 *** (2.67)	0.562 (1.52)	0.734 *** (2.85)	0.617 * (1.68)	0.822 *** (3.26)	0.661 * (1.80)	0.820 *** (3.24)
State	-0.482 ** (-2.41)	-0.554 *** (-2.83)	-0.475 ** (-2.38)	-0.543 *** (-2.77)	-0.455 ** (-2.28)	-0.503 ** (-2.57)	-0.454 ** (-2.28)	-0.495 ** (-2.53)
行业	控制	控制	控制	控制	控制	控制	控制	控制
年份	控制	控制	控制	控制	控制	控制	控制	控制
样本数	907	911	907	911	907	911	907	911

7.1.6　结论

本研究以 2007~2015 年我国债券市场的交易债券为样本实证检验了不同的债券增信方式（第三方保证、抵押和质押）对企业研发投入的影响，研究结果表明：采用不同的增信方式均能够在不同程度上促进企业进行更多的研发投入。此外，由于资金的稀缺，这种影响在融资约束样本公司中表现得更为显著。为准确验证影响的存在性，本研究进行了多重稳健性检验，结果均证实了债券增信对创新活动的显著影响。本研究的结论说明，采用债券增信等手段是缓解公司融资约束、提高企业创新水平的一种有效手段。

7.2　考虑不同方式和对象的股权激励对创新的影响 *

本部分以上市公司为样本讨论了企业内部针对不同激励对象采用不同股权激励方式所产生的公司创新效果。研究发现，虽然股权激励对上市公司创新存在正向激励作用，但当考虑不同激励方式作用于不同对象以及从创新的不同维度考量时，结果存在差异。具体而言，对高管进行股票期权激励能够在研发支出维度上产生显著正向影响；对核心员工进行限制性股票激励的效果在于增加专利产出；对高管和核心员工进行股权激励均有利于创新效率的提高，但对核心员工的激励效果更为显著。本研究区分激励目标、方式、对象的研究解决了既定目标下针对不同对象的最优激励方式问题，为公司激励政策的制定提供了依据。

7.2.1　引言

习近平同志在党的十九大报告中指出，加快建设创新型国家，要瞄准世界科技前沿，强化基础研究，实现前瞻性基础研究、引领性原创成果重大突

＊　本部分主要内容已发表于《商学研究》2020 年第 2 期。

破。上市公司作为重要的创新活动实施主体，在创新型国家建设中发挥着非常重要的作用。如何激励企业提高其创新投入和创新效率是一个十分重要的问题。

除了各级政府的外部政策激励，企业内部激励正日益受到人们的重视。如为克服管理层短视、规避短期风险等代理问题，对管理层所实施的股权激励就是一种被越来越多上市公司选择的激励手段。同时，考虑到委托代理链条中股东、高管与员工之间的关系，作为最终委托人的股东不仅需要激励高管，也需要激励员工，特别是核心员工（核心技术人员、核心业务人员和中层管理者）。

事实上，尽管《上市公司股权激励管理办法》于 2016 年 8 月 13 日才正式颁布实施，但在之前的试行版指引下，股权激励已经实施十余年，其间不少公司都推出了股权激励方案。根据国泰安数据库的信息统计，2006~2016年，A 股上市公司共发布 1382 次股权激励方案公告，其中 149 次取消，最终有 849 家上市公司的 1233 次股权激励方案得以实施，并且激励对象、激励方式均呈现多样性。

在股权激励方式的选择上，主要包括股票期权、限制性股票、股票增值权，其中股票期权和限制性股票是我国上市公司采用的两种最主要的方式。但是随着时间的推移，上市公司对股权激励方式的选择偏好发生了明显变化（见表 7.2.1）：股票期权的运用呈现逐渐减少趋势，限制性股票的运用呈现逐渐增加趋势。可以看出，趋势的转折出现在 2011 年，特别是在近几年限制性股票取代股票期权占据了绝对优势，占比高达 70% 以上。

同时，对激励方案中的激励对象进行分析可以发现，自 2006 年以来，上市公司的股权激励对象从最初以高管为主逐渐发展为越来越重视核心员工（见表 7.2.1）。从表中资料可见，在股权激励总数占总股本比例不断下降的同时，授予人数占员工总数比例反而总体不断增加。另外，无论从授予股份比例还是授予人数来看，高管人数都呈现下降趋势而核心员工人数则呈现上升趋势，也就是说，股权激励对象的重心逐渐由高管转移向核心员工。

表 7.2.1 上市公司股权激励方式

单位：次

年份	2006	2007	2008	2009	2010	2011	2012	2013	2014	2015	2016
股权激励次数	33	9	29	20	71	108	132	179	181	210	264
股票期权	25	6	22	13	54	74	60	84	60	49	64
限制性股票	7	1	4	7	15	29	68	95	119	158	196
其他	1	2	3	0	2	5	4	0	2	3	4

资料来源：笔者根据国泰安数据库资料整理。

表 7.2.2 上市公司高管与核心员工激励比例

单位：%

年份	股权激励总数占总股本比例	授予人数占员工总数比例	授予高管的数量/总授予数	授予核心员工的数量/总授予数	高管人数/总授予人数	核心员工人数/总授予人数
2006	6.15	4.16	46.50	36.94	33.50	66.50
2007	2.94	2.67	56.41	37.13	18.00	74.40
2008	4.06	9.30	39.23	48.22	21.10	78.90
2009	4.03	7.54	28.05	68.90	14.70	85
2010	2.97	8.84	25.57	68.98	9.20	90.80
2011	2.84	9.35	21.94	72.80	6.70	93.30
2012	2.85	8.95	23.83	70.65	8.70	91.30
2013	2.52	9.63	24.22	69.45	9.60	90.40
2014	2.19	8.18	22.09	71.73	9.70	90.30
2015	2.29	11.44	23.77	68.70	8.60	91.40
2016	2.04	10.17	17.86	71.07	8.70	91.30

资料来源：笔者根据国泰安数据库资料整理。

从表 7.2.1 和表 7.2.2 的资料中我们可以比较清晰地看到我国上市公司股权激励实施情况有两个方面的显著变化，一是股权激励对象重心从高管向核心员工转移，二是股权激励方式从以股票期权为主转向以限制性股票为主。那么，这样的变化是否有利于企业创新，换句话说，如何设计股权激励方案（对象、方式）才能够更好地激励企业创新、提升创新效率呢？这就是本研究所关注的问题。

本研究以 2006~2015 年实施股权激励的上市公司为研究对象，首先检验股权激励是否能够促进上市公司创新，然后分别检验不同股权激励对象以及激励方式对公司创新活动的影响并进行比较分析。为了克服可能存在的内生性问题，采用倾向得分匹配法（PSM），为每一家实施股权激励的公司挑选匹配的公司以形成对照组。之后利用双重差分法（DID），比较在实施股权激励后，实施股权激励的公司（处理组）与未实施股权激励的公司（对照组）在事件前后创新水平的变化。研究结果表明，股权激励能够显著提高企业进行研发投资的积极性、专利产出水平和创新效率。但在这三个不同创新指标维度上，不同激励方式（对象）的效果存在较大区别：首先，针对"研发支出"指标，对高管的激励有效而对核心员工的激励无效，并且对高管实施股票期权的激励效果优于限制性股票；其次，针对"专利产出"这一指标，对核心员工实施股权激励能够显著提高专利产出水平，对高管激励的效果则不显著，并且，限制性股票的效果要优于股票期权；最后，针对"创新效率"这一指标，我们发现，与高管相比，对核心员工进行激励能够更有效地提高创新效率。

本研究的贡献主要体现在以下几个方面。①从多角度研究了不同股权激励方式对上市公司创新激励效果的影响。针对当前大多数研究仅仅从定性的角度比较股票期权和限制性股票操作方式的差异而缺乏对这两种方式在激励效果上的差异进行分析的问题，本研究从实证角度进行了考察并得出了明确答案，丰富了股权激励相关研究。②根据委托代理链条向核心员工的延伸，研究中讨论了激励延伸的效果，基于核心员工在企业创新中作用的基本原理，证实了对核心员工进行股权激励的重要意义。③分析了高管和核心员工在企业创新活动中扮演的不同角色以及发挥的不同作用，进而探究了不同场景下激励对象和激励方式的效果差异，为企业设计股权激励方案提供了参考。

7.2.2　理论分析

7.2.2.1　股权激励对公司创新的影响

从投资积极性的角度来看，虽然投资过度或投资不足都是代理问题的表现形式（Jensen，1986），但由于一旦投资项目失败，经理人可能会丧失一部分收益甚至高管职位，因此大多数情况下经理人的投资行为表现为投资不足（Campbell et al.，1989），并且这一现象在中国的上市公司中也同样存在（周伟贤，2010）。而创新是一项长期的、多阶段的活动，需要大量物资资本和人力资本的投入，同时伴随着较高的失败风险（Holmstrom，1989），因此，以鼓励创新为目标的激励计划需要对早期的失败有较高的容忍度，并且能够使高管与核心员工分享到创新带来的长期收益（Gobble，2011），股权激励正是这样一种能够将核心员工收入与企业业绩有机结合的中长期激励方式。

从创新活动的风险承担角度来看，在代理问题严重且公司治理环境差的企业，出于对连续大量投资、收益无法短期兑现、研发前景不确定性高以及由此可能影响其任期内绩效考核的担忧，高管往往倾向于采取风险规避的策略从而减少研发投入。同时，管理层难以像股东那样通过投资组合来分散创新活动的风险（田轩和孟清扬，2018），其收益完全取决于企业的经营业绩，所以管理层比股东更加厌恶风险（解维敏和唐清泉，2013）。因此，当自身职业风险无法分散并且没有有效的激励时，管理层的内在创新动力将可能不足。为了鼓励管理者从事创新等有利于企业核心竞争力的投资项目，需要有效的激励机制降低管理层的风险厌恶程度，同时使其能够分享创新带来的长期收益。

创新型人力资本对于企业的成长尤为关键。那些拥有专门技术、掌握核心业务、控制关键资源、对企业的经营和发展能产生重要影响的核心员工，是企业在研发、设计、制造、营销等环节上核心竞争力的载体和执行者，从而成为提升企业价值最重要的驱动力量。企业的核心员工是创新资源的使用者和研发过程的直接参与者，其努力程度将直接影响创新项目的执行情况和创新活动的效率。在创新的物质资本投入既定的情况下，核心员工和高管之间的代理问题很可能造成创新效率的损失，因此企业不仅需要激励高管，也需要对核心员工进行适当的激励。通过对员工实施股权激励，将员工个人的收益与公司的业绩紧密联系在一起，从而激励其努力工作（Core and Guay，2001）。一方面，股票期权能够鼓励员工承担风险，忍受短期失败（Murphy，2003）；另一方面，股权激励的时滞性特征有助于保留人才，能够有效降低员工离职率（肖淑芳和付威，2016）。对于高成长性的公司来说，核心员工对于提高公司的创新能力、扩大公司的市场份额以及提高公司管理水平发挥着重要作用，吸引保留公司的核心员工是公司实施股权激励的主要目的之一（Ittner et al.，2003）。

关于核心员工激励与企业创新能力关系问题，研究发现，拥有更加舒适友好的工作场所、更具人文关怀、对失败的容忍度较高的公司，其创新投入更多、创新能力更强、成果也更加丰富（Chen et al.，2016）；给予较高的薪酬待遇会提高员工满意度和团队协作能力，因此也能获得更多的专利产出（Chen et al.，2016）。而员工心理层面的激励因素，例如前摄型人格、自我效能感、工作幸福感等也会对企业创新产生影响。

7.2.2.2 不同激励方式的效果分析

股票期权和限制性股票两种激励方式各有特点。股票期权一经授予便进入等待期，待达到业绩要求后，核心员工可以根据股票市价的高低决定是否行权，一旦行权认购股票后，股票的出售则不再受到限制，只需符合《公司法》《证券法》对高管出售股票等的有关规定。而限制性股票在授予激励对象一定数量的公司股票后存在一定时期的禁售期，之后进入解锁期（3年或者以上），符合严格的解锁条件后每年才可将限定数量的股票上市流通。两种激励方式最为本质的区别在于风险承担机制、权利与义务的对称性、激励与惩罚的对称性方面的不同。在股票期权方式下激励对象享有股票增值的收益权而不承担股票贬值的风险。正是这种收益与风险不对称的特征，有助于激励对象创新和冒险（Angie，2008），成功了可以获取较高的收益，失败了可以选择不行权或者离职。实证研究的结果也支持了这种判断（Armstrong and Vashishtha，2012），因此股票期权能够激励高管从事一些短期来看是高风险但是长期而言能够增加企业价值的活动（孙慧和杨王伟，2019）。而在限制性股票方式下，激励对象享受股票增值收益的同时也要承担贬值的风险，是一种具有一定惩罚性的激励方式。研究表明，薪酬组合中的限制性股票会加剧经理人对风险的厌恶程度（Lim，2015）。

对于核心员工适合采用何种激励方式这一问题，学术界尚未有统一的结论。Chang 和 Fu（2015）采用美国上市公司数据、姜英兵和于雅萍（2017）针对中国上市公司的研究均发现，对核心员工的股票期权激励对创新产出的激励效果更显著。而另一些学者认为，研发是一项长期的工作，具有较高的调整成本，一旦核心技术人员流失，将会对研发项目造成沉重打击，而限制性股票锁定期较为严格，能够吸引和保留核心技术人员，以确保研发项目的顺利实施（Ittner et al.，2003）。此外，限制性股票收益与风险对称，既可以激励员工努力工作，又可以防止搭便车、"偷懒"的行为（Oyer and Schaefer，2004），同时，限制性股票的禁售期和锁定期比较长，同时解锁条件更为严格，因此具有更好的保留人才的效果（肖淑芳等，2016）。

7.2.3 研究设计

7.2.3.1 变量选择

（1）被解释变量

如何度量创新是本研究的一个关键问题。从以下三个方面度量企业的创新水平。①创新投入，以研发支出（$R\&D$）表示。②创新产出，借鉴相关领域研究的一般做法，以企业当年的专利申请数衡量创新产出水平。专利又分为发明、实用新型和外观设计三种类型，其中发明专利的技术含量最高，能够更好地反映创新产出的质量。据此，本研究将其区分为创新产出的数量指标和质量指标，前者用专利申请总数衡量，后者以发明专利申请数衡量。③创新效率。"国家创新蓝皮书"中多次指出，中国的创新能力与美、日最大的差距在于科技创新效率。本研究借鉴 Desyllas 和 Hughes（2010）以及冯根福等（2017）学者的做法，以发明专利申请数与研发投入自然对数的比值来衡量创新效率。

（2）解释变量

Treat 为股权激励虚拟变量，实施了股权激励的公司取值为 1，否则取值为 0；*Option* 为股票期权激励虚拟变量，实施了股票期权激励的公司取值为 1，否则取值为 0；*Restric* 为限制性股票激励虚拟变量，实施了限制性股票激励的公司取值为 1，否则取值为 0。参考梁上坤（2016）的做法，用上市公司股权激励计划中公布的高管和核心员工获授的权益总额与公司股票总数的比值来衡量高管和核心员工的激励强度，分别用 *Exeratio* 和 *Empratio* 表示。各主要变量及其释义如表 7.2.3 所示。

表 7.2.3　主要变量定义

变量性质	变量名称	变量符号	变量定义
被解释变量	研发投入	*R&D*	研发支出/总资产
	专利申请总数	*Patent*	年度专利申请总数(发明、实用新型、外观设计专利)
	发明专利申请总数	*Ipatent*	年度发明专利申请总数
	研发效率	*P/R*	发明专利申请总数与研发投入自然对数的比值
解释变量	股权激励	*Treat*	实施了股权激励的公司取值为 1,否则取值为 0
	股票期权激励	*Option*	实施了股票期权激励的公司取值为 1,否则取值为 0
	限制性股票激励	*Restric*	实施了限制性股票激励的公司取值为 1,否则取值为 0
	高管股权激励强度	*Exeratio*	高管获授的权益总额与公司股票总数的比值
	核心员工股权激励强度	*Empratio*	核心员工获授的权益总额与公司股票总数的比值
控制变量	公司规模	*Size*	总资产取自然对数
	财务杠杆	*Leverage*	资产负债率
	盈利能力	*ROA*	总资产收益率
	公司成长性	*Growth*	营业收入的年增长率
	资本密集度	*Intensity*	总资产/销售额

续表

变量性质	变量名称	变量符号	变量定义
控制变量	政府补助	*Subsidy*	当年获得的政府补助/总资产
	管理层持股	*Exe-share*	高管持股数量占公司股票总数的比例
	高管薪酬	*Exe-wage*	高管前三名平均薪酬
	是否国企	*State*	若企业最终控制人性质为国有,则取值为1,否则取值为0
	现金比率	*Cash*	现金持有量/总资产

7.2.3.2　样本选择与数据来源

本研究以 2006 年作为观测期间的起始年份,由于企业的创新项目往往需要较长的研发时间,因此解释变量"股权激励"选择滞后两期的数据。数据库中"上市公司专利"数据截止到 2016 年,为保证专利数据的完整性,只考察 2015 年之前实施股权激励的上市公司,最终得到 2335 个观测值,包括在 2006~2013 年实施股权激励的 276 家上市公司。为减小极端值的影响,对所有连续变量进行上下 1% 的 Winsorize 处理。

7.2.3.3　分组变量差异性分析

按照是否实施股权激励,表 7.2.4 给出了主要变量的分组描述性统计以及检验各变量之间是否存在显著差异的 T 统计量。从表中可以发现,实施股权激励的公司无论是研发投入、创新产出还是创新效率(均值分别为 0.024、2.748、1.987 和 0.025)都显著高于未实施股权激励的公司(均值分别为 0.014、2.285、1.505 和 0.013)。两组企业在其他特征上也存在显著差异,实施股权激励的企业往往杠杆率更低、盈利能力更强、成长性更好、高管薪酬更高、大多为民营企业、现金持有量也更多。

由于两组样本间存在显著差异,直接对其进行比较所得到的结果将是有偏的。另外,实施股权激励的公司可能本身创新能力就比较强,这将会导致样本选择偏差。为了较好地克服可能存在的内生性问题,本研究采用倾向得分匹配法对样本进行匹配。

倾向得分匹配法的基本做法是:把实施了股权激励的公司作为处理组,

表 7.2.4　样本匹配前的描述性统计

变量	全样本						T 值
	股权激励企业			非股权激励企业			
	均值	中位数	标准差	均值	中位数	标准差	
R&D	0.024	0.015	0.012	0.014	0.010	0.006	−3.074***
Patent	2.748	2.944	1.356	2.285	2.302	1.469	−4.916***
Ipatent	1.987	1.946	0.0788	1.505	1.386	0.022	−5.753***
P/R	0.025	0	0.003	0.013	0	0.006	−5.323***
Size	21.609	21.445	1.024	21.659	21.506	1.103	0.969
Leverage	0.337	0.321	0.169	0.406	0.396	0.217	6.875***
ROA	0.063	0.061	0.042	0.041	0.039	0.089	−5.479***
Growth	0.249	0.223	0.227	0.138	0.111	0.243	−9.583***
Intensity	1.940	1.736	0.982	2.037	1.703	1.319	1.587
Subsidy	0.009	0.005	0.047	0.009	0.004	0.054	−0.134
Exe-share	0.132	0.040	0.173	0.076	0.000	0.147	−8.037***
Exe-wage	13.086	13.074	0.576	12.845	12.847	0.630	−8.231***
State	0.053	0.000	0.225	0.196	0.000	0.396	7.804***
Cash	0.179	0.115	0.256	0.148	0.074	0.496	−5.737***
Patent-growth	0.352	0.113	1.229	0.009	−0.317	1.138	−3.399***
Invention-growth	0.372	0.138	1.101	0.103	−0.138	1.080	−3.002***

注：表中 T 值为样本变量的均值 T 检验结果；***、**、* 分别表示在 1%、5% 和 10% 水平上显著。

然后构建一个主要特征与处理组公司在实施激励之前尽可能相似但未进行股权激励的公司形成对照组，使处理组和对照组在实施股权激励的影响因素方面基本相同。将处理组中的公司与对照组进行匹配，使得匹配后的两个样本组仅在实施股权激励上有区别，而其他特征都相同或相似，在此基础上比较在处理组实施股权激励后两组样本公司创新活动的差异。具体做法如下。首先，选择一系列公司特征变量，以实施股权激励前一年的数据为基础，根据 Logit 模型测算实施股权激励的概率。根据已有的理论与研究文献，我们选择的匹配变量包括公司规模（Size）、财务杠杆（Leverage）、盈利能力（ROA）、公司成长性（Growth）、是否国企（State），另外还包括创新强度因素：专利总数增长率（Patent-growth）和发明专利增长率（Invention-

growth），以确保处理组和控制组在创新活动上是没有系统性差异的。之后使用最近邻匹配法对处理组和对照组公司进行——匹配，最终得到可比的样本。表 7.2.5 为平衡性检验（Balance Test）的结果。可以看到大部分特征变量的均值差异的 *T* 检验统计量都不显著，这说明匹配效果较好。值得注意的是，表 7.2.5 中处理组和对照组在专利申请总数的平均增长值（*Patent-growth*，前三年专利申请总数的平均增长值）和发明专利申请总数的平均增长值（*Invention-growth*，前三年发明专利申请总数的平均增长值）上无显著差异，这可以反映出处理组与控制组在实施股权激励之前的专利增长趋势是没有差异的（即匹配后的样本满足双重差分模型要求的平衡趋势假设）。

表 7.2.5 匹配后样本的描述性统计

变量	匹配后样本						*T* 值
	股权激励企业			非股权激励企业			
	均值	中位数	标准差	均值	中位数	标准差	
R&D	0.024	0.021	0.023	0.027	0.016	0.028	−1.673 *
Patent	2.604	2.172	1.416	2.635	2.197	1.545	−1.068
Ipatent	1.888	1.945	0.079	1.716	1.987	0.062	0.901
P/R	0.021	0	0.009	0.019	0	0.007	−1.765 *
Size	21.476	21.328	0.941	21.506	21.487	1.090	−0.363
Leverage	0.323	0.422	0.178	0.328	0.427	0.198	−0.357
ROA	0.065	0.065	0.039	0.065	0.041	0.055	0.120
Growth	0.273	0.242	0.271	0.210	0.212	0.262	1.564
Intensity	1.862	1.586	0.916	1.777	1.668	1.155	1.082
Subsidy	0.007	0.004	0.034	0.007	0.004	0.034	−0.028
Exe-share	0.143	0.0422	0.182	0.078	0.000	0.135	4.606 ***
Exe-wage	13.014	12.995	0.578	12.859	12.775	0.632	2.942 ***
State	0.058	0.000	0.234	0.058	0.000	0.411	0.002
Cash	0.179	0.075	0.183	0.148	0.085	0.261	−1.397
Patent-growth	0.154	0.132	0.754	0.139	−0.095	0.568	−1.567
Invention-growth	0.174	0.109	0.402	0.120	−0.089	0.810	−2.015

注：表中 *T* 值为样本变量的均值 *T* 检验结果；***、**、*分别表示在 1%、5% 和 10% 水平上显著。

7.2.4 实证分析

考虑到企业间的异质性，本研究参考 Fang 等（2015）的做法，采用双重差分法（DID）分析股权激励手段、激励对象与企业创新水平的关系。

7.2.4.1 股权激励对企业创新的影响

为考察实施股权激励是否能够促进企业创新，本研究设计以下模型：

$$Innovation_{i,t+2} = \beta Treat_i + \gamma\, Term_{i,t} + \delta\, Treat_i \times Term_{i,t} + \theta\, Controls_{i,t}$$
$$+ Year_{dummy} + Industry_{dummy} + \varepsilon_{i,t} \tag{7.2.1}$$

其中，被解释变量（$Innovation$）为企业的创新水平，分别从三个角度对其进行衡量：研发投入（$R\&D_{i,t+2}$）、专利产出（$Patent_{i,t+2}$）、创新效率（$P/R_{i,t+2}$）。解释变量$Treat_i$为代表处理组的虚拟变量，实施股权激励的公司取值为1，否则取值为0；$Term_{i,t}$是代表事件发生的虚拟变量，实施股权激励当年及以后年度取值为1，之前的年份取值为0；交互项$Treat_i \times Term_{i,t}$是我们重点关注的解释变量。$Controls_{i,t}$为一组控制变量，$Industry_{dummy}$代表行业固定效应，$Year_{dummy}$代表时期固定效应。此外，在考察股权激励对专利产出的影响时，模型中加入研发支出（$R\&D$）作为控制变量。

表7.2.6给出了上述模型的回归结果。表7.2.6第（1）列可以看到，以研发投入为被解释变量回归的结果中，交乘项 $Treat \times Term$ 的系数为0.065，并且在1%的水平上显著，这说明实施股权激励能够有效促进创新投入；第（2）和第（3）列分别以专利总数和发明专利数为被解释变量进行回归，$Treat \times Term$ 的系数分别为0.270和0.222，同样在1%的水平上显著，说明实施股权激励不仅能够显著提高创新产出的数量（比未实施股权激励的公司平均高出27%），也能够使得创新产出的质量得到显著提升（比未实施股权激励的公司高出22.2%）；第（4）列以创新效率为被解释变量，交乘项系数依然显著为正。说明无论采用创新的哪个维度指标，股权激励均对创新起促进作用。

表 7.2.6　股权激励对公司创新的影响

变量	(1) R&D	(2) Patent	(3) Ipatent	(4) P/R
Treat×Term	0.065***	0.270***	0.222***	0.081***
	(3.075)	(2.814)	(2.629)	(2.596)
Treat	0.012	0.238**	0.224**	0.089***
	(−0.698)	(2.464)	(2.423)	(2.703)
Term	0.0503***	−0.136	−0.003	−0.017
	(3.622)	(−1.923)	(−0.05)	(−0.776)
Size	−0.014	0.568***	0.551***	0.046***
	(−1.749)	(13.796)	(13.959)	(3.403)
Leverage	−0.008	−0.316	0.373	0.064
	(−1.654)	(−1.467)	(1.623)	(0.895)
ROA	0.017	0.336	2.051***	−0.042
	(1.137)	(0.838)	(3.077)	(−0.201)
Growth	0.004	−0.007*	0.038	0.024
	(0.243)	(−1.866)	(0.523)	(0.948)
Intensity	−0.001**	−0.006***	−0.005***	−0.062
	(−2.045)	(−4.402)	(−4.171)	(−1.073)
Subsidy	0.806***	17.099***	13.692***	0.024
	(13.553)	(5.061)	(4.595)	(0.035)
Exe-share	0.336	1.417***	0.988***	0.140**
	(2.916)	(7.093)	(5.441)	(2.057)
Exe-wage	−0.005	0.270***	0.220***	0.007
	(−1.432)	(5.138)	(4.331)	(0.459)
State	0.085***	0.226**	0.297***	0.052
	(4.456)	(2.194)	(3.047)	(1.513)
Cash	0.142***	0.837***	0.510***	0.101**
	(3.085)	(4.122)	(2.615)	(2.202)
R&D		2.785***	2.785***	
		(4.028)	(4.634)	
Year	Yes	Yes	Yes	Yes
Industry	Yes	Yes	Yes	Yes
观测值	2063	2063	2063	2063
Adj. R^2	0.3228	0.2035	0.3279	0.4029

注：① ***、**、* 分别表示在 1%、5% 和 10% 水平上显著；②表中报告的是回归结果的估计系数以及括号内中的对行业进行 cluster 调整后的 t 统计值。下同。

7.2.4.2　考虑不同对象及不同强度的股权激励效果分析

在前文的检验中，我们已经得到了股权激励有助于企业创新的结论，那么，针对不同对象、不同强度的股权激励是否会产生不同的效果？为此，我们以股权激励份额占公司股份的比值作为激励强度指标，采用模型（7.2.2）进行检验。$Exeratio_i$ 和 $Empratio_i$ 为连续变量，分别定义为授予高管和核心员工的股权激励股份与公司股份总数的比值。结果如表 7.2.7 的 A 栏所示。为节省空间，表 7.2.7 和之后的表都省略了变量 $Treat$、$Term$ 以及其他控制变量的回归结果。

$$
\begin{aligned}
Innovation_{i,t+2} = {} & \beta Treat_i + \gamma\, Term_{i,t} + \delta_1\, Treat_i \times Term_{i,t} \times Exeratio_i \\
& + \delta_2\, Treat_i \times Term_{i,t} \times Empratio_i + \theta\, Controls_{i,t} \\
& + Year_{dummy} + Industry_{dummy} + \varepsilon_{i,t}
\end{aligned}
\tag{7.2.2}
$$

表 7.2.7 的 A 栏第（1）列和第（2）列的结果显示 $Treat \times Term \times Exeratio$ 的系数显著为正，表明对高管实施股权激励能显著增加创新投入，并且激励强度越大效果越明显；但 $Treat \times Term \times Empratio$ 的系数并不显著，说明对核心员工的股权激励并不影响创新投入。但从第（3）~（6）列关于专利产出的检验结果来看，情况恰好相反：对核心员工的激励有显著正向影响，对高管的激励效果不显著。由于在对专利产出进行回归时控制了 $R\&D$，因此创新产出的增加并非通过提高研发投入来实现，而是通过提高研发效率来实现的。这一结论与第（7）（8）列的回归结果相吻合，即通过对核心员工实施股权激励能够促进创新效率的提高，而高管股权激励对研发效率的影响则并不显著。

为了进一步分析激励强度的影响，将样本公司分为"高激励组"和"低激励组"，划分界限是激励强度指标的中位数。$HighExeratio_i$ 为哑变量，"高激励组"取值为 1，否则为 0；$HighEmpratio$ 的取值也作同样的处理。回归结果如表 7.2.7 的 B 栏所示，对核心员工实施高激励能够显著提升创新产出，并且比对高管实施高激励的效果更好，进一步肯定了 A 栏的结果。

表 7.2.7　高管与核心员工股权激励效果

A 栏	R&D		Patent		Ipatent		P/R	
	(1)	(2)	(3)	(4)	(5)	(6)	(7)	(8)
	高管	核心员工	高管	核心员工	高管	核心员工	高管	核心员工
Treat×Term× Exeratio	0.276**		9.318		9.539		1.145	
	(2.181)		(0.757)		(0.835)		(0.21)	
Treat×Term× Empratio		−0.006		12.933**		14.500***		3.806**
		(−0.026)		(2.244)		(2.782)		(2.785)
Year	Yes	Yes	Yes	Yes	Yes	Yes	Yes	Yes
Industry	Yes	Yes	Yes	Yes	Yes	Yes	Yes	Yes
观测值	2063	2063	2063	2063	2063	2063	2063	2063
Adj. R^2	0.2696	0.1665	0.2278	0.2043	0.2951	0.2431	0.2349	0.2357
B 栏	R&D		Patent		Ipatent		P/R	
	(1)	(2)	(3)	(4)	(5)	(6)	(7)	(8)
	高管	核心员工	高管	核心员工	高管	核心员工	高管	核心员工
Treat×Term× HighExeratio	0.076***		0.030		0.064		0.091*	
	(2.607)		(0.253)		(0.563)		(1.235)	
Treat×Term× HighEmpratio		0.016		0.245**		0.341***		0.122***
		(0.467)		(2.112)		(3.137)		(2.955)
Year	Yes	Yes	Yes	Yes	Yes	Yes	Yes	Yes
Industry	Yes	Yes	Yes	Yes	Yes	Yes	Yes	Yes
观测值	2063	2063	2063	2063	2063	2063	2063	2063
Adj. R^2	0.1712	0.1573	0.3179	0.3194	0.3055	0.3088	0.1258	0.1269

以上结果说明，针对核心员工的股权激励对创新产出的数量和质量都产生了显著正向的影响，而且能显著提升创新效率。针对高管的股权激励仅对研发投入有显著正向影响，对创新产出没有显著的影响。

7.2.4.3　不同股权激励方式对公司创新的影响

在模型（7.2.1）和模型（7.2.2）的检验中，并没有区分股权激励的方式，但从前文的分析中可以看出，股票期权是基于股价的激励模式，其价值与股价波动率正相关，因此具有鼓励风险承担的效应，而限制性股票是基于业绩的激励模式，在一定程度上具有风险规避的效应，因此二者存在差异。

那么这种差异是否会导致不同的激励效果呢？本部分就此进行检验。*Option* 为虚拟变量，若公司采用股票期权激励，则 *Option* = 1，否则取值为 0；同样地，若公司采用限制性股票激励，则 *Restric* = 1，否则取值为 0（见表 7.2.8）。

表 7.2.8　股票期权与限制性股票激励效果比较

变量	R&D		Patent		Ipatent		P/R	
	（1）	（2）	（3）	（4）	（5）	（6）	（7）	（8）
	股票期权	限制性股票	股票期权	限制性股票	股票期权	限制性股票	股票期权	限制性股票
Option×Term	0.088***		0.042		0.091**		0.168	
	(2.892)		(0.387)		(1.601)		(2.177)	
Restric×Term		0.040		0.319***		0.263**		0.051
		(1.425)		(2.954)		(2.186)		(1.282)
Year	Yes	Yes	Yes	Yes	Yes	Yes	Yes	Yes
Industry	Yes	Yes	Yes	Yes	Yes	Yes	Yes	Yes
观测值	2063	2063	2063	2063	2063	2063	2909	2909
Adj. R^2	0.2336	0.2553	0.3179	0.3200	0.3063	0.3045	0.1257	0.1247

表 7.2.8 报告了回归结果。以 *R&D* 为被解释变量，*Option×Term* 的系数显著为正，而 *Restric×Term* 的系数则并不显著，说明股票期权这一激励方式能够有效鼓励企业增加创新投入，而限制性股票则并无这种激励效果。另外，我们发现，在控制了研发支出这一重要的创新投入变量之后，限制性股票能够显著提高创新产出的数量和质量，而采用股票期权激励的公司，其创新产出并未得到明显提高。第（7）（8）列以创新效率作为被解释变量，*Option×Term* 的系数为 0.168，并且在 5% 的水平上显著，而 *Restric×Term* 的系数虽然为正（0.051），但是并不显著，说明限制性股票这一激励方式不能促进创新效率的显著提高。对此结果的一种可能解释是，创新活动本身具有高风险的特征，限制性股票所具有的"风险规避效应"会在一定程度上削弱股权激励对创新的促进作用，而股票期权具有锁定损失的功能，能够使得激励对象容忍短期失败，因此对创新效率的激励效果优于限制性股票。

7.2.5 激励对象与方式的交叉检验

通过上述研究我们发现高管股权激励可以显著增加企业研发投入，针对核心员工激励可以显著提升专利数量和创新效率；同时发现股票期权与限制性股票的激励效果也有所差异。本部分我们将进一步探究到底什么样的方式作用于什么样的对象从而产生了怎样的激励效果。为此，我们在前述有显著影响的创新指标基础上，对激励对象与方式进行交叉检验，结果如表 7.2.9、表 7.2.10、表 7.2.11 所示。

表 7.2.9 对高管采取不同激励方式的效果比较

变量	R&D	
	股票期权	限制性股票
$Option \times Term \times HighExeratio$	0.071**	
	(2.196)	
$Restric \times Term \times HighExeratio$		-0.020
		(-0.682)
$Year$	Yes	Yes
$Industry$	Yes	Yes
观测值	1747	1747
Adj. R^2	0.3745	0.3706

在前述对企业高管进行激励能促进研发投入这一结论的基础上，表 7.2.9 的结果显示，这一激励效果是通过股票期权而产生的，限制性股票在这里并不起作用。

表 7.2.10 核心员工股权激励方式与创新产出

变量	Patent		Ipatent	
	股票期权	限制性股票	股票期权	限制性股票
$Option \times Term \times HighEmpratio$	0.256*		0.293*	
	(1.758)		(1.782)	
$Restric \times Term \times HighEmpratio$		0.390**		0.368***
		(2.093)		(2.665)

变量	Patent		Ipatent	
	股票期权	限制性股票	股票期权	限制性股票
Year	Yes	Yes	Yes	Yes
Industry	Yes	Yes	Yes	Yes
观测值	2063	2063	2063	2063
Adj. R^2	0.3377	0.3270	0.3063	0.2283

从表7.2.10的结果可以看出，虽然对核心员工采用股票期权激励和限制性股票激励都能使专利和发明专利显著提升，但后者的效果明显优于前者。

表7.2.11所显示的是对创新效率的影响，可以看出，无论对高管还是对核心员工进行激励，都有利于创新效率的提高，但是对核心员工的激励效果更加明显。就激励方式而言，股票期权的效果要优于限制性股票。

表 7.2.11　激励对象、激励方式与创新效率

变量	P/R					
	高管			核心员工		
	股权激励	股票期权	限制性股票	股权激励	股票期权	限制性股票
$Treat \times Term \times HighExeratio$ ($HighEmpratio$)	0.091** (2.234)			0.122*** (2.955)		
$Option \times Term \times HighExeratio$ ($HighEmpratio$)		0.118* (1.933)			0.222*** (3.859)	
$Restric \times Term \times HighExeratio$ ($HighEmpratio$)			0.065 (1.228)			0.014 (0.254)
Year	Yes	Yes	Yes	Yes	Yes	Yes
Industry	Yes	Yes	Yes	Yes	Yes	Yes
观测值	2909	2909	2909	2909	2909	2909
Adj. R^2	0.1257	0.1254	0.1247	0.1269	0.1288	0.1242

7.2.6　结论

本研究在一般性地验证了股权激励对企业创新的正向影响的基础上，进

一步考察了针对不同对象的激励和采用不同方式的激励对研发支出、专利产出及创新效率三个维度的激励效果。结果发现，不同激励方式作用于不同的对象对企业创新会产生不同的效果，并且对不同环节创新活动的影响也不相同：对高管进行股票期权激励能够鼓励其承担风险、增加研发支出；对核心员工进行限制性股票激励有助于激励其努力工作、增加专利产出。对高管和核心员工进行股权激励都有利于创新效率的提高，但是对核心员工的效果更加显著。

第 **8** 章
创业政策绩效评价

本章讨论创业政策的实施绩效，研究包含两个部分，一是讨论"万众创业"号召对创业活动的影响，从同群效应的角度进行模型构建与实证分析；二是讨论数字金融的发展对家庭创业的影响。

8.1 "万众创业"对创业活动影响的模型构建与实证——基于同群效应的研究[*]

本研究从社会个体与群体行为互动的视角研究个体创业活动的决策机理，分析认为，个体因受到周围创业者冒险拼搏精神的影响而进行创业，或者通过与周围创业者交往的社会学习得到与创业相关的技术或者经验从而自身也投入创业，二者均使创业活动具有同群效应。进一步基于中国家庭追踪调查（CFPS）截面数据进行检验的结果显示：①个体的创业活动存在显著的同群效应，即邻里的创业活动对个体产生了明显的示范作用，带动其投入创业活动中；②信息时代因电视、互联网等媒体传播应用对于传统物理意义

＊ 本部分主要内容已发表于《中国管理科学》2018年第5期。

上的同群效应存在一定程度的替代。并且，研究采用了工具变量法解决了关联效应和反射性问题对同群效应的估计带来的影响，以确保同群效应的有效识别。上述发现说明，尽管创业活动是市场参与个体的自由选择行为，但各种途径的宣传，包括社区宣传和各种媒体宣传对于推动大众创业有不可或缺的作用。

8.1.1　引言

创业活动是衡量企业家精神的重要指针，也是推动一国经济发展的重要动力。在当前全球处于新一轮工业革命的关键时刻，一国的创业活动甚至还决定着下一轮经济发展的领先—滞后关系，因此，党和政府对此高度重视，多次发出号召鼓励创业，也出台了系列财政税收政策和货币金融政策对创业活动予以支持。国内外学者也开展了系列研究，从多方面探寻影响创业活动的因素，以期更好地创造创业环境和条件来激励创业。从宏观方面看，文化、经济制度等因素是学者们主要关注的方面，如 Hayton 等（2002）、Freytag 和 Thurik（2007）以及赵向阳等（2012）从文化角度考虑了不同国家的文化对创业活动的影响；吴晓瑜等（2014）研究了中国的房价是否影响了创业，发现中国的高房价抑制了创业，影响了经济的长期增长；陈刚（2015）发现政府管制过多会提高创业活动的成本，影响创业积极性；施丽芳等（2014）则考虑了正式和非正式制度对创业者的影响，发现制度有助于创业家管理不确定性，进而作用于行动。从微观角度看，个人背景特征是影响创业活动的关键原因，如 Muravyev 等（2009）从创业者的性别和金融约束角度研究对创业行为的影响，发现女性创业者更难获得金融贷款，创业的难度更大；周广肃等（2015）研究了信任对家庭创业决策行为的影响，发现在调查问卷中选择"大多数人是可以信任的"家庭从事个体经营或者开办私营企业的概率更高。另外，还有两位学者专门针对农民创业的问题进行了研究：陈波（2009）从农民工个人的风险态度角度探讨了农民工回乡创业决策，发现越是偏好冒险的人，回乡创业的可能越小；郭云南等（2013）则从宗族网络和融资便利方面研究对农民自主创业的影响，发现宗族网络的强度有助于提高家庭的民间融资，从而有助于创业。

值得注意的是，从本质上讲人是一种社会性动物，人的各种决策不可避免地要受到他人的影响，创业决策同样如此。与已有研究不同，本研究从同群效应角度研究对创业活动的影响。该视角的意义在于，如果创业活动中存在同群效应，那么，在既定的政策环境下，甚至在既定的决策者个体特性条件下，仍然存在提升创业活动水平的举措和空间，采取相应行动能达到推动创业活动的良好效果。

同群效应是近年来引起学者们浓厚兴趣的话题，针对个体同群效应的研究已包括股市参与（Hong et al.，2004；Liang and Guo，2015）、博彩参与（李涛和周开国，2006）以及风险厌恶和信任等（Ahern and Duchin，2014）。同时，同群效应的程度在不同人群中也有区别，研究发现，由于较强的文化紧严程度和集体主义，中国居民更容易受到其他人的观点或行为的影响（Fung，1999；Eun et al.，2015），因此表现出更强的同群效应。本研究认为，创业活动的同群效应产生的原因一方面是模仿所造成的从众行为，另一方面是技术溢出效应，二者共同作用，从而使得创业活动中呈现明显的同群效应。鉴于此，本研究通过社会互动模型推导得出研究假设，并基于中国家庭追踪调查（CFPS）截面数据验证得到相关结论。

8.1.2　模型构建与研究假设

8.1.2.1　影响机理分析

本研究认为，同群效应对创业活动的影响机理主要源于如下两方面。

一是同群个体在交往过程中受到创业者冒险拼搏精神的影响，从而自身也产生了创业的想法。从社会心理学中的群体影响的角度来看，群体间的互动关系会造成群体之间具有类似的态度和思想。有证据表明，个人的风险厌恶程度容易受到群体影响。Ahern 和 Duchin（2014）采用美国 MBA 学生数据样本的研究证明同群效应会对个人的风险厌恶程度产生显著正向的影响，而 Balsa 等（2015）利用高中学生为样本同样发现了类似的结论。敢于冒险、不畏失败正是创业者所需具备的基本素质，因此，风险偏好的从众心理会产生创业活动的从众心理，从而付诸创业行为，而从众的特性在中国人群中表现又尤为突出。

二是在与创业者交往的过程中通过社会学习得到创业相关的技术或者经验。社会学习理论为居民与群体之间创业行为的同步性现象提供了一种新的解释。这一理论认为，个人与群体创业行为的同步性并非完全非理性的羊群行为，而很大部分是由社会学习所致的结果：个人通过社会学习来优化决策，即通过群体中其他人的行为来更新信念、改进决策（Conley and Udry，2010；Liu 等，2014；冯娇和姚忠，2016）。在与创业者交往的过程中，居民可以获得与创业相关的技术、经验以及各种人脉，通过这种知识和经验的溢出降低了居民选择创业的预期成本。因此，在居民选择创业和为他人工作的决策时如果选择创业的预期收益高于为他人工作的工资收益，居民就会选择创业。而这一过程又会进一步通过社会网络传导，因此群体中选择创业的居民将逐渐增多，从而造成居民与群体创业行为的同步性。

8.1.2.2　模型构建

基于上述两方面的分析机理，并将其引入较为常用的社会互动模型中从而构造本研究的居民创业活动的同群效应模型（Ballester et al.，2006）。这类模型一般包括个人与周围人群的社会关系矩阵 G 以及周围人群的状态 $\bar{y}_{-i}$。假设 N 表示社区的家庭数，每一个家庭都与社区中的其他家庭具有社会互动的关系，且关系矩阵有 $G_{ij} = \dfrac{1}{N-1}$，$G_{ii} = 0$。家庭需要决定创业投入。y_i 表示家庭 i 的创业投入，且满足 $y_i > 0$。$\bar{y}_{-i}$ 表示除家庭 i 之外的社区 c 中邻里间的平均创业水平，即

$$\bar{y}_{-i} = G_i \times Y = \frac{1}{N-1} \sum_{j \neq i} y_j \tag{8.1.1}$$

每一个社区 c 中的家庭 i 选择创业投入 $y_i \geq 0$ 并获得相应的效用 $u_i(y_i, \bar{y}_{-i})$，效用函数如（8.1.2）式所示。

$$u_i(y_i, \bar{y}_{-i}) = (a_i + \varepsilon_i)\, y_i - \left(\frac{1}{2} y_i^2 - c\, \bar{y}_{-i}\, y_i\right) - \frac{d}{2}(y_i - \bar{y}_{-i})^2 \tag{8.1.2}$$

其中，$(a_i + \varepsilon_i)\, y_i$ 表示具有正向效用的部分，$a_i > 0$ 表示家庭户主 i 的个人特征和与其相关的社区特征，个人特征如性别、民族、年龄、教育程度等，而社区邻里特征则如社区邻居的性别、民族、年龄、教育程度等情况的平均值（即外生效应），可用（8.1.3）式表示。

$$a_i = \sum_{m=1}^{M} \beta_m x_i^m + \frac{1}{N-1} \sum_{m=1}^{M} \sum_{j \neq i} \theta_m x_j^m \qquad (8.1.3)$$

其中，x_i^m 表示 M 个与个人特征相关的变量，β_m 和 θ_m 则表示其中的参数，ε_i 则表示扰动项。而成本部分用 $(\frac{1}{2} y_i^2 - c\bar{y}_{-i} y_i)$ 表示，$c\bar{y}_{-i} y_i$ 为技术溢出部分，参数 $0 < c < 1$，表示群体选择创业的人数越多，技术溢出则越强，进而降低了家庭的创业成本。效用函数中式子 $\frac{d}{2}(y_i - \bar{y}_{-i})^2$ 部分则表示的是从众效应对家庭自身创业行为的影响部分，参数 $d > 0$，表示该影响对家庭效用的影响程度。因此，如果与群体平均创业情况差距过大，式中的 $\frac{d}{2}(y_i - \bar{y}_{-i})^2$ 部分则会降低家庭的效用。为避免这一情况发生，家庭的创业决策会尽量与邻里之间的平均创业情况保持一致。首先假设家庭具有同质性，进一步，放松家庭同质性的假设，得出如下结论。

定理 1：社区家庭的效用函数如（8.1.2）式所示，假设家庭具有同质性特征，即 $s_i = (a_i + \varepsilon_i)$，且有 $s_i = s > 0$，则家庭创业活动存在唯一的纯策略纳什均衡解：

$$y_i^* = \frac{s}{1-c} \qquad (8.1.4)$$

证明：将效应函数（8.1.2）式进行整理得到：

$$
\begin{aligned}
u_i(y_i, \bar{y}_{-i}) &= (a_i + \varepsilon_i) y_i - \left(\frac{1}{2} y_i^2 - c\bar{y}_{-i} y_i\right) - \frac{d}{2}(y_i - \bar{y}_{-i})^2 \\
&= (a_i + \varepsilon_i) y_i - \left(\frac{1}{2} y_i^2 - c\bar{y}_{-i} y_i\right) - \frac{d}{2}\left[y_i - \left(\frac{1}{N-1}\sum_{j \neq i} y_j\right)\right]^2 \quad (8.1.5) \\
&= -d\left(\sum_{j \neq i} y_j\right)^2 + (a_i + \varepsilon_i) y_i - \frac{1+d}{2} y_i^2 + (c+d)\left(\frac{1}{N-1}\sum_{j \neq i} y_j\right) y_i
\end{aligned}
$$

将 $s = (a_i + \varepsilon_i)$ 带入 (8.1.5) 式可得到：

$$u_i(y_i, \bar{y}_{-i}) = -d \left(\frac{1}{N-1} \sum_{j \neq i} y_j \right)^2 + s y_i - \frac{1+d}{2} y_i^2 + (c+d) \left(\frac{1}{N-1} \sum_{j \neq i} y_j \right) y_i \quad (8.1.6)$$

由于 $s > 0$，且 $-d \left(\dfrac{1}{N-1} \sum_{j \neq i} y_j \right)^2$ 部分对 y_i 的偏导为 0。令 $\alpha = s$，$\beta = 1 + d$，$\gamma = 0$，$\lambda = c + d$，且由于关系矩阵 G 的最大特征根 $\mu(G) = 1$，满足纳什均衡的存在性和唯一性条件 $\beta > \lambda \mu(G)$。另外，根据 Bonacich 向量的定义可得：

$$\begin{aligned} b_i(\varphi, G) &= m_{ii}(\varphi, G) + \sum_{j \neq i} m_{ij}(\varphi, G) \\ &= \sum_{j \neq i} \sum_{k=1}^{\infty} \varphi^k G_{ij}^{[k]} \end{aligned} \quad (8.1.7)$$

其中，$G_{ij}^{[k]}$ 表示关系矩阵 G 的 k 次方中第 i 行第 j 列元素，$\varphi = \dfrac{\lambda}{\beta}$。由于对任意的 k，均有

$$\sum_{i \neq j} G_{ij} = \sum_{i \neq j} G_{ij}^{[2]} = \cdots = \sum_{i \neq j} G_{ij}^{[k]} = 1 \quad (8.1.8)$$

因此：

$$\begin{aligned} b_i(\varphi, G) &= \varphi \sum_{j=1}^{N} G_{ij} + \cdots + \varphi^k \sum_{j=1}^{N} G_{ij}^{[k]} + \cdots \\ &= \sum_{k=1}^{+\infty} \varphi^k \\ &= \frac{1}{1 - \varphi} \end{aligned} \quad (8.1.9)$$

利用 Ballester 等（2006）中的定理 1 可知：

$$Y^* = \left\{ \begin{array}{c} \dfrac{s}{1-c} \\ \cdots \\ \dfrac{s}{1-c} \end{array} \right\} \quad (8.1.10)$$

因此，可知 $y_i^* = \dfrac{s}{1-c}$ ，证毕。

定理 2：假设家庭具有异质性特征，即 $s_i = (a_i + \varepsilon_i)$ ，且 $s_i > 0$ 对所有的 i 不完全相等，则家庭存在唯一的纯策略纳什均衡，且家庭 i 的创业投入如下。

$$y_i^* = \varphi \frac{1}{N-1} \sum_{j \neq i} y_j^* + (1-\varphi)(a_i + \varepsilon_i) \qquad (8.1.11)$$

其中，$\varphi = \dfrac{c+d}{1+d}$。

定理 2 的证明：首先，考虑到 $\sum_{j \neq i} G_{ij} = \sum_{j \neq i} G_{ij}^{[2]} = \cdots = \sum_{j \neq i} G_{ij}^{[k]} = 1$ 且关系矩阵 G 的最大特征根 $\mu() = 1$。类似于定理 1 的过程可以得到：

$$
\begin{aligned}
u_i(y_i, \bar{y}_{-i}) &= s_i y_i - \left(\frac{1}{2} y_i^2 - c\bar{y}_{-i} y_i \right) - \frac{d}{2}(y_i - \bar{y}_{-i})^2 \\
&= -d\left(\sum_{j \neq i} y_j \right)^2 + s_i y_i - \frac{1+d}{2} y_i^2 + (c+d)\left(\frac{1}{N-1} \sum_{j \neq i} y_j \right) y_i
\end{aligned}
\qquad (8.1.12)
$$

同样利用 Ballester 等（2006）的定理 1，令 $\alpha_i = s_i$，$\beta = 1+d$，$\gamma = 0$，$\lambda = c+d$。主要区别在于家庭由于 α_i 而具有异质性。由于 $\gamma = 0$，因此纳什均衡解的存在性和唯一性条件 $\beta > \lambda\mu(G)$ 同样得以满足，从而可以得到家庭 i 的纳什均衡创业策略（8.1.11）式，由对家庭 i 效用函数进行一阶求导后得到。证毕。

8.1.2.3 模型分析与研究假设

从定理 2 可以看出，当家庭具有异质性特征时，创业决策受到自身特征和群体特征的影响（即 $a_i + \varepsilon_i$ 部分），同时，由于受到技术溢出和从众效应的影响（即 φ 中的 c 和 d），且有 $\dfrac{\partial y_i^*}{\partial \bar{y}_{-i}} = \varphi > 0$，家庭选择创业的概率会随着群体创业水平的提高而提高，而为他人工作所带来的效用绝大部分由其工资 w_i 决定。因此，当 $u_i(y_i^*, \bar{y}_{-i}^*) > w_i$，家庭会选择创业活动，进而产生同群效应。总之，不管是基于技术溢出或是从众效应所产生的同群效应，社区其他家庭的创业活动都刺激了相应家庭的创业活动。因此，本研究提出假设 1。

假设 1：创业活动受到同群效应的显著正向影响。

伴随着全球化冲击带来的生活和工作方面的改变，居民的人际交往特征逐渐发生巨大的变化。以往居民之间的交流往往以面对面交流为主，然而由于受到现代生活快节奏的冲击，居民获取信息不再单单依赖面对面的交谈，而转向能够快速方便获取信息的互联网、电视、广播等大众传播媒介。由于在进行创业决策时只有有限注意力，居民必须在不同信息渠道中进行选择，因此对群体中接触性信息传播（社会互动）的效果可能产生影响，在模型中则表现为 c 和 d 的削弱，由于 $\frac{\partial \varphi}{\partial c} > 0$ 且 $\frac{\partial \varphi}{\partial d} > 0$，这进而造成同群效应（即 φ）的削弱。基于此，本研究提出假设 2。

假设 2：在对创业活动的影响上，同群效应与其他信息渠道之间具有一定的替代关系。

8.1.3 同群效应识别及对创业活动的影响

8.1.3.1 同群效应的识别策略

同群效应作为一种特殊的个人与群体之间的关系指针，其准确识别尤为重要。容易与之混淆的其他关系主要有外生效应、关联效应、反射性问题，而同群效应则属于内生性影响（Manski，1993）。当个体受到群体其他外部特征（比如邻居平均教育水平、平均收入等）影响时，可能产生外生效应，也称情景影响。当个体根据自己的偏好选择与某些类似特征的群体居住在同一地区时所导致的创业活动的共同变动（自我选择问题，例如爱好创业的家庭可能倾向于选择居住在相同的社区），或者某种共同因素影响所造成的该地区创业活动共同变动（混淆问题，比如地方政府的税收、补贴政策等）则属于关联效应。另外，还应避免反射性问题，该问题指居民在受到群体影响的同时，居民本身的行为也会对这个群体产生影响，自变量和因变量之间就存在一个互为因果的关系，具体到本研究，即不能简单地认为是群体的行为和态度决定了居民的创业活动。

正因为如此，同群效应的识别方法是实证研究中应该首先解决的问题。参考 Manski（1993）的方法，结合本研究特点，控制其他影响，识别同群效应的方法具体如表 8.1.1 所示。除了变量处理外，在模型估计问题上，当只能获得静态截面数据时，采用工具变量的两阶段最小二乘法和 IVProbit 估计则成为解决同群效应识别困难的一种有效手段（An，2011）。这一方法能够在一定程度上缓解度量误差问题、反射性问题以及遗漏变量等问题，其基本思想是利用工具变量的外生性来促进同群效应的识别（Li 和 Zang，2013；Nie et al.，2015）。中国自我选择问题对同群效应估计产生的影响较小，因此本研究的主要问题在于解决外生效应、关联效应中的混淆问题以及反射性问题。表 8.1.1 中所描述的同群效应识别问题将在文中剩余部分展开详细阐述。

表 8.1.1　创业活动中同群效应的识别策略

Manski	描述	策略
内生效应(同群效应)	家庭受到邻里创业活动的影响	变量计算方法为社区群体平均创业活动(家庭自身除外)
外生效应(情景影响)	群体外部特征影响	社区群体特征的平均值
关联效应	自选择问题和混淆问题	1. 户口制度 2. 社区特征及省份虚拟变量 3. 工具变量法 4. 模拟抽样检验
反射性问题	互为因果问题	工具变量法

8.1.3.2　研究样本与数据来源

本研究使用了来自北京大学社会科学调查中心在 2014 年实施的"中国家庭追踪调查"（CFPS）项目数据。该项目采用追踪调查方法，于 2010 年开展正式的调查访问，并将界定的基线家庭成员及其子女作为调查的基因成员。这些基因成员将成为 CFPS 调查的持续追踪对象。项目主要调查内容除了家庭基本情况以及本研究所要研究的创业活动以外，还包括家庭成员的教育经历、职业经历、身心健康、家庭婚姻生活以及社会养老保障等，具有较强的代表性。

8.1.3.3 变量定义及实证检验模型

为验证模型假设的结果，类似 Li 和 Zang（2013），Nie（2015）等关于同群效应的研究，本研究以（8.1.13）式的 Probit 回归作为基准模型考察同群效应是否会对家庭创业活动造成显著的影响。被解释变量为家庭创业活动的虚拟变量，用 *Entrepreneur* 表示，是基于 CFPS 家庭问卷中问题 M1 进行构造：过去 12 个月，您家是否有家庭成员从事个体经营或开办私营企业？如果回答"是"，则变量取值为 1，如果回答为"否"则取值为 0。

$$Pr(Entrepreneur_i^c = 1) = \Phi(\beta_0 + \beta_1 Peer\ Entrepreneur_{-i}^c + \beta_2 X_i + \beta_3 Y_{-i} + \beta_4 Z_i + Provincedummy) \tag{8.1.13}$$

主要解释变量为同群效应，用 *Peer Entrepreneur*$_{-i}^c$ 表示。将居住于同一个社区或者村落的居民划分为一个群体，因此，同群效应的计算方法为除家庭 i 之外，社区 c 内被调查的其他家庭的平均创业情况，如式（8.1.14）所示。其中，*Entrepreneur*$_i^c$ 表示社区 c 中家庭 i 的创业活动，N^c 表示被调查社区 c 中接受 CFPS 问卷调查的总家庭数。

$$Peer\ Entrepreneur_{-i}^c = \left(\sum_{N^c} Entrepreneur_i^c - Entrepreneur_i^c\right)/(N^c - 1) \tag{8.1.14}$$

回归方程（8.1.13）式中系数 β_1 的大小及显著程度是本研究关注的重点。研究中还控制了其他可能影响家庭创业的因素，包括家庭户主特征因素、群体特征因素和社区特征因素。符号 X 为一系列与个人特征相关的控制变量，具体包括户主的年龄、性别（如果为男，该变量为 1，否则为 0）、收入水平（单位：万元）、教育水平（1＝文盲或半文盲，2＝小学，3＝初中，4＝高中，5＝大专，6＝大学本科，7＝硕士，8＝博士）、兄妹的个数、民族情况（如果为汉族，该变量为 1，否则为 0）、锻炼频率（0~50 次）、本地的社会地位（1＝很低，2＝较低，3＝中等，4＝较高，5＝很高）、对未来的信心程度（1＝很没信心，2＝没信心，3＝有较低信心，4＝较高信心，5＝很高信心）以及入党情况（如果为党员，该变量为 1，否则为 0）。为控制外生效应，本研究控制了一系列群体特征变量，计算方法为上述所有除个人 i 之外，社区 c 的变量的平均值（例如，教育程度的外生效应变量为除户主 i 外，社区 c 中其他成员的平均教育程度），该系列变量用符号 Y 表示。为控制混淆问题，还控制了用符号 Z 表示的社区特征变量，即社区位置是否在城市（如果位于城市，该变量为 1，否则为 0）以及省份虚拟变量（Province dummy）。

8.1.4 回归结果分析及检验

表 8.1.2 为相关变量的描述性统计，显示了变量的名称、样本数、均值、标准差、最小值、中位数以及最大值等信息。从表中可以发现，在剔除缺失值之后，本研究样本总数为 9806 户家庭。家庭创业活动指标的均值（中位数）为 0.085（0.000），标准差为 0.279，说明家庭之间创业活动的差别较大。这与吴晓瑜等（2014）以及周广肃等（2015）的调查结果基本一致，认为目前中国家庭创业的比例为 7.4% ~ 13.1%。为了从比较的角度认识中国目前的家庭创业水平，我们根据 CFPS 所调查样本中各省份家庭在过去一年中创业情况构造了图 8.1.1。2013 ~ 2014 年，中国家庭创业活跃度排名前三的省市依次是浙江省（17.0%）、北京市（16.9%）和天津市

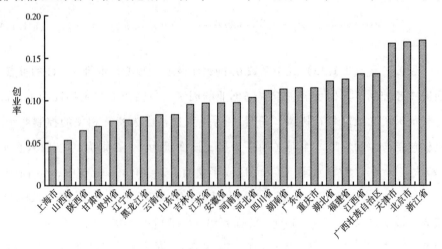

图 8.1.1　CFPS2014 调查样本省份的创业情况统计

（16.7%），基本符合目前中国创业活动的现实情况。表 8.1.2 的其他指标显示，样本平均年龄约为 52.050 岁，男性占样本总数的比例约为 52.4%，汉族占据了总样本较大的比重（92.6%），总样本中城市居民占 45.2%。其他变量的基本统计量不再一一赘述。

表 8.1.2　主要变量的基本统计量

变量名称	样本数(户)	均值	标准差	最小值	中位数	最大值
被解释变量						
创业活动	9806	0.085	0.279	0.000	0.000	1.000
解释变量						
同群效应	9806	0.088	0.107	0.000	0.056	1.000
控制变量:户主特征						
年龄	9806	52.050	13.194	19.000	51.000	92.000
性别	9806	0.524	0.499	0.000	1.000	1.000
收入水平	9806	5.389	12.046	0.000	3.700	440.276
教育水平	9806	2.473	1.269	1.000	2.000	7.000
兄妹个数	9806	3.195	1.901	0.000	3.000	13.000
民族情况	9806	0.926	0.262	0.000	1.000	1.000
锻炼频率	9806	2.060	3.065	0.000	0.000	30.000
本地社会地位	9806	2.981	1.008	1.000	3.000	5.000
未来的信心	9806	3.973	1.063	1.000	4.000	5.000
是否为党员	9806	0.103	0.304	0.000	0.000	1.000
控制变量:群体特征						
平均年龄	9806	49.903	4.624	24.000	49.833	76.000
平均性别	9806	0.483	0.065	0.000	0.485	1.000
平均收入	9806	5.416	7.016	0.000	4.363	188.416
平均教育程度	9806	2.439	0.686	1.000	2.273	5.400
平均兄妹个数	9806	2.965	0.623	0.000	3.000	7.000
平均民族情况	9806	0.924	0.207	0.000	1.000	1.000
平均锻炼频率	9806	1.845	1.179	0.000	1.661	11.000
平均社会地位	9806	2.708	0.374	0.000	2.738	4.455
平均未来信心程度	9806	3.650	0.467	0.000	3.712	5.000
平均党员人数	9806	0.076	0.081	0.000	0.051	1.000
控制变量:社区特征						
社区位置	9806	0.452	0.498	0.000	0.000	1.000

为验证创业活动是否能够受到同群效应的显著影响，对方程（8.1.13）式进行 Probit 回归后的估计结果如表 8.1.3 第（1）列所示。表中显示的为变量的平均边际效应（Mean Marginal Effect）及其相应的 z 值。为节约篇幅，其他控制变量的回归估计系数未在表中呈现。Probit 回归模型结果显示，同群效应前的估计系数（z 值）为 0.281（$z = 9.32$），估计系数为正，并且具有统计意义上的显著性，证实了群体平均创业情况与家庭创业活动的正向相关关系：社区群体平均创业活动每增加 1 个百分点，家庭选择创业的概率上升约为 0.281 个百分点。

Probit 回归无法有效解决同群效应识别中的关联效应和反射性问题。因此，类似于 Li 和 Zang（2013）的解决方案，本研究进而采用了工具变量法，选取社区中过去一年内家庭支付的医疗支出占总收入比例的平均值（相应家庭不在计算范围之内）作为工具变量。其背后的逻辑是，不可预料的疾病所造成的医疗支出具有较大的突发性，这种医疗费用的支出会显著影响其创业计划。因此，该工具变量会对群体平均创业活动造成显著负面影响。同时，由于变量并未将相应家庭纳入计算范围，这一变量不会不通过同群效应而对家庭的创业活动造成直接影响。因此，该变量基本满足工具变量所要求的条件。基于这一原理，研究中采用工具变量的 2SLS 以及 IVProbit 估计家庭创业活动的同群效应。从表 8.1.3 第（2）列可以发现，2SLS 结果中弱工具变量的 F 检验为 27.69，大于经验值 10，说明了所采用的工具变量具有较强的有效性，而同群效应前的估计系数（z 值）为 1.024（$z = 4.39$），估计系数为正，并且具有统计意义上的显著性。第（3）列 IVProbit 的估计结果同样得到了类似结论。

未报告的控制变量的回归结果中，户主年龄在回归方程中显著为负，说明年龄越大，居民创业的可能性就越小；性别变量前的系数显著为正，因为女性往往要被家庭事务占去相当多的精力，因此男性比女性具有更大的创业概率；收入水平变量前的系数显著为正，这是由于收入越高的居民，其相对易损性越低（潜在损失除以潜在受损者所拥有的资源），因此具有更大的创业概率；教育水平越高的家庭，创业的概率越大，因为人力资本的积累有利于个人创业活动；兄妹个数越多的家庭，创业的概率越大，产生这一现象的原因在于一方面规模越大的家庭本身出现创业者的概率会越大，另一方面可能是由于规模较大的家庭更容易得到具有血亲关系的成员支持，从而具有更大的创业概率；本地社会地位变量前的系数显著为正，因为社会地位越高的家庭具有更广泛的社会网络，更容易得到资金、技术以及管理方面的支持，因此创业的概率就会更大；信心程度变量前的系数显著为正，因为自信的居民容易高估创业所带来的收益而低估创业失败而导致的损失，因此信心越高的居民，选择创业的概率就会越大；与居住于农村的家庭相比，城市家庭的创业概率更大，这是因为对城市居民而言，由于全球化的冲击以及由此带来的观念的改变，城市居民创业的期望提高了。此外，外生变量则对家庭创业活动的影响较小。综上所述，表 8.1.3 的结果证实了本研究所提出的假设1，即创业活动受到同群效应的显著正向影响。

表 8.1.3　同群效应与创业活动的回归结果

变量	（1）Probit	（2）2SLS	（3）IVProbit
同群效应	0.281 *** (9.32)	1.024 *** (4.39)	6.340 *** (6.96)
户主特征变量	控制	控制	控制
群体特征变量	控制	控制	控制
社区特征变量	控制	控制	控制
省份虚拟变量	控制	控制	控制
弱工具变量 F 检验	—	27.69	—
样本数	9806	9806	9806

注：①表中报告的是回归结果的估计系数以及括号内的对社区进行 cluster 调整后的 z 统计值；②*** 、** 、* 分别表示在 1%、5% 和 10% 水平上显著。下同。

本研究在回归方程中加入一系列可能影响家庭创业活动的控制变量，然而，不排除仍然有某些不可见或者是未控制的因素（比如地方政府的税收、补贴政策等）会同时影响居民行为，造成创业活动的共同变动，影响本研究得到的结论，而模拟抽样检验则可以解决这一问题，过程如下：随机抽取与家庭居住于同一城市但是不同社区的其他家庭，组成一系列虚拟社区。将这些虚拟社区按照之前的研究设计构造"同群效应"以及其他变量并重新进行之前的回归。如果其他未控制的不可见因素未对同群效应的估计造成干扰，那么这些模拟抽样构造的虚拟社区中的"邻居"就不会对家庭的创业活动造成任何影响，理论上无法再观察到之前的结论。表8.1.4中模拟抽样检验的回归结果显示，三种不同的回归模型中"同群效应"变量前的系数在统计上均不显著，说明不可见因素基本上没有对创业活动造成任何影响，进一步验证了研究结论的稳健性。

表8.1.4　模拟抽样检验的回归结果

变量	（1）Probit	（2）2SLS	（3）IVProbit
伪同群效应	−0.150 （−0.60）	0.388 （0.12）	1.341 （0.06）
户主特征变量	控制	控制	控制
群体特征变量	控制	控制	控制
社区特征变量	控制	控制	控制
省份虚拟变量	控制	控制	控制
样本数	9781	9781	9781

进一步检验其他信息渠道与同群效应的替代关系。当前，大家所共同偏好的媒体包括电视、互联网、报纸杂志、广播、手机短信，在CFPS2014的调查中，所设计的问题是居民根据自己的实际情况分别判断"电视"、"互联网"、"报纸杂志"、"广播"、"手机短信"以及"他人转告"对居民的重要性程度。由于"他人转告"即为同群效应的体现，因此除"他人转告"之外，本研究基于CFPS2014成人问卷中的问题U8构造了相应的五个变量（1=非常不重要，2=不太重要，3=一般重要，4=较为重要，5=非常重要）。

图8.1.2是居民根据实际情况对自身获取信息的各种渠道重要性的平均值分布结果。图中显示居民对各类信息渠道依赖程度排名从大到小依次为电视、他人转告、手机短信、互联网、报纸杂志和广播。最重要的获取信息的

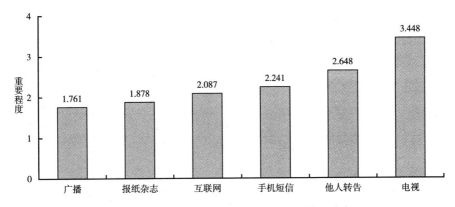

图 8.1.2　居民对各类信息渠道依赖性情况分布

渠道是电视，但他人转告仅次于电视，说明居民的信息渠道很大程度上来源于居民之间的社会互动行为。

在原检验模型中加入上述信息渠道变量，并考虑这些变量与同群效应的交乘项，采用工具变量的 2SLS 回归方程的估计，结果如表 8.1.5 所示。回归结果表明，加入其他信息渠道的变量后，原同群效应依然对家庭创业活动产生了显著正向影响。但值得注意的是，其他信息渠道同样显著有利于家庭创业活动的提高，且五个回归方程中交乘项前的估计系数均至少在 5% 统计水平上显著为负，表明家庭创业活动的同群效应会随着居民对其他信息渠道的获取程度的增加而减弱，说明在对创业活动的影响上，其他的信息获取渠道与社会互动之间具有一定的替代作用。

表 8.1.5　同群效应与其他信息渠道检验的回归结果

变量	（1）2SLS 电视	（2）2SLS 互联网	（3）2SLS 报纸杂志	（4）2SLS 广播	（5）2SLS 手机短信
同群效应	5.566*** (2.59)	1.672*** (4.14)	2.092*** (2.88)	1.935*** (4.42)	1.622*** (3.76)
同群效应 * 其他信息渠道	−1.251** (−2.40)	−0.398*** (−3.05)	−0.605** (−2.37)	−0.590*** (−3.68)	−0.375*** (−2.73)

变量	（1） 2SLS 电视	（2） 2SLS 互联网	（3） 2SLS 报纸杂志	（4） 2SLS 广播	（5） 2SLS 手机短信
其他信息渠道	0.104 ** （2.30）	0.046 *** （3.54）	0.056 ** （2.40）	0.047 *** （3.24）	0.035 *** （2.78）
户主特征变量	控制	控制	控制	控制	控制
群体特征变量	控制	控制	控制	控制	控制
社区特征变量	控制	控制	控制	控制	控制
省份虚拟变量	控制	控制	控制	控制	控制
样本数	9780	9780	9780	9780	9780

8.1.5 结论

本研究通过理论模型分析并采用中国家庭追踪调查（CFPS）中的相关样本和数据，检验了创业活动的同群效应，得出如下结论：①传统意义上的邻里之间，其创业活动存在同群效应，群体成员参与创业活动提高了家庭参与创业活动的期望：社区群体平均创业活动每增加 1 个百分点，家庭选择创业的概率大约上升 0.281 个百分点；②电视、互联网等其他的信息获取渠道会降低同群效应对创业活动的影响程度，这种"另类邻里"对传统"物理邻里"的同群效应有一定替代作用。这些结论为创业活动影响因素相关方面的研究提供了一个新的视角。

8.2 数字金融对家庭创业的影响

目前大量创业相关研究多从农户创业、企业创业这一角度出发，而忽略了家庭这一创业主力军。现有相关研究普遍认为信贷约束是制约创业活动的重要因素。数字金融作为"金融+科技"的新兴形式，其通过缓解信贷约束与降低成本影响创业活动，一些文献已从数字金融使用角度证明了上述影响机理。然而数字金融作为金融的一种重要表现形式，同样也能对金融供给、个体融资渠道选择产生影响，其重塑了传统金融体制，会对正规信贷需求、非正规信贷需求产生影响，进而影响个体选择创业的概率，但却鲜有文献从这个角度探讨数字金融发展与家庭创业行为的关系。

鉴于此，本研究旨在弥补以往研究的不足，主要探讨数字金融发展对家庭创业行为的影响及其通过正规信贷需求、非正规信贷需求替代效应的影响路径，此外，鉴于相关文献提出成本效应和信息效应对家庭创业行为具有显著调节效应的论点，还进一步研究了成本效应和信息效应对数字金融发展与家庭创业行为关系的调节效应。为此，先后构建了二元选择模型、中介效应模型和调节效应模型，结合 2011～2017 年北京大学数字普惠金融指数数据与四轮中国家庭金融调查的数据进行相应的实证检验。研究结果表明：①数字金融的发展能显著提升家庭开展创业活动的概率，相比于城镇，对农村地区的影响更大；数字金融发展的三个不同维度以及六种不同业态对家庭创业行为都产生了显著正向影响。②进一步的中介效应分析表明，数字金融相对于传统"正规信贷"与"非正规信贷"而言，因其成本更低，因此对二者均产生了显著替代效应，满足了创业家庭未饱和的融资需求，进而促进了家庭创业。即数字金融发展通过正规信贷需求、非正规信贷需求替代效应路径影响家庭创业行为。③成本效应和信息效应能够对数字金融发展与家庭创业行为的关系产生显著的调节效应，数字金融发展使城镇化率更低的地区与经济金融信息关注程度更低的个体的创业效应更强，表明数字金融具有良好的普惠性与包容性。

8.2.1　数字金融发展对家庭创业影响的理论分析与研究假设

8.2.1.1　理论分析

本部分主要对数字金融发展影响家庭创业行为的基本原理进行深入分析，首先分析流动性约束下的创业选择行为，其次搭建数字金融发展与家庭创业行为的关系模型、解释数字金融发展影响家庭创业行为的路径，以及成本效应和信息效应的调节作用。

（1）流动性约束与创业选择

Evans 和 Jovanovic（1989）最先构建了一个流动性约束下的创业选择模型，该模型为一个静态面板模型：个体在期初有两种选择，成为创业者或者成为获得固定收入的劳动工作者。到期末成为创业者的收益为 y，成为劳动工作者的收入为 Y_1。

劳动工作者收入：

$$Y_1 = \mu \, x_1{}^{\gamma_1} x_2{}^{\gamma_2} \varepsilon + rz \tag{8.2.1}$$

其中，x_1 为工作经验，x_2 为教育程度，μ 为常数项，ε 为随机干扰项，其方差在各工作者之间相互独立。r 为（1+存款利率），z 为个体初始禀赋，rz 为存量收入。

创业者收益为：

$$y = \theta \, k^\alpha \varepsilon \tag{8.2.2}$$

其中，θ 为企业家能力，k 为初始资金投入，α 为资本产出的弹性系数（$0 < \alpha < 1$），ε 为随机干扰项。

那么在期末，创业者可获得的净收入为：

$$Y_2 = y + r(z - k) \tag{8.2.3}$$

其中，r 代表利率，为简单起见，假定借款利率等于贷款利率，z 为创业者的初始禀赋。若 $z < k$，则创业者为净借款人，而 $r(z - k)$ 为到期他需要偿还的金额，无法违约。一般而言，由于信息不对称，个体往往面临信贷约束，他们假定每个人最多可以借贷一笔与他的财富成正比的数额，可以从外界借入的资金不超过个体初始禀赋的固定倍数 $\lambda - 1$，$\lambda \geqslant 1$。由于借入的金额不能超过 $(\lambda - 1)z$，因此一个人可以投资于企业的最大资金为 $z + (\lambda - 1)z = \lambda z$。因此个体可投入的资本量 k 满足 $0 \leqslant k \leqslant \lambda z$。

因此，在给定收入函数及预算约束条件下，个体在选择创业时，最优化问题为：

$$\max \left[\theta \, k^\alpha + r(z - k) \right], k \in [0, \lambda z] \tag{8.2.4}$$

求得 k 的最优解为：$k^* = (\dfrac{\theta\alpha}{r})^{1/(1-\alpha)}$。当 $k^* \leqslant \lambda z$ 时，可以满足最优化条件，即创业者没有受到信贷约束，此时 θ 满足 $\theta \leqslant (\lambda z)^{1-\alpha}\dfrac{r}{\alpha}$，否则则表明创业者将受到信贷约束。

此时，创业者净收入的表达式可变成：

$$Y_2 = \begin{cases} \theta^{1/(1-\alpha)}(\dfrac{\alpha}{r})^{\alpha/(1-\alpha)}\varepsilon + rz, \theta \leqslant (\lambda z)^{1-\alpha}\dfrac{r}{\alpha} \\ \theta(\lambda z)^{\alpha}\varepsilon + rz, 其他 \end{cases} \tag{8.2.5}$$

理性个体只有在创业获得的收入大于工作获得的收入时，才会选择创业，构造两者相关收入函数（式 8.2.1~式 8.2.5）得到：

$$\pi = \begin{cases} \theta^{1/(1-\alpha)}(\dfrac{\alpha}{r})^{\alpha/(1-\alpha)}\varepsilon - \mu x_1^{\gamma_1}x_2^{\gamma_2}\varepsilon, 不受信贷约束 \\ \theta(\lambda z)^{\alpha}\varepsilon - \mu x_1^{\gamma_1}x_2^{\gamma_2}\varepsilon, 受到信贷约束 \end{cases} \tag{8.2.6}$$

理性个体只有在 $\pi > 0$ 时，才会选择创业；$\pi < 0$ 时，个体选择就业；$\pi = 0$ 时，两者无显著差异。

（2）数字金融对家庭创业行为的影响

如前所述，在流动性约束下，个体进行创业活动得到的收入大于工作得到的收入时，个体才会选择开展创业行为。而如何缓解创业活动中的信贷约束与降低创业成本、增加创业收入成为促进创业活动的思路之一。本小节将以近年提升金融供给与金融效率的数字金融为切入点，构建其与家庭创业行为的关系。

数字金融的相关研究表明数字金融具有"增量补充"和"存量优化"效应（唐松，2020）。"增量补充"是指数字金融能够有效吸纳市场的金融资源并将其转化为有效供给。首先，传统金融市场若想吸纳原有金融市场中"多、小、散"的投资者，则需要付出高昂的成本。而数字金融通过金融科技，能低成本低风险地处理大量散碎数据（Gomber et al.，2018），提高数据信息的透明度与完全性，更好地将资源与创业项目的风险特征相互匹配（Demertzis et al.，2018），使得中小微企业可能突破"卷帘门""玻璃门"。进一步地，数字金融还能为企业和个体提供层次更为丰富的融资渠道和方式（智能投顾、供应链金融、消费金融等）。"存量优化"，是指数字金融能针对传统金融机构及其业务存在的弊端进行深度优化以提升质效。数字金融是一种金融溢出现象，它能逐步构建硬化企业软信息的算法和大数据仓库（谢平和邹传伟，2012），使得信用更具透明化与信息化，重塑传统金融信用定价模型（Duarte et al.，2012），倒逼金融部门转型升级，提升金融资源配置效率和风险管理能力（Norden et al.，2014），这有助于改善信贷资源错配（张勋等，2019），缓释企业融资约束（Laeven et al.，2015）。

综上所述，本研究认为数字金融可以在以下两个方面影响个体的选择。一方面，数字金融丰富了个体的融资渠道，增加了金融供给，重塑了传统金融体系，对正规信贷需求及非正规信贷需求产生替代效应，进而缓解信贷约束。数字金融不影响无信贷约束商户的创业选择，但对于受到信贷约束的其他群体，数字金融可以缓解其信贷约束。这表明，在其他条件不变的情况下，数字金融增大了式 8.2.6 中的 λ，创业收入增加，π 随之增大，个体选择创业的概率增加。另一方面，数字金融降低了创业群体的融资成本与交易成本，创业成本的降低意味着收入的相对增加，从而提升个体选择创业的概率。数字金融影响家庭创业行为的传导机制如图 8.2.1 所示。数字金融包括数字金融使用与发展，本研究从数字金融发展维度分析数字金融发展与家庭创业行为的关系，具体的分析将在下一节阐述。

8.2.1.2 研究假设

（1）数字金融发展对家庭创业行为的影响效应

前文从理论层面分析了数字金融如何推动创业。学者们也提供了一些实证经验。就微观层面而言，何婧和李庆海（2020）实证研究发现数字金融使用通过缓释信贷约束、增强信息可得性与社会信任程度影响机制推动农民创业步伐与提升创业绩效。Beck 等（2018）构建了一般均衡模型对肯尼亚

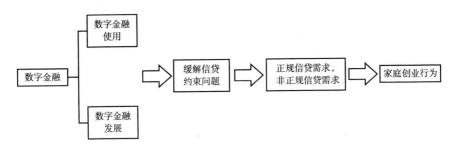

图 8.2.1　数字金融影响家庭创业行为的传导机制

的 M-Pesa 移动支付进行分析，研究发现移动支付通过提高企业家的工作执行力、信息透明与资金安全等，进而促进创业与宏观经济增长。从宏观层面来看，谢绚丽等（2018）利用新增企业的注册信息数据，发现数字金融显著促进了企业创业，这种促进效应对城镇化率低的地区企业、注册资本少的小型企业表现更明显。综上所述，数字金融机构能够提供范围更广和成本更低的服务，其作为传统金融体系的重要补充，提升了个体参与创业活动的概率。

特别地，在农村地区，正规金融机构网点分布较少且分散，使得该地区家庭正规金融可及性较差（温涛等，2016），金融交易成本高，农村地区的家庭面临更严重的金融约束，其创业行为也受到更大的限制。有学者发现，数字金融的发展使农村地区居民也能享受到便捷的金融服务，获得信贷资金，增强了创业机会的公平化（张勋等，2019）。因此，城乡地区家庭创业的经营规模、市场竞争度、融资方式与能力以及对数字金融的接受程度均存在差异，数字金融发展对城镇地区与农村地区家庭创业行为的作用效果也应存在显著差异。

基于此，本节提出假设 1。

假设 1：数字金融发展有助于提升家庭创业行为发生的概率，其作用效应在城镇、农村家庭创业行为之间存在异质性，在农村地区表现更为显著。

（2）数字金融发展影响家庭创业行为的路径

数字金融发展能够通过多种路径作用于家庭创业，在这多种影响路径中，信贷约束是最关键、影响最深远的因素，它直接制约着家庭创业活动是否得以开展。张兵和盛洋虹（2021）表示外部融资是影响创业的重要因素，获得贷款越多的个体所受到的信贷约束越小，更可能选择创业。吴雨等（2020）实证研究发现数字金融的"资金渠道替代效应"及"收入效应"会减少家庭对传统私人借贷的资金需求。

家庭创业活动具有高风险性特征，对资金的需求具有无抵押物信用贷款、借贷金额大、期限长等特点。正规金融部门信贷门槛高、审核力度大，通常难以满足家庭创业的信贷需求。亲戚好友之间的非正规金融借贷行为通常依附于血缘与情感，利息虽低但受到的地缘与人口流动的制约颇多（甘犁等，2014），且借贷范围较小，同时需要对资金借出方进行礼物赠送、义务帮助等补偿，人情往来成本较高。而数字金融具有支付、信贷、投资等功能，突破了时间、空间的限制，极大地拓宽了家庭创业的融资渠道与融资范围。随着数字金融发展程度的加深，其依靠大数据与云计算等网络技术，数字金融平台的风险评估与信用评级的成本下降，从而降低了信贷成本与交易成本。中国 P2P 网贷年报数据显示，中国网贷的平均投资利率历年来呈现逐年下降的趋势，由此可见，数字金融部门具有正规金融与非正规金融无可比拟的优势。本研究认为理性的微观经济主体会对以上三种信贷渠道进行评估并择优选择。正规金融机构提供的信贷资金不足会促使市场主体从非正规金融市场中满足其信贷需求。持续的过度需求是信贷结构的主要特征，对正规信贷的过度需求会向非正规借贷市场溢出。非正规借贷市场借款的便利性也可能降低微观主体对正规信贷的需求，形成替代效应。基于此，我们认为数字金融也将凭借自身的信息与成本优势降低家庭创业群体对正规金融与非正规金融的信贷资金需求，形成一定替代，满足其未饱和的融资需求，缓解创业群体受到的正规与非正规信贷约束，从而提升其创业行为发生的概率。因此提出假设 2。

假设 2：数字金融发展通过正规、非正规信贷需求替代效应影响家庭创业行为。

（3）数字金融发展对家庭创业行为的调节效应

①成本效应对数字金融发展与家庭创业行为的调节效应。一方面，

利用现代科技的数字金融能够促进资金供需跨空间精准的匹配（Pierrakis and Collins，2013），降低金融交易成本，拓宽金融服务范围（谢绚丽等，2018）。另一方面，对于创业者来说，数字金融中的数字支付功能创建了销售和费用的电子记录，使企业能够改进对现金流的跟踪和分析，简化对供应商的管理，增强对运营和客户的了解。收入和支出的数字记录也使创业者能够向金融机构证明其信贷质量，更容易申请到贷款，从而降低了融资成本。数字金融的使用与快速发展，节省了居民往返金融机构的时间与银行排队办理业务的时间，从而降低了时间成本（张兵和盛洋虹，2021）。数字金融快速发展导致的各项创业成本的降低提升了家庭开展创业活动的概率。基于以上分析，提出假设 3。

假设 3：数字金融产生的成本效应能够对数字金融发展与家庭创业行为的关系产生调节效应。

②信息效应对数字金融发展与家庭创业行为的调节效应。一个优质的创业项目需要在获得与分析数据信息的基础上做出判断与决策，信息的有效性对于创业成功与绩效提升非常重要（苏岚岚等，2017）。数字金融系统可以提高信息的准确性与透明度。首先，微观经济主体在运用数字金融技术时，大数据系统可以提供更便捷与准确的关于创业的信息，而获得信息的成本也会相应降低；其次，通过数字金融服务平台，创业者可以与其他市场主体进行沟通，更好地分析自己创业项目的发展空间。数字金融的快速发展使得创业信息获取更便利、全面、准确，提升了个体选择创业的概率。基于以上分析，提出假设 4。

假设 4：数字金融产生的信息效应能够对数字金融发展与家庭创业行为的关系产生调节效应。

总结上述数字金融发展与家庭创业行为的关系，正规/非正规信贷需求替代效应潜在的中介效应，成本效应和信息效应的调节效应，二者的关系模型如图 8.2.2 所示。

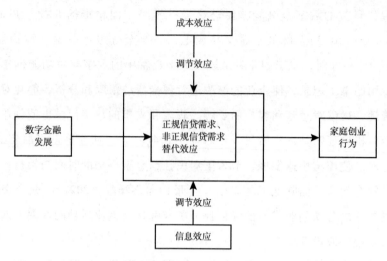

图 8.2.2　数字金融发展与家庭创业行为的理论综合模型

8.2.2　数字金融发展对家庭创业行为影响的研究设计

8.2.2.1　变量设定

（1）被解释变量：家庭创业行为

已有研究大多将创业定义为自我雇用或创办企业（Cagetti and De Nardi，2006），本研究的家庭创业既涉及农村家庭又涉及城镇家庭。在农村家庭，原本其大多数均在从事自我雇用的农业经营活动，并且一般以家庭这种非企业组织形式为单位进行生产经营，而并非必须创办企业（张应良等，2015）。基于此，本研究家庭创业包含两类：一是农业创业活动；二是非农工商业创业活动。

（2）解释变量：数字金融发展

数字金融发展变量定义为北京大学数字普惠金融发展指数。它结合了主观与客观赋权法，通过层次分析的变异系数赋值法计算而得，并采用了对数型功效函数法来减轻极端值的影响并避免了该指数的过度增长。

（3）中介变量：信贷需求

①正规信贷需求。在信贷配给存在的情况下，创业家庭未发生银行贷款行为不一定表明其没有正规信贷需求，至少应该存在以下两种可能性：一是家庭

为进行农/工商业活动而发出的贷款申请被拒绝；二是即使家庭获得了银行贷款，也无法判断其信贷需求是否得到了完全满足，原因是贷款数额并不一定等于真实信贷需求规模，贷款者有可能实施了数量配给（刘西川，2014）。

刘西川等（2009）认为应将"贷款太麻烦、贷款成本高和与信贷员不熟而未申请贷款"划入存在信贷需求的范围内。也有学者认为不应将"因为担心还不起与利率太高而未申请贷款"的特定人群认定为有效的信贷需求者（程郁等，2009）。基于此，为降低样本选择性误差，增强检验结果的无偏性，本节将正规信贷需求界定为进行生产经营活动（包括农业和工商业）已获得银行贷款、需要贷款但未申请贷款以及因与信贷员不熟悉使其贷款申请被拒绝的家庭，以识别因客观因素而非意愿性因素使其无法获得正规信贷的家庭。

②非正规信贷需求。在中国家庭金融调查中还设计了问题以反映通过非正规金融渠道获得资金的问题。在这一调查中，所了解的是通过非银行或信用社融资渠道，而从亲朋好友、民间金融组织获得资金，并且接受调查时没有还清的情况。若有未还清民间借款，非正规信贷需求 = 1，否则 = 0。

（4）调节变量：成本和信息

依据现有研究文献，创业成本主要以融资成本和时间成本为代表成本，一般来说金融可及性差的地区的融资成本和时间成本较高。因此，我们使用区域城镇化率度量，城镇化率越高，金融可及性越强，创业家庭为获得信贷资金而付出的成本越小。

信息变量采用个人经济金融信息关注程度度量。对于 CHFS 问卷调查中的问题"您平时对经济、金融方面的信息关注程度如何？"的 6 个答案选项进行打分得到经济金融信息可得性。选择选项①非常关注，经济金融信息可得性 = 5；选择选项②很关注，经济金融信息可得性 = 4；选择选项③一般，经济金融信息可得性 = 3；选择选项④很少关注，经济金融信息可得性 = 2；选择选项⑤从不关注，经济金融信息可得性 = 1；选择选项⑥不知道，经济金融信息可得性 = 0。一般而言，数字金融在降低信息不对称程度的同时，增加了个体的网络使用黏性，丰富了个体间信息交互的平台与方式，个体对经济金融信息关注程度越高，信息效应越强。

（5）其他控制变量

依据现有相关文献，本研究选取了三个层面的控制变量。各变量名称及计算公式如表 8.2.1 所示。

表 8.2.1 变量及其度量

指标类型	变量名称	变量符号	计算公式
被解释变量	家庭创业行为	Entre	家庭是否从事不受雇他人的农业生产经营或工商业生产经营项目？（是 = 1,否 = 0）
解释变量	数字金融发展	Ifi	采用北京大学数字金融研发中心编制的省级数字普惠金融指数（对数）
中介变量	正规信贷需求	Fcd	是否需要银行借款？（是 = 1,否 = 0）
	非正规信贷需求	Icd	是否有未还清的民间借款？（是 = 1,否 = 0）
调节变量	城镇化率	Urate	区域城镇人口/区域总人口
	信息可得性	Infor	受访者对经济、金融方面的信息关注程度,区间为 0~5 分,分值越大表示越关注
户主个人特征控制变量（hcontrol）	年龄	Age	户主实际年龄,等于被调查年份－出生年份
	性别	Gender	户主性别（男性 = 1,女性 = 0）
	受教育年限	Edu	户主实际受教育年限（小学 = 6,初中 = 9,高中/职高/中专 = 12,大专/高职 = 15,大学本科 = 16,硕士研究生 = 19,博士研究生 = 22）
	婚姻状况	Mar	户主是否已婚？（已婚 = 1,未婚 = 0）
	医疗保险情况	Ins	户主是否参与保险？（是 = 1,否 = 0）
家庭特征控制变量（fcontrol）	家庭成员数	Fs	被调查家庭同一户口本上人数
	家庭总收入	Income	被调查家庭各项收入加总（对数）
	家庭礼金支出总额	Ex	被调查家庭的春节、中秋节等节假日支出及红白喜事支出（对数）
	家庭食物支出总额	Fe	被调查家庭包括在外就餐的伙食费支出（对数）
区域特征控制变量（rcontrol）	区域 GDP 增长率	Gdpg	（被调查家庭所在地区当年 GDP－上年 GDP）/上年 GDP
	地区金融发展程度	Cd	地区金融机构总贷款量/GDP

8.2.2.2 研究方法与模型

（1）模型设定

家庭创业行为是一个二元选择的过程，会受到个体特征、家户特征、金融发展及社会环境等多种因素的影响。因此，本研究将 Probit 模型作为实证研究数字金融发展影响家庭创业行为的基准模型。假设家庭创业行为服从标准正态概率分布，则有：

$$P(S_i = 1 \mid T_i) = F(T_i) = \frac{1}{\sqrt{2\pi}} \int_{-\infty}^{T_i} e^{-\frac{t^2}{2}} \mathrm{d}t \qquad (8.2.7)$$

将上式进行逆函数变换后得：

$$T_i = F^{-1}(P) = \beta_0 + \beta_S Z_S + \beta_S X_S + \mu_S \qquad (8.2.8)$$

其中，S_i 表示家庭创业行为的二元离散变量，取值为 1 表示存在家庭创业行为，取值为 0 则表示没有；Z_S 代表数字金融发展；X_S 为影响家庭创业行为的其他因素。

基于此，为验证假设 1，本研究采用的是面板数据，因此我们将构建模型 1（下文中表现为 Probit1）来研究数字金融发展对家庭创业行为的影响，具体模型设定见式（8.2.9）。

模型 1：

$$\begin{aligned} Prob(entre_{it} = 1) = {} & \beta_0 + \beta_1\, Ifi_{it} + \beta_2\, Hcontrol_{it} + \beta_3\, Fcontrol_{it} \\ & + \beta_4\, Rcontrol_{it} + \mu_{it} \end{aligned} \qquad (8.2.9)$$

其中，因变量 $Prob$ 为二元离散变量，取值为 1 表示存在家庭创业行为，取值为 0 则没有。自变量 Ifi 为省级数字金融总指数的自然对数，β_1 代表数字金融指数每上涨 1% 相应家庭创业行为变化的概率。同时，基于以往的研究文献，本研究选取了一系列与户主个人特征相关的控制变量 $Hcontrol$ 和一系列与家庭背景特征相关的控制变量 $Fcontrol$，以降低遗漏变量偏误。为控制外生效应，本研究还加入地区层面的控制变量 $Rcontrol$，μ_{it} 为随机误差项，代表其他不可观测的因素对家庭创业行为的影响。

为验证研究假设 2，本研究使用中介效应模型验证数字金融发展对正规信贷需求与非正规信贷需求的替代效应是否为数字金融发展影响家庭创业行为的机制。该方法的验证路径为：首先建立模型 1（8.2.9）式检验数字金融发展与正规信贷需求、非正规信贷需求的关系，当正规信贷需求与非正规信贷需求存在显著的替代效应，即模型 2 中 β_1 系数显著为负时，再建立模型 3（8.2.11）式用以检验数字金融发展对正规信贷需求、非正规信贷需求的替代效应在数字金融发展与家庭创业行为的中介效应。中介效应模型认为，当模型 3 中的 β_1、β_2 系数至少一个不显著时，需要进行 sobel 检验以确定中介效应是否显著；当模型 3 中的 β_1、β_2 系数都显著时，表明无须进行 sobel 检验。

模型 2：

$$Fcd_{it}/Icd_{it} = \beta_0 + \beta_1\ Ifi_{it} + \beta_2\ Hcontrol_{it} + \beta_3\ Fcontrol_{it} + \beta_4\ Rcontrol_{it} + \mu_{it}$$

$$(8.2.10)$$

模型 3：

$$Entre_{it} = \beta_0 + \beta_1\ Ifi_{it} + \beta_2\ Fcd_{it}/Icd_{it} + \beta_3\ Hcontrol_{it} +$$
$$\beta_4\ Fcontrol_{it} + \beta_5\ Rcontrol_{it} + \mu_{it}$$

$$(8.2.11)$$

接着建立模型 4（8.2.12）式、模型 5（8.2.13）式验证成本效应与信息效应对数字金融发展和家庭创业行为之间的促进作用具有调节效应。

模型 4：

$$Entre_{it} = \beta_0 + \beta_1\ Ifi_{it} + \beta_2\ Ifi_{it} \times Urate_{it} + \beta_3\ Urate_{it} +$$
$$\beta_4\ Hcontrol_{it} + \beta_5\ Fcontrol_{it} + \beta_6\ Rcontrol_{it} + \mu_{it}$$

$$(8.2.12)$$

模型 5：

$$Entre_{it} = \beta_0 + \beta_1\ Ifi_{it} + \beta_2\ Ifi_{it} \times Infor_{it} + \beta_3\ Infor_{it} +$$
$$\beta_4\ Hcontrol_{it} + \beta_5\ Fcontrol_{it} + \beta_6\ Rcontrol_{it} + \mu_{it}$$

$$(8.2.13)$$

（2）内生性问题

内生性问题在研究经济问题时难以避免，因此，为识别出本研究的内生性问题,剥离出数字金融发展对家庭创业行为的单向影响,本研究对可能导致内生性问题的三种原因逐一进行分析。

①测量误差问题。中国家庭金融调查采用的是全国抽样调查方法,数字金融发展总指数也是结合主观与客观赋权法,通过层次分析的变异系数赋值法计算而得,两者均具有较强的代表性与较高的稳健性;同时本研究识别了非意愿性导致创业家庭未发生贷款行为的有效正规信贷需求,因此可以认为测量误差问题十分微弱。

②遗漏变量问题。由于随机误差项中可能存在既影响数字金融指数发展又影响家庭创业及其信贷需求的因素,因此可能导致模型系数估计出现偏差的问题。具体在本研究模型中,可能体现在两个方面:一是可能存在不随时间改变的家庭特质与不随家庭特质改变的年份因素;二是即使本研究加入一系列户主个人特质、家庭特征与地区层面的控制变量,但仍不能保证遗漏变量问题得到完全解决。对于第一类遗漏变量问题,本研究试图使用加入家庭、时间双向随机效应的二元选择模型(下文中记为 Probit 2),以控制不随时间变动的家庭层面遗漏变量以及不随家庭改变的年份特征。对于第二类遗漏变量问题,本研究试图通过使用加入工具变量与家庭、时间双向随机效应的二元模型(下文中记为 IV-Probit)来控制模型的内生性问题。

③反向因果问题。一个地区的家庭创业活动及其信贷需求的增加可能推动当地数字金融的发展,因此模型的估计结果可能存在反向因果关系。即使因变量家庭创业行为及其信贷需求的数据来源于微观调查数据库,数字金融发展指数为省级数字金融总指数,自变量与因变量来源于两个不同的数据库,已大大降低反向因果可能性。然而为降低反向因果关系导致估计偏差的可能性,本研究将使用 IV-Probit 模型(即加入工具变量与家庭、时间双向随机效应的二元模型)来保证模型估计结果的稳健性。

为寻找合适的工具变量,本研究参照郭峰等(2017)的做法,根据各省会城市的经纬度计算出本研究的工具变量:"创业家庭所在省份省会城市与杭州的球面距离",主要原因是:第一,距离是一种地理因素,会通过人类的经济行为对其生产经营活动产生影响,但不会随着经济的发展而发生变化；第二，"各省份省会城市与杭州的距离"与省级数字金融发展程度直接相关，但距离不会直接影响家庭创业行为及其信贷需求，满足了工具变量相关性与外生性的两个必要条件。在后面的实证过程中，本研究还将通过Wald检验来保证工具变量的有效性与可靠性（Angrist and Pischke，2010）。

8.2.2.3 样本与数据来源

本研究数据主要来源于如下三方面。①家庭创业行为、正规/非正规信贷需求与个人经济金融信息关注程度数据来源于2011年、2013年、2015年以及2017年四轮CHFS数据库，该数据库详细全面说明了家庭状况、家庭成员个体情况以及该家庭所处的社区环境，具有较强的代表性，可较好反映出家庭的生产经营状况与信贷情况。②数字金融发展数据参照郭峰等（2019），使用省级"北京大学数字普惠金融指数"。③城镇化率与其他控制变量数据源于《中国统计年鉴》与《中国城市统计年鉴》。将这三类数据进行整合，得到一套包含2011~2017年的面板数据，覆盖全国31个省份。

8.2.3 数字金融发展对家庭创业行为影响的实证分析

8.2.3.1 描述性统计分析

（1）主要变量的变化关系

根据上述数据来源的原始数据，本研究首先整理出2011~2017年主要变量的均值演变情况如表8.2.2所示。从表中可以看出各省份家庭创业与数字金融发展及其分指标之间的正向变化关系。

表8.2.2 主要变量的均值变化趋势

年份	2011	2012	2013	2014	2015	2016	2017
家庭创业	0.421	—	0.445	—	0.457	—	0.143
数字金融发展	40.004	99.686	155.349	179.749	220.008	230.414	271.980
数字金融广度	34.278	80.426	120.629	169.896	191.111	208.440	245.793
数字金融深度	46.933	116.503	172.703	154.067	173.663	215.275	293.694
数字化程度	41.369	132.720	238.459	258.951	399.640	330.498	319.010

注：①表中数据均为样本均值；②家庭创业数据仅在调查年份显示。

（2）变量相关性分析

为避免变量间因多重共线性问题导致后续回归结果的估计误差，本研究将对所有变量进行 Pearson 相关系数检验，检验结果见表 8.2.3。

首先，被解释变量与其他变量之间的相关关系。第一，被解释变量 *Entre* 与解释变量 *Ifi* 之间存在显著性正相关关系，说明在不考虑其他因素的影响下，数字金融发展与家庭创业行为之间存在关联。第二，家庭创业行为与正规信贷需求、非正规信贷需求之间存在显著的正向关系，与成本效应（城镇化率）及信息效应（个人经济金融信息关注程度）之间存在显著的负相关关系，表明本研究提出的中介效应与调节效应并非捕风捉影。第三，家庭创业行为与各控制变量间均存在显著性相关关系，表明控制变量的选取是合理的。

其次，解释变量与其他变量之间的关系。除家庭食品支出外，数字金融发展与中介变量、调节变量与控制变量之间均存在显著相关关系，且数字金融发展与两个中介变量（正规信贷需求、非正规信贷需求）之间存在显著的负相关关系，再一次表明本研究提出的正规/非正规信贷需求替代效应的路径是合理的。

最后，表 8.2.3 显示绝大部分变量间的相关系数均显著小于 0.5，表明大部分变量之间的相关性较低，变量间出现严重多重共线性问题的概率较低，保证了后续模型估计结果的可靠性。

表 8.2.3　Pearson 相关系数分析

变量	*Entre*	*Ifi*	*Fcd*	*Icd*	*Urate*	*Infor*	*Risk*	*Age*	*Gender*
Entre	1								
Ifi	0.188***	1							
Fcd	0.375***	−0.139***	1						
Icd	0.341***	−0.157***	0.410***	1					
Urate	−0.255***	0.396***	−0.144***	−0.129***	1				
Infor	−0.027***	−0.193***	0.038***	0.025***	0.020***	1			
Risk	0.052***	−0.094***	0.084***	0.070***	−0.003	0.245***	1		

变量	*Entre*	*Ifi*	*Fcd*	*Icd*	*Urate*	*Infor*	*Risk*	*Age*	*Gender*
Age	−0.107 ***	0.066 ***	−0.078 ***	−0.077 ***	0.047 ***	−0.107 ***	−0.343 ***	1	
Gender	0.158 ***	−0.009 **	0.073 ***	0.060 ***	−0.082 ***	0.027 ***	0.021 ***	0.009 **	1
Edu	−0.213 ***	0.081 ***	−0.080 ***	−0.086 ***	0.201 ***	0.232 ***	0.269 ***	−0.387 ***	−0.006
Mar	0.115 ***	−0.044 ***	0.049 ***	0.045 ***	−0.043 ***	0.028 ***	−0.013 ***	−0.009 **	0.267 ***
Ins	0.026 ***	−0.109 ***	0.022 ***	0.025 ***	−0.040 ***	−0.016 ***	0.014 ***	0.031 ***	0
Fs	0.302 ***	−0.299 ***	0.180 ***	0.170 ***	−0.227 ***	−0.005	0.069 ***	−0.127 ***	0.148 ***

注：***、**、*分别是在1%、5%和10%水平上双侧显著相关。

8.2.3.2　回归分析

（1）数字金融发展对家庭创业行为影响分析

本研究依据前文所述的研究模型分别进行了估计，回归结果如表 8.2.4 所示。表 8.2.4 中 Probit1 为加入年份虚拟变量的二元选择模型，Probit2 为加入家庭、时间双向随机效应的二元选择模型，IV-Probit 使用了工具变量。由表 8.2.4 可知，三列估计结果均显示数字金融发展能显著促进家庭创业行为，说明某地区数字金融发展水平越高，该地区开展家庭创业活动的平均概率越高。与 Probit1 相比较，Probit2 中数字金融对家庭创业作用系数增大，说明 Probit2 中确实存在因家庭与年份特征遗漏变量导致的内生性问题。而 IV-Probit 中该系数值更大，表明加入工具变量对模型重新进行 IV-Probit 估计对缓解模型的内生性问题是有效的，此外，Wald 检验值为 59.80，在 1% 统计水平上拒绝不存在内生性的原假设，表明本研究选取的"各省份省会城市与杭州市的距离（对数）"是一个合适且有效的工具变量。该模型估计结果表明，在控制一系列户主特质、家庭特征以及地区层面等因素的影响后，数字金融总指数每提升 1%，将促进家庭创业行为的平均概率为 0.59%。另外，其余控制变量均在 5% 的统计水平上对家庭创业行为具有显著影响，与以往研究结论相似。

由于加入工具变量的模型估计系数数值明显大于前两个模型，因此需要对其结果进行更深入的解读。研究表明，使用工具变量估计一般会放大实证结果的估计系数，IV 估计的幅度一般是非工具变量估计的幅度的 9 倍左右（Jiang，2017）。然而本研究认为使用工具变量估计会产生"局部平均处理效应"问题，因此由其产生的放大效应并不是一个完全无偏的估计，更多地体现为对干扰因素的消除。

在其他控制变量方面，总体而言，除户主医疗保险情况、家庭总收入与地区金融发展程度的影响系数不符合预期外，其余控制变量的回归系数均符合预期。户主医疗保险购买情况对家庭创业行为的估计系数不显著的原因可能有两种：第一，户主是否购买医疗保险不影响家庭开展创业活动的决策；第二，数据原因，在很多农村地区，对于医疗保险的关注程度不高，为户主购买医疗保险的情况很少甚至为 0。家庭收入对家庭创业行为的影响系数为负，原因可能在于：本研究的家庭收入主要由工资性收入、资产性收入、转移性收入以及其他收入构成，收入高的家庭中工资性收入占比较大，无余力开展创业活动。使用 IV-Probit 估计后，地区 GDP 增长率降低了家庭创业行为开展概率，可能的解释是：以"各省份省会城市与杭州的距离"为代表的工具变量与区域 GDP 增长率正相关的影响。地区金融发展程度反而抑制了家庭创业行为，可能的解释为：传统金融对家庭创业行为的促进作用已经逐渐削弱，从侧面印证了我国需要重新制定金融政策，建立好金融生态，注重数字金融的良好健康发展。

表 8.2.4 数字金融发展对家庭创业行为影响的回归结果

被解释变量	（1）	（2）	（3）
Entre	Probit1	Probit2	IV-Probit
Ifi	0.268 ***	0.294 ***	0.587 ***
	（13.11）	（14.34）	（5.42）
Age	−0.017 ***	−0.017 ***	−0.019 ***
	（−38.12）	（−37.67）	（−41.32）
Gender	0.446 ***	0.444 ***	0.410 ***
	（30.09）	（29.86）	（27.81）
Edu	−0.072 ***	−0.072 ***	−0.075 ***
	（−43.21）	（−42.64）	（−44.99）

被解释变量	（1）	（2）	（3）
Mar	0.174 ***	0.181 ***	0.207 ***
	（9.07）	（9.39）	（11.00）
Ins	-0.019	-0.034	-0.247 ***
	（-0.33）	（-0.59）	（-4.86）
Fs	0.186 ***	0.181 ***	0.148 ***
	（42.59）	（41.41）	（31.29）
Income	-0.028 ***	-0.027 ***	-0.036 ***
	（-8.16）	（-7.97）	（-10.68）
Ex	0.026 ***	0.025 ***	0.016 ***
	（8.57）	（8.35）	（3.06）
Fe	-0.072 ***	-0.072 ***	-0.087 ***
	（-18.00）	（-18.14）	（-20.36）
Gdpg	1.616 ***	0.880 ***	-1.675 ***
	（9.12）	（4.61）	（-5.17）
Cd	-0.397 ***	-0.397 ***	-0.501 ***
	（-23.84）	（-23.53）	（77.49）
Year	Yes	Yes	Yes
id		Yes	Yes
Observations	56476	56476	56476

注：***、**、*分别是在1%、5%和10%水平上双侧显著相关。

（2）金融发展各维度对家庭创业行为影响分析

北京大学数字普惠金融指数由三个指数合成，分别为数字金融覆盖广度、使用深度以及数字化支持服务程度。本部分进一步分析数字金融这三个维度对家庭创业的影响是否存在差异。我们使用 Probit2 模型估计，估计结果如表 8.2.5（1）、（2）、（3）列所示。结果显示，数字金融覆盖广度、使用深度和数字支持服务程度的改善都有利于提升家庭创业行为发生的概率。

①数字金融覆盖广度 *Ifi*1。回归结果显示数字金融覆盖广度显著提升了家庭创业行为。说明随着该地区支付宝等电子账户覆盖率的提升，能够提供更为充足的金融服务，表明数字金融服务供给的增加能够提升家庭创业行为

发生的概率。这表明政府要加大对金融基础设施的建设与优化力度，以实现数字金融覆盖广度的进一步扩大。

②数字金融使用深度 *Ifi*2。回归结果显示数字金融使用深度显著促进了家庭创业行为，数字金融使用深度的内涵是数字金融服务的有效需求，这说明，丰富的金融工具和产品有效地满足了相应需求，显著促进了家庭创业行为的发生。有效需求离不开对金融知识的辨别，这启示政府应注重普及金融知识，以提升需求方对金融服务的针对性和目的性，从而更好地提升家庭创业活动开展的概率。

③数字金融数字化支持服务程度 *Ifi*3。回归结果显示数字金融数字支持服务程度显著促进了家庭创业。数字支持服务程度强调的是金融服务的便利性和低成本，改善支付环境，促进经营模式创新，这些优势有效促进了家庭创业。这启示政府部门要重点发挥大数据、云计算和区块链等创新技术的作用，推动金融基础设施的信息化，提升交易效率，促进家庭创业。相比之下，数字金融使用深度指数对家庭创业的影响最大。

表 8.2.5　数字金融发展各维度对家庭创业行为影响的回归结果

被解释变量	(1)	(2)	(3)
Entre	Probit2	Probit2	Probit2
*Ifi*1	0.112 ***		
	(7.12)		
*Ifi*2		0.245 ***	
		(13.62)	
*Ifi*3			0.408 ***
			(22.59)
Age	−0.016 ***	−0.017 ***	−0.018 ***
	(−35.32)	(−37.24)	(−39.62)
Gender	0.454 ***	0.446 ***	0.439 ***
	(30.55)	(30.02)	(29.51)
Edu	−0.069 ***	−0.071 ***	−0.074 ***
	(−41.29)	(−42.22)	(−43.82)

被解释变量	（1）	（2）	（3）
Entre	Probit2	Probit2	Probit2
Mar	0.189 ***	0.183 ***	0.172 ***
	（9.78）	（9.49）	（8.97）
Ins	0.222 ***	0.028	-0.209 ***
	（3.74）	（0.48）	（-3.98）
Fs	0.185 ***	0.182 ***	0.177 ***
	（42.18）	（41.65）	（40.36）
Income	-0.020 ***	-0.026 ***	-0.029 ***
	（-5.88）	（-7.64）	（-8.52）
Ex	0.029 ***	0.026 ***	0.026 ***
	（9.35）	（8.61）	（8.49）
Fe	-0.065 ***	-0.071 ***	-0.074 ***
	（-16.39）	（-17.85）	（-18.71）
Gdpg	1.562 ***	0.801 ***	-0.084
	（8.26）	（4.13）	（-0.43）
Cd	-0.346 ***	-0.375 ***	-0.290 ***
	（-20.64）	（-22.99）	（-18.81）
Year	Yes	Yes	Yes
id	Yes	Yes	Yes
Observations	56476	56476	56476

注：*** 、** 、* 分别是在1%、5%和10%水平上双侧显著相关。

（3）数字金融发展各业态对家庭创业行为影响分析

北京大学数字普惠金融指数中，将数字金融包含的具体内容分成支付、货币市场基金、保险、信贷、投资、征信等六个方面，我们进一步分析构成数字金融使用深度指数的这六项业务对家庭创业的影响。我们使用 Probit2 模型进行估计，回归结果如表 8.2.6 所示，*Ifi*1、*Ifi*2、*Ifi*3、*Ifi*4、*Ifi*5、*Ifi*6 分别表示数字金融支付、保险、信贷、货币市场基金、征信及投资这六项业态。结果显示，数字金融六项业态均对家庭创业有促进作用，其中支付、信贷与投资的影响最大。这侧面印证了数字金融有可能通过替代一部分正规与非正规信贷需求路径影响家庭创业。

表 8.2.6　数字金融发展各业态对家庭创业行为影响的回归结果

被解释变量	（1）	（2）	（3）	（4）	（5）	（6）
Entre	Probit2	Probit2	Probit2	Probit2	Probit2	Probit2
*Ifi*1	0.164 ***					
	（8.93）					
*Ifi*2		0.019 **				
		（2.02）				
*Ifi*3			0.194 ***			
			（3.16）			
*Ifi*4				0.054 ***		
				（6.65）		
*Ifi*5					0.126 ***	
					（8.27）	
*Ifi*6						0.184 ***
						（7.91）
Age	−0.016 ***	−0.015 ***	−0.016 ***	−0.020 ***	−0.021 ***	−0.021 ***
	（−35.97）	（−34.12）	（−35.79）	（−41.24）	（−30.14）	（−30.16）
Gender	0.451 ***	0.458 ***	0.453 ***	0.405 ***	0.356 ***	0.358 ***
	（30.31）	（30.78）	（30.45）	（25.18）	（15.88）	（15.98）
Edu	−0.069 ***	−0.068 ***	−0.069 ***	−0.070 ***	−0.060 ***	−0.060 ***
	（−41.44）	（−40.39）	（−41.51）	（−38.78）	（−24.40）	（−24.55）
Mar	0.188 ***	0.193 ***	0.188 ***	0.185 ***	0.157 ***	0.161 ***
	（9.71）	（9.92）	（9.73）	（9.11）	（5.55）	（5.71）
Ins	0.155 ***	0.340 ***	0.179 ***	−0.100 *	−0.422 ***	−0.420 ***
	（2.60）	（5.96）	（3.00）	（−1.91）	（−8.33）	（−8.28）
Fs	0.184 ***	0.185 ***	0.184 ***	0.172 ***	0.164 ***	0.163 ***
	（41.91）	（42.35）	（41.91）	（37.17）	（26.12）	（25.82）
Income	−0.022 ***	−0.017 ***	−0.022 ***	−0.035 ***	−0.018 ***	−0.019 ***
	（−6.54）	（−4.84）	（−6.35）	（−9.84）	（−3.74）	（−3.89）
Ex	0.028 ***	0.031 ***	0.029 ***	−0.049 ***	0.034 ***	0.034 ***
	（9.12）	（10.04）	（9.48）	（−16.80）	（7.96）	（7.88）
Fe	−0.066 ***	−0.060 ***	−0.066 ***	−0.056 ***	−0.037 ***	−0.038 ***
	（−16.82）	（−15.38）	（−16.77）	（−13.85）	（−7.46）	（−7.77）
Gdpg	1.038 ***	1.712 ***	1.295 ***	−3.516 ***	−0.284	−1.034 ***
	（5.19）	（8.67）	（6.68）	（−19.00）	（−1.01）	（−3.97）

被解释变量	（1）	（2）	（3）	（4）	（5）	（6）
Entre	Probit2	Probit2	Probit2	Probit2	Probit2	Probit2
Cd	-0.352 ***	-0.301 ***	-0.321 ***	-0.335 ***	-0.190 ***	-0.201 ***
	（-21.22）	（-18.88）	（-20.64）	（-19.58）	（-7.70）	（-7.75）
Year	Yes	Yes	Yes	Yes	Yes	Yes
id	Yes	Yes	Yes	Yes	Yes	Yes
Observations	56382	56382	56382	47967	27243	27243

注：*** 、 ** 、 * 分别是在1%、5%和10%水平上双侧显著相关。

8.2.3.3 影响路径分析

中国经济发展正处于新常态阶段，创业活动的开展与创业水平的提高对实现中国经济可持续增长起着至关重要的作用，而金融又是创业活动得以顺利开展与创业水平得以进一步提升的关键因素。以大数据、云计算与人工智能为基础的数字金融作为中国现阶段金融体系重要的一环，其快速发展提升了借贷的便利性并降低了资金供需双方的信息不对称程度，这些优势导致数字金融替代了创业者一部分正规信贷需求与非正规信贷需求，满足了创业家庭未饱和的融资需求，极大缓解了创业群体尤其是被传统金融排斥的那部分创业者的信贷约束，进而促进了家庭创业。

据此本研究可以假设数字金融发展将通过对正规/非正规信贷需求的替代效应这一中间环节对家庭创业行为产生影响，即具有"数字金融发展—正规/非正规信贷需求替代效应—家庭创业行为"的传导机制。本研究将利用中介效应模型对该传导机制进行实证检验，需要进行下述两个步骤：①通过模型2检验数字金融发展 *Ifi* 对正规信贷需求 *Fcd*、非正规信贷需求 *Icd* 产生的替代效应；②通过模型3检验正规信贷需求 *Fcd*、非正规信贷需求 *Icd* 替代效应是否在数字金融发展与家庭创业行为之间起到中介效应。

（1）数字金融发展与中介变量关系检验

①数字金融发展与正规信贷需求。根据前文理论分析，本研究预计数字

金融发展会降低家庭为开展创业活动导致的正规信贷需求，即数字金融发展会对正规信贷需求产生替代效应。我们分别使用 Probit1、Probit2、IV-Probit 与 IV-Tobit 回归模型对模型 3 进行估计，结果见表 8.2.7（1）、（2）、（3）、（4）列。4 列回归结果均显示，数字金融发展均在 5% 的统计水平上对正规信贷需求产生替代效应，数字金融发展水平的提高反而将引起正规信贷需求的减少，因此存在经济意义。

②数字金融发展与非正规信贷需求同理，通过前文分析，我们同样预期数字金融发展会降低非正规信贷需求，即也会对非正规信贷需求产生替代效应。我们同样分别使用 Probit1、Probit2、IV-Probit 与 IV-Tobit 回归对模型 3 进行估计，实证结果见表 8.2.8（1）、（2）、（3）、（4）列。4 列回归结果均显示，数字金融发展均在 5% 的统计水平上对非正规信贷需求产生替代效应，数字金融发展水平的提高反而将引起非正规信贷需求的减少，符合预期。

综上，本小节验证了数字金融发展均会对正规信贷需求与非正规信贷需求产生显著的替代效应（随着 Ifi 提高，Fcd、Icd 会降低），且从回归结果我们还可以发现，相对于正规信贷需求而言，数字金融发展对非正规信贷需求的替代效应更大，这为下一步我们验证数字金融发展对正规/非正规信贷需求的替代效应是否在数字金融发展与家庭创业行为关系中发挥中介效应提供前提依据。

表 8.2.7 机制检验：数字金融发展与正规信贷需求

被解释变量	（1）	（2）	（3）	（4）
Fcd	Probit1	Probit2	IV-Probit	IV-Tobit
Ifi	−0.262 ***	−0.507 ***	−0.423 **	−0.645 **
	（−5.92）	（−17.20）	（−2.19）	（−2.21）
Age	−0.015 ***	−0.016 ***	−0.016 ***	−0.027 ***
	（−23.12）	（−25.81）	（−24.67）	（−21.92）
$Gender$	0.322 ***	0.301 ***	0.302 ***	0.509 ***
	（13.92）	（13.20）	（13.21）	（13.26）

被解释变量	（1）	（2）	（3）	（4）
Fcd	Probit1	Probit2	IV-Probit	IV-Tobit
Edu	−0. 036 ***	−0. 038 ***	−0. 037 ***	−0. 063 ***
	（−15. 60）	（−16. 40）	（−15. 37）	（−14. 70）
Mar	0. 089 ***	0. 063 **	0. 076 **	0. 131 ***
	（2. 97）	（2. 19）	（2. 57）	（2. 71）
Ins	0. 382 **	0. 011	−0. 132	−0. 236
	（2. 13）	（0. 12）	（−1. 41）	（−1. 56）
Fs	0. 132 ***	0. 136 ***	0. 126 ***	0. 208 ***
	（25. 19）	（26. 58）	（21. 84）	（20. 95）
Income	−0. 041 ***	−0. 044 ***	−0. 043 ***	−0. 069 ***
	（−8. 79）	（−9. 72）	（−8. 89）	（−9. 69）
Ex	0. 010 **	−0. 045 ***	−0. 033 ***	−0. 052 ***
	（1. 96）	（−13. 34）	（−3. 57）	（−3. 77）
Fe	−0. 009	−0. 005	−0. 009	−0. 016
	（−1. 56）	（−0. 94）	（−1. 28）	（−1. 40）
Gdpg	0. 476 *	−2. 465 ***	−3. 679 ***	−6. 104 ***
	（1. 66）	（−10. 05）	（−6. 81）	（−7. 29）
Cd	−0. 075 ***	−0. 072 ***	−0. 087 *	−0. 170 **
	（−3. 10）	（−3. 16）	（−1. 82）	（−2. 16）
Year	Yes	Yes	Yes	Yes
id	Yes	Yes	Yes	Yes
Observations	56476	56476	56476	56476

注：*** 、 ** 、 * 分别是在 1%、5%和 10%水平上双侧显著相关。

表 8.2.8　机制检验：数字金融发展与非正规信贷需求

解释变量	（1）	（2）	（3）	（4）
Icd	Probit1	Probit2	IV-Probit	IV-Tobit
Ifi	−0. 187 ***	−0. 274 ***	−0. 689 ***	−1. 169 ***
	（−3. 72）	（−8. 66）	（−3. 37）	（−3. 49）

续表

解释变量	（1）	（2）	（3）	（4）
Icd	Probit1	Probit2	IV-Probit	IV-Tobit
Age	−0.017 ***	−0.018 ***	−0.017 ***	−0.031 ***
	（−23.94）	（−25.94）	（−24.37）	（−22.10）
Gender	0.267 ***	0.255 ***	0.252 ***	0.444 ***
	（11.10）	（10.75）	（10.67）	（10.63）
Edu	−0.045 ***	−0.047 ***	−0.044 ***	−0.078 ***
	（−18.34）	（−19.10）	（−17.01）	（−16.35）
Mar	0.095 ***	0.069 **	0.065 **	0.116 **
	（3.01）	（2.26）	（2.10）	（2.17）
Ins	0.708 ***	0.200 *	0.140	0.244
	（3.34）	（1.76）	（1.23）	（1.28）
Fs	0.120 ***	0.128 ***	0.127 ***	0.220 ***
	（21.91）	（23.75）	（21.95）	（19.87）
Income	−0.061 ***	−0.064 ***	−0.059 ***	−0.100 ***
	（−13.60）	（−14.54）	（−12.23）	（−13.09）
Ex	0.019 ***	−0.015 ***	−0.028 ***	−0.047 ***
	（3.91）	（−4.32）	（−2.89）	（−3.03）
Fe	−0.019 ***	−0.017 ***	−0.010	−0.017
	（−3.13）	（−2.89）	（−1.35）	（−1.39）
Gdpg	0.309	−1.039 ***	−2.876 ***	−4.997 ***
	（0.98）	（−3.78）	（−5.02）	（−5.20）
Cd	−0.166 ***	−0.176 ***	−0.079	−0.151 *
	（−5.98）	（−6.84）	（−1.52）	（−1.71）
Year	Yes	Yes	Yes	Yes
id	Yes	Yes	Yes	Yes
Observations	56476	56476	56476	56476

注：***、**、*分别是在1%、5%和10%水平上双侧显著相关。

（2）中介变量的传导作用检验

本研究将根据中介效应模型对数字金融发展是否通过正规/非正规信贷需求替代效应影响家庭创业行为进行实证检验。中介效应模型认为，当数字金融发展与正规信贷需求、非正规信贷需求对家庭创业行为的估计系数存在至少一个不显著的情形时，需要进行 sobel 检验以确定中介效应的显著性，否则，则不需要进行 sobel 检验。根据该方法，因被解释变量与中介变量均为二元离散变量，会呈现出零值堆积（Pile）与正值连续分布共存的混合特征。针对这种数据结构，同时为解决家庭创业行为与正规/非正规信贷需求逆向因果关系的内生性问题，我们对模型 4 进行了 IV-Tboit 估计，回归结果如表 8.2.9 显示。

由（1）列可知，数字金融发展（Ifi）、正规信贷需求（Fcd）对家庭创业行为的估计系数均在 1% 的统计水平上显著为正，则不需要进行 sobel 检验，存在以正规信贷需求（Fcd）替代效应为中介变量的中介效应。同样，（2）列回归结果也显示，数字金融发展（Ifi）、非正规信贷需求（Icd）对家庭创业行为的影响系数也在 1% 的统计水平上显著为正，不必进行 sobel 检验，存在以非正规信贷需求（Icd）替代效应为中介变量的中介效应。验证了假设 2。

表 8.2.9　中介效应模型检验：数字金融发展、正规/非正规信贷需求与家庭创业行为

被解释变量	（1）	（2）
Entre	IV-Tobit	IV-Tobit
Ifi	0.772 ***	0.783 ***
	(8.62)	(6.08)
Fcd	0.945 ***	
	(57.41)	
Icd		0.988 ***
		(43.03)
Age	−0.015 ***	−0.016 ***
	(−38.32)	(−38.13)
Gender	0.321 ***	0.301 ***
	(26.61)	(22.47)
Edu	−0.061 ***	−0.059 ***
	(−43.38)	(−41.05)

续表

被解释变量	（1）	（2）
Entre	IV-Tobit	IV-Tobit
Mar	0.193 ***	0.160 ***
	（12.56）	（10.00）
Ins	−0.241 ***	0.246 ***
	（−5.98）	（3.87）
Fs	0.092 ***	0.152 ***
	（27.27）	（28.18）
Income	−0.022 ***	−0.031 ***
	（−8.40）	（−9.00）
Ex	0.026 ***	−0.022 ***
	（6.08）	（−11.92）
Fe	−0.075 ***	−0.072 ***
	（−20.87）	（−17.98）
Gdpg	−0.680 ***	5.327 ***
	（−2.63）	（5.49）
Cd	−0.501 ***	−0.646 ***
	（−20.31）	（−13.42）
Year	Yes	Yes
id	Yes	Yes
Observations	56476	56476

注：*** 、** 、* 分别是在 1%、5% 和 10% 水平上双侧显著相关。

8.2.3.4 数字金融发展对家庭创业行为的调节效应分析

（1）成本效应调节作用

数字金融发展一方面增加了金融供给，从而让更多创业群体突破资金门槛；另一方面降低了融资成本与交易成本，提高了创业利润，从而使更多的人选择开展创业活动。本研究采用以下检验思路来检验上述影响机制：若上述影响机制成立，成本越高的地区，数字金融对创业活动的作用越大。以融资成本和时间成本为代表成本，一般来说金融可及性差的地区的融资成本和时间成本较高。通常来说，城镇化率低的地区金融可及性比城镇化率高的地区要差，创业成本比高城镇化率地区高，在模型中加入城镇化率与数字金融的交互项来检验成本效应调节效应。

本研究分别使用 Probit1、Probit2、IV-Probit 回归对模型 4 进行估计以检验成本效应调节效应，回归结果见表 8.2.10（1）、（2）、（3）列。3 列结果均显示数字金融发展对家庭创业行为有促进作用，进一步验证了假设 1。（3）列结果显示城镇化率的提升也有利于提高家庭创业活动开展的概率。在这一节中我们主要关注数字金融发展与城镇化率交互项的回归系数，（3）列结果显示数字金融发展与城镇化率交互项的估计系数显著为负，说明数字金融发展对城镇化率低的地区（创业成本高的地区）的家庭创业行为的促进作用更显著，验证了假设 3，同时体现了数字金融的普惠性，与前人研究结论一致。

表 8.2.10　成本效应调节作用：城镇化率

被解释变量	（1）	（2）	（3）
Entre	Probit1	Probit2	IV-Probit
Ifi	0.533 ***	0.541 ***	3.607 ***
	（19.38）	（19.29）	（7.07）
Urate	0.032	−0.083	24.714 ***
	（0.08）	（−0.20）	（6.33）
Ifi×Urate	−0.331 ***	−0.323 ***	−5.170 ***
	（−4.84）	（−4.70）	（−6.67）
Age	−0.018 ***	−0.018 ***	−0.015 ***
	（−38.52）	（−38.54）	（−15.40）
Gender	0.426 ***	0.426 ***	0.333 ***
	（28.55）	（28.55）	（14.51）
Edu	−0.070 ***	−0.070 ***	−0.060 ***
	（−41.30）	（−41.30）	（−17.36）
Mar	0.171 ***	0.170 ***	0.210 ***
	（8.91）	（8.85）	（12.02）
Ins	−0.268 ***	−0.271 ***	−0.207 ***
	（−4.85）	（−4.89）	（−4.46）
Fs	0.173 ***	0.173 ***	0.109 ***
	（39.48）	（39.55）	（11.40）

续表

被解释变量	（1）	（2）	（3）
Entre	Probit1	Probit2	IV-Probit
Income	-0.027 ***	-0.027 ***	-0.023 ***
	（-7.92）	（-7.94）	（-7.04）
Ex	0.022 ***	0.023 ***	0.020 ***
	（7.32）	（7.33）	（4.87）
Fe	-0.070 ***	-0.070 ***	-0.076 ***
	（-17.48）	（-17.42）	（-20.17）
Gdpg	0.417 **	0.522 ***	2.018 ***
	（2.32）	（2.74）	（2.58）
Cd	-0.154 ***	-0.147 ***	-0.062 **
	（-7.95）	（-7.39）	（-1.99）
Year	Yes	Yes	Yes
id	Yes	Yes	Yes
Observations	56476	56476	56476

注：*** 、** 、* 分别是在 1%、5% 和 10% 水平上双侧显著相关。

（2）信息效应调节作用

如果数字金融发展通过缓解信息约束对家庭创业产生正向影响，一方面传递便捷度、准确度和透明度更高的信息，定点推送与创业相关的融资相关的信息，使创业者能以更低的成本获得创业信息与资源；另一方面能为创业群体提供信息交互平台，使创业者与投资者有一个便利快捷直接的项目信息分享平台，也能使创业者对创业项目的前景与可行性有一个更准确的预测与评估，从而使更多家庭选择创业活动。本研究采用以下检验思路来验证上述影响机制：若上述影响机制的确存在，则信息可得性越差的家庭，数字金融对创业活动的作用越大。以经济金融信息关注程度为代表，一般来说，经济金融信息越发达地区，个人对经济金融信息的关注程度越高，信息可得性越强。本研究在模型中加入与数字金融发展和个人经济金融信息关注程度的交互项来检验信息效应调节作用。

本研究分别使用 Probit1、Probit2、IV-Probit 回归对模型 5 进行估计以检验成本效应调节效应，回归结果见表 8.2.11（1）、（2）、（3）列。3 列结果均显示数字金融发展对家庭创业行为有促进作用，进一步验证了假设 1。经济金融信息关注程度的提升也有利于提高家庭创业活动开展的概率。在这一节中我们主要关注数字金融发展与经济金融信息程度交互项的回归系数，（3）列结果显示数字金融发展与个人经济金融信息程度交互项的回归系数显著为负，表明数字金融发展对于经济金融信息程度低（信息可得性差）的家庭促进作用更显著，验证了信息效应调节作用机制的存在。

表 8.2.11　信息效应调节作用：经济金融信息关注程度

被解释变量	（1）	（2）	（3）
Entre	Probit1	Probit2	IV-Probit
Ifi	0.268 ***	0.294 ***	0.710 ***
	（13.15）	（14.34）	（5.81）
Infor	0.052 **	0.053 **	0.304 ***
	（2.35）	（2.37）	（5.91）
Ifi×Infor	−0.003	−0.003	−0.054 ***
	（−0.60）	（−0.66）	（−5.29）
Age	−0.017 ***	−0.017 ***	−0.019 ***
	（−38.04）	（−37.60）	（−41.41）
Gender	0.442 ***	0.439 ***	0.406 ***
	（29.76）	（29.55）	（27.48）
Edu	−0.076 ***	−0.075 ***	−0.077 ***
	（−44.27）	（−43.66）	（−45.09）
Mar	0.173 ***	0.179 ***	0.203 ***
	（9.01）	（9.33）	（10.82）
Ins	−0.036	−0.051	−0.241 ***
	（−0.62）	（−0.87）	（−4.74）
Fs	0.186 ***	0.182 ***	0.149 ***
	（42.64）	（41.47）	（32.16）
Income	−0.030 ***	−0.029 ***	−0.037 ***
	（−8.68）	（−8.48）	（−11.01）
Ex	0.025 ***	0.024 ***	0.013 ***
	（8.18）	（7.98）	（2.58）

续表

被解释变量	（1）	（2）	（3）
Entre	Probit1	Probit2	IV-Probit
Fe	−0.074***	−0.074***	−0.088***
	（−18.48）	（−18.61）	（−20.83）
Gdpg	1.516***	0.801***	−1.816***
	（8.41）	（4.14）	（−5.88）
Cd	−0.398***	−0.397***	−0.506***
	（−23.73）	（−23.42）	（−18.42）
Year	Yes	Yes	Yes
id	Yes	Yes	Yes
Observations	56476	56476	56476

注：***、**、*分别是在1%、5%和10%水平上双侧显著相关。

8.2.3.5　稳健性检验

（1）主效应稳健性检验

通过两种方法进行稳健性检验。第一，保持样本不变，使用 Logit 模型进行回归分析。第二，更改样本信息集。首先，使用户主年龄在 25~55 岁的样本，这个年龄段的样本是创业的主力军，更易发生创业行为。其次，将浙江省从样本中删除再进行回归。在前文中为了避免内生性问题，已经使用了工具变量法，所使用的工具变量为"各省份省会城市与杭州的距离"，目的是避免因浙江省数字金融高度发达所可能导致的估计结果误差。稳健性检验结果如表 8.2.12 所示，从中可以看出，结果系数虽略有差异，但并没有改变前文的研究结论，表明研究结果具有稳健性。

表 8.2.12　主效应稳健性检验回归结果

被解释变量	（1）	（2）	（3）
Entre	Logit 模型	25~55 岁年龄样本	除浙江省外样本
Ifi	0.482***	0.115***	0.300***
	（13.08）	（4.85）	（13.79）

被解释变量	（1）	（2）	（3）
Entre	Logit 模型	25~55 岁年龄样本	除浙江省外样本
Age	-0.028 ***		-0.017 ***
	(-36.31)		(-36.14)
Gender	0.762 ***	0.345 ***	0.456 ***
	(29.83)	(18.86)	(29.63)
Edu	-0.122 ***	-0.073 ***	-0.073 ***
	(-42.72)	(-33.39)	(-41.71)
Mar	0.320 ***	0.098 ***	0.181 ***
	(9.67)	(3.49)	(9.10)
Ins	0.004	-0.232 ***	-0.007
	(0.04)	(-3.68)	(-0.12)
Fs	0.305 ***	0.165 ***	0.181 ***
	(41.07)	(25.93)	(40.09)
Income	-0.048 ***	-0.018 ***	-0.028 ***
	(-8.28)	(-4.55)	(-7.90)
Ex	0.043 ***	0.026 ***	0.026 ***
	(8.10)	(6.87)	(8.25)
Fe	-0.125 ***	-0.034 ***	-0.075 ***
	(-18.49)	(-6.32)	(-17.91)
Gdpg	1.500 ***	0.412 *	0.835 ***
	(4.61)	(1.76)	(4.27)
Cd	-0.683 ***	-0.329 ***	-0.407 ***
	(-23.65)	(-15.46)	(-23.14)
Year	Yes	Yes	Yes
id	Yes	Yes	Yes
Observations	56476	32478	53142

注：***、**、*分别是在 1%、5% 和 10% 水平上双侧显著相关。

（2）中介效应稳健性检验

除可以使用中介效应模型对中介效应进行检验外，Hayes 和 Preacher（2010）还提出了较为科学且简便的 Bootstrap 分析方法，该方法用以检验在

解释变量 X→中介变量 M→被解释变量 Y 这一整条影响链中，X 通过 M 对 Y 产生的间接效应。该方法采用非参数的重新抽样程序，能有效降低变量测量误差，并且已经在 SPSS 和 AMOS 开发有相应的宏程序，是一种较为科学且方便的中介效应检测方法（张涵和康飞，2016）。故本研究采用该方法对中介效应的结果进行重新检验。

在执行 Bootstrap 检验命令时，本研究设置的置信度为 95%，重复随机抽取的样本量为 5000。根据 Hayes 和 Preacher（2010）中关于 Bootstrap 中介效应分析的相关阐述，当所得出的中介效应检验结果的置信区间不包含 0 时，则说明所估计的参数被认为在 5% 的统计水平上显著不为 0，拒绝间接效应为 0 的假设，即 M 在 X 影响 Y 的过程中起到显著的中介效应作用。表 8.2.13 结果显示：当采用正规信贷需求作为中介效应度量时，其中介效应置信区间内不包含 0（下限 -0.031，上限 -0.025），中介效应显著。当采用非正规信贷需求作为中介效应度量时，其中介效应置信区间内不包含 0（下限 -0.024，上限 -0.019），中介效应显著。综上所述，Bootstrap 的检验结果进一步验证了之前有关中介效应的回归分析的结论，说明数字金融发展对正规/非正规信贷需求替代效应这一中介效应作用于"数字金融发展→家庭创业行为"中研究结论具有稳健性。

表 8.2.13　中介效应稳健性检验回归结果

路径	效应量系数	下限	上限
Ifi-Fcd-Entre	0.533 ***	0.452	0.589
Ifi-Icd-Entre	0.665 *	0.535	0.682

注：***、**、* 分别是在 1%、5% 和 10% 水平上双侧显著相关。

（3）调节效应稳健性检验

本研究对模型 4 与模型 5 重新进行 IV-Tobit 模型估计以减少对调节变量打分度量的主观性，回归结果如表 8.2.14 表明，交互项的估计系数符号与前文回归结果保持一致，研究结论具有稳健性。

表 8.2.14 调节效应稳健性检验回归结果

被解释变量	（1）	（2）
Entre	IV-Tobit	IV-Tobit
Ifi	4.844 ***	
	(6.55)	
Urate	33.861 ***	
	(6.17)	
Ifi×Urate	-7.012 ***	
	(-6.35)	
Ifi		0.791 ***
		(7.46)
Ifi		0.326 ***
		(7.41)
Ifi×Infor		-0.060 ***
		(-6.82)
Age	-0.015 ***	-0.017 ***
	(-33.32)	(-42.67)
Gender	0.345 ***	0.365 ***
	(23.94)	(28.89)
Edu	-0.062 ***	-0.068 ***
	(-37.66)	(-45.74)
Mar	0.243 ***	0.196 ***
	(12.17)	(12.23)
Ins	-0.244 ***	-0.247 ***
	(-5.11)	(-5.84)
Fs	0.095 ***	0.118 ***
	(17.90)	(34.28)
Income	-0.021 ***	-0.032 ***
	(-6.92)	(-11.47)
Ex	0.026 ***	0.017 ***
	(5.11)	(3.96)
Fe	-0.079 ***	-0.076 ***
	(-16.46)	(-20.55)
Gdpg	3.363 ***	-1.406 ***
	(3.53)	(-5.47)

被解释变量	（1）	（2）
Entre	IV-Tobit	IV-Tobit
Cd	−0.057*	−0.501***
	（−1.87）	（−19.85）
Year	Yes	Yes
id	Yes	Yes
Observations	56476	56476

注：***、**、*分别是在1%、5%和10%水平上双侧显著相关。

综上所述，本章的实证检验主要有以下几个结果。①模型1的实证结果说明，数字金融的发展显著提升了家庭创业行为开展的概率，相比于城镇地区，对农村地区家庭创业行为的影响更明显。②模型2和模型3的实证结果说明，数字金融发展通过正规/非正规信贷需求替代效应路径影响家庭创业行为。③模型4和模型5的实证结果说明，成本效应和信息效应能够对数字金融发展与家庭创业行为的关系产生显著的调节效应。以上结果在经过相应稳健性检验后依旧显著，具有一定的稳定性。

8.2.4　结论

习近平总书记在2017年提出，"金融活，经济活；金融稳，经济稳"，这体现了金融在经济运行中起到了服务与支撑作用。创新创业活动是一个国家经济长期增长的动力源泉，然而数字金融作为新兴金融发展模式的典型代表，是否能对创业活动产生服务与支撑作用？本研究在理论分析的基础上，分析了2011年、2013年、2015年、2017年四轮中国家庭金融调查数据与北京大学数字金融研发中心数据库，运用多种实证方法检验数字金融发展是否能够促进家庭创业行为。本研究的突出成果是通过构建实证分析模型检验了数字金融发展对于家庭创业行为的效用，并深入研究分析了两者之间的中介效应和调节效应。此外着重探讨了本研究可能存在的内生性问题与其产生的原因及其对应的解决方案，识别了数字金融发展对家庭创业行为的单向因果关系。具体而言，本研究结论有以下几点。

第一，数字金融发展与家庭创业行为的演变趋势一致。2011～2017 年，从数字金融发展角度来看，数字金融发展总指数呈现持续上升的态势，与2011 年相比，2017 年数字金融发展总指数增长了 693.45%，整体而言，在过去一段时间，数字金融得到了持续高速的发展。从家庭创业行为角度来看，2011～2015 年，家庭创业数量一直呈上升趋势，与数字金融发展总指数的发展趋势一致。

第二，数字金融发展明显提高了家庭创业行为发生的概率，相比于城镇地区，对农村地区家庭创业行为的影响更大，数字金融发展的三种不同维度对家庭创业行为均存在显著的促进作用，数字金融发展的六种不同业态——支付、货币基金、保险、信贷、投资与征信都显著促进了家庭创业。为了控制内生性问题，我们选取了"各省份省会城市与杭州的球面距离"作为工具变量，结论一致。在稳健性检验中本文替换了被解释变量、变换了估计模型与估计样本，实证结果表明仍存在一致结论。

第三，数字金融发展能够替代正规/非正规信贷需求，最终提升家庭创业活动开展的概率。本研究试图通过中介效应模型，分析上述效用是否凭借"数字金融发展—正规/非正规信贷需求—家庭创业行为"传导，结论表明数字金融发展能够起到一定的替代正规/非正规信贷需求的作用，对无法通过传统金融获得资源的群体起到助力作用。这说明相较于正规金融与非正规金融，数字金融在家庭创业支持方面在一定程度上解决了金融排斥问题，具有更好的包容性。

第四，成本效应与信息效应对数字金融发展与家庭创业行为关系会产生显著的调节效应。具体而言：一方面，数字金融降低了交易成本，提高了家庭创业行为开展的概率，在城镇化率更低（创业成本更高）的地区，数字金融发展对家庭创业行为的边际效应更大；另一方面，数字金融增加了信息可得性与交互性，也提高了家庭创业活动开展的概率，在经济金融信息关注程度更低的地区（信息可得性更差），数字金融的创业效应越大。这两个调节效应均显示出了数字金融良好的普惠性与包容性。

第9章
我国创新创业政策的机制优化

根据前面第 1 章至第 8 章的研究结论，本部分提出得到的启示并有针对性地提出机制优化的建议。

9.1 政府部门职能转变与治理创新

政府制定政策的目的，一方面，消除市场失灵，在以市场为主配置资源的前提下，政府政策发挥重要的补充作用；另一方面，基于我国社会主义市场经济的主体特征，国家策略的实施需要有国家政策加以引导，调动各方的积极因素，尽快推进目标实现。

因此，对政府部门本身而言，应该主要做好两方面的工作。一是政府部门职能转换。二是政府管理创新。所谓政府部门职能转换，简单而言就是，从所谓"管理型"政府转变为"服务型"政府，由高高在上的"审批者"，转变为主动服务的"公务员"。这一转变，不仅是思想观念上的大转弯，而且应该在行动上有显著体现，真正做到"知行合一"。而政府管理创新，则包含一系列政策行政理念、手段、方式等方面的改革。两方面的工作相辅相成、相互促进。为此，应重点抓好行政能力建设与政风建设。

在能力建设方面，应顺应大数据与人工智能发展要求，增强管理的效率与敏捷反应能力。运用大数据方法收集与获取必要信息，通过及时的数据分析，掌握经济社会发展动态，利用大数据技术对管理模式、管理流程与服务等方面加以改进，以便制定政策与推进政策执行的过程中能够有的放矢。

在政风建设方面，牢固树立执政为民的思想，在行政过程中切实做到为民、务实、清廉、高效。完善服务平台建设和行政制度改革，不断完善服务机制，深化行政审批制度改革，精简行政管理机构，提升工作效率。

具体举措如下。①充实人才队伍，吸纳熟悉大数据技术、经济管理与金融并且了解各领域科技发展动态的专门人才进入政府管理部门。②搭建信息平台，促进信息共享。公开、透明的政务不仅是勤政、廉洁行政的必要保障，也是各部门提升行政能力的一个重要举措，信息共享不仅能促进行政效率提升，也为权力的社会监督提供了可能性。③建立政府行政效率的外部评价机制。研究表明，社会舆论、群众的满意度评价等都对推进政务活动科学化及其效率提升起着重要作用。而建立外部第三方对政府行政效率的评价制度，则是促进行政效率不断提升的长效机制。

9.2　因地制宜，优化产业政策执行效果

"五年规划"是我国社会主义市场经济制度优势的一个保障，它是一个最为全面与完整的制度体系，一方面，大到国家政府，小到每一个企业，都无例外地制定五年发展规划；另一方面，它涵盖最全面的规划内容。正因如此，它也是一个备受瞩目的规划，成为我国社会经济发展的指挥棒，其意义是不言自明的。

9.2.1　注重政策的全局性与整体性

关于政策的全局性问题，主要是指各级地方政府在根据国家发展规划制定当地的发展规划时，应该在国家战略一盘棋的框架内，结合当地的情况加以细化，并制定面向不同对象的更为精准的引导与扶持政策。应该突出重点，注重效果，稳定推进。为此，各级政府部门应该加强政策的宣传与解读

工作，让各级各部门以及各微观企业都能更好地深刻理解国家战略的社会意义，以便将区域发展、企业发展更好地融入国家发展这一整体利益当中。以便将国家政策"记于心，化于行"，得到更好的政策实施效果。

9.2.2　找准目标，精准施策

微观主体根据国家政策和所在区域的地方政策而在行业改造与变更方面、在企业创新投入数量与投入方向方面做出判断与决策。反过来，政策在选择重点支持与扶持的对象时，一方面，应该注意"有的放矢"，选择那些真正符合要求的对象进行重点支持，达到"精准激励"的效果；另一方面，与"锦上添花"的激励效果相比，能够起到"雪中送炭"作用的激励应该优先考虑。应该配合相应的甄别制度，强化对受扶持企业认定资质的审查，应重点审查企业是否有真正进入政策支持行业的动机和基础、是否存在"骗补"行为，以及是否存在虚增研发投入等现象，从而降低企业寻租的机会。此外，在企业的所有制选择方面，应向民营企业适度倾斜，并且应加强对国有企业的监督，以降低国有企业的非效率。

9.2.3　用好财政政策，优化金融政策执行效果

国家产业政策通常通过财政政策与金融政策的支持而得以实施。相比较而言，目前财政政策的效果较为显著，而金融政策的成效还存在争论。因此，应该在进一步强化财政补贴政策、税收优惠政策的同时，加强金融政策的执行效果。充分发挥产业政策的市场机制和竞争机制的作用，把产业政策、市场资源配置与产业结构升级联系起来，培育新兴产业，营造良好营商环境，实施"管理得当"的竞争政策，以推动产业的发展和产业结构的动态调整。充分发挥金融工具对于企业创新的激励作用，扩大金融服务的覆盖范围，为不同类型企业有效提供长期资本和风险资本以服务于长期性研发融资需求。应该鼓励金融机构开发服务于创新活动的金融政策，如对具有较强创新能力、市场前景好的优良项目，调整相关的抵押担保资产，对具有时间紧、便利性要求高的创新项目给予合理化的审批制度，促进创新活动的进行与持续发展。

9.3 打好制度创新组合拳，推动创新型国家建设

为推动创新型国家建设，分别开展了创新型省份建设、创新型城市建设以及国家自主创新示范区建设，并且都取得了良好效果。根据第4章与第5章的研究发现，本部分提出如下优化建议。

9.3.1 制度创新与技术创新结合，共同推动经济增长

组合政策是由单一政策组成的，但并非简单地累加。之所以以某个地区为单位进行创新型区域样板建设，就是在试点单位综合实施各种创新激励举措，各种举措相辅相成，共同发挥作用，产生1+1>2的整体效果。当前中国经济发展进入新常态，改革也进入深水区，单一政策的作用力将越来越弱，用好政策的组合对经济增长有着重要的意义。因此，各政府部门应该加强合作，将产业集聚、对外开放、财政支出、金融服务等方面的相关政策进行科学组合，使制度创新与技术创新成为中国经济发展新的驱动力。

9.3.2 用好政府财政资金，以生产力增长带动区域经济增长

虽然基础设施建设对于带动区域经济增长有直接而显著的成效，但绝对不能忽视经济增长长效机制的培育，促进区域全要素生产力的提升应该成为政府资金关注的重点。政府资金的投入进一步降低了信息的不对称性，同时起着强烈的信号作用，能引导市场资金进入相关行业、领域与企业，间接地发挥着资源配置的作用，使资本和生产要素合理配置。同时，政府投入资金培育人才队伍，全面提升劳动力素质，优化劳动力结构，为全面提升区域全要素生产力水平打下长期而坚实的基础。

9.3.3 设立园区集群，推动企业创新发展

将相关产业融合到园区，同时在如下几个方面提供政策支持：第一，加大财政科技投入，集成和整合不同部门、不同渠道的财政资金，完善支持创新的

政府采购政策，充分发挥税收在激励创新中的调节作用；第二，大力发展人才政策，从人才引进、培育、发展等人才成长环节出发，从激励机制、制度创新等人才生态优化方面着手，积极吸引、汇聚、培育、壮大创新人才队伍；第三，加强产业集聚程度，形成产业集群，方便企业间的技术交流与信息共享。

9.3.4　科学布局，充分发挥试点建设的"示范效应"

在继续扩大试点单位建设规模的同时，除了考察其自身建设基础以外，应该重点考虑建设效果的外部性，即其对周边城市所可能产生的示范效应。并且从如下两个方面科学布局。一是东、中、西部的总体布局，避免试点建设单位扎堆于东部地区；二是在创新型城市试点单位的选择中，考虑不同等级城市的布局，省级、副省级、地级以及地级以下都应该有一定比例的城市纳入试点建设。各地的园区设立也应参照这两点进行考虑，目的是加强"以点带面"建设的示范效果。

9.4　培育创新文化促进互利共赢

第4章的研究结果表明，"试点"进行创新型省份建设与创新型城市建设二者都取得了显著成效，其中一个重要的成效就是取得了"以点带面"的效果；而第5章的研究则进一步表明，无论是创新政策的制定本身还是创新政策的绩效的高低，在区域之间存在显著的溢出效应。因此，倡导培育创新文化并细心地保护好良好创新文化应该成为政策关注的又一个重点。

9.4.1　加强宣传，广泛开辟政策扩散路径

一方面，要大张旗鼓地宣传国家的"双创"政策、国家的试点政策、试点单位先进经验，重点报道其拟采取的政策措施、选择的路径方法、建设的重点等方面。充分利用各种媒体渠道特别是互联网渠道进行报道宣传，扩大受众范围和影响力。另一方面，善于总结试点建设各阶段取得的成就，总结经验、吸取教训，不断完善建设方案。

9.4.2　协同创新，提升总体与全局创新能力

各地的创新发展布局应该充分考虑自身特点与周边环境，突出自身优势的同时考虑与周边地区协同发展，避免简单照搬复制。为此在试点单位的考评过程中，不应该以试点单位自身所取得的成就"论英雄"，而应该从内部成就和外部示范两方面综合评价。试点建设城市在考虑所采取的一系列配套政策措施时，不应仅仅出于"利己"的动机，也应兼顾"利他"的考虑；不应仅仅着眼于眼前利益，而应兼顾长远发展。不谋或少谋如何从别处"挖"资源，多谋如何取得共赢的结果，鼓励协同创新、取长补短，共同开创互利共赢的创新局面。

9.4.3　保护知识产权，促进科研成果转化

为了提高地区科技成果转化效率，本研究提出如下政策建议。

①加强知识产权保护，保护好创新成果。一方面，应加强知识产权保护的法律体系，全方位保护创新创业者的合法权益；另一方面，加强社会信用体系建设，增强各市场参与主体的守信意识。

②强化企业科技成果转化的主体地位。企业是科技和经济紧密结合的黏结剂，是将科技成果转化为生产力的主要力量。因此要加强企业与高校、科研院所等机构的对接，发挥企业在科技成果转化过程中的主体地位，充分利用企业了解市场这一优势，有的放矢，加快科技成果转化成现实生产力的进程。

③优化知识产权的市场交易机制。无论是企业兼并重组过程中对其所拥有的专利品牌等科技成果的合理估价，还是在科技成果转化阶段的定价，都涉及一个合理定价的问题。而要做到定价合理，则离不开一个完善交易市场的建立。因此，政府采取积极引导措施，促进知识产权交易市场的健康培育，建立一个有深度、广度和厚度的知识产权交易市场。

9.5　建立长效机制促进协同创新、开放创新

创新是驱动经济发展的永久动力，对企业而言，协同创新是提升创新水平与能力的重要途径；对区域而言，开放创新则是其经济发展的主要动力。

9.5.1　理顺各种机制，促进企业协同创新

企业是创新活动最重要的主体，而协同创新则是企业创新能力提升的重要途径。为了促进企业间协同创新并维护好创新成果，应该处理好如下几个问题。

第一，在产业园的管理工作中，应建立长效的协调机制，加强企业合作意向协调，减少企业合作寻伴成本、沟通成本等创新网络成本，激励企业合作创新，促进企业转型升级。

第二，加强企业自主创新能力培育，提升企业创新自信，通过示范效应，激发企业的冒险精神进而提高合作涌现的概率。

第三，加强企业契约精神的培育，加大知识产权保护的立法与执法力度，形成奖罚分明的市场管理运行机制，遏制合作创新过程中机会主义行为造成的风险。

第四，政府作为创新网络的外部管理者，要注重通过政策引导企业培养合作创新文化，要对创新网络进行持续的跟进观察，以便及时发现问题并采取有力措施解决问题，避免创新网络中出现较大的波动。

9.5.2　借"一带一路"发展东风，促进开放创新

以开放带动创新需要从"走出去"与"引进来"两方面下功夫。一方面是"走出去"，将自身的先进技术通过产品出口与对外直接投资从而扩大市场边界，反过来又为进一步的创新积累需求基础与经济基础，形成对创新的新的驱动；另一方面是通过引进先进技术，在消化新技术的基础上进行改进创新。这两方面所产生的逆向与正向的技术溢出效应的大小均取决于区域的技术吸收能力。因此，各地应该根据自身的地理位置、技术能力、经济基

础以及金融市场的发育情况，做好与"一带一路"开放发展的对接工作，并通过这一建设，将开放创新的眼界扩展到全球。

9.6 借助金融手段，夯实企业创新发展基础

有效获取资金以及激励员工，调动其积极性，是企业创新发展的两个重要方面，而这两个方面均可以通过合理的金融手段安排达到目的。

9.6.1 完善债券增信体系，降低企业融资成本

快速发展的中国经济需要有一个完善的资本市场的机制保障，其中，债券市场的发展及其与之相关的机制完善都起着越来越重要的作用。债券增信一方面可以提高债券的流动性、稳定性、市场融资效率，降低金融系统风险；另一方面有助于降低发行人的融资成本，促进债券发售，帮助企业稳步发展。因此，提出如下建议：①积极借鉴国外债券市场增信体系经验，大力发展其他增信手段，对于一般企业来说，建议采取企业抵押/质押担保、担保公司担保、银行担保或信用增级机构担保等多手段结合的增信方式；②更新和完善债券市场增信体系相配套的法律法规，扫清债券增信体系的障碍，这有利于提高债券市场的增信效果，为债券市场的健康运行提供制度保障；③企业本身应充分考虑自身行业背景并利用自身特点，合理规划公司风险和收益，积极主动地在经营战略、工艺、技术、产品、组织等方面不断进行创新，从而在激烈竞争中保持独特的优势。

9.6.2 完善激励机制，推动持续创新

股权激励对于缓解代理问题有着显著的作用，而对于高新技术企业而言，股权激励则是保证企业生存、发展的一个不可替代的措施，它对企业创新具有重要意义。但是，股权激励手段在我国企业中使用并不是十分广泛，因此我们提出如下建议：第一，引导和支持更多的企业实施有效的股权激励计划，丰富和完善长期激励机制，增强企业创新的内生动力；第二，企业应

建立有效的核心员工激励机制，充分调动核心员工的工作积极性和研发创造性，提高公司的创新绩效；第三，公司应当结合激励对象的特点，理性选择恰当的股权激励方式，才能真正发挥股权激励作为一种长期激励机制的作用。

9.7　营造良好环境，培育和保护创业热情

9.7.1　重视创业宣传，激发个体创业潜能

虽然创业活动是个体的一种自主选择行为，但是这一行为受到多方面的影响。不仅如一般所认识的那样，通过工商登记、产权保护、税收监督和信贷等方面的工作改善能够促进创业活动，本研究的结论还表明，邻里之间的互动模仿也是激励个体创业的有效因素。针对这一特性，各级政府应该在如下几方面下功夫。①加大宣传力度，促进大众创业，应该向民众广泛宣传和详细解读国家的创业政策，特别是所采取的激励措施，让民众消除疑虑与一些不必要的担忧；②加强创业者之间的交流互动，对创业典型进行广泛宣传与表彰，激发大众创业热情；③利用各种媒介，丰富"同群"内涵，扩大"同群"边界。在当前信息高度发达、传播途径高度丰富的当下，可以利用各种途径形成所谓"同群"。为此，应该在加强创业活动的社区宣传的同时，抓好电视、广播等媒体的创业宣传，打破创业模仿的地域限制，最大限度地激发大众创业的热情。

9.7.2　发展数字金融服务，助推大众创业

数字金融相对于传统金融的最大优势在于其成本更低，因此增强金融的包容性，扩大金融服务边界，对创业个体提供全方位金融服务，因此应该得以大力发展，为此，需要做好如下三个方面的工作。

①下好全国一盘棋，促进数字金融在全国各地的均衡发展。与我国的经济发展呈现显著的地区差异一样，金融服务在各地也存在巨大差异。如果说

传统金融服务受地域与集聚影响较大，那么，通过网络传送的数字金融服务正是打破地域约束的最佳手段。因此，各地各金融机构应高度重视，大力发展数字金融，为创业活动在全国蓬勃开展提供优质与全面的金融支持。

②多方合作，提升金融科技发展水平。在大数据、云计算以及人工智能快速发展的当代，传统金融机构无论在信息获取方面还是业务模式方面都受到极大的挑战，而数字化转型将是应对挑战的正确选择。为此，金融机构应该寻求广泛的合作创新，特别是与拥有数据资源的网络企业的合作创新，拓宽数据渠道，通过丰富的非金融信息开发金融服务产品，更好地服务于实体经济与家庭创业需求。通过数字金融发展，最大限度地消除金融排斥性，达成普惠金融愿景。

③打造金融发展与产业发展的良好互动生态。金融工具的开发也好，金融服务形式的变换也罢，其目的都只有一个，即如何更好地服务于实体经济发展。因此不能为金融而金融，数字金融发展本身不是目的，而应牢记为实体经济服务这个初心。根据数字金融信息不对称性相对较小、成本较低的特点，它能有效拓展服务范围，培育能影响或引领未来发展的新技术，支持填补当前市场供给的缺口，而向各种不同主体的创业活动提供金融支持就是这一功能的具体体现。但是在其发展过程中，应特别注意各业务线的全面完整、服务规范化及风险控制等问题。如果不能合理解决这些问题，则会影响到其自身的健康发展，直接威胁到其生命力。因此，一方面，应该注重数字金融各种业态的均衡发展，使其形成相互支撑的良好生态；另一方面，每一种具体的业务发展都应该配套可靠的风控策略，促进与创业活动的良好互动，形成互利共赢的良好发展局面。

参考文献

［1］John P. Walsh，洪伟．美国大学技术转移体系概述［J］．科学学研究，2011，29（5）：641-649.

［2］安同良，周绍东，皮建才．R&D补贴对中国企业自主创新的激励效应［J］．经济研究，2009，44（10）：88-99+121.

［3］白洁．对外直接投资的逆向技术溢出效应——对中国全要素生产率影响的经验检验［J］．世界经济研究，2009（08）：65-69+89.

［4］白俊红，卞元超．要素市场扭曲与中国创新生产的效率损失［J］．中国工业经济，2016（11）：39-55.

［5］白俊红，蒋伏心．协同创新、空间关联与区域创新绩效［J］．经济研究，2015，50（7）：174-187.

［6］白俊红，李婧．政府R&D资助与企业技术创新——基于效率视角的实证分析［J］．金融研究，2011（6）：181-193.

［7］白俊红，王林东．创新驱动是否促进了经济增长质量的提升？［J］．科学学研究，2016，34（11）：1725-1735.

［8］包英群，鲁若愚，熊麟．基于二阶段DEA模型中国平板显示产业创新效率研究［J］．科学学与科学技术管理，2016，37（9）：49-57+2.

［9］鲍克．市场经济中的技术创新政策［J］．科学学研究，1994（4）：

47-54.

[10] 卞元超，吴利华，白俊红．高铁开通、要素流动与区域经济差距 [J]．财贸经济，2018，39（6）：147-161.

[11] "创新型国家进程统计监测研究"课题组，林贤郁，马京奎，关晓静．创新型国家进程统计监测研究报告 [J]．统计研究，2007（7），11-16.

[12] 蔡昉．中国经济增长如何转向全要素生产率驱动型 [J]．中国社会科学，2013（1）：56-71+206.

[13] 曹平，王桂军．选择性产业政策、企业创新与创新生存时间——来自中国工业企业数据的经验证据 [J]．产业经济研究，2018（4）：26-39.

[14] 曹霞，刘国巍．资源配置导向下产学研合作创新网络协同演化路径 [J]．系统管理学报，2015（5）：148-156.

[15] 曹霞，张路蓬．基于利益分配的创新网络合作密度演化研究 [J]．系统工程学报，2016，31（1）：3-14.

[16] 曹裕，胡韩莉．创新能力、吸收能力与区域经济增长关系研究 [J]．财经理论与实践，2014，35（6）：123-127.

[17] 曾婧婧，周丹萍．区域特质、产业结构与城市创新绩效——基于创新型城市试点的准自然实验 [J]．公共管理评论，2019，1（3）：66-97.

[18] 柴国荣，宗胜亮．企业合作创新中知识共享的博弈分析 [J]．科学管理研究，2009（5）：58-61.

[19] 车嘉丽，薛瑞．产业政策激励影响了企业融资约束吗？[J]．南方经济，2017（6）：92-114.

[20] 陈波．风险态度对回乡创业行为影响的实证研究 [J]．管理世界，2009，（3）：84-91.

[21] 陈冬华，李真，新夫．产业政策与公司融资——来自中国的经验证据 [C]．2010中国会计与财务研究国际研讨会论文集，中国上海：上海

财经大学会计与财务研究院，2010：231-310.

[22] 陈冬华，姚振晔，新夫.中国产业政策与微观企业行为研究：框架、综述与展望［J］.会计与经济研究，2018，32（1）：51-71.

[23] 陈刚.管制与创业——来自中国的微观证据［J］.管理世界，2015，（5）：89-99.

[24] 陈劲，阳银娟.协同创新的理论基础与内涵［J］.科学学研究，2012，30（2）：161-164.

[25] 陈凌，王昊.家族涉入、政治联系与制度环境——以中国民营企业为例［J］.管理世界，2013（10）：130-141.

[26] 陈柳，刘志彪.本土创新能力、FDI技术外溢与经济增长［J］.南开经济研究，2006（3）：92-103.

[27] 陈那波，蔡荣."试点"何以失败？——A市生活垃圾"计量收费"政策试行过程研究［J］.社会学研究，2017，32（2）：174-198+245.

[28] 陈晓红.区域技术创新能力对经济增长的影响——基于中国内地31个省市2010年截面数据的实证分析［J］.科技进步与对策，2013（8）：36-40.

[29] 陈岩.中国对外投资逆向技术溢出效应实证研究：基于吸收能力的分析视角［J］.中国软科学，2011（10）：61-72.

[30] 陈晔婷，朱锐，宋志刚，闫东.金融改革对全要素生产率的影响研究——基于五个国家级金融改革试验区的经验数据［J］.中国管理科学，2018，26（9）：19-28.

[31] 成思危.论创新型国家的建设［J］.中国软科学，2009（12）：1-14.

[32] 程华，钱芬芬.政策力度、政策稳定性、政策工具与创新绩效——基于2001-2009年产业面板数据的实证分析［J］.科研管理，2013，34（10）：103-108.

[33] 程郁，陈雪.创新驱动的经济增长——高新区全要素生产率增长的分解［J］.中国软科学，2013，（11）：26-39.

［34］程郁，韩俊，罗丹．供给配给与需求压抑交互影响下的正规信贷约束：来自 1874 户农户金融需求行为考察［J］．世界经济，2009 (5)：73-82.

［35］池仁勇．区域中小企业创新网络的结点联结及其效率评价研究［J］．管理世界，2007，(1)：105-121.

［36］崔静静，程郁．孵化器税收优惠政策对创新服务的激励效应［J］．科学学研究，2016，34 (1)：30-39.

［37］戴晨，刘怡．税收优惠与财政补贴对企业 R&D 影响的比较分析［J］．经济科学，2008 (3)：58-71.

［38］邓慧慧，赵家羚，虞义华．地方政府建设开发区：左顾右盼的选择？［J］．财经研究，2018，44 (3)：139-153.

［39］邓慧慧，赵家羚．地方政府经济决策中的"同群效应"［J］．中国工业经济，2018，1 (4)：59-78.

［40］刁丽琳．合作创新中知识窃取和保护的演化博弈研究［J］．科学学研究，2012 (5)：721-728.

［41］董志强，魏下海，汤灿晴．制度软环境与经济发展——基于 30 个大城市营商环境的经验研究［J］．管理世界，2012 (4)：15-26.

［42］杜跃平，王林雪，段利民．科技创新创业政策环境研究［M］．北京：企业管理出版社，2016.

［43］樊纲，王小鲁，马光荣．中国市场化进程对经济增长的贡献［J］．经济研究，2011，(9)：4-16.

［44］樊纲，王小鲁，朱恒鹏．中国市场化指数——各地区市场化相对进程 2011 年报告［M］．北京：经济科学出版社，2011.247-258.

［45］樊琦，韩民春．我国政府 R&D 投入、市场竞争与自主创新关系研究［J］．中国科技论坛，2011 (3)：10-14.

［46］范柏乃，段忠贤，江蕾．中国自主创新政策的效应及其时空差异——基于省际面板数据的实证检验［J］．经济地理，2013，33 (08)：31-36.

［47］范子英，田彬彬．税收竞争、税收执法与企业避税［J］．经济研究，2013，48（9）：99-111．

［48］方刚．网络能力结构对企业创新绩效作用机制研究［J］．科学学研究，2011，129（1）：461-470．

［49］方炜，王莉丽．协同创新网络演化模型及仿真研究——基于类DNA翻译过程［J］．科学学研究，2018，36（7）：1294-1304．

［50］冯根福，刘虹，冯照桢，温军．股票流动性会促进我国企业技术创新吗？［J］．金融研究，2017（3）：192-206．

［51］冯娇，姚忠．基于社会学习理论的在线评论信息对购买决策的影响研究［J］．中国管理科学，2016，24（9）：106-114．

［52］符磊．中国OFDI逆向技术溢出效应显著吗——考虑环境变量的再检验［J］．山西财经大学学报，2015，37（12）：1-12．

［53］傅晋华．农民工创业政策：回顾、评价与展望［J］．中国科技论坛，2015（09）：133-137．

［54］盖庆恩，朱喜，程名望，史清华．要素市场扭曲、垄断势力与全要素生产率［J］．经济研究，2015，50（5）：61-75．

［55］甘犁．股市投资将替代楼市投资［J］．股市动态分析，2014（39）：16-17．

［56］高照军，武常岐．制度理论视角下的企业创新行为研究——基于国家高新区企业的实证分析［J］．科学学研究，2014，32（10）：1580-1592．

［57］龚关，胡关亮．中国制造业资源配置效率与全要素生产率［J］．经济研究，2013，48（4）：4-15，29．

［58］顾媛元，沈坤荣．简单堆积还是创新园地？——考察高新区的创新绩效［J］．科研管理，2015，36（9）：64-71．

［59］郭峰，孔涛，王靖一．互联网金融空间集聚效应分析——来自互联网金融发展指数的证据［J］．国际金融研究，2017（08）：75-85．

［60］郭峰，王靖一，王芳，孔涛，张勋，程志云，《测度中国数字普惠金

融发展：指数编制与空间特征》，北京大学数字金融研究中心工作论文，2019.

[61] 郭国峰，温军伟，孙保营.技术创新能力的影响因素分析——基于中部六省面板数据的实证研究 [J].数量经济技术经济研究，2007（9）：134-143.

[62] 郭炬，叶阿忠，陈泓.是财政补贴还是税收优惠？——政府政策对技术创新的影响 [J].科技管理研究，2015，35（17）：25-31+46.

[63] 郭强，夏向阳，赵莉.高校科技成果转化影响因素及对策研究 [J].科技进步与对策，2012，29（6）：151-153.

[64] 郭云南，张琳弋，姚洋.宗族网络，融资与农民自主创业 [J].金融研究，2013，（9）：136-149.

[65] 郭长林.财政政策扩张、纵向产业结构与中国产能利用率 [J].管理世界，2016（10）：13-33，187.

[66] 韩博天.通过试验制定政策：中国独具特色的经验 [J].当代中国史研究，2010，17（3）：103-112+128.

[67] 韩瑞栋，薄凡.自由贸易试验区对资本流动的影响效应研究——基于准自然实验的视角 [J].国际金融研究，2019（7）：36-45.

[68] 韩夏，谢绚丽，马浩.业务退出研究综述：基于实物期权的探索 [J].外国经济与管理，2019，41（11）：114-135.

[69] 韩先锋，李勃昕，刘娟.中国OFDI逆向绿色创新的异质动态效应研究 [J].科研管理，2020，41（12）：32-42.

[70] 韩永辉，黄亮雄，王贤彬.产业政策推动地方产业结构升级了吗？——基于发展型地方政府的理论解释与实证检验 [J].经济研究，2017，52（8）：33-48.

[71] 何建洪，贺昌政.创新型企业的形成——基于网络能力与创新战略作用的分析 [J].科学学研究，2013，31（2）：298-309.

[72] 何婧，李庆海.数字金融使用与农户创业行为 [J].中国农村经济，2019（1）：112-126.

［73］贺德方．创新型国家评价方法体系构建研究［J］．中国软科学，2014（6）：117-128.

［74］贺艳．促进科技成果转化的机制研究——以北京地区为例［J］．中国高校科技，2016（8）：8-11.

［75］贺一堂，谢富纪，陈红军．产学研合作创新利益分配的激励机制研究［J］．系统工程理论与实践，2017，37（9）：2244-2255.

［76］洪俊杰，石丽静．自主研发、地区制度差异与企业创新绩效——来自371家创新型企业的经验证据［J］．科学学研究，2017，35（2）：310-320.

［77］侯俊华，丁志成．农民工创业政策绩效的实证研究——基于江西调查数据［J］．调研世界，2016（10）：19-22.

［78］胡浩，李子彪，胡宝民．区域创新系统多创新极共生演化动力模型［J］．管理科学学报，2011，14（8）：85-94.

［79］胡钰．创新型城市建设的内涵、经验和途径［J］．中国软科学，2007，（4）：32-38，56.

［80］黄萃，苏竣，施丽萍，程啸天．中国高新技术产业税收优惠政策文本量化研究［J］．科研管理，2011，32（10）：46-54+96.

［81］黄剑辉．构建中国经济中长期可持续发展的新型驱动力——以新制度供给提升要素配置效率拓展市场空间［J］．财政研究，2014（10）：12-16.

［82］黄玲，朱璋，庄雷．金融发展、融资模式与企业创新研究［J］．金融发展研究，2015（11）：3-10.

［83］黄群慧．"新常态"、工业化后期与工业增长新动力［J］．中国工业经济，2014（10）：5-19.

［84］黄秀兰．论改革开放进程中的政策试验［J］．探索，2000（3）：66-69.

［85］黄燕萍，刘榆，吴一群，李文溥．中国地区经济增长差异：基于分级教育的效应［J］．经济研究，2013，48（4）：94-105.

[86] 黄益平，黄卓．中国的数字金融发展：现在与未来［J］．经济学（季刊），2018，17（4）：1489-1502.

[87] 江永真．区域自主创新政策绩效评估模型构建及实证分析［J］．福州大学学报（哲学社会科学版），2012，26（02）：21-25+44.

[88] 姜国华，饶品贵．宏观经济政策与微观企业行为——拓展会计与财务研究新领域［J］．会计研究，2011，281（3）：9-18，94.

[89] 姜英兵，于雅萍．谁是更直接的创新者？——核心员工股权激励与企业创新［J］．经济管理，2017（3）：109-127.

[90] 解佳龙，胡树华．国家自主创新示范区"四力"甄选体系与应用［J］．科学学研究，2013，31（9）：1412-1421.

[91] 解维敏，唐清泉．公司治理与风险承担——来自中国上市公司的经验证据［J］．财经问题研究，2013（1）：91-97.

[92] 金玉国．宏观制度变迁对转型时期中国经济增长的贡献［J］．财经科学，2001（12）：24-28.

[93] 靳涛，陶新宇．中国持续经济增长的阶段性动力解析与比较［J］．数量经济技术经济研究，2015，32（11）：74-89.

[94] 阚大学．对外直接投资的反向技术溢出效应——基于吸收能力的实证研究［J］．商业经济与管理，2010（6）：53-58.

[95] 康继军，张宗益，傅蕴英．中国经济转型与增长［J］．管理世界，2007（1）：7-17，171.

[96] 孔群喜，王紫绮，王晓颖．ODI逆向技术溢出、吸收能力与经济增长质量——基于偏效应和门槛特征的实证研究［J］．亚太经济，2018（6）：91-102+148.

[97] 寇宗来，高琼．市场结构、市场绩效与企业的创新行为——基于中国工业企业层面的面板数据分析［J］．产业经济研究，2013（3）：1-11.

[98] 邝国良，张永昌．我国产业集群模式下的技术扩散政策博弈分析［J］．改革与战略，2005（4）：68-70.

[99] 兰筱琳，洪茂椿，黄茂兴．面向战略性新兴产业的科技成果转化机制探索 [J]．科学学研究，2018（8）：1375-1383.

[100] 黎文靖，郑曼妮．实质性创新还是策略性创新？——宏观产业政策对微观企业创新的影响 [J]．经济研究，2016（4）：60-73.

[101] 李晨光，赵继新．产学研合作创新网络随机交互连通性研究——角色和地域多网络视角 [J]．管理评论，2019，31（8）：110-122.

[102] 李东坤，邓敏．中国省际 OFDI、空间溢出与产业结构升级——基于空间面板杜宾模型的实证分析 [J]．国际贸易问题，2016（1）：121-133.

[103] 李华琴，罗英．基于大众创业万众创新制度设计研究 [J]．科学管理研究，2015，33（6）：16-19.

[104] 李健．公益创投政策扩散的制度逻辑与行动策略——基于我国地方政府政策文本的分析 [J]．南京社会科学，2017（2）：91-97.

[105] 李金华，孙东川．创新网络的演化模型 [J]．科学学研究，2006，024（1）：135-140.

[106] 李婧，谭清美，白俊红．中国区域创新生产的空间计量分析——基于静态与动态空间面板模型的实证研究 [J]．管理世界，2010（7）：43-55，65.

[107] 李娟，唐珮菡，万璐，庞有功．对外直接投资、逆向技术溢出与创新能力——基于省级面板数据的实证分析 [J]．世界经济研究，2017（4）：59-71+135.

[108] 李君平，徐龙炳．资本市场错误定价、融资约束与公司融资方式选择 [J]．金融研究，2015（12）：113-129.

[109] 李梅，柳士昌．对外直接投资逆向技术溢出的地区差异和门槛效应——基于中国省际面板数据的门槛回归分析 [J]．管理世界，2012（1）：21-32+66.

[110] 李牧南，黄芬，王雯殊，褚雁群．"研发—转化"解耦视角的创新效率评价模型研究 [J]．科学学与科学技术管理，2017，38（9）：

50-67.

[111] 李涛, 周开国. 邻里效应、满意度与博彩参与 [J]. 金融研究, 2006 (9): 129-147.

[112] 李文波. 我国大学和国立科研机构技术转移影响因素分析 [J]. 科学学与科学技术管理, 2003 (6): 48-51.

[113] 李新春, 肖宵. 制度逃离还是创新驱动?——制度约束与民营企业的对外直接投资 [J]. 管理世界, 2017 (10): 99-112, 129, 188.

[114] 李彦龙. 税收优惠政策与高技术产业创新效率 [J]. 数量经济技术经济研究, 2018, 35 (1): 60-76.

[115] 李政, 杨思莹. 创新型城市试点提升城市创新水平了吗? [J]. 经济学动态, 2019 (8): 70-85.

[116] 李智超. 政策试点推广的多重逻辑——基于我国智慧城市试点的分析 [J]. 公共管理学报, 2019, 16 (3): 145-156, 175.

[117] 李左峰, 张铭慎. 政府科技项目投入对企业创新绩效的影响研究——来自我国95家创新型企业的证据 [J]. 中国软科学, 2012 (12): 123-132.

[118] 连燕华. 技术创新政策概论 [J]. 科学管理研究, 1998 (5): 10-15.

[119] 梁平, 孔令章. 知识经济语境中科技成果转化的市场机制思考——以河北省科技成果转化为视角 [J]. 科技管理研究, 2009 (2): 54-56.

[120] 梁上坤. 股权激励强度是否会影响公司费用黏性 [J]. 世界经济, 2016, 39 (6): 168-192.

[121] 林光平, 龙志和, 吴梅. 我国地区经济收敛的空间计量实证分析: 1978—2002年 [J]. 经济学 (季刊), 2005 (S1): 67-82.

[122] 林江, 周少君, 黄亮雄. 区域合作与科技成果转化效率——基于"泛珠三角"区域框架的实证分析 [J]. 财经研究, 2011, 37 (12): 129-139.

[123] 林毅夫, 蔡昉, 李周. 中国经济转型时期的地区差距分析 [J]. 经济研究, 1998, (6): 3-10.

[124] 刘丹, 闫长乐. 协同创新网络结构与机理研究 [J]. 管理世界, 2013 (12): 7-10.

[125] 刘凤朝, 马荣康. 公共科技政策对创新产出的影响——基于印度的模型构建与实证分析 [J]. 科学学与科学技术管理, 2012, 33 (5): 5-14.

[126] 刘贯春, 刘媛媛, 张军. 中国省级经济体的异质性增长路径及模式转换——兼论经济增长源泉的传统分解偏差 [J]. 管理世界, 2019, 35 (6): 39-55.

[127] 刘焕鹏. 对外直接投资与国内创新能力关系中的"门限效应": 区域金融发展视角的实证分析 [J]. 科研管理, 2015, V36 (1): 1-7.

[128] 刘家树, 菅利荣. 科技成果转化效率测度与影响因素分析 [J]. 科技进步与对策, 2010, 27 (20): 113-116.

[129] 刘杰, 郑风田. 流动性约束对农户创业选择行为的影响——基于晋、甘、浙三省 894 户农民家庭的调查 [J]. 财贸研究, 2011 (3): 34-41+66.

[130] 刘军. 我国大学生创业政策: 演进逻辑及其趋向 [J]. 山东大学学报 (哲学社会科学版), 2015 (3): 46-53.

[131] 刘兰剑, 司春林. 创新网络 17 年研究文献述评 [J]. 研究与发展管理, 2009 (4): 68-77.

[132] 刘兰剑, 张田, 牟兰紫薇. 高端装备制造业创新政策评估实证研究 [J]. 科研管理, 2020, 41 (1): 48-59.

[133] 刘瑞明, 赵仁杰. 国家高新区推动了地区经济发展吗?——基于双重差分方法的验证 [J]. 管理世界, 2015 (8): 30-38.

[134] 刘姝威, 陈伟忠, 王爽, 等. 提高我国科技成果转化率的三要素 [J]. 中国软科学, 2006 (4): 55-58, 123.

[135] 刘思明, 张世瑾, 朱惠东. 国家创新驱动力测度及其经济高质量发

展效应研究 [J]. 数量经济技术经济研究, 2019, 36 (4): 3-23.

[136] 刘威, 陈艾菊. 基于 ANP 的高校科技成果转化绩效评价 [J]. 科技管理研究, 2008, 184 (6): 192-194.

[137] 刘伟. 发展方式的转变需要依靠制度创新 [J]. 经济研究, 2013 (12): 8-12.

[138] 刘伟江, 孙聪, 赵敏慧. 科技政策与区域生产率增长——创业与创新的链式中介作用 [J]. 经济管理, 2019 (4): 42-58.

[139] 刘西川, 陈立辉, 杨奇明. 农户正规信贷需求与利率: 基于 Tobit Ⅲ 模型的经验考察 [J]. 管理世界, 2014 (3): 75-91.

[140] 刘西川, 黄祖辉, 程恩江. 贫困地区农户的正规信贷需求: 直接识别与经验分析 [J]. 金融研究, 2009 (4): 36-51.

[141] 刘西川, 杨奇明, 陈立辉. 农户信贷市场的正规部门与非正规部门: 替代还是互补? [J]. 经济研究, 2014 (11): 145-158.

[142] 刘小玄. 中国工业企业的所有制结构对效率差异的影响——1995 年全国工业企业普查数据的实证分析 [J]. 经济研究, 2000 (2): 17-25, 78-79.

[143] 刘姿媚, 谢科范. 创新驱动的系统动力学模拟——以武汉东湖国家自主创新示范区为例 [J]. 科技进步与对策, 2015, 33 (14): 47-54.

[144] 柳卸林, 高太山. 中国区域创新能力报告 2014——创新驱动与产业转型升级 [M]. 北京: 知识产权出版社, 2014.

[145] 柳卸林. 英国的创新系统与政策 [J]. 中国军转民, 2000 (5): 32-33.

[146] 卢中原, 胡鞍钢. 市场化改革对我国经济运行的影响 [J]. 经济研究, 1993 (12): 49-55.

[147] 陆正飞, 韩非池. 宏观经济政策如何影响公司现金持有的经济效应?——基于产品市场和资本市场两重角度的研究 [J]. 管理世界, 2013 (6): 43-60.

[148] 罗剑锋. 基于演化博弈理论的企业间合作违约惩罚机制 [J]. 系统工程, 2012 (1): 31-35.

[149] 罗军. 民营企业融资约束、对外直接投资与技术创新 [J]. 中央财经大学学报, 2017 (1): 96-103.

[150] 罗伟. 技术密集——集约型经营的新话题 [J]. 中国科技信息, 1996 (1): 45.

[151] 罗炜, 唐元虎. 合作创新的交易成本分析 [J]. 科学学与科学技术管理, 2001 (6): 5-6.

[152] 吕斐斐, 邓艳斌, 贺小刚. 家族期望与创业坚持: 参考点影响效应研究 [J]. 南开管理评论, 2017 (5): 43-57+70.

[153] 吕明洁. 我国自主创新政策绩效评价的 DEA 分析——以上海市高新技术产业为例 [J]. 经济论坛, 2009 (20): 63-65.

[154] 毛其淋, 许家云. 中国企业对外直接投资是否促进了企业创新 [J]. 世界经济, 2014, 37 (8): 98-125.

[155] 孟庆斌, 师倩. 宏观经济政策不确定性对企业研发的影响: 理论与经验研究 [J]. 世界经济, 2017, 40 (9): 75-98.

[156] 孟庆玺, 尹兴强, 白俊. 产业政策扶持激励了企业创新吗? ——基于"五年规划"变更的自然实验 [J]. 南方经济, 2016 (12): 1-25.

[157] 孟哲. 技术转移对于促进中部创新发展的意义 [J]. 现代经济信息, 2016 (7): 139-140.

[158] 聂飞, 刘海云. 国家创新型城市建设对我国 FDI 质量的影响 [J]. 经济评论, 2019 (6): 67-79.

[159] 诺斯. 制度、制度变迁与经济绩效 [M]. 格致出版社, 1990.

[160] 欧阳峣. 后发大国的制度创新、改革开放与经济增长 [J]. 财政研究, 2011 (6): 2-5.

[161] 彭纪生, 孙文祥, 仲为国. 中国技术创新政策演变与绩效实证研究 (1978-2006) [J]. 科研管理, 2008 (4): 134-150.

［162］彭佑元，程燕萍，梅文文．资源型产业与非资源型产业均衡发展机理——基于合作创新的演化博弈模型分析［J］．经济问题，2016（2）：80-85.

［163］乔治·泰奇．研究与开发政策的经济学［M］．苏竣，柏杰译．北京：清华大学出版社，2002.

［164］邵强，耿红悦．基于社会网络分析的石油企业协同创新网络研究——以BE石油企业为例［J］．科技管理研究，2017，37（7）：136-143.

［165］沈琼，王少朋．技术创新、制度创新与中部地区产业转型升级效率分析［J］．中国软科学，2019（4）：176-183.

［166］施丽芳，廖飞，丁德明．制度对创业家行动的影响机理-基于不确定管理的视角［J］．中国工业经济，2014（12）：118-129.

［167］石善冲．科技成果转化评价指标体系研究［J］．科学学与科学技术管理，2003（06）：31-33.

［168］史宇鹏，顾全林．知识产权保护、异质性企业与创新：来自中国制造业的证据［J］．金融研究，2013（8）：136-149.

［169］舒志彪，王裕雄，詹正茂．我国创新型国家建设进程评价［J］．科学学与科学技术管理，2010，31（3）：81-87.

［170］宋凌云，王贤彬．重点产业政策、资源重置与产业生产率［J］．管理世界，2013，（12）：63-77.

［171］苏岚岚，彭艳玲，孔荣．社会网络对农户创业绩效的影响研究——基于创业资源可得性的中介效应分析［J］．财贸研究，2017，28（9）：27-38.

［172］苏依依，周长辉．企业创新的集群驱动［J］．管理世界，2008，（3）：94-104.

［173］苏治，胡迪．通货膨胀目标制是否有效？——来自合成控制法的新证据［J］．经济研究，2015，50（6）：74-88.

［174］孙慧，杨王伟．高管激励、创新投入与创新绩效——基于高管"双

元"资本的调节效应 [J]．科技管理研究，2019，39（10）：9-16．

[175] 孙宁华，曾磊．间歇式制度创新与中国经济波动：校准模型与动态分析 [J]．管理世界，2013（12）：22-31，187．

[176] 孙淑艳．我国大学技术转移模式与政策研究 [J]．人民论坛，2010（17）：164-165．

[177] 孙早，席建成．中国式产业政策的实施效果：产业升级还是短期经济增长 [J]．中国工业经济，2015（7）：52-67．

[178] 孙志．制约经济增长的因素分析及应对政策选择 [J]．财政研究，2015（12）：50-55．

[179] 谭周令，朱卫平．产业政策实施与企业投资行为研究——来自 A 股上市企业的证据 [J]．软科学，2018，32（7）：35-38，43．

[180] 唐清泉，巫岑．银行业结构与企业创新活动的融资约束 [J]．金融研究，2015（7）：116-134．

[181] 唐松，伍旭川，祝佳．数字金融与企业技术创新——结构特征、机制识别与金融监管下的效应差异 [J]．管理世界，2020，36（5）：52-66+9．

[182] 唐跃军，左晶晶．所有权性质、大股东治理与公司创新 [J]．金融研究，2014：177-192．

[183] 田轩，孟清扬．股权激励计划能促进企业创新吗 [J]．南开管理评论，2018，21（3）：176-190．

[184] 宛群超，袁凌，王瑶．对外直接投资、区域创新与产业结构升级 [J]．华东经济管理，2019，33（5）：34-42．

[185] 汪良兵，洪进，赵定涛．中国技术转移体系的演化状态及协同机制研究 [J]．科研管理，2014，35（5）：1-8．

[186] 王保乾，罗伟峰．国家创新型城市创新绩效评估——以长三角地区为例 [J]．城市问题，2018（1）：34-40．

[187] 王斌，赵萌．基于平衡计分卡的黑龙江科技创新创业共享服务平台绩效评价指标体系研究 [J]．哈尔滨师范大学社会科学学报，2014，

4（01）：22-26.

[188] 王大洲.企业创新网络的进化与治理：一个文献综述［J］.科研管理，2001，22（5）：96-103.

[189] 王桂军，卢潇潇."一带一路"倡议可以促进中国企业创新吗？［J］.财经研究，2019，45（01）：19-34.

[190] 王乔，黄瑶妮，张东升.支持科技成果转化的财税政策研究［J］.当代财经，2019（7）：28-36.

[191] 王胜光.创新政策的概念与范围［J］.科学学研究，1993（3）：18-25.

[192] 王双.国家自主创新示范区演进轨迹与展望［J］.改革，2017（5）：82-94.

[193] 王遂昆，郝继伟.政府补贴、税收与企业研发创新绩效关系研究——基于深圳中小板上市企业的经验证据［J］.科技进步与对策，2014，31（9）：92-96.

[194] 王英，刘思峰.中国ODI反向技术外溢效应的实证分析［J］.科学学研究，2008（2）：294-298.

[195] 王永进，冯笑.行政审批制度改革与企业创新［J］.中国工业经济，2018（2）：24-42.

[196] 魏江，刘怡，胡胜蓉.基于主成分分析法的创新型城市评价研究［J］.湖南大学学报（社会科学版），2009，23（3）：53-58.

[197] 魏守华，姜宁，吴贵生.内生创新努力、本土技术溢出与长三角高技术产业创新绩效［J］.中国工业经济，2009（2）：25-34.

[198] 魏永莲，傅正华.从技术市场视角看高校与技术转移——以北京市为例［J］.科学管理研究，2011，29（2）：43-46.

[199] 温军，冯根福.异质机构、企业性质与自主创新［J］.经济研究，2012，47（3）：53-64.

[200] 温涛，朱炯，王小华.中国农贷的"精英俘获"机制：贫困县与非贫困县的分层比较［J］.经济研究，2016，51（2）：111-125.

[201] 温忠麟，张雷，侯杰泰，刘红云．中介效应检验程序及其应用 [J]．心理学报，2004（5）：614-620.

[202] 文剑英．科技成果转化的理性思考 [J]．科研管理，2019，40（5）：175-181.

[203] 文亮，刘炼春，何善．创业政策与创业绩效关系的实证研究 [J]．学术论坛，2011，34（12）：128-131+168.

[204] 邬文兵，闫涛．北美主要国家技术转移政策比较 [J]．管理现代化，2006（2）：61-63.

[205] 吴珂，王霞．张江国家自主创新示范区的有关政策及其应用 [J]．科技进步与对策，2012，（12）：98-102.

[206] 吴佩佩，刘家树，齐昕．中国区域科技成果转化效率研究：基于 DEA 和 SFA 的比较分析 [J]．安徽工业大学学报（自然科学版），2014，31（1）：89-93.

[207] 吴素春，聂鸣．创新资源状况对创新型城市建设的影响——对我国创新型试点城市的实证研究 [J]．技术经济与管理研究，2013（2）：111-115.

[208] 吴素春．创新型城市内部企业 R&D 模式与创新绩效研究 [J]．科研管理，2014，35（1）：33-40.

[209] 吴晓瑜，王敏，李力行．中国的高房价是否阻碍了创业？[J]．经济研究，2014，49（9）：121-134

[210] 吴延兵．R&D 存量、知识函数与生产效率 [J]．经济学（季刊），2006（3）：1129-1156.

[211] 吴延兵．R&D 与生产率——基于中国制造业的实证研究 [J]．经济研究，2006（11）：60-71.

[212] 吴怡频，陆简．政策试点的结果差异研究——基于 2000 年至 2012 年中央推动型试点的实证分析 [J]．公共管理学报，2018，15（1）：58-70，156.

[213] 吴雨，李成顺，李晓，弋代春．数字金融发展对传统私人借贷市场

的影响及机制研究 [J]. 管理世界, 2020, 36 (10): 53-64+138+65.

[214] 夏国藩. 加快沿海技术向内地转移 [J]. 经济管理, 1993 (1): 12-14.

[215] 夏杰长, 刘诚. 行政审批改革、交易费用与中国经济增长 [J]. 管理世界, 2017 (4): 14-30.

[216] 夏杰长, 尚铁力. 企业 R&D 投入的税收激励研究——基于增值税的实证分析 [J]. 涉外税务, 2007 (3): 9-12.

[217] 夏力. 创业板上市公司的技术创新研究——基于社会资本的视角 [J]. 科技与经济, 2012, 25 (4): 50-54.

[218] 向宽虎, 陆铭. 发展速度与质量的冲突——为什么开发区政策的区域分散倾向是不可持续的 [J]. 财经研究, 2015, 41 (4): 4-17.

[219] 项后军, 何康. 自贸区的影响与资本流动——以上海为例的自然实验研究 [J]. 国际贸易问题, 2016 (8): 3-15.

[220] 肖仁桥, 钱丽, 陈忠卫. 中国高技术产业创新效率及其影响因素研究 [J]. 管理科学, 2012, 25 (5): 85-98.

[221] 肖淑芳, 付威. 股权激励能保留人才吗?——基于再公告视角 [J]. 北京理工大学学报 (社会科学版), 2016, 18 (1): 73-81.

[222] 肖淑芳, 石琦, 王婷, 易肃. 上市公司股权激励方式选择偏好——基于激励对象视角的研究 [J]. 会计研究, 2016 (6): 55-62.

[223] 谢逢洁. 复杂网络上的博弈 [M]. 北京: 清华大学出版社, 2016.

[224] 谢平, 邹传伟. 互联网金融模式研究 [J]. 金融研究, 2012 (12): 11-22.

[225] 谢绚丽, 沈艳, 张皓星, 郭峰. 数字金融能促进创业吗?——来自中国的证据 [J]. 经济学 (季刊), 2018, 17 (4): 1557-1580.

[226] 熊曦, 魏晓. 国家自主创新示范区的创新能力评价——以我国 10 个国家自主创新示范区为例 [J]. 经济地理, 2016, 36 (1): 33-38.

[227] 徐大可, 陈劲. 创新政策设计的理念和框架 [J]. 国家行政学院学

报，2004（04）：26-29.

[228] 徐德英，韩伯棠．政策供需匹配模型构建及实证研究——以北京市创新创业政策为例［J］．科学学研究，2015，33（12）：1787-1796+1893.

[229] 徐丰伟，丁昱丹．高校科技成果转化的关键界面因素及优化路径［J］．中国高校科技，2020（4）：90-93.

[230] 徐高彦，吕慧，胡世亮．产业政策激励的信息传递效应研究［J］．当代经济研究，2019（2）：86-98.

[231] 徐建中，赵亚楠，朱晓亚．基于复杂网络演化博弈的企业低碳创新合作行为网络演化机理研究［J］．运筹与管理，2019（6）：70-79.

[232] 徐欣，唐清泉．技术研发、技术引进与企业主营业务的行业变更——基于中国制造业上市公司的实证研究［J］．金融研究，2012（10）：193-206.

[233] 徐喆，李春艳．我国科技政策演变与创新绩效研究——基于政策相互作用视角［J］．经济问题，2017（1）：11-16+102.

[234] 许欢，孟庆国．政策和管理叠加创新研究：以"双创"为例［J］．中国行政管理，2016（6）：103-108.

[235] 许晓芹，周雪松，张清正．中国省域视角下对外直接投资、逆向技术溢出与创新能力研究［J］．经济问题探索，2019（12）：70-78.

[236] 许治，陈志荣，邓芹凌．国家级创新型城市技术成就指数俱乐部收敛效应［J］．科学学研究，2013，31（5）：650+790-800.

[237] 阎为民，周飞跃．高校科技成果转化绩效模糊评价方法研究［J］．研究与发展管理，2006（6）：129-133.

[238] 晏艳阳，邓嘉宜，文丹艳．同群效应对创业活动影响的模型构建与实证［J］．中国管理科学，2018，26（5）：147-156.

[239] 晏艳阳，王娟．产业政策如何促进企业创新效率提升——对"五年规划"实施效果的一项评价［J］．产经评论，2018，9（3）：57-74.

[240] 晏艳阳，谢晓锋．区域创新政策对微观主体创新行为的影响——基

于创新型城市建设的研究 [J]. 财经理论与实践, 2019, 40 (6): 2-8.

[241] 杨得前, 刘仁济. 税式支出、财政补贴的转型升级激励效应——来自大中型工业企业的经验证据 [J]. 税务研究, 2017 (7): 87-93.

[242] 杨国超, 刘静, 廉鹏等. 减税激励、研发操纵与研发绩效 [J]. 经济研究, 2017, (8): 110-124.

[243] 杨继明, 李春景. 麻省理工大学与清华大学技术转移做法比较研究及启示 [J]. 中国科技论坛, 2010 (1): 147-151.

[244] 杨剑, 方易新, 杜少甫. 考虑参照依赖的企业合作创新演化博弈分析 [J]. 中国管理科学, 2020, 28 (1): 191-200.

[245] 杨俊, 李晓羽, 杨尘. 技术模仿、人力资本积累与自主创新——基于中国省际面板数据的实证分析 [J]. 财经研究, 2007 (5): 18-28.

[246] 杨向辉, 陈通. 基于 VAR 模型的天津市技术转移与区域经济发展动态关系研究 [J]. 软科学, 2010, 24 (9): 67-70.

[247] 杨兴全, 尹兴强, 孟庆玺. 谁更趋多元化经营: 产业政策扶持企业抑或非扶持企业? [J]. 经济研究, 2018, 53 (9): 133-150.

[248] 叶锐, 杨建飞, 常云昆. 中国省际高技术产业效率测度与分解——基于共享投入关联 DEA 模型 [J]. 数量经济技术经济研究, 2012, 29 (7): 3-17+91.

[249] 衣长军, 李赛, 张吉鹏. 制度环境、吸收能力与新兴经济体对外直接投资逆向技术溢出效应——基于中国省际面板数据的门槛检验 [J]. 财经研究, 2015, 41 (11): 4-19.

[250] 易余胤, 肖条军, 盛昭瀚. 合作研发中机会主义行为的演化博弈分析 [J]. 管理科学学报, 2005 (4): 84-91.

[251] 尹东东, 张建清. 我国对外直接投资逆向技术溢出效应研究——基于吸收能力视角的实证分析 [J]. 国际贸易问题, 2016 (1): 109-120.

［252］尤建新，卢超，郑海鳌，陈震．创新型城市建设模式分析——以上海和深圳为例［J］．中国软科学，2011（7）：82-92.

［253］于贵芳，温珂，方新．信任水平、合作关系与创新行为：社会交换理论视角下公立科研机构创新行为的影响因素研究［J］．科学学与科学技术管理，2020，41（2）：78-93.

［254］余明桂，范蕊，钟慧洁．中国产业政策与企业技术创新［J］．中国工业经济，2016，345（12）：5-22.

［255］余泳泽，张先轸．要素禀赋、适宜性创新模式选择与全要素生产率提升［J］．管理世界，2015（9）：13-31，187.

［256］俞立平，武夷山．基于面板数据的地区科技成果评价研究［J］．图书情报工作，2011，55（6）：29-32，133.

［257］袁博，芮明杰．产业政策对企业非相关多元化经营行为的影响研究［J］．当代财经，2017（1）：88-99.

［258］袁建国，后青松，程晨．企业政治资源的诅咒效应——基于政治关联与企业技术创新的考察［J］．管理世界，2015（1）：147-163.

［259］袁剑锋，许治．中国产学研合作网络结构特性及演化研究［J］．管理学报，2017，14（7）：1024-1032.

［260］张兵，盛洋虹．数字金融对家庭创业的影响研究［J］．金融与经济，2021（1）：40-47+71.

［261］张德荣．"中等收入陷阱"发生机理与中国经济增长的阶段性动力［J］．经济研究，2013，48（9）：17-29.

［262］张国兴，李佳雪，胡毅，等．节能减排科技政策的演变及协同有效性——基于211条节能减排科技政策的研究［J］．管理评论，2017，29（12）：72-83+126.

［263］张涵，康飞．基于bootstrap的多重中介效应分析方法［J］．统计与决策，2016（5）：75-78.

［264］张宏娟，范如国．基于复杂网络演化博弈的传统产业集群低碳演化模型研究［J］．中国管理科学，2014，22（12）：41-47.

[265] 张洪潮，何任. 非对称企业合作创新的进化博弈模型分析［J］. 中国管理科学，2010（6）：165-172.

[266] 张杰，郑文平，翟福昕. 竞争如何影响创新：中国情景的新检验［J］. 中国工业经济，2014（11）：56-68.

[267] 张杰，周晓艳，李勇. 要素市场扭曲抑制了中国企业 R&D？［J］. 经济研究，2011，46（8）：78-91.

[268] 张军，吴桂英，张吉鹏. 中国省际物质资本存量估算：1952—2000［J］. 经济研究，2004（5）：35-44.

[269] 张威奕. 定位把握、建设方略与国家自主创新示范区取向［J］. 改革，2016（11）：53-64.

[270] 张新民，张婷婷，陈德球. 产业政策、融资约束与企业投资效率［J］. 会计研究，2017，354（4）：12-18+95.

[271] 张信东，贺亚楠，马小美. R&D 税收优惠政策对企业创新产出的激励效果分析——基于国家级企业技术中心的研究［J］. 当代财经，2014（11）：35-45.

[272] 张璇，刘贝贝，汪婷，李春涛. 信贷寻租、融资约束与企业创新［J］. 经济研究，2017，52（5）：161-174.

[273] 张勋，万广华，张佳佳，何宗樾. 数字经济、普惠金融与包容性增长［J］. 经济研究，2019，54（8）：71-86.

[274] 张应良，高静，张建峰. 创业农户正规金融信贷约束研究——基于939 份农户创业调查的实证分析［J］. 农业技术经济，2015（1）：64-74.

[275] 章文光，李伟. 创新型城市创新效率评价与投入冗余分析［J］. 科技进步与对策，2017，34（6）：122-126.

[276] 章文光，宋斌斌. 从国家创新型城市试点看中国实验主义治理［J］. 中国行政管理，2018（12）：89-95.

[277] 赵向阳，李海，RauchA. 创业活动的国家差异：文化与国家经济发展水平的交互作用［J］. 管理世界，2012（8）：78-90+188.

[278] 郑钦月,王铮,刘昌新,王利赞．研发投资对经济增长影响——基于异质性研发部门的动态 CGE 分析 [J]．中国软科学,2018 (11)：31-40.

[279] 钟祖昌．研发投入及其溢出效应对省区经济增长的影响 [J]．科研管理,2013,34 (5)：66-74.

[280] 周广肃,谢绚丽,李力行．信任对家庭创业决策的影响及机制探讨 [J]．管理世界,2015 (12)：121-129.

[281] 周洪宇．国家自主创新示范区创新能力比较——以北京中关村、武汉东湖、上海张江为例 [J]．科技进步与对策,2015,32 (22)：34-39.

[282] 周晶晶,沈能．基于因子分析法的我国创新型城市评价 [J]．科研管理,2013,34 (S1)：195-202.

[283] 周望．政策试点是如何进行的?——对于试点一般过程的描述性分析 [J]．当代中国政治研究报告,2013 (00)：83-97.

[284] 周望．中国"政策试点"：起源与轨迹 [J]．福州党校学报,2014 (1)：27-31.

[285] 周伟贤．投资过度还是投资不足——基于 A 股上市公司的经验证据 [J]．中国工业经济,2010 (9)：151-160.

[286] 周亚虹,贺小丹,沈瑶．中国工业企业自主创新的影响因素和产出绩效研究 [J]．经济研究,2012 (5)：107-119.

[287] 朱凌,陈劲,王飞绒．创新型城市发展状况评测体系研究 [J]．科学学研究,2008,26 (1)：215-222.

[288] 朱沛华,李军林．财政政策如何影响全要素生产率：异质性与市场化的视角 [J]．山东大学学报 (哲学社会科学版),2019 (1)：85-95.

[289] 朱平芳,项歌德,王永水．中国工业行业间 R&D 溢出效应研究 [J]．经济研究,2016,51 (11)：44-55.

[290] 朱平芳,徐伟民．政府的科技激励政策对大中型工业企业 R&D 投入

及其专利产出的影响——上海市的实证研究［J］．经济研究，2003（6）：45-53+94.

［291］朱云欢，张明喜．我国财政补贴对企业研发影响的经验分析［J］．经济经纬，2010（5）：77-81.

［292］A Tversky，D Kahneman，Advances in Prospect Theory：Cumulative Representation of Uncertainty［J］．Journal of Risk and Uncertainty，1992，5（4）：297-323.

［293］Abadie，A & A Diamond & J Hainmueller，"Synthetic Control Methods for Comparative Case Studies：Estimating the Effect of California's Tobacco Control Program"，Journal of the American Statistical Association，2010，105（490）：493-505.

［294］Acharya V，Xu Z．Financial Dependence and Innovation：the Case of Public Versus Private Firms［J］．Journal of Financial Economics，2017，124（2）：223-243.

［295］Acs Z J，Anselin L，Varga A．Patents and innovation counts as measures of regional production of new knowledge［J］．Research policy，2002，31（7）：1069-1085.

［296］Aghion P，Howitt P．A Model of Growth Through Creative Destruction［J］．Econometrica，1992，60（2）：323-351.

［297］Aghion，P，Dewatripont，M，Du，L，et al..Industrial Policy and Competition［J］．American Economic Journal：Macroeconomics，2015，7（4）：1-32.

［298］Aghion，P，N Bloom，R Blundell，R Griffith，and P. Howitt. Competition and Innovation：an Inverted-U Relationship［J］．The Quarterly Journal of Economics，2005，120（2）：701-728.

［299］Ahern K R，Duchin R，Shumway T．Peer effects in risk aversion and trust［J］．Review of Financial Studies，2014（11）：3213-3240.

［300］Aidis R，Estrin S，Mickiewicz T．Institutions and entrepreneurship development in Russia: A comparative perspective [J] . Journal of business Venturing, 2008, 23 (6): 656-672.

[301] Alder S, L Shao, and F Zilibotti. Economic Reforms and Industrial Policy in a Panel of Chinese Cities [J] . Journal of Economic Growth, 2016, 21 (4): 305-349.

[302] Alegre J, Chiva R. Assessing the impact of organizational learning capability on product innovation performance: an empirical test [J] . Technovation, 2008, 28 (6) : 315-326.

[303] Allen F, J Qian, and M Qian. Law, Finance, and Economic Growth in China [J] . Journal of FinancialEconomics, 2005, 77 (1): 57-116.

[304] An Weihua. Models and methods to identify Peer effects [M] . /Seott J P, Carrington P J. The sage and book of social network analysis. London: Sage, 2011: 515-532.

[305] Angie Low. Managerial risk-taking behavior and equity-based compensation [J] . Social Science Electronic Publishing, 2008, 92 (3): 470-490.

[306] Angrist, Joshua David. Mostly harmless econometrics: an empiricist's companion [M] . Princeton University Press, 2010.

[307] Anselin L, Varga A, Acs Z. Local geographic spillovers between university research and high technology innovations [J] . Journal of urban economics, 1997, 42 (3): 422-448.

[308] Anselin L. Spatial econometrics: methods and models [M] . Springer Science & Business Media, 1988.

[309] Armstrong C S, Vashishtha R. Executive stock options, differential risk-taking incentives, and firm value [J] . Journal of Financial Economics, 2012, 104 (1): 70-88.

[310] Arrow K J. Economic Welfare and the Allocation of Resources for Invention [J] . Nber Chapters, 1972, 12: 609-626.

[311] Aschhoff Birgit, Wolfgang Sofka. Innovation on Demand—Can Public

Procurement Drive Market Success of Innovations? ［J］. Research Policy, 2009, 38: 1235-1247.

［312］Audia P G, Greve HR. Less Likely to Fail: Low Performance, Firm Size, and Factory Expansion in the Shipbuilding Industry ［J］. Management Science, 2006, 52 (1): 83-94.

［313］Audretsch D B, Feldman M P. R&D Spillovers and the Geography of Innovation and Production. ［J］. American Economic Review, 1996, 86 (3): 630-640.

［314］Audretsch D B, Albert N. Link. Entrepreneurship and innovation: public policy frameworks ［J］. The Journal of Technology Transfer, 2012, 37 (1).

［315］Baker M, Stein J C, Wurgler J. When does the market matter? Stock prices and the investment of equity-dependent firms ［J］. The Quarterly Journal of Economics, 2003, 118 (3): 969-1005.

［316］Ballester C, Calvó-Armengol A, Zenou Y. Who's who in networks, Wanted: The key player ［J］. Econometrica, 2006, 74 (5): 1403-1417.

［317］Balsa A I, Gandelman N, Gonzá. Peer effects in risk aversion ［J］. Risk Analysis, 2015, 35 (1): 27-43.

［318］Balsmeier B, Fleming L, Manso G. Independent Boards and Innovation ［J］. Journal of Financial Economics, 2017, 123 (3): 536-557.

［319］Baumol W. J., Oates W. E.. The theory of environmental policy ［M］. Cambridge university press, 1988.

［320］Beck T, Pamuk H, Ramrattan R, et al. Payment instruments, finance and development ［J］. Journal of Development Economics, 2018, 133: 162-186.

［321］Beck T, Levine R, Levkov A. Big Bad Banks? The Winners and Losers from Bank Deregulation in the United States ［J］. Journal of Finance,

2010, 65 (5): 1637 - 1667.

[322] Berninghaus S K. Myopically Forward-Looking Agents in a Network Formation Game: Theory and Experimental Evidence [R]. German: University of Mannheim, 2008.

[323] Berry W D, Lowery D. Understanding United States Government Growth: an Empirical Analysis of the Postwar Era [M]. [S. l.]: Greenwood Publishing Group, 1987: 78-90.

[324] Bhattacharya U, Hsu P, Tian X, et al. What Affects Innovation More: Policy Or Policy Uncertainty? [J]. Journal of Financial and Quantitative Analysis, 2017, 52 (5): 1869-1901.

[325] Bitzer J, Kerekes M. Does foreign direct investment transfer technology across borders? New evidence [J]. Economics Letters, 2008, 100 (3): 355-358.

[326] Blind K. The influence of regulations on innovation: A quantitative assessment for OECD countries [J]. Research policy, 2012, 41 (2): 391-400.

[327] Bloom D E, Williamson J G. Demographic transitions and economic miracles in emerging Asia [J]. The World Bank Economic Review, 1998, 12 (3): 419-455.

[328] Bronzini R, Piselli P. The Impact of R&d Subsidies on Firm Innovation [J]. Research Policy, 2016, 45 (2): 442-457.

[329] Cagetti and De Nardi. Entrepreneurship, Frictions, and Wealth [J]. Journal of Political Economy, 2006, 114 (5): 835-870.

[330] Cai X, Lu Y, Wu M, et al. Does Environmental Regulation Drive Away Inbound Foreign Direct Investment? Evidence From a Quasi-natural Experiment in China [J]. Journal of Development Economics, 2016, 123 (11): 73-85.

[331] Campbell T S, Chan Y S, Marino A M. Incentive Contracts for Managers

Who Discover and Manage Investment Projects [J]. Journal of Economic Behavior & Organization, 1989, 12 (3): 353-364.

[332] Cannone G, Ughetto E. Funding Innovation at Regional Level: An Analysis of a Public Policy Intervention in the Piedmont Region [J]. Regional Studies, 2014, 48 (2): 270-283.

[333] Cappelli R, Czarnitzki D, Kraft K. Sources of spillovers for imitation and innovation [J]. Research Policy, 2014, 43 (1): 115-120.

[334] Carlino G A, Chatterjee S, Hunt R M. Urban density and the rate of invention [J]. Journal of Urban Economics, 2007, 61 (3): 389-419.

[335] Castells P. Persistence in R&D performance and its implications for the granting of subsidies [J]. Review of Industrial Organization, 2013, 43 (3): 193-220.

[336] Chang X, Fu K, Low A, et al. Non-executive employee stock options and corporate innovation [J]. Journal of Financial Economics, 2015, 115 (1): 168-188.

[337] Chang, H J, Park, H J, Yoo, C G. Interpreting the Korean Crisis: Financial Liberalization, Industrial Policy and Corporate Governance [J]. Cambridge Journal of Economics, 1998, 22 (6): 735-746.

[338] Chen C, Chen Y, Hsu P H, et al. Be nice to your innovators: Employee treatment and corporate innovation performance [J]. Journal of Corporate Finance, 2016, 39: 78-98.

[339] Chen D, Li OZ, Xin F, et al. Five-year Plans, China Finance and Their Consequences [J]. China Journal of Accounting Research, 2017, 10 (3): 189-230.

[340] Chen J, Leung W S, Evans K P. Are employee-friendly workplaces conducive to innovation? [J]. Journal of Corporate Finance, 2016, 40: 61-79.

[341] Chen V Z, Li J, Shapiro D M, et al. Ownership structure and innovation:

An emerging market perspective [J]. Asia Pacific Journal of Management, 2014, 31 (1): 1-24.

[342] Chen, Y S, Chang, K C. Using the Entropy-based Patent Measure to Explore the Influences of Related and Unrelated Technological Diversification upon Technological Competences and Firm Performance [J]. Scientometrics, 2012, 90 (3): 825-841.

[343] Chowdhury R H, Min M. Financial market development and the effectiveness of R&D investment: Evidence from developed and emerging countries [J]. Research in International Business & Finance, 2012, 26 (2): 258-272.

[344] Colyvas J A. From divergent meanings to common practices: The early institutionalization of technology transfer in the life sciences at Stanford University [J]. Research Policy, 2007, 36 (4): 456-476.

[345] Conley T G, Udry C R. Learning about a new technology: Pine apple in Ghana [J]. The American Economic Review, 2010, 100 (1): 35-69.

[346] Core J E, Guay W R. Stock option plans for non-executive employees [J]. Journal of Financial Economics, 2001, 61 (2): 253-287.

[347] Cullen J B, Gordon R H. Taxes and entrepreneurial risk-taking: Theory and evidence for the U.S. [J]. Journal of Public Economics, 2007, 91 (7): 1479-1505.

[348] Czarnitzki D, Hanel P, Rosa J M. Evaluating the impact of R&D tax credits on innovation: A microeconometric study on Canadian firms [J]. Research policy, 2011, 40 (2): 217-229.

[349] Czarnitzki D, Licht G. Additionality of public R&D grants in a transition economy: the case of Eastern Germany [J]. Economics of Transition, 2006, 14 (1): 101-131.

[350] Czarnitzki, D, Hussinger, K. The Link Between R&D Subsidies, R&D

Spending and Technological Performance [C]. Zew Discussion Papers, 2004.

[351] Dahlander L, Gann D M. How open is innovation? [J]. Research Policy, 2010, 39 (6): 699-709.

[352] Das G G. Information age to genetic revolution: Embodied technology transfer and assimilation — A tale of two technologies [J]. Technological Forecasting & Social Change, 2007, 74 (6): 819-842.

[353] Davis, Eisenhardt K M. Rotating leadership and collaborative innovation: recombination processesin symbiotic relationships [J]. Administrative Science Quarterly, 2011, 56 (2): 159-201.

[354] Degadh J. For a More Effective Entrepreneurship Policy: Perception and Feedback as Preconditions [J]. Research Center for Entrepreneurship, 2004.

[355] Demertzis M, Merler S, Wolff G B. Capital Markets Union and the fintech opportunity [J]. Journal of financial regulation, 2018, 4 (1): 157-165.

[356] Desyllas P, Hughes A. Do high technology acquirers become more innovative? [J]. Research Policy, 2010, 39 (8): 1105-1121.

[357] Dodgson M, Bessant J. Effective innovation policy: a new approach [J]. Long Range Planning, 1996, 30 (1): 143.

[358] Dominique Guellec, Bruno Van Pottelsberghe De La Potterie. The impact of public R&D expenditure on business R&D [J]. Economics of innovation and new technology, 2003, 12 (3): 225-243.

[359] Duarte J, Siegel S, Young L. Trust and Credit: The Role of Appearance in Peer-to-peer Lending [J]. The review of financial studies, 2012, 25 (8): 2455-2483.

[360] Eaton, J, Grossman, G M. Optimal Trade and Industrial Policy Under Oligopoly [J]. Quarterly Journal of Economics, 1986, 101 (2): 383-406.

[361] Edmondson, A C. Strategies for Learning from Failure [J], Harvard Business Review, 2011, 89 (4): 48-55, 137.

[362] Ejermo O, Xiao J. Entrepreneurship and Survival Over the Business Cycle: How Do New Technology-based Firms Differ? [J]. Small Business Economics, 2014, 43 (2): 411-426.

[363] Eklinder-Frick J, Åge L J. Perspectives on regional innovation policy - from new economic geography towards the IMP approach [J]. Industrial Marketing Management, 2017, 61: 81-92.

[364] Elhorst J P. Spatial Econometrics from Cross-Sectional Data to Spatial Panels [M]. Berlin Heidelberg: Springer, 2014. 37-93.

[365] Elhorst J P. Spatial panel data models [M]. 2014: 37-93.

[366] Etzkowitz, H., Leydesdorff, L.. The Dynamics of Innovation: from National Systems and "Mode 2" to a Triple Helix of University - industry - government Relations [J]. Research Policy, 2000, 29 (2): 109-123.

[367] Eun C D, Wang Ling, Xiao S C. Culture and R2 [J]. Journal of Financial Economics, 2015, 115 (2): 283-303.

[368] Evans, D S, and B Jovanovic, An Estimated Model of Entrepreneurial Choice under Liquidity Constraints [J], Journal of Political Economy, 1989, 97 (4), 808-827.

[369] Fabrizio K R, Poczter S, Zelner B A. Does innovation policy attract international competition? Evidence from energy storage [J]. Research Policy, 2017, 46 (6): 1106-1117.

[370] Falk R. Measuring the effects of public support schemes on firms' innovation activities: Survey evidence from Austria [J]. Research Policy, 2007, 36 (5): 665-679.

[371] Fang H, Nofsinger J R, Quan J. The effects of employee stock option plans on operating performance in Chinese firms [J]. Journal of Banking & Finance, 2015, 54: 141-159.

［372］Fare R, Grosskopf S. Productivity and intermediate products: A frontier approach ［J］. Economics letters, 1996, 50（1）: 65-70.

［373］Fazzari S M, Hubbard R G, Petersen B C, et al. Financing constraints and corporate investment ［J］. Brookings papers on economic activity, 1988（1）: 141-206.

［374］Feldman E R. Corporate Spin-offs and Capital Allocation Decisions ［J］. Strategy Science, 2016, 1（4）: 256-271.

［375］Feldman M P, Florida R. The Geographic Sources of Innovation: Technological Infrastructure and Product Innovation in the United States ［J］. Annals of the Association of American Geographers, 1994, 84（2）: 210-229.

［376］Ferragina A, Pittiglio R, Reganati F. Multinational Status and Firm Exit in the Italian Manufacturing and Service Sectors ［J］. Structural Change and Economic Dynamics, 2012, 23（4）: 363-372.

［377］Forbes N, Wield D. Innovation dynamics in catch‐up firms: process, product and proprietary capabilities for development ［J］. Industry and Innovation, 2008, 15（1）: 69-92.

［378］FreemanC. Networks of innovators: A synthesis of research issues ［J］. Research Policy, 1991, 20（5）: 499-514.

［379］Freitas I, Tunzelmann N V. Mapping public support for innovation: A comparison of policy alignment in the UK and France ［J］. Research Policy, 2008, 37（9）: 1446-1464.

［380］Freytag A, Thurik R. Entrepreneurship and its determinants in a cross-country setting ［J］ Journal if Evolutionary Econonics, 2007, 17（2）: 117-131.

［381］Fried HO, Lovell CK, Schmidt SS, et al. Accounting for Environmental Effects and Statistical Noise in Data Envelopment Analysis ［J］. Journal of Productivity Analysis, 2002, 17（1）: 157-174.

[382] Fritsch M, Brixy U, Falck O. The Effect of Industry, Region, and Time on New Business Survival-a Multi-dimensional Analysis [J] . Review of Industrial Organization, 2006, 28 (3): 285-306.

[383] FungH. Becoming a moral child: The socialization of shame among young Chinese children [J] . Ethos, 1999: 180-209.

[384] Furman J L, Porter M E, Stern S. The determinants of national innovative capacity [J] . Research Policy, 2002, 31: 899-933.

[385] Gao, W, Chou, J. Innovation Efficiency, Global Diversification, and Firm Value [J] . Journal of Corporate Finance, 2015, 30: 278-298.

[386] Garcia-Vega, M. Does Technological Diversification Promote Innovation?: An Empirical Analysis for European Firms [J] . Research Policy, 2006, 35 (2): 230-246.

[387] Gentry W. Capital gains taxation and entrepreneurship [J] . American Council on Capital Formation, November, 2010.

[388] Geroski P A. Innovation and the Sectoral Sources of UK Productivity Growth [J] . Narnia, 1991, 101 (409) .

[389] Gino F, Pisano G . Toward a Theory of Behavioral Operations [J] . Manufacturing & Service Operations Management, 2008, 10 (4): 676-691.

[390] Gobble M A M. Motivating Innovation [J] . Journal of Finance, 2011, 66 (5): 1823-1860.

[391] Gomber P, Kauffman R J, Parker C, et al. On the fintech revolution: Interpreting the forces of innovation, disruption, and transformation in financial services [J] . Journal of management information systems, 2018, 35 (1): 220-265.

[392] Gonzalez X, Pazo C . Do public subsidies stimulate private R&D spending? [J] . Research policy, 2008, 37 (3): 371-389.

[393] Grossman G M, Helpman E. "Quality Ladders in the Theory of Economic Growth. " [J] . Review of Economic Studies, 1991, 58 (1): 43-61.

［394］Guan J C, Chen K H. Measuring the innovation production process: A cross-region empirical study of China's high- tech innovations ［J］. Technovation, 2010, 30（5）: 348-358.

［395］Guellec D, Van Pottelsberghe de la Potterie B. Does government support stimulate private R&D? ［J］. OECD economic studies, 1997: 95-122.

［396］Gyorgy, S, Hauert C. Phase transitions and volunteering in spatial public goods games ［J］. Physical review letters, 2002, 89（11）: 118101.

［397］Hadlock C J, Pierce J R. New evidence on measuring financial constraints: Moving beyond the KZ index ［J］. The Review of Financial Studies, 2010, 23（5）: 1909-1940.

［398］Hall B H. The Financing of Research and Development ［J］. Oxford Review of Economic Policy, 2002, 18（1）: 35-51.

［399］Hall, B H, Jaffe, A B, Trajtenberg, M. Market Value and Patent Citations: A First Look ［J］. Social Science Electronic Publishing, 2000, 36（1）: 16-38.

［400］Hanaki N, Peterhansl A, Dodds P S, et al. Cooperation in Evolving Social Networks ［J］. Management Science, 2007, 53（7）: 1036-1050.

［401］Harris R, Trainor M. Capital subsidies and their impact on total factor productivity: Firm-level evidence from Northern Ireland ［J］. Journal of Regional Science, 2005, 45（1）: 49-74.

［402］Hausman, J A, Hall, B H, Griliches, Z. Econometric Models for Count Data with an Application to the Patents-R&D Relationship ［J］. Econometrica, 1984, 52（4）: 909-938.

［403］Hayes, A F & Preacher, K J. Quantifying and Testing Indirect Effects in Simple Mediation Models when the Constituent Paths Are Nonlinear ［J］. Multivariate Behavioral Research, 2010, 45（4）, 627-660.

［404］Hayton J C, George G, Zahra S A. National culture and entrepreneurship: A review of behavioral research ［J］. Entrepreneurship Theory and

Practice, 2002, 26 (4): 33.

[405] Heckman J J. Sample Selection Bias as a Specification Error [J] . Econometrica, 1979, 47 (1): 153-161.

[406] Henry M, Kneller R , Milner C . Trade, technology transfer and national efficiency in developing countries [J] . European Economic Review, 2009, 53 (2): 237-254.

[407] Hewitt-dundas, N, Roper, S. Output Additionality of Public Support for Innovation: Evidence for Irish Manufacturing Plants [J] . European Planning Studies, 2010, 18 (1): 107-122.

[408] Holmstrom B. Agency costs and innovation [J] . Journal of Economic Behavior & Organization, 1989, 12 (3): 305-327.

[409] Hong H, Kubik J D, Stein J C. Social interaction and stock market participation [J] . The Journal of Finance, 2004,, 59 (1): 137-163.

[410] Hospers G J. Creative cities in Europe [J] . Intereconomics, 2003, 38 (5): 260-269.

[411] Howell A. FirmR&d, Innovation and Easing Financial Constraints in China: Does Corporate Tax Reform Matter? [J] . Research Policy, 2016, 45 (10): 1996-2007.

[412] Ittner C D, Lambert R A, Larcker D F. The structure and performance consequences of equity grants to employees of new economy firms [J] . Ssrn Electronic Journal, 2003, 34 (1): 89-127.

[413] Jefferson, G H, Rawski, T G, Li, W, et al. Ownership, Productivity Change, and Financial Performance in Chinese Industry [J] . Journal of Comparative Economics, 2000, 28 (4): 786-813.

[414] Jensen M. Agency costs of free cash flow [J] . American Economic Review, 1986, 76.

[415] Jiang W. Have instrumental variables brought us closer to the truth [J] . The Review of Corporate Finance Studies, 2017, 6 (2): 127-140.

［416］Kaganovich M, Zilcha I. Education, social security, and growth ［J］.
Journal of public economics, 1999, 71 （2）: 289-309.

［417］Kalcheva I, Mclemore P, Pant S. Innovation: the Interplay Between
Demand-side Shock and Supply-side Environment ［J］. Research
Policy, 2018, 47 （2）: 440-461.

［418］Kaplan S N, Zingales L. Do investment-cash flow sensitivities provide
useful measures of financing constraints? ［J］. The quarterly journal of
economics, 1997, 112 （1）: 169-215.

［419］Katz J S. Indicators for complex innovation systems ［J］. Research
policy, 2006, 35 （7）: 893-909.

［420］Kayne J A. State Entrepreneurship Policies and Programs ［J］. Ssrn
Electronic Journal, 1999.

［421］Kelejian H H, Murrell P, Shepotylo O. Spatial Spillovers in the
Development of Institutions ［J］. Journal of Development Economics,
2013, 101 （3）: 297-315.

［422］Kestenbaum M I, Straight R L. Procurement performance: Measuring
quality, effectiveness, and efficiency ［J］. Public Productivity &
Management Review, 1995: 200-215.

［423］Kirchberger M A, Pohl L. Technology commercialization: a literature
review of success factors and antecedents across different contexts ［J］.
Journal of Technology Transfer, 2016, 41 （5）: 1-36.

［424］Klapper L, Laeven L, Rajan R. Entry regulation as a barrier to
entrepreneurship ［J］. Journal of Financial Economics, 2006, 82 （3）:
591-629.

［425］Kleer, R. Government R&D Subsidies as a Signal for Private Investors
［J］. Research Policy, 2010, 39 （10）: 1361-1374.

［426］Klinger, B., Lederman, D. Diversification, Innovation, And Imitation
Inside The Global Technological Frontier ［J］. Policy Research Working

Paper, 2006, 36 (31): 1-24.

[427] Koeller, C K. Innovation, Market Structure and Firm Size: ASimultaneous Equations Model [J]. Managerial & Decision Economics, 1995, 16 (3): 259-269.

[428] Koga T. Firm size and R&D tax incentives [J]. Technovation, 2003, 23 (7): 643-648.

[429] Kuhlmann S. Future governance of innovation policy in Europe— threescenarios [J]. Research policy, 2001, 30 (6): 953-976.

[430] Lach S. Do R&D subsidies stimulate or displace private R&D? Evidence from Israel [J]. The journal of industrial economics, 2002, 50 (4): 369-390.

[431] Laeven L, Levine R, Michalopoulos S. Financial innovation and endogenous growth [J]. Journal of Financial Intermediation, 2015, 24 (1): 1-24.

[432] Lane P J, Koka B R, Pathak S. The reification of absorptive capacity: a critical review and rejuvenation ofthe construct [J]. Academy of Management Review, 2006, 31 (4): 833-863.

[433] Lee J W. Government interventions and productivity growth [J]. Journal of Growth, 1996, 1: 391-414.

[434] Lee, C Y. The Differential Effects of Public R&D Support on Firm R&D: Theory and Evidence from Multi-country Data [J]. Technovation, 2011, 31 (5-6): 256-269.

[435] Lemola T. Convergence of national science and technology policies: the case of Finland [J]. Research policy, 2002, 31 (8-9): 1481-1490.

[436] Lepori B. Methodologies for the analysis of research funding and expenditure: from input to positioning indicators [J]. Research Evaluation, 2006, 15 (2): 133-143.

[437] Lesage J P, Fischer M M. Spatial growth regressions: Model specification,

estimation and interpretation ［J］. Spatial Economic Analysis, 2008, 3 (3): 275-304.

［438］ Li J, Strange R, Ning L, et al. Outward foreign directinvestment and domestic innovation performance: Evidence from China ［J］. International Business Review, 2016, 25 (5): 1010-1019.

［439］ Li Qiang, Zang Wenbin, An Lian. Peer effect and school dropout in rural China ［J］. China Economic Review, 2013, 27: 238-248.

［440］ LiangPinghan, Guo Shiqi. Social interaction, Internet access and stock market participation-An empirical study in China ［J］. Journal of Comparative Economics, 2015, 43 (4): 883-901.

［441］ Lieberman M B, Lee G K, Folta T B. Entry, Exit, and the Potential for Resource Redeployment ［J］. Strategic Management Journal, 2017, 38 (3): 526-544.

［442］ Lim E N K. The role of reference point in CEO restricted stock and its impact onR&D intensity in high – technology firms ［J］. Strategic Management Journal, 2015, 36 (6): 872-889.

［443］ Lim U. The Spatial Distribution of Innovative Activity in U.S. Metropolitan Areas: Evidence from Patent Data ［J］. Journal of Regional Analysis and Policy, 2003, 33 (2): 97-126.

［444］ Liu Hong, Sun Qi, Zhao Zhong. Social learning and health insurance enrollment: Evidence from China's New Cooperative Medical Scheme ［J］. Journal of Economic Behavior & Organization, 2014, 97: 84-102.

［445］ Lucas, R. On the mechanics of economic development ［J］. Journal of Monetary Economics, 1988, 22 (1), 3-42.

［446］ Lundström, Anders and Lois Stevenson, Entrepreneurship Policy for the Future ［M］, Swedish Foundation for Small Business Research, 2001, 03.

［447］ Lundvall B A. Innovation System Research and Policy Where it came from and where it might go [C]. Paper to be presented at CAS Seminar, Oslo, December 4, 2007, 2016.

[448] Manski C F. Identification of endogenous social effects: There flection problem [J]. The Review of Economics Studies, 1993, 60 (3): 531-542.

[449] McQuaid R W. Entrepreneurship and ICT industries: support from regional and local policies [J]. Regional Studies, 2002, 36 (8): 909-919.

[450] Meuleman, M., Maeseneire, W D. Do R&D Subsidies Affect SMEs' Access to External Financing? [J]. Research Policy, 2012, 41 (3): 580-591.

[451] Michiyuki, Y, and M. Shunsuke. Competition and Innovation: An Inverted-U Relationship Using Japanese Industry Data [R]. RIETI Working Paper, 2013.

[452] Mok K H. Fostering entrepreneurship: Changing role of government and higher education governance in Hong Kong [J]. Research Policy, 2005, 34 (4): 537-554.

[453] Morrissey M T, Almonacid S. Rethinking technology transfer [J]. Journal of Food Engineering, 2005, 67 (1/2): 135-145.

[454] Muravyev A, Talavera O, Schfer D. Entrepreneurs'gender and financial constraints: Evidence from international data [J]. Journal of Comparative Economics, 2009, 37 (2): 270-286.

[455] Murphy K J. Stock-based pay in new economy firms [J]. Journal of Accounting &Economics, 2003, 34 (1): 129-147.

[456] Mustar P, Larédo P. Innovation and research policy in France (1980-2000) or the disappearance of the Colbertist state [J]. Research Policy, 2002, 31 (1).

[457] Nie Peng, Sousa-poza A, He Xiaobo. Peer effects on childhood and adolescent obesity in China [J]. China Economic Review, 2015, 35: 47-69.

[458] Ning L, Wang F, Li J. Urban innovation, regional externalities of foreign direct investment and industrial agglomeration: Evidence from Chinese cities [J]. Research Policy, 2016, 45 (4): 830-843.

[459] Norbäck P J, Persson L, Douhan R. Entrepreneurship policy and globalization [J]. Journal of Development Economics, 2014, 110: 22-38.

[460] Norden L, Buston C S, Wagner W. Financial innovation and bank behavior: Evidence from credit markets [J]. Journal of Economic Dynamics and Control, 2014, 43: 130-145.

[461] Nunn N, Trefler D. The structure of tariffs and long-term growth [J]. American Economic Journal: Macroeconomics, 2010, 2 (4): 158-194.

[462] Obeng K, Sakano R. The effects of operating and capital subsidies on total factor productivity: A decomposition approach [J]. Southern Economic Journal, 2000, 67 (2): 381-397.

[463] OECD. OECD Territorial Reviews: Switzerland 2011 [J]. OECD Territorial Reviews, 2011.

[464] Okimoto, D I. Between MITI and the Market: Japanese Industrial Policy for High Technology [M]. Palo Alto: Stanford University Press, 1989.

[465] Oliviero A C. R&D Subsidies and Private R&D Expenditures: Evidence from Italian Manufacturing Data [J]. International Review of Applied Economics, 2011, 25 (4): 419-439.

[466] Orr D. The Determinants of Entry: A Study of the Canadian Manufacturing Industries [J]. The Review of Economics and Statistics, 1974, 56 (1): 58-66.

[467] Oyer P, Schaefer S. Why do some firms give stock options to all employees?: An empirical examination of alternative theories [J]. Nber Working Papers, 2004, 76 (1): 99-133.

[468] Pakes, A. On Patents, R&D, and the Stock Market Rate of Return [J].

Journal of Political Economy, 1985, 93 (2): 390-409.

[469] Paulson A L, Townsend R . Entrepreneurship and financial constraints in Thailand [J]. Journal of Corporate Finance, 2004, 10 (2): 229-262.

[470] Peneder,M, and M Woerter. Competition, R&D and Innovation: Testing the Inverted-U in a Simultaneous System [J]. Journal of Evolutionary Economics, 2014, 24 (3): 653-687.

[471] Peter, D, Taylor. Evolutionary stable strategies and game dynamics [J]. Mathematical Biosciences, 1978.

[472] Peters, M, Schneider, M, Griesshaber, T, et al. The Impact of Technology-push and Demand-pull Policies on Technical Change – Does the Locus of Policies Matter? [J]. Research Policy, 2012, 41 (8): 1296-1308.

[473] Philippe Aghion, Thibault Fally, Stefano Scarpetta. Credit constraints as a barrier to the entry and post-entry growth of firms [J]. Economic Policy, 2010, 22 (52): 731-779.

[474] Pierrakis, Y, Collins, L. Crowdfunding: A new innovative model of providing funding to projects and businesses [J]. Electronic Jornal, 2013.

[475] Porterie B V P, F. Lichtenberg, 2001, Does Foreign Direct Investment Transfer Technology across Borders? [J], The Review of Economics and Statistics, 83, 3, 490~49

[476] Poterba J M. Capital gains tax policy toward entrepreneurship [J]. National tax journal, 1989, 42 (3): 375-389.

[477] Powell, B. State Development Planning: Did it Create An East Asian Miracle? [J]. Review of Austrian Economics, 2005, 18 (3-4): 305-323.

[478] Rand D G . Cooperation, Fast and Slow: Meta-Analytic Evidence for a Theory of Social Heuristics and Self-Interested Deliberation [J].

Psychological Science, 2016, 27 (9): 1192-1206.

[479] Rodrik, D. Industrial Policy for the Twenty-first Century [C]. Cepr Discussion Papers, 2004: 1-15.

[480] Romer, P M. Endogenous Technological Change [J]. Nber Working Papers, 1990, 98 (98): 71-102.

[481] Rothwell R, Zegveld W. Industrial Innovation and Public Policy: Preparing for the 1980s and the 1990s [M]. Praeger, 1981.

[482] Rothwell Roy. Small firms´ contributions to industrial innovation: small or large [J]. Narnia, 1986, 13 (3).

[483] Sala-I-Martin X. Transfers, Social Safety Nets, and Economic Growth [J]. IMF Staff Papers, 1997, 44 (1): 81-102.

[484] Sawada N. Technology gap matters on spillover [J]. Review of Development Economics, 2010, 14 (1): 103-120.

[485] Scherer F M, Ross D. Industrial market structure and economic performance [M]. Houghton Mifflin, 1990.

[486] Schumpeter J A. The Theory of Economic Development: An Inquiry into Profits, Capital, Credit, Interest, and the Business Cycle [M]. Piscataway, NJ: Transaction Publishers, 1934.

[487] Schumpeter J A. Capitalism, Socialism and Democracy [M]. New York: Harper and Brothers, 1942.

[488] Scott J. Wallsten. The Effects of Government-Industry R&D Programs on Private R&D: The Case of the Small Business Innovation Research Program [J]. The RAND Journal of Economics, 2000, 31 (1): 82-100.

[489] Silva F, Carreira C. Do financial constraints threat the innovation process? Evidence from Portuguese firms [J]. Economics of Innovation and New Technology, 2012, 21 (8): 701-736.

[490] Skuras D, Tsekouras K, Dimara E, Tzelepis D. The effects of regional

capital subsidies on productivity growth: A case study of the Greek food and beverage manufacturing industry [J]. Journal of Regional Science, 2006, 46 (2): 355-381.

[491] Smith J M, Price G R. The Logic of Animal Conflict [J]. 1973, 246 (5427): 15-18.

[492] Thursby J G, Thursby M C. Who is selling the ivory tower? Sources of growth in university licensing [J]. Management science, 2002, 48 (1): 90-104.

[493] Villa L S. Invention, inventive learning, and innovative capacity [J]. BehavioralScience, 1990, 35 (4): 290-310.

[494] Walker J L. The Diffusion of Innovations Among the American States [J]. American Political Science Review, 1969, 63 (3): 880-899.

[495] Wang E C. R&D efficiency and economic performance: A cross-country analysis using the stochastic frontier approach [J]. Journal of Policy Modeling, 2007, 29 (2): 345-360.

[496] Wang J. The Economic Impact of Special Economic Zones: Evidence from Chinese Municipalities [J]. Journalof Development Economics, 2013, 101 (1): 133-147.

[497] Woolley J L, Rottner R M. Innovation policy and nanotechnology entrepreneurship [J]. Entrepreneurship theory and practice, 2008, 32 (5): 791-811.

[498] Wrigley L. Divisional Autonomy and Diversification [D]. Boston: Harvard Business School, 1970.

图书在版编目（CIP）数据

创新创业政策绩效评价与机制优化研究／倪青山，
吴敌，晏艳阳著. --北京：社会科学文献出版社，
2022.10
　　ISBN 978-7-5228-0816-1

　　Ⅰ.①创… 　Ⅱ.①倪… ②吴… ③晏… 　Ⅲ.①就业政
策-研究-中国 　Ⅳ.①F249.20

　　中国版本图书馆 CIP 数据核字（2022）第 179343 号

创新创业政策绩效评价与机制优化研究

著　　者／倪青山　吴　敌　晏艳阳

出 版 人／王利民
责任编辑／宋　静
责任印制／王京美

出　　版／社会科学文献出版社
　　　　　　地址：北京市北三环中路甲 29 号院华龙大厦　邮编：100029
　　　　　　网址：www.ssap.com.cn
发　　行／社会科学文献出版社（010）59367028
印　　装／三河市龙林印务有限公司

规　　格／开　本：787mm×1092mm　1/16
　　　　　　印　张：27　字　数：411 千字
版　　次／2022 年 10 月第 1 版　2022 年 10 月第 1 次印刷
书　　号／ISBN 978-7-5228-0816-1
定　　价／128.00 元

读者服务电话：4008918866